【최신】
해양레저법론

함도웅 著

최신 해양레저법론

함 도 웅 著

발행일 2022년 9월 15일
펴낸이 李 相 烈
펴낸곳 도서출판 에듀컨텐츠휴피아
출판등록 제2017-000042호 (2002년 1월 9일 신고등록)
주 소 서울 광진구 자양로 28길 98, 동양빌딩
전 화 (02) 443-6366
팩 스 (02) 443-6376
이메일 iknowledge@naver.com
Web http://cafe.naver.com/eduhuepia
만든이 기획·김수아 / 책임편집·이진훈 이유빈 이지은 이수민 김예빈 김채현
　　　　디자인·유충현 / 영업·이순우

정 가 20,000원
ISBN 978-89-6356-366-4 (93690)

ⓒ 2022, 함도웅, 도서출판 에듀컨텐츠휴피아

> ✻ 본 책은 저작권법에 따라 보호받는 저작물이므로 무단 전재와 복제를 금지하며, 책 내용의 전부 또는 일부를 이용하려면 반드시 저작권자 및 도서출판 에듀컨텐츠휴피아의 서면 동의를 받아야 합니다.

머리글

　16세기 월터 롤리 경은 "바다를 지배하는 자가 세계를 지배한다"라는 말을 남겼다. 지구상의 70% 이상이 바다이며 대한민국 국토 면적의 4.5배가 바다이다. 게다가 바다에는 물고기를 비롯한 수천 종의 생물자원과 광물자원, 조수력자원, 공간자원 등 무궁무진한 공간이다. 또한 바다는 인간의 삶에 있어 풍부한 식량자원을 제공하기도 하고, 각종 재화를 운반하는 교통로 역할뿐만 아니라 인간에게 신체적 정서적 건강을 지켜주는 여가 및 체육활동 공간으로서의 역할도 함께하고 있다. 이와 같이 바다는 인간에게 있어 절대적인 곳이다.

　물이 무서워 일생을 물을 피해 살아가는 이가 있다. 언제까지 물을 두려움의 대상으로만 살아갈 것인가 묻고 싶다. 대를 이어 물가엔 가지 못하게 할 것인가?
　바다는 인류에 있어 최고의 자원인 반면 기후의 영향, 지형적 여건, 시설 장비 문제, 무리한 운항 등으로 돌발 상황이 발생 되기도 한다. 거대한 해양자원 그리고 다양한 활동이 이루어지고 있는 멀티공간, 어떻게 보존하고 활용할 것인가? 우리에게 주어진 피할 수 없는 숙제이다. 이에 자연 현상을 이해하고 규범을 지켜 해양자원의 지속적인 보존과 활용을 적절히 병행하는 지혜가 필요하다.

　해양수산부는 10개년 계획으로 2010년~2019년 제1차 마리나항만 기본계획을 발표하였다. 당초 58개 마리나항만 건설을 계획하였으나 성과는 수도권과 남해지역 소규모 마리나가 건설되었을 뿐 미미한 상태이다. 이어 2020년~2029년까지 제2차 마리나항만 기본계획을 발표하였으며, 내수면 마리나를 포함한 70개의 마리나항만을 계획하고 있다. 이에 더하여 어촌을 현대화하기 위하여 어촌 300곳을 선정하여 지원하는 "어촌뉴딜300"사업을 발표하였다. 어촌이 보유한 자원과 더불어 새로운 콘텐츠를 발굴하여 어촌을 활력이 넘치는 지역으로 활용하고자 사업이 진행 중이다. 이와 같은 정부의 노력은 조금씩 어촌지역이 레저관광 활동이 함께 공존하는 아름다운 선진도시로 변모하고 있다.

2000년부터 시행되고 있는 "수상레저안전법"은 2022년 현재 30만 명의 동력수상레저기구 조종면허 취득자를 양산해 냈고, "마리나항만법"은 "마리나업"이라는 획기적인 직업군을 탄생시키면서 해양레저 산업발전과 함께 해양에서 직업을 찾는 이가 늘고 있다. 본서는 해양에서 활동하는 종사자 및 레저 활동자가 알아야 할 기초 규범을 소개하는 교재로서 특히 해양레저관광산업 및 해양레저·스포츠를 전공으로 하는 학생들에게 관련 법령을 이해하기 쉽도록 집필하였다.

저자는 인생의 대부분을 해양인으로 물과 함께 살아가고 있다. 물은 어떻게 이용되는가에 따라 두려움의 대상이 되기도 하지만 인간의 삶에 있어 최상의 낙원이 되기도 한다. 모쪼록 본서가 해양이라는 공간에서 다양한 형태의 활동을 하고자 하는 사람들이 관련 규범을 이해함으로써 관련 산업발전과 함께 안전하고 활기 넘치는 해양 활동이 되기를 기대해봅니다.

2022년 8월

저자 **함 도 웅**

저자소개

함 도 웅

한국체육대학교 체육학과 이학박사
텍사스주립대학교 연구교수
한서대학교 레저해양스포츠학과 교수
한서대학교 해양스포츠교육원 원장

前) 펜싱국가대표선수
    북한강수상레저타운 대표
    (사)한국수상레저안전연합회 경기도지부장
    해양경찰청 동력수상레저 경기조종면허시험장 대표
    (사)대한수상스키·웨이크스포츠협회 이사
    (사)대한레저스포츠회 이사
    춘천월드레저조직위원회 운영위원
    (사)한국스포츠피싱협회 회장
    경기도수상스키·웨이크스포츠협회 회장
    해양경찰청 수상안전자문위원

現) 한국스포츠학회 부회장
    한국여가레크리에이션협회 부회장

목 차

제1부 수상레저안전법 ··· **3**
    제1장 총칙 ·· 6
    제2장 조종면허 ·· 8
    제3장 안전준수 의무 ·· 31
    제4장 안전관리 ·· 38
    제5장 수상레저사업 ·· 41
    제6장 보험 ·· 52
    제7장 보칙·벌칙 ·· 54

제2부 수상레저기구의 등록 및 검사에 관한 법률 ······················· **89**
    제1장 총칙 ·· 90
    제2장 동력수상레저기구 등록 ··· 91
    제3장 동력수상레저기구 검사 ··· 97
    제4장 동력수상레저기구 안전기준 ··· 102
    제5장 보칙·벌칙 ·· 104

제3부 선박의 입항 및 출항 등에 관한 법률(선박입출항법) ········· **107**
    제1장 총칙 ·· 108
    제2장 입항·출항 및 정박 ··· 110
    제3장 항로 및 항법 ·· 114
    제4장 위험물의 관리 등 ·· 118
    제5장 수로의 보전 ··· 119
    제6장 등화 및 신호 ·· 122
    제7장 보칙·벌칙 ·· 122

제4부 해사안전법 ··· **127**
    제1장 총칙 ·· 128
    제2장 수역 안전관리 ·· 131
    제3장 해사교통 안전관리 ·· 135
    제4장 선박 및 사업장의 안전관리 ··· 144
    제5장 선박의 항법 ··· 146
    제6장 벌칙 ·· 164

제5부 해양환경관리법 · 169
- 제1장 총칙 · 170
- 제2장 해양환경의 보전·관리를 위한 조치 · 174
- 제3장 해양오염 방지를 위한 규제 · 176
- 제4장 벌칙 · 184

제6부 마리나항만의 조성 및 관리 등에 관한 법률(마리나항만법) · 189
- 제1장 총칙 · 190
- 제2장 마리나항만에 관한 기본계획 · 192
- 제3장 마리나항만의 개발 · 193
- 제4장 마리나항만의 관리 및 운영 · 203
- 제5장 마리나업 · 205
- 제6장 보칙·벌칙 · 213

제7부 연안사고 예방에 관한 법률(연안사고예방법) · 217
- 제1장 총칙 · 218
- 제2장 연안사고 예방 기본계획 등 · 219
- 제3장 연안사고 안전관리 규정 등 · 221
- 제4장 안전문화 시책 등 · 230
- 제5장 벌칙 · 232

제8부 수중레저활동의 안전 및 활성화 등에 관한 법률(수중레저법) · 235
- 제1장 총칙 · 236
- 제2장 수중레저 활동의 증진 · 237
- 제3장 안전관리 및 준수의무 · 238
- 제4장 수중레저사업 · 243
- 제5장 벌칙 · 247

제9부 수상에서의 수색구조 등에 관한 법률(수상구조법) · 249
- 제1장 총칙 · 250
- 제2장 수난대비 · 251
- 제3장 수난구호 · 255
- 제4장 한국해양구조협회 · 261
- 제5조 민간구조활동의 지원 등 · 262
- 제6장 조난통신 · 269
- 제7장 사후처리 · 271
- 제8장 벌칙 · 273

제10부 낚시관리 육성법(낚시관리법) ·· 275
    제1장 총칙 ··· 276
    제2장 낚시의 관리 ·· 277
    제3장 낚시터업 ·· 282
    제4장 낚시어선업 ·· 289
    제5장 미끼의 관리 ·· 299
    제6장 낚시 및 낚시관련 산업의 지원·육성 ······························ 300
    제7장 보칙·벌칙 ··· 302

해양레저 전공도서

최신 해양레저법론

저자 함도웅

에듀컨텐츠·휴피아
Educontents·Huepia

제1부 수상레저안전법

[시행 2023. 6. 11.] [법률 제18958호, 2022. 6. 10. 전부개정]

제1장 총칙
제2장 조종면허
제3장 안전준수의무
제4장 안전관리
제5장 수상레저기구 등록 및 검사
제6장 수상레저사업
제7장 보칙·벌칙

수상레저기구의 종류

■ 동력수상레저기구

모터보트

세일링요트

수상오토바이

고무보트

스쿠터

호버크라프트

수면비행선박

수륙양용기구

에어보트

■ 무동력수상레저기구

수상스키

패러세일

조정

제1부. 수상레저안전법

카약	 카누	 워터슬레드
 수상자전거	 서프보드	 노보트
 무동력요트	 윈드서핑	 웨이크보드
 카이트보드	 케이블수상스키	 케이블웨이크보드
 공기주입형고정용튜브	 물추진형 보드	 패들보드
	 래프팅	

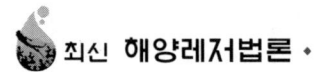

[제1장 총칙]

1. 목적 (법 제1조)

이 법은 수상레저활동의 안전과 질서를 확보하고 수상레저사업의 건전한 발전을 도모함을 목적으로 한다.

2. 정의 (법 제2조)

이 법에서 사용하는 용어의 뜻은 다음과 같다.
1. "수상레저활동"이란 수상에서 수상레저기구를 사용하여 취미·오락·체육·교육 등을 목적으로 이루어지는 활동을 말한다.
2. "래프팅"이란 무동력수상레저기구를 사용하여 계곡이나 하천에서 노를 저으며 급류 또는 물의 흐름 등을 타는 수상레저활동을 말한다.
3. "수상레저기구"란 수상레저활동에 사용되는 선박이나 기구로서 동력수상레저기구와 무동력수상레저기구로 구분된다.
4. "동력수상레저기구"란 추진기관이 부착되어 있거나 추진기관을 부착하거나 분리하는 것이 수시로 가능한 수상레저기구로서 수상오토바이, 모터보트, 고무보트, 세일링요트(돛과 기관이 설치된 것을 말한다) 등 대통령령으로 정하는 것을 말한다.
5. "무동력수상레저기구"란 동력수상레저기구 외의 수상레저기구로서 대통령령으로 정하는 것을 말한다.
6. "수상"이란 해수면과 내수면을 말한다.
7. "해수면"이란 바다의 수류나 수면을 말한다.
8. "내수면"이란 하천, 댐, 호수, 늪, 저수지, 그 밖에 인공으로 조성된 담수나 기수의 수류 또는 수면을 말한다.

■ **수상레저기구**
①. 동력수상레저기구
 1. 모터보트
 2. 세일링요트(돛과 기관이 설치된 것을 말한다. 이하 같다)
 3. 수상오토바이
 4. 고무보트
 5. 스쿠터
 6. 공기부양정(호버크래프트)
②. 무동력수상레저기구
 1. 무동력 요트

2. 윈드서핑
3. 웨이크보드
4. 카이트보드
5. 케이블 수상스키
6. 케이블 웨이크보드
7. 수면비행선박
8. 수륙양용기구
9. 공기주입형 고정식 튜브
10. 물추진형 보드
11. 패들보드(물에서 노를 저어 움직이게 하는 길고 좁은 형태의 보드를 말한다)

③. 그 밖에 수상레저기구와 비슷한 구조·형태 및 운전방식을 가진 것

3. 적용배재 (법 제3조)

①. 다음 각호의 경우에는 적용하지 아니한다.
 1. 「유선 및 도선사업법」에 따른 유도선사업 및 그 사업과 관련된 수상에서의 행위를 하는 경우
 2. 「체육시설의 설치 이용에 관한 법률」에 따른 체육시설업 및 그 사업과 관련한 수상에서의 행위를 하는 경우
 3. 「낚시 관리 및 육성법」에 따른 낚시 어선업 및 그 사업과 관련된 수상에서의 행위를 하는 경우
①. 제1항에도 불구하고 다른 법률에서 제5조의 조종면허를 자격요건으로 규정한 경우에는 제16조 및 제17조를 적용한다.

4. 수상레저안전관리 기본계획의 수립 등 (법 제4조)

①. 해양경찰청장은 수상레저활동의 안전과 질서 확보를 위하여 대통령령으로 정하는 바에 따라 5년마다 수상레저안전관리 기본계획(이하 "기본계획"이라 한다)을 수립·시행하여야 한다.
②. 기본계획에는 다음 각 호의 사항이 포함되어야 한다.
 1. 국내외 수상레저 관련 정책 환경의 변화와 전망에 관한 사항
 2. 수상레저 관련 중장기 정책의 목표와 추진전략 등에 관한 사항
 3. 수상레저안전관리 체계의 발전에 관한 사항
 4. 수상레저안전관리를 위한 민·관 협업에 관한 사항
 5. 그 밖에 수상레저안전에 관한 사항으로서 해양경찰청장이 필요하다고 인정하는 사항
③. 해양경찰청장은 제1항에 따라 수립된 기본계획을 관계 중앙행정기관의 장, 특별시장·광역시장·특별자치시장·도지사·특별자치도지사(이하 "시·도지사"라 한다)에게 통보하여야 한다.

④. 시·도지사 또는 해양경찰서장은 기본계획을 바탕으로 해양수산부령으로 정하는 바에 따라 매년 수상레저안전관리 시행계획(이하 "시행계획"이라 한다)을 수립·시행하여야 한다.
⑤. 해양경찰청장은 시행계획의 수립·시행에 관하여 필요한 지도·감독을 할 수 있다.

[제2장 조종면허]

1. 조종면허 (법 제5조)

①. 동력수상레저기구를 조종하는 자는 제8조에 따른 면허시험에 합격한 후 해양경찰청장의 동력수상레저기구 조종면허(이하 "조종면허"라 한다)를 받아야 한다.
②. 조종면허는 다음 각 호와 같이 구분한다.
 1. 일반조종면허 : 제1급 조종면허, 제2급 조종면허
 2. 요트조종면허
③. 일반조종면허의 경우 제2급 조종면허를 취득한 자가 제1급 조종면허를 취득한 때에는 제2급 조종면허의 효력은 상실된다.
④. 조종면허의 기준·절차 및 방법 등에 필요한 사항은 대통령령으로 정한다.
⑤.

■ 조종면허의 종류

면허종별		면허기준
일반조종면허	제1급	수상레저사업의 종사자·시험대행기관의 시험관 동승 시 무면허자 조종 가능
	제2급	5마력 이상의 동력수상레저기구를 조종하려는 자 (세일링요트 제외)
요트조종면허		세일링요트를 조종하려는 자

■ **조종면허 대상 기준 등 (시행령)**
①. 법 제5조제1항에 따라 해양경찰청장의 동력수상레저기구조종면허(이하 "조종면허"라 한다)를 받아야 하는 동력수상레저기구는 추진기관의 최대 출력이 5마력 이상인 것을 말한다.
②. 조종면허의 발급대상은 다음 각 호와 같이 구분한다.
1. 일반조종면허
가. 제1급 조종면허: 수상레저사업의 종사자 및 시험대행기관의 시험관
나. 제2급 조종면허: 제1항에 따라 조종면허를 받아야 하는 동력수상레저기구(세일링요트는 제외한다)를 조종하려는 사람

2. 요트조종면허: 세일링요트를 조종하려는 사람

- **선박직원법 제1조(목적)** 선박직원으로서 선박에 승무할 사람의 자격을 정함으로써 선박 항행의 안전을 도모함을 목적으로 한다.
- **선박직원법 제2조(정의)** 이 법에서 사용하는 용어의 뜻은 다음 각 호와 같다.
    1. "선박"이란 「선박안전법」 제2조제1호에 따른 선박과 「어선법」 제2조제1호에 따른 어선을 말한다. 다만, 다음 각 목의 어느 하나에 해당하는 선박은 제외한다.
        가. 총톤수 5톤 미만의 선박. 다만, 총톤수 5톤 미만의 선박이라 하더라도 다음의 어느 하나에 해당하는 선박에 대하여는 이 법을 적용한다.
            1) 여객 정원이 13명 이상인 선박
            2) 「낚시 관리 및 육성법」 제25조에 따라 낚시어선업을 하기 위하여 신고된 어선
            3) 「유선 및 도선사업법」 제3조에 따라 영업구역을 바다로 하여 면허를 받거나 신고된 유선·도선
            4) 수면비행선박
        나. 주로 노와 삿대로 운전하는 선박
        다. 그 밖에 대통령령으로 정하는 선박
    2. "한국선박"이란 선박 중 다음 각 목의 어느 하나에 해당하는 선박을 말한다.
        가. 국유 또는 공유의 선박
        나. 대한민국 국민이 소유하는 선박
        다. 대한민국의 법률에 따라 설립된 상사법인이 소유한 선박
        라. 대한민국에 주된 사무소를 둔 다목의 상사법인 외의 법인으로서 그 대표자(공동대표자인 경우에는 그 전원)가 대한민국 국민인 경우 그 법인이 소유하는 선박
    3. "외국선박"이란 한국선박 외의 선박을 말한다.
    4. "선박직원"이란 해기사(제10조의2에 따라 승무자격인정을 받은 외국의 해기사를 포함한다)로서 선박에서 선장·항해사·기관장·기관사·전자기관사·통신장·통신사·운항장 및 운항사의 직무를 수행하는 사람을 말한다.
    5. "해기사"란 제4조에 따른 면허를 받은 사람을 말한다.
    6. "해기사 실습생"이란 해기사 면허를 취득할 목적으로 선박에 승선하여 실습하는 사람을 말한다.
    7. "지정교육기관"이란 해양수산부령으로 정하는 바에 따라 해양수산부장관의 지정을 받아 선원이 되고자 하는 자 또는 선원에게 교육을 실시하는 대학·전문대학 또는 고등학교(이들에 준하는 각종 학교를 포함한다), 해양경비안전교육원, 「한국해양수산연수원법」에 따른 한국해양수산연수원과 그 밖의 교육기관을 말한다.
    8. "자동화선박"이란 대통령령으로 정하는 자동운항설비를 갖춘 선박을 말한다.
    9. "승무경력"이란 선박에 승선하여 복무한 경력을 말한다.

- **선박직원법 제3조(적용 범위)**
① 이 법은 한국선박 및 그 선박소유자, 한국선박에 승무하는 선박직원에 대하여 적용한다. 다만, 이 법에 특별한 규정이 있는 경우에는 외국선박 및 그 선박소유자,

외국선박에 승무하는 선박직원에 대하여도 적용한다.
②. 이 법에서 선박소유자에 관한 규정은 선박을 공유하여 선박관리인을 둔 경우에는 선박관리인에게 적용하고, 선박임대차의 경우에는 선박차용인에게 적용한다.
③. 국내의 조선소에서 건조 또는 개조되는 선박을 진수 시부터 인도 시까지 시운전하는 경우에는 제11조 및 제13조부터 제15조까지의 규정만 적용한다.

■ **선박안전법 제2조(정의)** "선박"이라 함은 수상 또는 수중에서 항해용으로 사용하거나 사용될 수 있는 것(선외기를 장착한 것을 포함한다)과 이동식 시추선·수상호텔 등 해양수산부령으로 정하는 부유식 해상구조물을 말한다.

■ **어선법 제2조(정의)** "어선"이란 다음 각 목의 어느 하나에 해당하는 선박을 말한다.
    가. 어업(「양식산업발전법」에 따른 양식업을 포함한다. 이하 같다), 어획물운반업 또는 수산물가공업(이하 "수산업"이라 한다)에 종사하는 선박
    나. 수산업에 관한 시험·조사·지도·단속 또는 교습에 종사하는 선박
    다. 제8조제1항에 따른 건조허가를 받아 건조 중이거나 건조한 선박
    라. 제13조제1항에 따라 어선의 등록을 한 선박

■ **선박직원법 제4조(면허의 직종 및 등급)**
①. 선박직원이 되려는 사람은 해양수산부장관의 해기사 면허(이하 "면허"라 한다)를 받아야 한다.
②. 해양수산부장관은 제5조에 따른 요건을 갖춘 사람에게 다음 각 호의 직종과 등급별로 면허를 한다. 이 경우 해양수산부장관은 대통령령으로 정하는 바에 따라 선박의 종류, 항행구역 등에 따라 한정면허를 할 수 있다.
  1. 항해사 : 1급 항해사, 2급 항해사, 3급 항해사, 4급 항해사, 5급 항해사, 6급 항해사
  2. 기관사 : 1급 기관사, 2급 기관사, 3급 기관사, 4급 기관사, 5급 기관사, 6급 기관사
  3. 전자기관사
  4. 통신사(전파통신급과 전파전자급으로 구분한다) : 1급 통신사, 2급 통신사, 3급 통신사, 4급 통신사
  5. 운항사 : 1급 운항사, 2급 운항사, 3급 운항사, 4급 운항사
  6. 수면비행선박 조종사 : 중형 수면비행선박 조종사[최대 이수중량 10톤 이상 500톤 미만의 선박만 해당한다], 소형 수면비행선박 조종사(최대 이수중량 10톤 미만의 선박만 해당한다)
  7. 소형선박 조종사
③. 직종별 면허의 상하 등급은 제2항 각 호의 등급별 순서에 따른다.
④. 운항사는 대통령령으로 정하는 전문분야별로 해당 등급과 같은 등급의 항해사(한정면허의 경우에는 상선에 한정된 면허만 해당한다) 또는 기관사로 보며, 소형선박 조종사는 6급 항해사 또는 6급 기관사의 하위등급의 해기사로 본다.

제1부. 수상레저안전법

운항가능 면허(수상레저안전법과 선박직원법)
■ 5톤 미만의 모터보트(세일링요트) 조종

구분	면허증/자격	관련법
1	일반조종면허 1급 또는 2급 (세일링요트의 경우 요트조종면허)	수상레저안전법

■ 5톤 이상 20톤 미만의 모터보트(세일링요트) 조종

구분	면허증/자격	관련법
1	일반조종면허 1급 또는 2급 (세일링요트의 경우 요트조종면허)	수상레저안전법
2	소형선박조종사(한정면허)	선박직원법

※ 일반조종면허 소지자가 지방해양수산청에 신청 시 소형선박조종사(한정면허) 발급
단, 20톤 이상은 그것이 수상레저기구라 하더라도 선박법에 의한 등록 대상임.

■ 25톤 이상 55톤 미만의 모터보트(세일링요트) 조종

구분	면허증/자격	관련법
1	일반조종면허 1급 또는 2급 (세일링요트의 경우 요트조종면허)	수상레저안전법
2	6급항해사·6급기관사(한정면허)	선박직원법

※ 소형선박 한정면허 보유(4년)로 6급항해사 응시를 위한 승무경력 인정

■ **선박직원법에 따른 해기사 한정면허**

①. **6급의 항해사면허 또는 기관사면허(한정면허)**
 1. 6급의 항해사면허 또는 기관사면허에 대하여 「수상레저안전법」에 따른 동력수상레저기구 중 총톤수 55톤 미만의 모터보트 또는 세일링요트에 한정하여 승무하도록 하는 모터보트 또는 요트면허로서 선장(6급항해사) 또는 기관장(6급기관사)이 선장/기관장을 겸할 수 있다. 다만 아래 요건을 충족하여야 함.
 가. 항해사가 기관교육을 이수하거나 기관사가 항해교육을 이수한 경우에 한함.
 나. 비사업용
 다. 55톤 미만 동력요트

②. **소형선박 조종사면허(한정면허)**
 「수상레저안전법」에 따른 세일링요트를 한정하여 승무하도록 하는 요트면허 및 요트를 제외한 동력수상레저기구로 한정하여 승무하도록 하는 동력수상레저기구면허
  * 소형선박이란 총톤수 25톤 미만의 선박

③. **수면비행선박 조종사면허**

표면효과(WIG: Wing In Ground Effect)가 발생하는 높이(수면비행선박 주 날개의 종방향 평균 폭을 말한다) 이하에서만 운항하는 선박으로 한정하여 승무하도록 하는 표면효과 전용선 면허

2. 외국인에 대한 조종면허의 특례 (법 제6조)

① 수상레저활동을 하려는 외국인이 국내에서 개최되는 국제경기대회에 참가하여 수상레저기구를 조종하는 경우에는 제5조제1항 및 제25조를 적용하지 아니한다.
② 제1항에 따라 외국인이 수상레저기구를 조종하는 경우 수상레저기구의 종류·조종기간 및 지역, 국제경기대회의 종류와 규모 등에 필요한 사항은 해양수산부령으로 정한다.

> ■ **수상레저기구의 종류 · 기간 · 국제경기종류와 규모**
> 가. 수상레저기구이 종류 ; 수상레저안전법에 따른 수상레저기구
> 나. 조종기간 : 국제경기대회 개최일 10일 전부터 국제경기대회 종료 10일까지
> 다. 조종지역 : 조종지역은 국내 수역
> 라. 종류 및 규모 : 2개국 이상이 참여하는 국제경기대회

3. 조종면허 결격사유 등 (법 제7조)

①. 다음 각 호의 어느 하나에 해당하는 사람은 조종면허를 받을 수 없다.
 1. 14세 미만(제1급 조종면허의 경우에는 18세 미만)인 사람. 다만, 제9조제1항제1호에 해당하는 자는 제외한다.

2. 정신질환자(「정신건강증진 및 정신질환자 복지서비스 지원에 관한 법률」 제3조제1호의 정신질환자를 말한다. 이하 같다) 중 수상레저활동을 할 수 없다고 인정되어 대통령령으로 정하는 사람
3. 마약·향정신성의약품 또는 대마(「마약류 관리에 관한 법률」 제2조제2호부터 제4호까지의 규정의 마약·향정신성의약품·대마를 말한다. 이하 같다) 중독자 중 수상레저활동을 할 수 없다고 인정되어 대통령령으로 정하는 사람
4. 제17조제1항에 따라 조종면허가 취소된 날부터 1년이 지나지 아니한 사람
5. 제25조 각 호 외의 부분 본문을 위반하여 조종면허를 받지 아니하고 동력수상레저기구를 조종한 사람으로서 그 위반한 날부터 1년(사람을 사상한 후 구호 등 필요한 조치를 하지 아니하고 달아난 사람은 이를 위반한 날부터 4년)이 지나지 아니한 사람

②. 개인정보를 가지고 있는 기관 중 대통령령으로 정하는 기관의 장은 조종면허의 결격사유와 관련이 있는 개인정보를 해양경찰청장에게 통보하여야 한다.

③. 제2항에 따라 해양경찰청장에게 통보하여야 하는 개인정보의 내용 및 통보방법과 그 밖에 개인정보의 통보에 필요한 사항은 대통령령으로 정한다.

■ **조종면허 결격사유 (시행령)**

①. 법 제7조제1항제2호에서 "대통령령으로 정하는 자"란 치매, 정신분열병, 분열형 정동장애, 양극성 정동장애, 재발성 우울장애, 알코올 중독의 정신질환이 있는 사람으로서 해당 분야의 전문의가 정상적으로 수상레저활동을 할 수 없다고 인정하는 사람을 말한다.

②. 법 제7조제1항제3호에서 "대통령령으로 정하는 자"란 마약, 향정신성의약품 또는 대마 중독자로서 해당 분야의 전문의가 정상적으로 수상레저활동을 할 수 없다고 인정하는 사람을 말한다.

■ **조종면허의 결격사유 관련 개인정보의 통보**

①. 법 제7조제2항에서 "대통령령으로 정하는 기관의 장"이란 다음 각 호의 어느 하나에 해당하는 사람을 말한다.
 1. 병무청장
 2. 보건복지부장관
 3. 특별시장·광역시장·특별자치시장·도지사 및 특별자치도지사(이하 "시·도지사"라 한다) 또는 시장·군수·구청장(자치구의 구청장을 말한다. 이하 같다)
 4. 해군참모총장, 공군참모총장, 육군의 각 군사령관 및 국군의무사령관
 5. 「정신건강증진 및 정신질환자 복지서비스 지원에 관한 법률」에 따른 정신의료기관의 장(이하 "정신의료기관의 장"이라 한다)

②. 제1항 각 호의 어느 하나에 해당하는 사람이 법 제5조제2항에 따라 해양경찰청장에게 통보하여야 하는 개인정보의 내용은 별표 1과 같다.

③. 제1항 각 호의 어느 하나에 해당하는 사람은 해양수산부령으로 정하는 바에 따라 제2항에 따른 개인정보를 6개월마다 한 번 이상 해양경찰청장에게 통보하여야 한다.

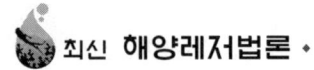

4. 면허시험 (법 제8조)

① 조종면허를 받으려는 자는 해양경찰청장이 실시하는 시험(이하 "면허시험"이라 한다)에 합격하여야 한다.
② 면허시험은 필기시험·실기시험으로 구분하여 실시한다.
③ 면허시험의 실기시험 시행일을 기준으로 제7조의 결격사유에 해당하는 사람은 면허시험에 응시할 수 없다.
④ 면허시험의 과목과 방법 등에 필요한 사항은 대통령령으로 정한다.

■ 조종면허 합격기준

면허종별		학과시험	실기시험
일반조종면허	1급	70점 이상	80점 이상
	2급	60점 이상	60점 이상
요트조종면허		70점 이상	60점 이상

■ 필기시험 (시행령)

필기시험에 합격한 사람은 그 합격일부터 1년 이내에 실시하는 면허시험에서만 그 필기시험이 면제된다.

■ 일반조종면허 필기시험 교과목 시행령 별표 1의2		
시 험 과 목	과 목 내 용	비고
수상레저 안전	1. 수상환경(조석·해류) 2. 기상학 기초(일기도, 각종 주의보·경보) 3. 구급법(생존술·응급처치·심폐소생술) 4. 각종 사고 시 대처방법 5. 안전장비 및 인명구조	20%
운항 및 운용	1. 운항 계기 2. 수상레저기구 조종술 3. 신호	20%
기관	1. 내연기관 및 추진장치 2. 일상정비 3. 연료유·윤활유	10%
법규	1. 「수상레저안전법」 2. 「선박의 입출항법」 3. 「해사안전법」 4. 「해양환경관리법」	50%

■ **요트조종면허 필기시험 교과목** 시행령 별표 1의2

시험 과목	과목 내용	비고
가. 요트활동 개요	1) 해양학 기초(조석·해류·파랑) 2) 해양기상학 기초(해양기상의 특성, 기상통보, 일기도 읽기)	10%
나. 요트	1) 선체와 의장 2) 범장 3) 기관 4) 전기시설 및 설비 5) 항해장비 6) 안전장비 및 인명구조 7) 생존술	20%
다. 항해 및 범주	1) 항해계획과 항해(항해정보, 각종 항법) 2) 범주 3) 피항 4) 식량과 조리·위생	20%
라. 법규	1) 「수상레저안전법」 2) 「선박의 입항 및 출항 등에 관한 법률」 3) 「해사안전법」 4) 「해양환경관리법」 5) 「전파법」	50%

■ **실기시험 (시행령)**

① 해양경찰청장은 실기시험을 실시할 때에는 응시자로 하여금 규격에 적합한 시험용 수상레저기구를 사용하게 하여야 한다. 다만, 응시자가 따로 준비한 수상레저기구가 규격에 적합한 때에는 해당 수상레저기구를 실기시험에 사용하게 할 수 있다.
② 해양경찰청장은 실기시험을 실시할 때 수상레저기구 1대당 시험관 2명을 탑승시켜야 한다.
③ 실기시험의 채점기준과 운전코스는 해양수산부령으로 정한다.

5. 면허시험의 면제 (법 제9조)

① 해양경찰청장은 다음 각 호의 어느 하나에 해당하는 사람에 대하여 면허시험 과목의 전부 또는 일부를 면제할 수 있다. 다만, 제5호에 해당하는 때에는 면허시험(제2급 조종면허와 요트조종면허에 한정한다) 과목의 전부를 면제한다.
 1. 대통령령으로 정하는 체육 관련 단체에 동력수상레저기구의 선수로 등록된 사람
 2. 다음 각 목의 요건을 모두 갖춘 사람
  가. 「고등교육법」 제2조에 따른 학교에서 대통령령으로 정하는 동력수상레저기구 관련 학과를 졸업하였을 것(법령에 따라 이와 같은 수준의 학력이 있다고 인정되는 경우를

포함한다)
　　나. 해당 면허와 관련된 동력수상레저기구에 관한 과목을 이수하였을 것
　3. 「선박직원법」 제4조제2항 각 호에 따른 해기사 면허 중 대통령령으로 정하는 면허를 가진 사람
　4. 「한국해양소년단연맹 육성에 관한 법률」에 따른 한국해양소년단연맹 또는 「국민체육진흥법」 제2조제11호에 따른 경기단체에서 동력수상레저기구의 사용 등에 관한 교육·훈련 업무에 1년 이상 종사한 사람으로서 해당 단체의 장의 추천을 받은 사람
　5. 해양경찰청장이 지정·고시하는 기관이나 단체(이하 "면허시험 면제교육기관"이라 한다)에서 실시하는 교육을 이수한 사람
　6. 제1급 조종면허 필기시험에 합격한 후 제2급 조종면허 실기시험으로 변경하여 응시하려는 사람
②. 제1항에 따른 시험 면제의 기준 등에 필요한 사항은 대통령령으로 정한다.
③. 면허시험 면제교육기관은 제2급 조종면허와 요트조종면허 교육을 위하여 필요한 교육내용을 운영하여야 하고, 인적·장비·시설 등 기준을 갖추어야 한다.
④. 면허시험 면제교육기관의 교육내용 운영과 인적·장비·시설 등 지정기준 및 지정절차 등에 필요한 사항은 대통령령으로 정한다.
⑤. 면허시험 면제교육기관 종사자의 준수사항 및 면허시험 면제자에 대한 동력수상레저기구 조종면허증 발급 등에 필요한 사항은 해양수산부령으로 정한다.

■ 면허시험의 면제 등 (시행령)

①. 법 제9조제1항제1호에서 "대통령령으로 정하는 체육 관련 단체"란 1)「국민체육진흥법」 제2조제11호에 따른 경기단체를 말한다.
②. 법 제9조제1항제2호에서 "대통령령으로 정하는 동력수상레저기구 관련 학과"란 동력수상레저기구와 관련된 과목을 6학점 이상 필수적으로 마쳐야 하는 학과를 말한다.
③. 법 제9조제1항제3호에서 "대통령령으로 정하는 면허"란 「선박직원법」에 따른 항해사·기관사·운항사 또는 소형선박 조종사의 면허를 말한다.
④. 해양경찰청장은 다음 각 호의 요건을 모두 갖춘 기관이나 단체를 면허시험(제2급 조종면허와 요트조종면허에 한정한다) 과목을 모두 면제하는 교육을 실시하는 기관이나 단체(이하 "면허시험 면제교육기관"이라 한다)로 지정·고시할 수 있다.
　1. 다음 각 목의 어느 하나에 해당하는 기관이나 단체
　　가. 경찰, 해양경찰, 소방, 군 등 업무 수행 과정에서 동력레저수상기구와 유사한 수상기구를 운영하는 기관
　　나. 그 밖에 그 설립목적이 수상레저활동과 관련 있는 기관이나 단체
　2. 인적 기준 및 장비·시설 기준을 갖추고 그 교육내용을 운영할 수 있는 기관이나 단체
⑤. 면허시험 면제교육기관으로 지정받으려는 자는 해양수산부령으로 정하는 바에 따라 해양경찰청장에게 그 지정을 신청해야 한다.
⑥. 법 제7조제2항에 따른 시험면제의 세부 기준은 별표 4와 같다.

---

1) 「국민체육진흥법」 제2조(정의) "경기단체"란 특정 경기 종목에 관한 활동과 사업을 목적으로 설립되고 대한체육회나 대한장애인체육회에 가맹된 법인이나 단체 또는 문화체육관광부장관이 지정하는 프로스포츠 단체를 말한다.

⑦. 제5항제2호에 따른 교육내용의 운영에 필요한 세부사항은 해양수산부령으로 정한다.

■ 수상레저안전법 시행령
면허시험 면제교육기관의 인적 기준, 장비·시설 기준 및 교육 내용

1. 인적기준, 장비기준 및 시설기준

항 목	기 준
가. 인적기준	기관 또는 단체는 조종면허시험의 전부 면제를 위하여 교육을 실시하는 경우에는 책임운영자 및 1)에 따른 강사 1명 이상과 2)에 따른 강사 1명 이상을 각각 두어야 한다. 1) 다음의 요건 중 어느 하나를 갖춘 사람 　가) 일반조종면허 제1급(취득한 날부터 2년이 지나야 한다)과 인명구조요원 자격(해양경찰청장이 지정하는 기관 또는 단체에서 발급한 자격증이어야 한다)을 취득할 것 　나) 요트조종면허(취득한 날부터 2년이 경과하여야 한다)와 인명구조요원자격증(해양경찰청장이 지정하는 기관 또는 단체에서 발급한 자격증이어야 한다)을 취득할 것 　다)「고등교육법」및「초·중등교육법」에 따라 설치된 학교에서 수상레저활동과 관련된 강의 또는「수상레저안전법」에 따라 지정받은 시험대행기관에서 책임운영자로 3년 이상 근무한 경력이 있거나「고등교육법」에서 규정한 학교에서 수상레저를 전공한 사람 2) 다음의 자격 또는 경력요건을 하나 이상 갖춘 사람 　가)「선박직원법」에 따른 3급 이상의 항해사·기관사 또는 운항사 면허 중 한 가지 이상을 가질 것 　나) 군·경찰·소방관서에서 3년 이상 수상안전관리에 관한 업무에 종사한 경력이 있을 것 　다) 법령에 따라 설립된 단체 또는 기관에서 수상안전관리 업무에 3년 이상 종사한 경력이 있을 것 　라) 시험대행기관의 시험관으로 5년 이상 종사한 경력이 있을 것 　마) 기관 또는 단체에서 실시하는 수상레저와 관련된 교육의 강사로서 5년 이상 종사한 경력이 있을 것
나. 장비기준	수상레저안전법에서 정한 일반조종면허 실기시험에 사용하는 수상레저기구(1대 이상), 비상구조선(20노트 이상, 승선정원 4명 이상인 것으로 1대 이상), 구명조끼(10개 이상), 구명튜브(2개 이상), 인명구조교육용 마네킹(기본형 1개 이상)
다. 시설기준	실기교육장, 이론교육장(60㎡ 이상 및 수강인원을 50명 이상 수용할 수 있을 것), 20㎡ 이상의 행정실, 부정교육방지용 장비(CCTV 등), 그 밖에 교육생이 이용할 수 있는 대기시설(휴게실 등), 화장실, 주차공간이 있을 것

비고: 가목의 경우에는 자격을 증명할 수 있어야 하며, 나목 및 다목의 경우에는 그에 대한 사용 권한을 증명할 수 있어야 한다.

■ 수상레저안전법 시행령

시험 면제의 기준

면제 대상자	면제되는 시험의 구분	
	면허의 종류	시험의 종류
체육관련 단체의 동력수상레저기구 선수	제2급 조종면허 요트조종면허	실기
관련학과 졸업·해기사면허를 가진 사람	제2급 조종면허 요트조종면허	필기
해양소년단연맹, 체육경기단체의 교육훈련업무 1년 이상 종사하고 단체장의 추천을 받은 사람	제2급 조종면허	실기
면허시험 면제교육 기관 수료자	제2급 조종면허 요트조종면허	필기 및 실기
제1급 필기시험 합격자	제2급 조종면허	필기

■ **면허시험이 전부 면제되는 기관·단체의 지정 절차 (시행규칙)**

면허시험이 전부 면제되는 기관이나 단체(면허시험면제교육기관)로 지정받으려는 기관이나 단체는 면허시험 면제교육기관 지정신청서에 다음 각 호의 서류를 첨부하여 해양경찰청장에게 제출하여야 한다.

1. 법인의 정관(법인인 경우만 해당한다)
2. 인적 장비 시설 교육내용을 실시할 수 있는 단체의 기준을 갖추었음을 증명할 수 있는 서류
3. 교육 계획서(또는 사업계획서)
4. 하천이나 그 밖의 공유수면 등의 점용 또는 사용 등에 관한 허가서 사본

2. 교육내용

가. 일반조종면허 교육내용

교육과목	세부 교육내용	교육시간	교육방법
관계법령	1)「수상레저안전법」 2)「해사안전법」 3)「선박의 입출항법」 4)「해양환경관리법」 5)「항로표지법」	4시간	이론
수상상식	1) 수상 기초(해류, 조류, 조석, 암초, 어망 등) 2) 해양기상(기상 개요, 기상 요소, 기상도, 기상예보 등)	4시간	이론

교육과목	세부 교육내용	교육시간	교육방법
구급 및 응급처치	1) 각종 구명장비 및 사용법 2) 수상에서의 생존 요령, 체온손실 응급처치 3) 인공호흡법 및 심폐소생법	4시간	이론 및 실습
모터보트 개요	1) 구조 2) 조종 성능(추진장치와 키의 작용, 정지타력, 선회권, 활주, 트림 등)	4시간	이론
항해 및 기관	1) 항해 계기, 항로 표시, 해도(종류, 용도, 보는 법, 위치·거리 구하기 등), 항해방법 2) 추진기관의 종류 및 취급, 연료, 냉각수, 윤활유	4시간	이론 및 실습
조종술	1) 핸들 및 속도전환레버 등 조작 요령 2) 출발 전 점검 및 출발 요령 3) 저속에서의 직진·선회·변침 및 정지 요령 3) 중속·고속에서의 직진·선회·변침 및 정지 요령 4) 장애물 회피 요령 5) 후진 및 접안 방법 6) 인명구조 요령	16시간	실습

나. 요트조종면허 교육내용

교육과목	세부 교육내용	교육시간	교육방법
관계법령	1)「수상레저안전법」 2)「해사안전법」 3)「개항질서법」 4)「해양환경관리법」 5)「항로표지법」	4시간	이론
수상상식	1) 수상 기초(해류, 조류, 조석, 암초, 어망 등) 2) 해양기상(기상 개요, 기상 요소, 기상도, 기상예보 등)	4시간	이론
구급 및 응급처치	1) 각종 구명장비 및 사용법 2) 수상에서의 생존 요령, 체온손실 응급처치 3) 인공호흡법 및 심폐소생법	4시간	이론 및 실습
요트개요	1) 구조 및 장비(선체, 돛, 돛대와 붐, 리깅, 그 밖의 부속품 등)의 구성·원리·취급방법 2) 요트의 추진원리(바람과 범주, 풍압과 횡저항 및 기본 범주법 등)	4시간	이론

항해 및 기관	1) 항해 계기, 항로 표시, 해도(종류, 용도, 보는 법, 위치·거리 구하기 등), 항해계획서 작성, 항법 및 통신용 장비 2) 추진기관의 종류 및 취급, 연료, 냉각수, 윤활유	6 시간	이론 및 실습
범주법	1) 접이안 및 결색법 2) 풍상 범주법 3) 풍하 범주법 4) 자유 범주법 5) 황천 범주법 6) 해도 및 계기를 이용한 목적지 항해, 원해항해 7) 범주 시 인명구조 요령	18 시간	실습

6. 면허시험 면제교육기관의 지정취소 등 (법 제10조)

①. 해양경찰청장은 면허시험 면제교육기관이 다음 각 호의 어느 하나에 해당하는 경우 그 지정을 취소하거나 6개월의 범위에서 기간을 정하여 업무를 정지할 수 있다. 다만, 제1호에 해당하면 그 지정을 취소하여야 한다.
 1. 거짓이나 그 밖의 부정한 방법으로 지정을 받은 경우
 2. 면허시험 면제교육기관이 해양경찰청장에게 교육 이수 결과를 거짓으로 제출하여 제9조제1항제5호에 따른 교육을 이수하지 아니한 사람에게 면허시험 과목의 전부를 면제하게 한 경우
 3. 제9조제3항에 따른 교육내용을 지키지 아니한 경우
 4. 제9조제4항에 따른 지정기준에 미치지 못하게 된 경우
②. 면허시험 면제교육기관의 지정취소 및 업무정지에 관한 세부 기준 및 절차 등에 필요한 사항은 대통령령으로 정한다.

7. 부정행위자에 대한 제재 (법 제11조)

①. 해양경찰청장은 면허시험에서 부정행위를 한 사람에 대하여 그 시험을 중지하게 하거나 무효로 할 수 있다.
②. 해당 시험의 중지 또는 무효의 처분을 받은 사람은 그 처분이 있는 날부터 2년간 면허시험에 응시할 수 없다.

8. 조종면허증의 갱신 등 (법 제12조)

①. 조종면허를 받은 사람은 다음 각 호에 따른 동력수상레저기구 조종면허증(이하 "면허

증"이라 한다) 갱신 기간 이내에 해양경찰청장으로부터 면허증을 갱신하여야 한다. 다만, 면허증을 갱신하려는 사람이 군복무 등 대통령령으로 정하는 사유로 인하여 그 기간 이내에 면허증을 갱신할 수 없는 경우에는 대통령령으로 정하는 바에 따라 갱신을 미리 하거나 연기할 수 있다.
1. 최초의 면허증 갱신 기간은 면허증 발급일부터 기산하여 7년이 되는 날부터 6개월 이내
2. 제1호 외의 면허증 갱신 기간은 직전의 면허증 갱신 기간이 시작되는 날부터 기산하여 7년이 되는 날부터 6개월 이내

② 제1항에 따라 면허증을 갱신하지 아니한 경우에는 갱신기간이 만료한 다음 날부터 조종면허의 효력은 정지된다. 다만, 조종면허의 효력이 정지된 후 면허증을 갱신한 경우에는 갱신한 날부터 조종면허의 효력이 다시 발생한다.

■ **조종면허증의 갱신연기 등 (시행령)**

① 법 제12조에 따라 동력수상레저기구 조종면허증(이하 "면허증"이라 한다)을 갱신해야 하는 사람이 다음 각 호의 어느 하나에 해당하는 사유로 면허증 갱신 기간 이내에 면허증을 갱신할 수 없는 경우에는 해양수산부령으로 정하는 바에 따라 그 이유를 증명할 수 있는 서류를 첨부한 조종면허증 갱신기간연기(사전갱신) 신청서를 해양경찰청장에게 제출하여야 한다.
1. 갱신 기간 중 해외에 머물 예정이거나 해외에 머물러 있는 경우 또는 재해·재난을 당한 경우
2. 질병에 걸리거나 부상을 입어 움직일 수 없는 경우
3. 법령에 따라 신체의 자유를 구속당한 경우
4. 군복무 중(「병역법」에 따라 의무경찰 또는 의무소방원으로 전환복무 중인 경우를 포함한다)이거나 「대체역의 편입 및 복무 등에 관한 법률」에 따라 대체복무요원으로 복무 중인 경우
5. 그 밖에 사회통념상 갱신 기간 이내에 면허증을 갱신할 수 없는 부득이한 사유가 있다고 인정되는 경우

② 해양경찰청장은 제1항에 따른 신청 사유가 타당하다고 인정되는 경우에는 면허증 갱신 기간 이전에 갱신할 수 있도록 하거나 면허증 갱신 기간을 한 번만 연기하여야 한다.
③ 제2항에 따라 면허증 갱신이 연기된 사람은 그 사유가 없어진 날부터 3개월 이내에 면허증을 갱신하여야 한다.

9. 수상안전교육 (법 제13조)

① 조종면허를 받으려는 사람은 제6조에 따라 면허시험 응시원서를 접수한 후부터, 면허증을 갱신하려는 사람은 제9조에 따른 면허증 갱신 기간 이내에 각각 해양경찰청장이 실시하는 다음 각 호의 수상안전교육(이하 "안전교육"이라 한다)을 받아야 한다. 다만, 최초 면허시험 합격 전의 안전교육의 유효기간은 6개월로 하며, 대통령령으로 정하는 사람에 대해서는 안전교육을 면제할 수 있다.

1. 수상안전에 관한 법령
2. 수상레저기구의 사용과 관리에 관한 사항
3. 그 밖에 수상안전을 위하여 필요한 사항

②. 해양경찰청장은 제1항에 따른 안전교육에 관한 사무의 전부 또는 일부를 해양경찰청장이 지정하는 기관이나 단체(이하 "안전교육 위탁기관"이라 한다)에 위탁하여 실시할 수 있다.
③. 안전교육 위탁기관의 인적 기준, 장비·시설 등의 지정 기준 및 절차는 대통령령으로 정한다.

■ 수상안전교육의 면제 (시행령)

법 제13조제1항 각 호 외의 부분 단서에서 "대통령령으로 정하는 사람"이란 다음 각 호의 어느 하나에 해당하는 사람을 말한다.
1. 법 제12조에 따른 갱신 기간의 마지막 날부터 소급하여 2년 이내의 기간에 법 제19조(대행기관 종사자 교육)에 따른 교육을 마친 사람
2. 법 제8조에 따라 면허시험 응시원서를 접수한 시점이나 법 제12조에 따라 면허증을 갱신하는 시점부터 과거 1년 이내에 다음 각 목의 어느 하나에 해당하는 교육을 마친 사람
   가. 법 제13조에 따른 수상안전교육(이하 "안전교육"이라 한다)
   나. 「선원법 시행령」 제43조에 따른 기초안전교육 또는 상급안전교육

■ 안전교육 위탁기관의 지정기준 등 (시행령)

①. 법 제14조제2항에 따른 안전교육 위탁기관(이하 "안전교육 위탁기관"이라 한다)의 지정기준은 별표5와 같다.
②. 안전교육 위탁기관으로 지정받으려는 자는 해양수산부령으로 정하는 바에 따라 해양경찰청장에게 그 지정을 신청해야 한다.
③. 안전교육 위탁기관의 장은 안전교육을 마친 자에 대하여 해양수산부령으로 정하는 안전교육수료증을 발급하여야 한다.
④. 안전교육 위탁기관에서 실시하는 안전교육의 내용에 관하여 필요한 사항은 해양수산부령으로 정한다.

> ■ 수상안전교육 (시행규칙)
> ①. 수상안전교육(이하 "안전교육"이라 한다)의 과목은 다음 각 호와 같으며, 안전교육의 내용·방법 및 시간은 해양경찰청장이 정하여 고시한다.
>   1. 수상레저안전 관계 법령
>   2. 수상레저기구의 사용·관리
>   3. 수상상식
>   4. 수상구조
> ②. 안전교육 위탁기관이 안전교육을 실시하는 경우에는 해양경찰청장이 감수한 교재를 사용해야 한다.
> ③. 해양경찰청장은 안전교육과 관련한 연간 일정을 수립하고 해양경찰관서의 게시판 또는 인터넷 등을 통하여 공고하여야 한다.

■ 수상안전교육의 내용·방법·시간 (수상레저안전업무처리규정)

교육과목	세부 교육내용	교육시간	교육방법
1. 수상레저안전 관계법령	가. 「수상레저안전법」 나. 「해사안전법」 다. 「선박의 입항 및 출항 등에 관한 법률」 라. 「해양환경관리법」	40분	강의
2. 수상레저기구의 사용·관리	가. 기구의 구조 및 장비 나. 기구의 정비 및 취급(고장 시의 응급처치요령 등) 다. 운항 전 점검 및 준비 라. 운반 및 보관요령	50분	강의
3. 수상상식	가. 수상기초(해류, 조류, 조석, 암초, 어망 등) 나. 해양기상(기상개요, 기상요소, 기상도, 기상예보 등) 다. 그 밖의 수상안전에 필요하다고 인정하는 사항	40분	강의 및 시청각
4. 수상구조	가. 항해 중 일반적 주의사항 나. 각종 구명장비 및 사용법 다. 수상에서의 조난 및 물에 빠진경우 생존요령 라. 응급처치, 인공호흡 및 심폐소생술	50분	강의 및 시청각

■ 수상안전교육 위탁기관 지정기준 (시행령 [별표 5])

1. 안전교육 위탁기관을 지정받으려는 기관 또는 단체의 장은 다음 각호의 서류를 해양경찰청장에게 제출하여야 한다.
2. 안전교육 위탁기관의 지정기준

항 목	기 준
1. 시설·설비 기준	가. 안전교육장(시청각 교육이 가능한 공간으로 50제곱미터 이상) 나. 행정실(10제곱미터 이상) 다. 화장실(남녀로 구별되어야 한다) 라. 승용차 10대 이상 주차 가능한 주차장
2. 강사 기준	해당 업무에 3년 이상 종사한 경력이 있는 안전교육 강사를 2명 이상 둘 것
3. 운영 기준	3시간의 교육과정을 매월 2회 이상 마련할 것 20명 이상의 수강자가 있고 요청이 있으면 출장교육을 실시할 것
4. 그 밖의 기준	안전교육 위탁기관 지정 신청일부터 최근 3년 이내에 제10조에 따라 안전교육 위탁기관 지정이 취소된 사실이 없을 것

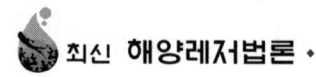

3. 안전교육 강사의 자격을 증명하는 서류
　　해당업무 3년 이상 종사한 경력 :

> ■ **해양경찰청장이 정하여 고시하는 업무(수상레저활동 관련업무)**
> 1. 해양경찰관서의 유·도선업무, 수상레저안전업무, 그 밖에 동력수상레저기구를 이용한 구난업무
> 2. 수상레저기구 제작·수리·대여업무
> 3. 대학에서의 동력수상레저기구 운용에 대한 강의업무
> 4. 대한체육회 가맹단체 또는 법인에서의 동력수상레저기구 관련 강사업무
> 5. 시험대행기관의 시험관 업무 및 안전교육위탁기관 또는 조종면허시험 면제교육기관의 강사업무

10. 안전교육 위탁기관의 지정취소 (법 제14조)

①. 해양경찰청장은 안전교육 위탁기관이 다음 각 호의 어느 하나에 해당하는 경우 그 지정을 취소하거나 6개월의 범위에서 기간을 정하여 업무를 정지할 수 있다. 다만, 제1호에 해당하면 그 지정을 취소하여야 한다.
 1. 거짓이나 그 밖의 부정한 방법으로 지정을 받은 경우
 2. 거짓이나 그 밖의 부정한 방법으로 안전교육 수료에 관한 증서를 발급한 경우
 3. 제10조제3항(인적, 장비·시설 등)에 따른 지정기준에 미치지 못하게 된 경우
②. 안전교육 위탁기관의 지정취소 및 업무정지에 관한 세부기준 및 절차는 해양수산부령으로 정한다.

11. 면허증 발급 (법 제15조)

①. 해양경찰청장은 다음 각 호의 어느 하나에 해당하는 경우에는 면허증을 발급하여야 한다.
 1. 제8조제1항에 따른 면허시험에 합격하여 면허증을 발급하는 경우
 2. 제12조에 따라 면허증을 갱신하는 경우
②. 조종면허의 효력은 제1항에 따라 면허증을 본인이나 그 대리인에게 발급한 때부터 발생한다.
③. 면허증을 잃어버렸거나 면허증이 헐어 못쓰게 된 경우 해양경찰청장에게 신고하고 다시 발급받을 수 있다.
④. 제1항 및 제3항에 따른 면허증의 발급 및 재발급 절차 등에 필요한 사항은 해양수산부령으로 정한다.

12. 면허증 휴대 등 의무 (법 제16조)

①. 동력수상레저기구를 조종하는 사람은 면허증을 지니고 있어야 한다.
②. 제1항의 조종자는 조종 중에 관계 공무원이 면허증의 제시를 요구하면 면허증을 내보여야 한다.
③. 누구든지 면허증을 빌리거나 빌려주거나 이를 알선하는 행위를 하여서는 아니 된다.

13. 조종면허의 취소·정지 (법 제17조)

①. 해양경찰청장은 조종면허를 받은 사람이 다음 각 호의 어느 하나에 해당하는 경우에는 해양수산부령으로 정하는 바에 따라 조종면허를 취소하거나 1년의 범위에서 기간을 정하여 그 조종면허의 효력을 정지할 수 있다. 다만, 제1호, 제2호 또는 제4호부터 제6호까지에 해당하면 조종면허를 취소하여야 한다.
1. 거짓이나 그 밖의 부정한 방법으로 조종면허를 받은 경우
2. 조종면허 효력정지 기간에 조종을 한 경우
3. 조종면허를 받은 사람이 동력수상레저기구를 사용하여 살인 또는 강도 등 해양수산부령으로 정하는 범죄행위를 한 경우
4. 제7조제1항제2호 또는 제3호에 따라 조종면허를 받을 수 없는 사람에 해당된 경우
5. 제7조제1항에 따라 조종면허를 받을 수 없는 사람이 조종면허를 받은 경우
6. 제27조제1항 또는 제2항을 위반하여 술에 취한 상태에서 조종을 하거나 술에 취한 상태라고 인정할 만한 상당한 이유가 있음에도 불구하고 관계공무원의 측정에 따르지 아니한 경우
7. 조종 중 고의 또는 과실로 사람을 사상하거나 다른 사람의 재산에 중대한 손해를 입힌 경우
8. 면허증을 다른 사람에게 빌려주어 조종하게 한 경우
9. 제28조를 위반하여 약물의 영향으로 인하여 정상적으로 조종하지 못할 염려가 있는 상태에서 동력수상레저기구를 조종한 경우
10. 그 밖에 이 법 또는 이 법에 따른 수상레저활동의 안전과 질서 유지를 위한 명령을 위반한 경우
②. 제1항에 따라 조종면허가 취소되거나 그 효력이 정지된 사람은 조종면허가 취소되거나 그 효력이 정지된 날부터 7일 이내에 해양경찰청장에게 면허증을 반납하여야 한다.

■ **조종면허취소 정지처분**

위반사항	행정처분기준			
	1차 위반	2차 위반	3차 위반	4차 위반
1) 거짓이나 그 밖의 부정한 방법으로 조종면허를 받은 경우	면허 취소			

2) 조종면허 효력정지 기간에 조종을 한 경우			면허 취소		
3) 조종면허를 받은 자가 동력수상레저기구를 이용하여 살인 또는 강도 등 범죄행위를 한 경우	1) 「국가보안법」을 위반한 범죄		면허 취소		
	2) 「형법」 등을 위반한 다음 각 목의 어느 하나의 범죄	가) 살인·사체유기 또는 방화 나) 강도·강간 또는 강제추행 다) 약취·유인 또는 감금 라) 상습절도(절취한 물건을 운반한 경우에 한한다)	면허 취소		
	3) 다음 각 목의 어느 하나에 해당하는 법을 위반한 범죄	가) 「유선 및 도선사업법」 나) 「체육시설의 설치·이용에 관한 법률」 다) 「낚시 관리 및 육성법」 라) 「해사안전법」 마) 「수산업법」 바) 「내수면어업법」 사) 「수산자원관리법」	면허 정지 3개월	면허 정지 6개월	면허 취소
	4) 이 법을 위반하여 범죄 행위를 한 경우		면허 정지 3개월	면허 정지 6개월	면허 취소
4) 술에 취한 상태에서 조종을 하거나 술에 취한 상태라고 인정할 만한 상당한 이유가 있음에도 불구하고 관계 공무원의 측정에 따르지 않은 경우			면허취소		
5) 조종 중 고의 또는 과실로 사람을 사상(死傷)하거나 다른 사람의 재산에 중대한 손해를 입힌 경우	1) 고의 또는 과실로 사람을 죽게 하거나 사람에게 3주 이상의 치료가 필요하다고 의사가 진단한 상해를 입힌 경우 또는 고의로 다른 사람에게 중대한 재산상 손해를 입힌 경우		면허 정지 6개월	면허 취소	
	2) 과실로 다른 사람에게 3주 미만의 치료가 필요하다고 의사가 진단한 상해를 입히거나 다른 사람에게 중대한 재산상 손해를 입힌 경우		경고	면허 정지 2개월	면허 정지 6개월	면허 취소
6) 면허증을 다른 사람에게 빌려주어 조종하게 한 경우			면허 정지 3개월	면허 정지 6개월	면허 취소
7) 약물의 영향으로 인하여 정상적으로 조종하지 못할 염려가 있는 상태에서 동력수상레저기구를 조종한 경우			면허 정지 6개월	면허 취소	
8) 그 밖에 법 또는 법에 따른 수상레저활동의 안전과 질서 유지를 위한 명령을 위반한 경우			경고	면허 정지 2개월	면허 정지 6개월	면허 취소

제1부. 수상레저안전법

※ 비고
1. 위반행위가 둘 이상인 경우로서 그에 해당하는 각각의 처분기준이 다른 경우에는 그 중 무거운 처분기준에 따른다. 다만, 둘 이상의 처분기준이 모두 면허정지인 경우에는 각 처분기준을 합산한 기간(1년을 초과하는 경우에는 1년을 말한다)을 넘지 않는 범위에서 무거운 처분기준의 2분의 1의 범위에서 가중할 수 있다.
2. 위반행위의 횟수에 따른 행정처분기준은 최근 1년 동안 같은 위반행위로 행정처분을 받은 경우에 적용한다. 이 경우 행정처분기준의 적용은 같은 위반행위에 대하여 최초로 행정처분을 한 날과 재적발일을 기준으로 한다.
3. 면허정지에 해당하는 위반사항으로서 위반행위의 동기, 내용, 횟수 또는 그 결과를 고려할 경우 개별기준을 적용하는 것이 매우 불합리하다고 인정되는 경우에는 그 처분기준을 2분의 1의 범위에서 감경하여 처분할 수 있다.
4. 일반조종면허와 요트조종면허를 소지한 사람이 조종면허의 취소 또는 정지처분에 해당하게 된 경우에는 위반 당시에 이용한 동력수상레저기구의 조종 또는 운항에 필요한 면허에 대해서만 취소처분 또는 정지처분을 해야 한다.
5. 조종면허를 취소 또는 정지하는 경우에는 위반 당시에 이용한 해당 조종면허만을 그 대상으로 한다.

14. 면허시험 업무의 대행 (법 제18조)

①. 해양경찰청장은 면허시험 실시에 관한 업무의 전부 또는 일부를 해양경찰청장이 지정하는 기관이나 단체(이하 "시험대행기관"이라 한다)로 하여금 대행하게 할 수 있다.
②. 해양경찰청장은 시험대행기관이 다음 각 호의 어느 하나에 해당하는 경우에는 그 지정을 취소하거나 6개월의 범위에서 그 업무를 정지할 수 있다. 다만, 제1호 또는 제2호에 해당하면 그 지정을 취소하여야 한다.
 1. 거짓이나 그 밖의 부정한 방법으로 지정을 받은 경우
 2. 시험대행기관의 장, 책임운영자 또는 종사자가 면허시험에 관하여 부정행위를 한 경우(지시 또는 묵인한 경우를 포함한다)
 3. 제5항에 따른 지정기준에 미치지 못하게 된 경우
 4. 이 법 또는 이 법에 따른 면허시험 대행업무를 적정하게 수행하지 못할 사유가 발생한 경우
③. 시험대행기관은 제1항에 따른 면허시험 대행업무에 대하여 해양경찰청장에게 보고하여야 한다.
④. 해양경찰청장은 제3항에 따라 보고받은 면허시험 대행업무에 대하여 처리 내용을 확인하고, 이 법 또는 이 법에 따른 명령을 위반한 사실을 발견하면 필요한 조치를 할 수 있다.
⑤. 제1항에 따른 면허시험 실시에 관한 업무의 대행과 시험대행기관의 지정기준, 제2항에 따른 지정의 취소·정지 절차, 제3항에 따른 보고 및 제4항에 따른 시험대행기관에 대한 감독 등에 필요한 사항은 대통령령으로 정한다.

■ 시험대행기관의 지정기준 등 (시행령)

①. 시험대행기관(이하 "시험대행기관"이라 한다)의 지정을 받으려는 자는 다음 각 호의 요건을 모두 갖추어야 한다.
  1. 시험장별로 책임운영자 1명 및 시험관 4명 이상을 갖출 것
  2. 시험장별로 해양수산부령으로 정하는 기준에 맞는 실기시험용 시설 등을 갖출 것
②. 제1항제1호에 따른 시험장별 책임운영자는 수상레저활동 관련 업무 중 해양경찰청장이 정하여 고시하는 업무에 5년 이상 종사한 경력이 있는 사람이어야 하며, 시험장별 시험관은 조종면허(일반조종면허 시험대행기관의 경우에는 제1급 조종면허를 말하고, 요트조종면허 시험대행기관의 경우에는 요트조종면허를 말한다)와 해양경찰청 지정단체에서 발행한 인명구조요원 자격을 갖춘 사람이어야 한다.
③. 시험대행기관으로 지정받으려는 자는 해양수산부령으로 정하는 바에 따라 해양경찰청장에게 그 지정을 신청하여야 한다.
④. 시험대행기관의 지정을 받으려는 자는 다음 각 호의 요건을 모두 갖추어야 한다.
  1. 시험장별로 책임운영자 1명 및 시험관 4명 이상을 갖출 것
  2. 시험장별로 해양수산부령으로 정하는 기준에 맞는 실기시험용 시설 등을 갖출 것
⑤. 책임운영자는 수상레저활동 관련 업무 중 해양경찰청장이 정하여 고시하는 업무에 5년 이상 종사한 경력이 있는 사람이어야 한다.
⑥. 시험관은 조종면허(일반조종면허 시험대행기관의 경우에는 제1급 조종면허를 말하고, 요트조종면허 시험대행기관의 경우에는 요트조종면허를 말한다)와 인명구조요원 자격을 갖춘 사람이어야 한다.

■ 시험대행기관의 시험장별 실기시험시설기준	
시험용 수상레저기구	실기시험용 수상레저기구의 규격에 알맞은 수상레저기구 3대 이상(요트의 경우에는 2대 이상을 말한다)을 갖추어야 한다.
실기시험 코스	실기시험 코스를 갖출 것.
안전시설	속력은 20노트 이상이고 정원은 4명 이상인 비상구조선 1대 이상, 구명조끼 20개 이상, 구명튜브 5개 이상, 소화기 3개 이상, 예비 노 3개 이상, 조난신호 장비 및 구급용 장비(비상의약품, 들것)를 갖출 것
부대시설	60제곱미터 이상인 안전교육장, 20제곱미터 이상인 행정실, 10제곱미터 이상인 감독실과 화장실을 갖추고 응시자가 이용할 수 있는 주차 공간이 있을 것

■ 실기시험용 수상레저기구의 규격

1. 일반조종면허 실기시험에 사용하는 수상레저기구

선체	빗물·햇빛을 차단할 수 있도록 조종석에 지붕이 설치되어 있을 것

길이	5 ~ 6미터	전폭	2 ~ 3미터
최대출력	100마력 이상	최대속도	30노트 이상
탑승인원	4인승 이상	기관	제한 없음
부대장비	나침반(지름 100밀리미터 이상) 1개, 속도계(MPH) 1개, RPM게이지 1개, 예비노, 소화기 및 자동정지줄		

■ **해양경찰청장이 정하여 고시하는 업무(수상레저활동 관련업무)**
1. 해양경찰관서의 유·도선업무, 수상레저안전업무, 그 밖에 동력수상레저기구를 이용한 구난업무
2. 수상레저기구 제작·수리·대여업무
3. 대학에서의 동력수상레저기구 운용에 대한 강의업무
4. 대한체육회 가맹단체 또는 법인에서의 동력수상레저기구 관련 강사업무
5. 시험대행기관의 시험관 업무 및 안전교육위탁기관 또는 조종면허시험 면제교육기관의 강사업무

2. 요트조종면허 실기시험에 사용하는 세일링요트

길이	약 10미터	전폭	제한 없음
최대출력	15마력 이상	최대속도	제한 없음
탑승인원	6인승 이상	기관	제한 없음

■ **인명구조요원 · 래프팅가이드의 자격기준**
1. 인명구조요원 및 래프팅가이드는 다음 각 호의 구분에 따른 자격을 갖춘 사람이어야 한다.
   - 가. 인명구조요원의 경우: 다음 각 목의 어느 하나에 해당하는 사람
   - 나. 해양경찰청장이 지정하는 수상레저 관련 기관이나 단체에서 교육과정을 마친 후 인명구조요원 자격을 취득한 사람
   - 다. 「수상에서의 수색·구조 등에 관한 법률」 제30조의2에 따른 수상구조사
   - 라. 래프팅가이드: 교육기관에서 교육과정을 마친 후 래프팅가이드 자격을 취득한 사람
2. 인명구조요원은 해당 수상레저사업의 영업구역에 배치하여야 하며, 래프팅가이드는 영업 중인 래프팅기구마다 1명 이상 탑승하여 영업구역의 안전상태와 탑승객의 안전을 확인하여야 한다. 다만, 운항 수역을 관할하는 시장·군수·구청장(특별자치시의 경우에는 특별자치시장을, 특별자치도의 경우에는 특별자치도지사를 말하고, 서울특별시 한강의 경우에는 서울특별시의 한강 관리에 관한 업무를 관장하는 기관의 장을 말한다. 이하 이 장에서 같다)이 해당 사업장과 영업구역의 물의 깊이, 유속(流速), 운항거리, 급류의 세기 및 안정성 등을 고려하여 위험방지에 지장이 없다고 인정하는 경우로서 승선정원이 4명 이하인 래프팅기구의 경우에는 래프팅가이드가 다른 래프팅기구에 탑승하여 근접 운항하면서 영업구역의 안전상태와 탑승객의 안전

상태를 확인하게 할 수 있다.
3. 래프팅기구를 운항하는 경우 래프팅가이드 1명이 근접운항하면서 운항할 수 있는 래프팅기구의 수는 운항수역을 관할하는 시장·군수·구청장이 2대부터 5대까지의 범위에서 정하여야 한다.
4. 배치하는 비상구조선은 인명구조에 적합한 동력수상레저기구로 하되, 비상구조선임을 알 수 있는 표시를 해야 한다.

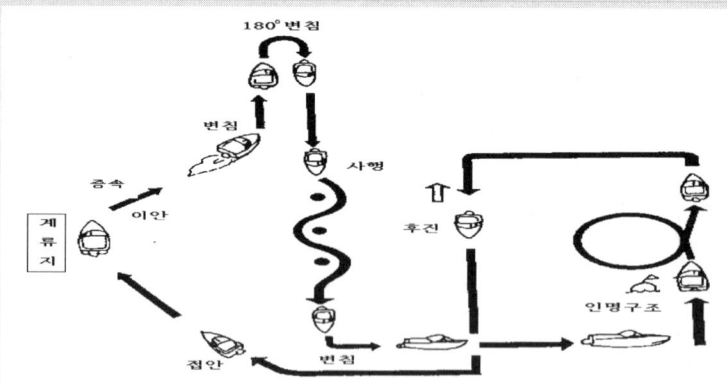

1) 계류장: 2대 이상 동시 계류가 가능해야 하고, 비트(bitt)를 설치할 것
2) 고정 부이: 3개 이상 5개 이하로 설치할 것
3) 이동 부이: 시험용 수상레저기구마다 1개씩 설치할 것
4) 사행코스에서의 부이와 부이 사이의 거리: 50미터로 할 것

15. 종사자 교육 (법 제19조)

①. 면허시험 면제교육기관, 안전교육 위탁기관, 시험대행기관 및 제38조에 따른 안전검사 대행 기관이나 단체에서 시험·교육·검사 업무에 종사하는 자는 해양경찰청장이 실시하는 교육을 받아야 한다.
②. 제1항에 따른 교육의 시기·대상 등에 필요한 사항은 해양수산부령으로 정한다.

> ■ **종사자에 대한 교육**
> ① 해양경찰청장이 실시하는 교육을 받아야 하는 사람은 다음 각 호와 같다.
> 1. 면허시험 면제교육기관의 책임운영자 및 강사
> 2. 안전교육 위탁기관의 강사
> 3. 시험대행기관의 책임운영자 및 시험관
> 4. 검사대행자의 안전검사원
> ② 해양경찰청장은 교육대상자별로 1년에 한 번 정기교육을 실시하며, 교육대상자가 종사하는 기관별로 이수해야 하는 교육시간은 다음 각 호와 같다.
> 1. 면허시험 면제교육기관, 시험대행기관: 21시간 이상
> 2. 안전교육 위탁기관: 8시간 이상
> 3. 검사대행자: 14시간 이상
> ③ 해양경찰청장은 필요한 경우 제2항에 따른 정기교육 외에 1년에 8시간 이하의 수시

제1부. 수상레저안전법

■ **시험대행기관의 지정취소 또는 업무정지처분에 관한 세부 기준**

위반사항	행정처분기준			
	1차 위반	2차 위반	3차 위반	4차 위반
가. 거짓이나 그 밖의 부정한 방법으로 지정을 받은 경우	지정 취소			
나. 지정기준에 미치지 못하게 된 경우	업무정지 1개월	업무정지 3개월	업무정지 6개월	지정 취소
다. 「수상레저안전법」 또는 같은 법에 따른 면허시험 대행업무를 원활하게 수행하지 못할 사유가 발생한 경우	경고	업무정지 3개월	업무정지 6개월	지정 취소

※ 비고:
1. 위반행위가 둘 이상인 경우로서 그에 해당하는 각각의 처분기준이 다른 경우에는 그 중 무거운 처분기준에 따른다. 다만, 둘 이상의 처분기준이 모두 업무정지인 경우에는 각 처분기준을 합산한 기간(1년을 초과하는 경우에는 1년을 말한다)을 넘지 않는 범위에서 무거운 처분기준의 2분의 1의 범위에서 가중할 수 있다.
2. 위반행위의 횟수에 따른 행정처분기준은 최근 1년 동안 같은 위반행위로 행정처분을 받은 경우에 적용한다. 이 경우 행정처분기준의 적용은 같은 위반행위에 대하여 최초로 행정처분을 한 날과 재적발일을 기준으로 한다.
3. 업무정지에 해당하는 위반사항으로서 위반행위의 동기, 내용, 횟수 또는 그 결과를 고려할 때 개별기준을 적용하는 것이 매우 불합리하다고 인정되는 경우에는 그 처분기준을 2분의 1의 범위에서 감경하여 처분할 수 있다.

[제3장 안전준수 의무]

1. 안전장비의 착용 (법 제20조)

수상레저활동을 하는 자는 구명조끼 등 인명안전에 필요한 장비를 해양수산부령으로 정하는 바에 따라 착용하여야 한다.

■ **인명안전장비의 착용 (시행규칙)**
① 수상레저활동을 하는 사람은 법 제20조에 따라 해양경찰서장 또는 시장·군수·구청장(구청장은 자치구의 구청장을 말하고, 특별자치시의 경우에는 특별자치시장을, 특별자치도의 경우에는 특별자치도지사를 말하며, 서울특별시 한강의 경우에는 서울특별시의 한강 관리에 관한 업무를 관장하는 기관의 장을 말한다. 이하 이 장 및 제5장에서 같다)이 인명안전장비에 관하여 특별한 지시를 하지 않는

> 경우에는 구명조끼[서프보드 또는 패들보드를 이용한 수상레저활동의 경우에는 보드 리쉬(board leash: 서프보드 또는 패들보드와 발목을 연결하여 주는 장비를 말한다)를 말한다]를 착용해야 하며, 워터슬레드를 이용한 수상레저활동 또는 래프팅을 할 때에는 구명조끼와 함께 안전모를 착용해야 한다.
> ②. 해양경찰서장 또는 시장·군수·구청장은 수상레저활동의 형태, 수상레저기구의 종류 및 날씨 등을 고려하여 수상레저활동자가 착용하여야 할 구명조끼·구명복 또는 안전모 등 인명안전장비의 종류를 정하여 특별한 지시를 할 수 있다.
> ③. 해양경찰서장 또는 시장·군수·구청장은 제2항에 따라 수상레저활동자가 착용하여야 하는 인명안전장비의 종류를 특별히 지시할 때에는 수상레저활동자가 보기 쉬운 장소에 그 사실을 게시하여야 한다.
> [시행 2022. 8. 10.] [해양수산부령 제561호, 2022. 8. 10., 일부개정]

2. 운항규칙 등의 준수 (법 제21조)

수상레저활동을 하는 사람은 대통령령으로 정하는 바에 따라 운항방법, 기구의 속도 및 「수상레저기구의 등록 및 검사에 관한 법률」 제16조제2항에 따른 운항구역 등에 관한 사항을 준수하여야 한다.

> ■ **수상레저활동자가 지켜야 하는 운항규칙 (시행령)**
>
> 1. 주위의 상황 및 다른 수상레저기구와의 충돌위험을 충분히 판단할 수 있도록 시각·청각과 그 밖에 당시의 상황에 적합하게 이용할 수 있는 모든 수단을 이용하여 항상 적절한 경계를 해야 한다.
> 2. 등록대상 동력수상레저기구의 경우에는 해양경찰청장이 지정·고시하는 항해구역을 준수해야 한다. 다만, 다음 각 목의 어느 하나에 해당하는 경우에는 그렇지 않다.
>   가. 항해구역을 평수구역(「선박안전법 시행령」에 따른 평수구역을 말한다. 이하 같다)으로 지정받은 동력수상레저기구를 이용하여 평수구역의 끝단 및 가까운 육지 또는 섬으로부터 10해리(수산업법의 관리선 기관, 구획어업에 사용되었던 기관을 사용하는 동력수상레저기구는 5해리) 이내의 연해구역을 항해하려는 경우
>   나. 항해구역을 평수구역으로 지정받은 동력수상레저기구를 이용하여 항해구역을 연해구역 이상으로 지정받은 동력수상레저기구와 500미터 이내의 거리에서 동시에 이동하려고 관할 해양경찰서장에게 운항신고(수상레저기구의 종류, 운항시간, 운항자의 성명 및 연락처 등의 신고를 말한다. 이하 같다)를 하여 해양경찰서장이 허용한 경우
> 3. 다이빙대·계류장 및 교량으로부터 20미터 이내의 구역이나 해양경찰서장 또는 시장·군수·구청장(특별자치도의 경우에는 특별자치도지사를 말하고, 서울특별시 한강의 경우에는 한강 관리에 관한 업무를 관장하는 기관의 장을 말한다. 이하 같다)이 지정하는 위험구역에서는 10노트 이하의 속력으로 운항해야 하며, 해양경찰서장 또는 시장·군수·구청장이 별도로 정한 운항지침을 따라야 한다.

제1부. 수상레저안전법

4. 다른 수상레저기구와 정면으로 충돌할 위험이 있을 때에는 음성신호·수신호 등 적당한 방법으로 상대에게 이를 알리고 우현 쪽으로 진로를 피하여야 한다.

5. 다른 수상레저기구의 진로를 횡단하는 경우에 충돌의 위험이 있을 때에는 다른 수상레저기구를 오른쪽에 두고 있는 수상레저기구가 진로를 피하여야 한다.

6. 다른 수상레저기구와 같은 방향으로 운항하는 경우에는 2미터 이내로 근접하여 운항하여서는 안 된다.

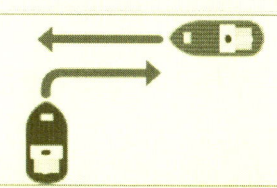

7. 다른 수상레저기구를 추월하려는 경우에는 추월당하는 수상레저기구를 완전히 추월하거나 그 수상레저기구에서 충분히 멀어질 때까지 그 수상레저기구의 진로를 방해하여서는 안 된다.

8. 다른 사람 또는 다른 수상레저기구의 안전을 위협하거나 레저기구의 소음기를 임의로 제거하거나 굉음을 발생시켜 놀라게 하는 행위를 하여서는 안 된다.

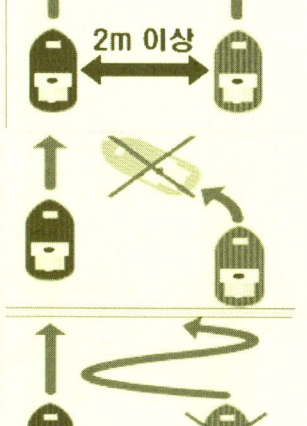

3. 기상에 따른 수상레저활동의 제한 (법 제22조)

누구든지 수상레저활동을 하려는 구역이 다음 각 호의 어느 하나에 해당하는 경우에는 수상레저활동을 하여서는 아니 된다. 다만, 파도 또는 바람만을 이용하는 수상레저기구의 특성을 고려하여 대통령령으로 정하는 경우에는 그러하지 아니하다.
 1. 태풍·풍랑·폭풍해일·호우·대설·강풍과 관련된 주의보 이상의 기상특보가 발효된 경우
 2. 안개 등으로 가시거리가 0.5킬로미터 이내로 제한되는 경우

■ **기상에 따른 수상레저활동 제한**
  태풍·풍랑·해일·호우·대설·강풍과 관련된 주의보 이상의 기상특보가 발효된 구역에서는 수상레저기구를 운항하여서는 안 된다. 다만, 다음 각 목의 어느 하나에 해당하는 경우에는 그러하지 아니하다.
    가. 해양경찰서장 또는 시장·군수·구청장이 해당 구역의 기상 상태를 고려하여 그 운항을 허용한 경우
    나. 기상특보 중 풍랑·호우·대설·강풍 주의보가 발효된 구역에서 파도 또는 바람만을 이용하여 활동이 가능한 수상레저기구를 운항하려고 관할 해양경찰서장 또는 시장·군수·구청장에게 운항신고를 한 경우

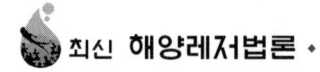

다. 기상특보 중 풍랑·호우·대설·강풍 경보가 발효된 구역에서 파도 또는 바람만을 이용하여 활동이 가능한 수상레저기구를 운항하려고 관할 해양경찰서장 또는 시장·군수·구청장에게 운항신고를 하여 해양경찰서장 또는 시장·군수·구청장이 허용한 경우

4. 원거리 수상레저활동의 신고 (법 제23조)

①. 출발항으로부터 10해리 이상 떨어진 곳에서 수상레저활동을 하려는 사람은 해양수산부령으로 정하는 바에 따라 해양경찰관서나 경찰관서에 신고하여야 한다. 다만, 「선박의 입항 및 출항 등에 관한 법률」 제4조에 따른 출입 신고를 하거나 「선박안전 조업규칙」 제15조에 따른 출항·입항 신고를 한 선박인 경우에는 그러하지 아니하다.

②. 제1항에도 불구하고 「수상레저기구의 등록 및 검사에 관한 법률」 제3조에 따른 동력수상레저기구(이하 "등록 대상 동력수상레저기구"라 한다)가 아닌 수상레저기구로 수상레저활동을 하려는 사람은 출발항으로부터 10해리 이상 떨어진 곳에서 수상레저활동을 하여서는 아니 된다. 다만, 안전관리 선박의 동행, 선단의 구성 등 해양수산부령으로 정하는 경우에는 그러하지 아니하다.

■ **원거리 수상레저활동 신고**

①. 원거리 수상레저활동을 신고하려는 자는 별지 서식의 원거리 수상레저활동 신고서를 해양경찰관서 또는 경찰관서에 제출(인터넷 또는 팩스를 이용한 제출을 포함한다)하여야 한다.

②. 법 제23조제2항 단서에서 "안전관리 선박의 동행, 선단의 구성 등 해양수산부령으로 정하는 경우"란 다음 각 호의 어느 하나에 해당하는 경우를 말한다.
  1. 「선박안전법 시행규칙」에 따른 연해구역, 근해구역 또는 원양구역을 항해구역으로 하는 동력수상레저기구와 500미터 이내의 거리에서 동행하여 수상레저활동을 하는 경우
  2. 위치를 확인할 수 있는 통신기기를 구비한 수상레저기구 2대 이상으로 선단(船團)을 구성하여 선단 내의 수상레저기구 간에 500미터(무동력수상레저기구 간에는 200미터를 말한다) 이내의 거리를 유지하며 수상레저활동을 하는 경우

5. 사고의 신고 등 (법 제24조)

①. 수상레저활동을 하는 사람은 다음 각 호의 어느 하나에 해당할 때에는 해양수산부령으로 정하는 바에 따라 지체 없이 해양경찰관서, 경찰관서 또는 소방관서 등 관계 행정기관에 신고하여야 한다.
 1. 수상레저기구에 동승한 사람이 사고로 사망·실종 또는 중상을 입은 경우
 2. 충돌, 좌초 또는 그 밖에 수상레저기구의 안전운항에 영향을 미치거나 미칠 우려가 있는

제1부. 수상레저안전법

　　사고가 발생하였을 경우
②. 제1항에 따른 신고를 받은 관계 행정기관의 장은 인명구조, 사고 수습 등을 위하여 필요한 조치를 하여야 한다.
③. 제1항에 따른 신고를 받은 경찰서장 또는 소방서장은 제2항에 따른 필요한 조치 후에 사고 장소가 해수면인 경우에는 관할 해양경찰서장에게, 내수면인 경우에는 관할 특별자치시장·특별자치도지사·시장·군수 및 구청장(구청장은 자치구의 구청장을, 서울특별시의 관할구역에 있는 한강의 경우에는 서울특별시의 한강 관리에 관한 업무를 관장하는 기관의 장을 말한다. 이하 "시장·군수·구청장"이라 한다)에게 그 결과를 통보하여야 한다.

> ■ **사고의 신고**
> 법 제24조에 따라 사고를 신고하려는 자는 전화·팩스 또는 그 밖의 적절한 방법으로 다음 각 호의 사항을 신고해야 한다.
>   1. 사고 발생의 날짜, 시간 및 장소
>   2. 사고와 관련된 수상레저기구의 종류
>   3. 사고자 및 조종자의 인적사항
>   4. 피해상황 및 조치사항

6. 무면허 조종의 금지 (법 제25조)

누구든지 조종면허를 받아야 조종할 수 있는 동력수상레저기구를 조종면허를 받지 아니하고(조종면허의 효력이 정지된 경우를 포함) 조종하여서는 아니 된다. 다만, 다음 각 호의 어느 하나에 해당하는 경우에는 그러하지 아니하다.
1. 제1급 조종면허를 가진 사람의 감독하에 수상레저활동을 하는 경우로서 해양수산부령으로 정하는 경우
2. 조종면허를 가진 사람과 동승하여 조종하는 경우로서 해양수산부령으로 정하는 경우

> ■ **무면허조종이 허용되는 경우**
> ①. 1급 조종면허가 있는 사람의 감독하에 수상레저활동을 하는 경우로서 다음 각 호의 요건을 모두 충족하는 경우를 말함.
>   1. 동시 감독하는 수상레저기구가 3대 이하인 경우
>   2. 해당 수상레저기구가 다른 수상레저기구를 견인하고 있지 아니하는 경우
>   3. 다음 각 목의 어느 하나에 해당하는 경우
>   가. 수상레저사업을 등록한 자의 사업장 안에서 탑승 정원이 4명 이하인 수상레저기구를 조종하는 경우(수상레저사업자 또는 그 종사자가 이용객을 탑승시켜 조종하는 경우는 제외한다)
>   나. 면허시험과 관련하여 수상레저기구를 조종하는 경우
>   다. 「초·중등교육법」 제2조 및 「고등교육법」 제2조에 따른 학교에서 실시하는 교육·훈련과 관련하여 수상레저기구를 조종하는 경우
>   라. 수상레저활동 관련단체 중 해양경찰청장이 정하여 고시하는 단체가 실시하는

> 　　　비영리 목적의 교육·훈련과 관련하여 수상레저기구를 조종하는 경우
> ②. 제1급 조종면허 소지자 또는 요트조종면허 소지자와 함께 탑승하여 조종하는 경우. 다만, 해당 면허의 소지자가 술에 취한 상태 또는 약물복용 상태에서 탑승하는 경우는 제외한다.

7. 야간 수상레저 활동의 금지 (법 제26조)

①. 누구든지 해진 후 30분부터 해뜨기 전 30분까지는 수상레저활동을 하여서는 아니 된다. 다만, 해양수산부령으로 정하는 바에 따라 야간 운항장비를 갖춘 수상레저기구를 사용하는 경우에는 그러하지 아니하다.
②. 해양경찰서장이나 시장·군수·구청장은 필요하다고 인정하면 일정한 구역에 대하여 해양수산부령으로 정하는 바에 따라 제1항 본문에 따른 시간을 조정할 수 있다.
③. 해양경찰서장이나 시장·군수·구청장은 제2항에 따라 시간을 조정한 경우에는 수상레저활동을 하는 사람이 보기 쉬운 장소에 그 사실을 공고하여야 한다.

> ■ **야간 운항장비**
> ①. 야간 수상레저활동을 하려는 사람이 갖추어야 하는 운항장비는 다음과 같다.
> 　1. 항해등 2. 나침반 3. 야간 조난신호장비 4. 통신기기 5. 전등
> 　6. 구명튜브 7. 소화기 8. 자기점화등 9. 위성항법장치 10. 등(燈)이 부착된 구명조끼
> ①. 제1항에도 불구하고 내수면의 경우 관할 시장·군수·구청장이 수면의 넓이, 물의 세기 및 깊이 등을 고려하여 야간 운항을 하는 데에 위험성이 없다고 인정할 때에는 제1항 제2호 및 제6호부터 제9호까지의 운항장비 중 일부를 갖추지 아니하게 할 수 있다.
> ②. 시장·군수·구청장은 야간 운항 장비의 일부를 갖추지 아니할 수 있게 한 경우에는 수상레저 활동자가 보기 쉬운 장소에 그 사실을 공고하여야 한다.

> ■ **야간 수상레저 활동시간의 조정**
> 해양경찰서장 또는 시장·군수·구청장은 야간 수상레저활동 시간을 조정하려는 경우에는 해가 진 후 30분부터 24시까지의 범위에서 조정하여야 한다.

8. 주취 중 조종금지 (법 제27조)

①. 누구든지 술에 취한 상태(「해사안전법」 2)제41조제5항에 따른 술에 취한 상태를 말한다. 이하 같다)에서 동력수상레저기구를 조종하여서는 아니 된다.

---

2) 「해사안전법」 제41조(술에 취한 상태에서의 조타기 조작 등 금지) ⑤ 제1항에 따른 술에 취한 상태의 기준은 혈중알코올농도 0.03퍼센트 이상으로 한다.

②. 다음 각 호에 해당하는 사람(이하 이 조에서 "관계공무원"이라 한다)은 동력수상레저기구를 조종한 사람이 제1항을 위반하였다고 인정할 만한 상당한 이유가 있는 경우에는 술에 취하였는지를 측정할 수 있다. 이 경우 동력수상레저기구를 조종한 사람은 그 측정에 따라야 한다.
  1. 경찰공무원
  2. 시·군·구 소속 공무원 중 수상레저안전업무에 종사하는 사람
③. 제2항에 따라 관계공무원(근무복을 착용한 경찰공무원은 제외한다)이 술에 취하였는지 여부를 측정하는 때에는 그 권한을 표시하는 증표를 지니고 이를 해당 동력수상레저기구를 조종한 사람에게 제시하여야 한다.
④. 제2항에 따라 술에 취하였는지 여부를 측정한 결과에 불복하는 사람에 대해서는 본인의 동의를 받아 혈액채취 등의 방법으로 다시 측정할 수 있다.

9. 약물복용 등의 상태에서 조종 금지 (법 제28조)

누구든지 「마약류 관리에 관한 법률」 제2조에 따른 마약·향정신성의약품·대마의 영향, 「화학물질관리법」 제22조에 따른 환각물질의 영향, 그 밖의 사유로 인하여 정상적으로 조종하지 못할 우려가 있는 상태에서 동력수상레저기구를 조종하여서는 아니 된다.

10. 정원 초과 금지 (법 제29조)

누구든지 대통령령으로 정하는 바에 따라 그 수상레저기구의 정원을 초과하여 사람을 태우고 운항하여서는 아니 된다.

■ 정원 초과 금지 (시행령)
①. 법 제29조에 따른 수상레저기구의 정원은 「수상레저기구의 등록 및 검사에 관한 법률」에 따른 안전검사에 따라 결정되는 정원으로 한다.
②. 「수상레저기구의 등록 및 검사에 관한 법률」에 따른 등록의 대상이 되지 아니하는 수상레저기구의 정원은 해당 수상레저기구의 좌석 수 또는 형태 등을 고려하여 해양경찰청장이 정하여 고시하는 정원산출 기준에 따라 산출한다.
②. 제1항 및 제2항에 따라 정원을 산출할 때에는 수난구호나 그 밖의 부득이한 사유로 승선한 인원은 정원으로 보지 아니한다.

[제4장 안전관리]

1. 수상레저활동 금지구역 지정 등 (법 제30조)

①. 해양경찰서장 또는 시장·군수·구청장은 수상레저활동의 안전을 위하여 필요하다고 인정하면 수상레저활동 금지구역(수상레저기구별 수상레저활동 금지구역을 포함한다)을 지정할 수 있다.

②. 누구든지 지정된 금지구역에서 수상레저활동을 하여서는 아니 된다.

> **참고** 해양경찰청 수상레저활동 금지구역 고시에 따른 금지구역 지정 장소
> - 수상레저종합정보(해양경찰청 운영) 홈페이지에서 확인 가능
> - 일반적으로 바다의 경우 양식장, 해수욕장 등과 내수면의 상수원보호구역, 중요시설 등 수산동식물 보호 및 안전을 위하여 수상레저활동 금지지역이 있음.

2. 시정명령 (법 제31조)

해양경찰서장 또는 시장·군수·구청장은 수상레저활동의 안전을 위하여 필요하다고 인정하면 수상레저활동을 하는 사람 또는 수상레저활동을 하려는 사람에게 다음 각 호의 사항을 명할 수 있다. 다만, 수상레저활동을 하려는 사람에 대한 시정명령은 사고의 발생이 명백히 예견되는 경우로 한정한다.

1. 수상레저기구의 탑승(수상레저기구에 의하여 밀리거나 끌리는 경우를 포함) 인원의 제한 또는 조종자의 교체
2. 수상레저활동의 일시정지
3. 수상레저기구의 개선 및 교체

3. 일시정지·확인 등 (법 제32조)

① 관계 공무원은 수상레저기구를 타고 있는 자가 이 법 또는 이 법에 따른 명령을 위반하였다고 인정하는 경우에는 수상레저기구를 멈추게 하고 이를 확인하거나 그 수상레저활동을 하는 자에게 면허증이나 신분증의 제시를 요구할 수 있다.

② 관계 공무원은 제1항에 따라 수상레저기구를 멈추게 하고 면허증 등의 제시를 요구하는 경우에는 그 권한을 표시하는 증표를 지니고 이를 관계인에게 내보여야 한다.

4. 관계 행정기관의 협조 (법 제33조)

① 해양경찰청장, 해양경찰서장 또는 시장·군수·구청장은 수상레저활동의 안전을 위하여 필요하다고 인정하면 관계 행정기관의 장에게 협조를 요청할 수 있다. 이 경우 협조 요청을 받은 관계 행정기관의 장은 특별한 사유가 없으면 그 요청에 따라야 한다.
② 시장·군수·구청장은 관할 내수면에서의 수상레저활동의 효율적인 안전관리를 위하여 필요하다고 인정하면 해양경찰청장이나 해양경찰서장에게 관계 경찰공무원을 파견하거나 일정 구역의 수상레저활동에 관한 안전관리업무를 담당하여 줄 것을 요청할 수 있다. 이 경우 요청을 받은 해양경찰청장이나 해양경찰서장은 특별한 사유가 없으면 그 요청에 따라야 한다.

5. 한국수상레저안전협회 설립 등 (법 제34조)

①. 수상레저활동 안전관리에 대한 연구·개발, 홍보 및 교육훈련 등 해양경찰청장 등의 행정기관이 위탁하는 업무의 수행과 수상레저산업의 건전한 발전 및 수상레저 관련 종사자의 안전관리 업무능력 향상을 위하여 한국수상레저안전협회(이하 "협회"라 한다)를 설립할 수 있다.
②. 협회는 법인으로 한다.
③. 협회는 다음 각 호에 해당하는 사업을 수행한다.
  1. 수상레저안전 및 수상레저산업의 진흥을 위한 연구사업
  2. 조종면허시험관리시스템 및 수상레저기구등록시스템 개발을 위한 연구사업
  3. 조종면허시험, 수상레저기구 등록·안전검사·안전점검의 대행
  4. 수상레저사업자 및 레저기구사용자 등에 대한 인명구조교육, 수상안전교육 및 관련 장비·교재의 개발
  5. 이 법 또는 그 밖의 법령에 따라 국가 또는 지방자치단체가 위탁하는 업무
  6. 그 밖에 해양경찰청장이 필요하다고 인정하는 사업
④. 해양경찰청장이 필요하다고 인정하는 경우에는 협회가 제3항의 사업을 원활하게 수행할 수 있도록 예산의 범위에서 협회에 재정지원을 할 수 있다.
⑤. 협회의 정관·업무·회원자격 및 감독 등에 필요한 사항은 대통령령으로 정한다.
⑥. 협회에 관하여 이 법에 규정된 것을 제외하고는 「민법」의 사단법인에 관한 규정을 준용한다.

6. 수상레저활동 안전협의회의 운영 (법 제35조)

① 시·도지사는 수상레저활동의 효율적인 안전관리를 위한 협조체제를 마련하기 위하여 해당 지역을 관할하는 관계 행정기관 및 단체 등의 대표자로 구성된 수상레저활동안전협의회를 구성·운영할 수 있다.

② 제1항에 따른 수상레저활동안전협의회의 구성과 운영에 필요한 사항은 대통령령으로 정하는 바에 따라 해당 지방자치단체의 조례로 정한다.
③ 해양경찰청장은 제1항에도 불구하고 수상레저활동의 안전관리를 위해 시·도지사에게 수상레저활동안전협의회의 구성·운영을 요청할 수 있다. 이 경우 요청을 받은 시·도지사는 특별한 사유가 없으면 그 요청에 따라야 한다.

> ■ **협의회의 구성 등 (시행령)**
> ①. 법 제35조에 따른 수상레저활동안전협의회(이하 "협의회"라 한다)는 위원장 1명을 포함한 17명 이내의 위원으로 구성한다.
> ②. 협의회의 위원장은 특별시·광역시·특별자치시·도·특별자치도의 부시장 또는 부지사가 되고, 위원은 다음 각 호의 사람이 된다.
> 1. 시·도에서 수상레저업무를 담당하는 공무원 중 해당 기관의 장이 지명하는 사람 1명 이상. 다만, 특별자치도의 경우에는 3명 이상으로 한다.
> 2. 시·도지사(특별자치시장 및 특별자치도지사는 제외한다)가 지정하는 시·군·구(자치구를 말하며, 이하 같다)에서 수상레저업무를 담당하는 공무원 중 해당 시장·군수·구청장이 지명하는 사람 각 1명 이상
> 3. 시·도지사가 위촉하는 수상레저 관련 단체의 대표자 1명 또는 수상레저 관련 전문가 1명
> 4. 관할지역 지방해양경찰청장이 지명하는 소속 수상레저업무담당 경찰관 1명
> ③. 협의회에 간사 1명을 두되, 간사는 시·도 소속 공무원 중 위원장이 지명하는 사람이 된다.
> ④. 협의회는 다음 각 호의 사항을 심의한다.
> 1. 관계 행정기관 간의 협조에 관한 사항
> 2. 수상레저안전과 관련한 관계 기관 및 단체의 건의사항
> 3. 수상레저안전업무의 개선·보완에 관한 사항
> 4. 그 밖에 수상레저안전업무와 관련한 사항

7. 전자시스템의 구축 · 운영 (법 제36조)

①. 해양경찰청장은 수상레저활동의 체계적인 안전관리를 위하여 수상레저종합정보시스템을 구축·운영할 수 있다.
②. 해양경찰청장은 해양수산부령으로 정하는 바에 따라 수상레저종합정보시스템을 이용하여 이 법 또는 「수상레저기구의 등록 및 검사에 관한 법률」에 규정된 업무를 처리할 수 있다.

[제5장 수상레저사업]

1. 수상레저사업의 등록 등 (법 제37조)

①. 수상레저기구를 빌려 주는 사업 또는 수상레저활동을 하는 사람을 수상레저기구에 태우는 사업(이하 "수상레저사업"이라 한다)을 경영하려는 자는 하천이나 그 밖의 공유수면의 점용 또는 사용의 허가 등에 관한 사항을 다음 각 호의 구분에 따른 자에게 등록을 하여야 한다. 이 경우 수상레저기구를 빌려 주는 사업을 경영하려는 수상레저사업자에게는 해양수산부령으로 정하는 바에 따라 등록기준을 완화할 수 있다.
  1. 영업구역이 해수면인 경우 : 해당 지역을 관할하는 해양경찰서장
  2. 영업구역이 내수면인 경우 : 해당 지역을 관할하는 시장·군수·구청장
  3. 영업구역이 둘 이상의 해양경찰서장 또는 시장·군수·구청장의 관할 지역에 걸쳐 있는 경우 : 수상레저사업에 사용되는 수상레저기구를 주로 매어두는 장소를 관할하는 해양경찰서장 또는 시장·군수·구청장
②. 제1항에 따라 등록을 한 수상레저사업자는 등록 사항에 변경이 있으면 해양수산부령으로 정하는 바에 따라 변경등록을 하여야 한다.
③. 제1항 또는 제2항에 따라 등록 또는 변경등록 신청을 받은 해양경찰서장 또는 시장·군수·구청장은 그 등록 전에 해당 영업구역을 관할하는 다른 해양경찰서장 또는 시장·군수·구청장과 협의하여야 한다.
④. 제1항에 따른 등록기준·절차 및 영업구역 조정 등 수상레저사업의 등록 등에 필요한 사항은 해양수산부령으로 정한다.

> ■ **수상레저사업의 등록신청**
> 법제37조제1항에 따라 수상레저기구를 빌려주는 사업 또는 수상레저활동자를 수상레저기구에 태우는 사업(이하 "수상레저사업"이라한다.)을 등록하려는 자는 수상레저사업 등록·등록갱신 신청서(전자문서로 된 신청서를 포함한다)에 다음 각 호의 서류를 첨부하여 해양경찰서장 또는 시장·군수·구청장에게 제출하여야 한다. 다만, 수상레저기구를 빌려주는 사업 중 각 호의 어느 하나에 해당하는 수상레저사업을 등록하려는 경우 제출하여야 하는 서류는 다음과 같다.
>   1. 정관(법인인 경우만 해당한다)
>   2. 사업장 명세서
>   3. 수상레저기구 및 인명구조용 장비 명세서
>   4. 종사자 및 인명구조요원(래프팅 가이드를 포함한다)의 명단 및 자격을 증명하는 서류
>   5. 영업구역을 표시한 도면
>   6. 하천이나 그 밖의 공유수면 등의 점용 또는 사용 등에 관한 허가서
>   7. 수상레저사업자 또는 종사자의 면허증 사본(영업구역이 내수면인 경우만 해당한다)

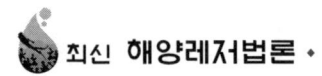

■ 수상레저기구를 빌려주는 수상레저사업 등록신청 시 구비서류의 완화

■ 수상레저사업의 형태	등록신청 시 구비서류
1. 수면으로부터 직선거리로 10킬로미터 이상 떨어진 지역이면서 하천이나 그 밖의 공유수면의 점용 또는 사용허가 등을 받을 수 없는 지역에서 육상에 보관하는 수상레저기구(래프팅기구는 제외한다)를 빌려주는 수상레저사업 2. 육상에서 보관하는 서프보드, 윈드서핑 또는 패들보드를 빌려주는 수상레저사업(이용자가 직접 해당 수상레저기구를 가져가는 경우로 한정한다)	○ 정관(법인인 경우만 해당한다) ○ 사업장 명세서 ○ 수상레저기구 장비명세서 ※ 하천·공유수면점사용허가 구비 완화

■ 수상레저기구를 빌려주는 수상레저사업 등록기준

항목	내용
사업장 기준	수상레저기구를 보관할 수 있는 장소를 갖추어야 한다.
수상레저기구	-등록대상인 수상레저기구는 안전검사를 받은 수상레저기구이어야 한다. -등록대상인 수상레저기구 이외의 수상레저기구는 안전검검을 받은 수상레저기구이어야 한다.

■ 수상레저사업 등록기준

항목	내용
사업장 기준	수상레저기구의 계류장·탑승장, 매표소, 화장실 및 승객 대기 시설을 갖추어야 한다.
영업구역	사업장의 규모, 수상레저기구의 종류 및 보유인력 등을 고려하여 수상레저활동의 안전 및 질서를 확보할 수 있다고 인정되는 구역이어야 한다.
자격기준	-수상레저사업자 또는 그 종사자 중 1명 이상은 제1급 조종면허 또는 요트조종면허(세일링요트만을 이용한 수상레저사업을 경영하는 경우에만 해당한다)를 갖추어야 한다. -무동력 수상레저기구만을 이용하여 수상레저사업을 하는 경우에는 수상레저사업자 또는 그 종사자 중 1명 이상이 제2급 조종면허 이상의 자격을 갖추기만 하면 된다. -래프팅용 수상레저기구만을 이용하여 수상레저사업을 하는 경우에는 조종면허를 갖춘 사람을 확보하지 아니하여도 된다. -조종면허를 갖고서 수상레저사업장에 종사하고 있는 사람은 해당 수상레저사업장에 종사하고 있는 기간 동안 다른 수상레저사업장에 종사하여서는 아니 된다.
수상레저기구	-등록대상인 수상레저기구는 안전검사를 받은 수상레저기구이어야 한다. -등록대상인 수상레저기구 이외의 수상레저기구는 안전검검을 받은 수상레저기구이어야 한다.

	공기주입형 고정식 튜브	**블롭점프** - 점프대의 높이는 수면으로부터 5미터 이내여야 한다. - 에어매트(점프대 아래에 설치하는 공기주입형 튜브를 말한다)는 움직이지 않도록 로프 등으로 고정해야 하고, 로프 등은 에어매트 밑으로 설치해야 한다. - 에어매트 주변의 수심은 2미터 이상이어야 하고, 수면으로 떨어지는 사람이 장애물에 부딪히지 않도록 에어매트의 앞쪽으로 5미터 이상, 양옆으로 3미터 이상의 공간을 확보해야 하며, 부표 등을 설치하여 그 공간을 표시해야 한다. - 점프대에서 뛰는 사람의 안전을 위해 점프대와 에어매트는 2미터 이상 겹쳐서 설치해야 한다. - 선착장 정면부 등 다른 수상레저기구의 운항을 방해할 수 있는 장소에 설치해서는 안된다.
		워터파크 - 워터파크 주변의 수심은 1미터 이상이어야 한다. - 워터파크 높이는 수면으로부터 8미터 이내로 설치해야 한다. - 워터파크 주변에는 물에 빠진 사람을 신속하게 구조하기 위해 폰툰(Pontoon) 등 도보이동을 위한 설비를 설치해야 하고, 워터파크와 도보이동을 위한 설비 사이의 거리는 1미터 이상이 되어야 한다. - 선착장 정면부 등 다른 수상레저기구의 운항을 방해할 수 있는 장소에 설치해서는 안된다.
인명구조용 장비 등	구명조끼	- 수상레저기구 탑승정원의 110퍼센트 이상에 해당하는 수의 구명조끼를 갖추어야 하고, 탑승정원의 10퍼센트는 소아용으로 한다. - 구명조끼는 「전기용품 및 생활용품 안전관리법」 또는 해양수산부장관이 고시하는 선박의 구명설비 기준에 적합한 제품이어야 한다.
	안전모	- 워터슬레드, 공기주입형 고정식튜브(블록점프)를 사용하거나 래프팅을 하는 경우에는 탑승정원의 110퍼센트 이상에 해당하는 수의 안전모를 갖춰야 하고, 탑승정원의 10퍼센트는 소아용으로 하며, 갖춰야 하는 안전모의 기준은 다음과 같다. ·충격 흡수성이 있을 것 ·충격으로 쉽게 벗어지지 않도록 고정시킬 수 있을 것 ·인체에 상처를 주지 아니하는 구조일 것 ·좌우, 상하로 충분한 시야를 가질 수 있도록 할 것 ·청력에 현저한 장애를 주지 않도록 할 것
		- 수상레저기구(래프팅에 사용되는 수상레저기구와 수상스키, 패러세일, 워터슬레드 등 견인되는 수상레저기구는 제외한다)의 수에 따라 다음의 구분에 따른 비상구조선을 갖추어야 한다. 다만, 케이블 수상스키 또는 케이블 웨이크보드 등 케이블을 사용하는 수상레저기구만을 갖춘

비상구조선	수상레저사업장의 경우 다른 수상레저기구가 없더라도 반드시 1대 이상의 비상구조선을 갖추어야 한다. ·수상레저기구가 30대 이하인 경우: 1대 이상의 비상구조선 ·수상레저기구가 31대 이상 50대 이하인 경우: 2대 이상의 비상구조선 ·수상레저기구가 51대 이상인 경우: 50대를 초과하는 50대마다 1대씩 더한 수 이상의 비상구조선 -비상구조선은 비상구조선임을 표시하는 주황색 깃발을 달아야 한다. -비상구조선은 탑승정원이 3명 이상, 속도가 시속 20노트(knot) 이상이어야 하고, 다음의 장비를 갖추어야 한다. ·망원경 1개 이상 ·구명튜브 5개 이상 또는 1자형 튜브 1개 이상 ·호루라기 1개 이상 ·30미터 이상의 구명줄 -비상구조선은 수상레저사업자가 해당 수상레저사업에 사용되는 수상레저기구 중에서 정하여 사용하되, 지정된 비상구조선은 사업장 구역의 순시(巡視)와 사고 발생 시 인명구조를 위하여 사용하여야 하며, 영업 중에는 항상 사용할 수 있어야 한다. 다만,「선박안전법 시행규칙」제15조제1항에 따른 평수(平水)구역, 연해구역, 근해구역 및 원양구역을 항행하는 모터보트 또는 세일링요트를 운용하는 수상레저사업자가 그 모터보트 또는 세일링요트의 수 만큼 해당 수상레저기구 안에 비상구조선을 적재한 경우에는 적용하지 아니하며, 해양경찰서장 또는 시장·군수·구청장이 이 표 중 계류장을 갖추지 아니하여도 된다고 조정한 경우에는 비상구조선을 최대한 빨리 사용할 수 있도록 수면과 가까운 장소에 비상구조선을 두어야 한다.
구명튜브	-탑승 정원이 4명 이상인 수상레저기구(수상오토바이 및 워터슬레드는 제외한다)에는 그 탑승 정원의 30퍼센트 이상에 해당하는 수의 구명튜브를 갖추어야 한다. -무동력수상레저기구에는 구명튜브를 갈음하여 스로 백(throw bag)을 갖출 수 있다. -스로 백에 딸린 구명줄은 지름 6밀리미터 이상, 길이 20미터 이상이어야 한다.
구명줄	-탑승 정원이 13명 이상인 수상레저기구에는 지름 10밀리미터 이상, 길이 30미터 이상의 구명줄 1개 이상을 갖추어야 한다.
예비용 노 · 상앗대	-노 또는 상앗대가 있는 수상레저기구는 그 수의 10퍼센트 이상에 해당하는 수의 예비용 노 또는 상앗대를 갖추어야 한다. -탑승 정원이 4명 이상인 동력수상레저기구(수상오토바이는 제외한다)에는 1개 이상의 예비용 노를 갖추어야 한다.
통신장비	-영업구역이 2해리 이상인 경우에는 수상레저기구에 사업장 또는 가까운 무선국과 연락할 수 있는 통신장비를 갖추어야 한다.
	-탑승 정원이 13명 이상인 동력수상레저기구에는 선실, 조타실(操舵室)

소화기	및 기관실에 각각 1개 이상의 소화기를 갖추어야 하고, 그 외 탑승 정원이 4명 이상인 동력수상레저기구(수상오토바이는 제외한다)에는 1개 이상의 소화기를 갖추어야 한다.
인명구조 요원	-비상구조선의 수에 해당하는 인명구조요원을 두어야 하고, 래프팅의 경우에는 래프팅기구의 수에 해당하는 래프팅가이드를 두어야 한다. 다만, 승선정원이 4명 이하인 래프팅기구의 경우에는 시장·군수·구청장 등이 정하는 수의 래프팅가이드를 두어야 하고, 워터파크의 경우에는 면적이 660m²를 초과할 때마다 1명의 인명구조요원을 추가로 두어야 한다. -인명구조요원 및 래프팅가이드는 해양경찰청장이 정하여 고시하는 수상레저활동 관련단체 또는 기관에서 정해진 교육과정을 이수한 후 해당 자격을 취득한 사람이어야 한다. -인명구조요원 및 래프팅가이드의 자격을 취득하려는 사람이 수상레저활동 관련 단체 또는 기관에서 받아야 하는 교육과정은 해양경찰청장이 고시한다. -인명구조요원 및 래프팅가이드 자격을 갖고서 수상레저사업장에 종사하고 있는 사람은 해당 수상레저사업장에 종사하고 있는 기간 동안 다른 수상레저사업장에 종사하여서는 안된다. -블롭점프 및 워터파크를 동시에 운영하는 경우에는 비상구조선의 수에 따라 두는 인명구조요원 외에 별도의 인명구조요원을 기구마다 각각 두어야 한다.

2. 사업등록의 유효기간 등 (법 제38조)

①. 제37조제1항에 따른 수상레저사업의 등록 유효기간은 10년으로 하되, 10년 미만으로 영업하려는 경우에는 해당 영업기간을 등록 유효기간으로 한다.
②. 제1항에 따른 등록 유효기간이 지난 후 계속하여 수상레저사업을 하려는 자는 해양수산부령으로 정하는 바에 따라 등록을 갱신하여야 한다.

3. 수상레저사업 등록의 결격사유 (법 제39조)

다음 각 호의 어느 하나에 해당하는 자는 수상레저사업 등록을 할 수 없다.
 1. 미성년자, 피성년후견인, 피한정후견인
 2. 이 법을 위반하여 징역 이상의 실형(實刑)을 선고받고 그 집행이 끝나거나 집행이 면제된 날부터 2년이 지나지 아니한 사람
 3. 이 법을 위반하여 징역 이상의 형의 집행유예를 선고받고 그 유예기간 중에 있는 사람
 4. 법 제48조에 따라 등록이 취소(이 조 제1호에 해당하여 등록이 취소된 경우는 제외한다)

된 날부터 2년이 지나지 아니한 자

4. 권리·의무 승계 (법 제40조)

다음 각 호의 어느 하나에 해당하는 자는 수상레저사업 등록에 따른 수상레저사업자의 권리·의무를 승계한다.
 1 수상레저사업자가 사망한 경우 그 상속인
 2 수상레저사업자가 그 사업을 양도한 경우 그 양수인
 3 법인인 수상레저사업자가 합병한 경우 합병 후 존속하는 법인이나 합병에 따라 설립되는 법인

5. 휴업 등의 신고 (법 제41조)

①. 수상레저사업자가 등록된 사업기간 중에 휴업하거나 폐업하려는 경우에는 해양수산부령으로 정하는 바에 따라 해양경찰서장 또는 시장·군수·구청장에게 신고하여야 한다.
②. 수상레저사업자가 휴업한 수상레저사업을 다시 개업하려는 경우에는 해양수산부령으로 정하는 바에 따라 해양경찰서장 또는 시장·군수·구청장에게 신고하여야 한다. 이 경우 해양경찰서장 또는 시장·군수·구청장은 그 내용을 검토하여 이 법에 적합하면 신고를 수리하여야 한다.
③. 제1항 또는 제2항에 따른 휴업이나 폐업 또는 재개업의 신고를 받은 해양경찰서장 또는 시장·군수·구청장은 수상레저사업장 소재지의 관할 세무서에 휴업이나 폐업 또는 재개업 사실을 통보하여야 한다.

6. 이용요금 (법 제42조)

수상레저사업자는 탑승료·대여료 등 이용요금을 정한 경우에는 해양수산부령으로 정하는 바에 따라 해양경찰서장 또는 시장·군수·구청장에게 신고한 후 사업장 안의 잘 보이는 장소에 게시하여야 한다. 신고한 사항을 변경하려는 경우에도 또한 같다.

7. 안전점검 (법 제43조)

①. 해양경찰서장 또는 시장·군수·구청장은 수상레저활동의 안전을 위하여 관계공무원으로 하여금 수상레저기구와 선착장 등 수상레저시설에 대하여 안전점검을 실시하도록 하여야 하고, 그 결과를 공개할 수 있다.
②. 해양경찰서장 또는 시장·군수·구청장은 제1항에 따른 안전점검 결과 해양수산부령으로

제1부. 수상레저안전법

정하는 바에 따라 정비 또는 원상복구를 명할 수 있다. 이 경우 정비 또는 원상복구에 필요한 기간을 정하여 해당 수상레저기구의 사용정지를 함께 명할 수 있다.
③. 제1항에 따라 점검을 하는 공무원은 그 권한을 표시하는 증표를 지니고 이를 관계인에게 내보여야 한다.
④. 제1항에 따른 안전점검의 대상·항목·시기·절차 및 점검결과의 공개 등에 필요한 사항은 대통령령으로 정한다.

8. 사업자의 안전점검 등 조치 (법 제44조)

①. 수상레저사업자와 그 종사자는 수상레저활동의 안전을 위하여 다음 각 호의 조치를 하여야 한다.
  1. 수상레저기구와 시설의 안전점검
  2. 영업구역의 기상·수상 상태의 확인
  3. 영업구역에서 사고가 발생하는 경우 구호조치 및 해양경찰관서·경찰관서·소방관서 등 관계 행정기관에 통보
  4. 이용자에 대한 안전장비 착용조치 및 탑승 전 안전교육
  5. 사업장 내 인명구조요원이나 래프팅가이드의 배치 또는 탑승
  6. 비상구조선(수상레저사업장과 그 영업구역의 순시 및 인명구조를 위하여 사용되는 동력수상레저기구를 말한다. 이하 이 조에서 같다)의 배치
②. 수상레저사업자와 그 종사자는 영업구역에서 다음 각 호의 행위를 하여서는 아니 된다.
  1. 14세 미만인 사람(보호자를 동반하지 아니한 사람으로 한정한다), 술에 취한 사람 또는 정신질환자를 수상레저기구에 태우거나 이들에게 수상레저기구를 빌려 주는 행위
  2. 수상레저기구의 정원을 초과하여 태우는 행위
  3. 수상레저기구 안에서 술을 판매·제공하거나 수상레저기구 이용자가 수상레저기구 안으로 이를 반입하도록 하는 행위
  4. 영업구역을 벗어나 영업을 하는 행위
  5. 제21조에 따른 수상레저활동시간 외에 영업을 하는 행위
  6. 대통령령으로 정하는 폭발물·인화물질 등의 위험물을 이용자가 타고 있는 수상레저기구로 반입·운송하는 행위
  7. 제37조에 따른 안전검사를 받지 아니하거나 안전검사에 합격하지 못한 동력수상레저기구 또는 제45조에 따른 안전점검을 받지 아니한 동력수상레저기구를 영업에 이용하는 행위
  8. 비상구조선을 그 목적과 다르게 이용하는 행위
③. 제1항제5호에 따른 인명구조요원이나 래프팅가이드의 자격 및 배치기준, 제1항제6호에 따른 비상구조선의 배치에 필요한 사항 등은 대통령령으로 정한다.

■ 구조요원·래프팅가이드의 자격기준
①. 인명구조요원 및 래프팅가이드는 다음 각 호의 구분에 따른 자격을 갖춘 사람이어야

한다.
1. 인명구조요원의 경우: 다음 각 목의 어느 하나에 해당하는 사람
   가. 해양경찰청장이 지정하는 수상레저 관련 기관이나 단체에서 교육과정을 마친 후 인명구조요원 자격을 취득한 사람
   나. 「수상에서의 수색·구조 등에 관한 법률」 수상구조사
2. 래프팅가이드: 교육기관에서 교육과정을 마친 후 래프팅가이드 자격을 취득한 사람

②. 교육기관의 지정 및 취소, 교육과정 등에 관하여 필요한 사항은 해양경찰청장이 정하여 고시한다.

③. 인명구조요원은 해당 수상레저사업의 영업구역에 배치하여야 하며, 래프팅가이드는 영업 중인 래프팅기구마다 1명 이상 탑승하여 영업구역의 안전상태와 탑승객의 안전을 확인하여야 한다. 다만, 운항수역을 관할하는 시장·군수·구청장(특별자치도의 경우에는 특별자치도지사를 말하고, 서울특별시 한강의 경우에는 서울특별시의 한강 관리에 관한 업무를 관장하는 기관의 장을 말한다. 이하 이 장 및 제8장에서 같다)이 해당 사업장과 영업구역의 물의 깊이, 유속(流速), 운항거리, 급류의 세기 및 안정성 등을 고려하여 위험방지에 지장이 없다고 인정하는 경우로서 승선정원이 4명 이하인 래프팅기구의 경우에는 래프팅가이드가 다른 래프팅기구에 탑승하여 근접운항하면서 영업구역의 안전 상태와 탑승객의 안전 상태를 확인하게 할 수 있다.

④. 래프팅기구를 운항하는 경우 래프팅가이드 1명이 근접운항하면서 운항할 수 있는 래프팅기구의 수는 운항수역을 관할하는 시장·군수·구청장이 2대부터 5대까지의 범위에서 정하여야 한다.

⑤. 배치하는 비상구조선은 인명구조에 적합한 동력수상레저기구로 하되, 비상구조선임을 알 수 있는 표시를 해야 한다.

■ 수상레저안전법 시행령

인명구조요원 및 래프팅가이드 교육기관 지정기준

구분	기준
1. 자격	수상안전과 관련된 업무를 수행하기 위하여 설립된 법인이나 수상인명구조교육 또는 수상인명구조를 목적으로 설립되어 활동 중인 단체 또는 기관
2. 시설기준	가. 바닥면적 65제곱미터 이상의 강의실 나. 길이 25미터 이상, 최저수심 1미터 이상, 5개 이상 레인을 가지고 있는 수영장
3. 인력 및 장비 기준	가. 인명구조요원 또는 래프팅가이드 자격을 갖춘 교육 강사를 5명 이상 둘 것 나. 인명구조요원 또는 래프팅가이드 교육과정별 교육장비를 보유할 것

비고
1. 제2호란의 시설이 교육기관 소유가 아닌 경우에는 임차를 통하여 교육기간 동안 이용할 수 있어야 한다.
2. 제3호란의 교육과정별 교육장비는 해양경찰청장이 정하여 고시한다.

제1부. 수상레저안전법

9. 등록 대상이 아닌 수상레저기구 운영 사업자 등의 준수사항 (법 제45조)

등록 대상 동력수상레저기구가 아닌 수상레저기구를 운영하는 수상레저사업자와 그 종사자는 수상레저기구의 운영, 안전기준 등에 관하여 해양수산부령으로 정하는 사항을 준수하여야 한다.

■ 수상레저안전법 시행규칙

등록 대상이 아닌 수상레저기구 운영 사업자 등의 준수사항

구분	준수사항
공기주입형 고정식 튜브 (블롭점프)	가. 에어매트의 공기주입구 및 표면, 정박줄 등을 정기적으로 점검해야 한다. 나. 점프대에서 뛰는 사람과 에어매트에서 수면으로 떨어지는 사람은 각 1명으로 한정한다. 다. 점프대 위와 아래 각 1명 이상의 관리자를 배치해야 하며, 점프대 아래의 관리자는 인명구조요원 자격을 갖춘 사람으로 한정한다. 라. 이용자가 구명조끼와 안전모를 착용했는지 확인해야 한다. 마. 이용자가 관리자의 감독하에 주간에만 기구를 이용할 수 있도록 해야 한다.

10. 영업의 제한 등 (법 제46조)

①. 해양경찰서장 또는 시장·군수·구청장은 다음 각 호의 어느 하나에 해당하는 경우에는 수상레저사업자에게 영업구역이나 시간의 제한 또는 영업의 일시정지를 명할 수 있다. 다만, 제3호부터 제5호까지에 해당하는 경우에는 이용자의 신체가 직접 수면에 닿는 수상레저기구 등 대통령령으로 정하는 수상레저기구를 이용한 영업행위에 대해서만 이를 명할 수 있다.
 1. 기상·수상 상태가 악화된 경우
 2. 수상사고가 발생한 경우
 3. 유류·화학물질 등의 유출 또는 녹조·적조 등의 발생으로 수질이 오염된 경우
 4. 부유물질 등 장애물이 발생한 경우
 5. 사람의 신체나 생명에 피해를 줄 수 있는 유해생물이 발생한 경우
 6. 그 밖에 대통령령으로 정하는 사유가 발생한 경우
②. 해양경찰서장 또는 시장·군수·구청장은 제1항 각 호의 사유가 소멸되거나 완화되었다고 판단되는 경우 영업구역이나 시간의 제한 또는 영업의 일시정지를 해제하여야 한다.

■ **영업의 제한 대상이 되는 수상레저기구**
법 제46조제1항 각 호 외의 부분 단서에서 "이용자의 신체가 직접 수면에 닿는 등 대통령

령으로 정하는 수상레저기구"란 서프보드, 수상스키 또는 페러세일 등 수상레저활동을 하는 사람이 활동 과정에서 수면에 닿게 되는 수상레저기구를 말한다.

11. 자료 제출 등 (법 제47조)

해양경찰서장 또는 시장·군수·구청장은 수상레저활동의 안전을 위하여 필요하다고 인정하면 대통령령으로 정하는 바에 따라 수상레저사업자에게 관련 서류나 자료를 제출하게 할 수 있다.

■ **자료 제출**
해양경찰서장 또는 시장·군수·구청장은 법 제47조에 따라 수상레저사업자에게 다음 각 호의 서류를 제출하게 할 수 있다.
 1. 보험등의 가입과 관련된 서류
 2. 조치를 했음을 증명하는 서류

12. 수상레저사업의 등록취소 등(법 제51조)

해양경찰서장 또는 시장·군수·구청장은 수상레저사업자가 다음 각 호의 어느 하나에 해당하는 경우에는 해양수산부령으로 정하는 바에 따라 수상레저사업의 등록을 취소하거나 3개월의 범위에서 영업의 전부 또는 일부의 정지를 명할 수 있다. 다만, 제1호부터 제3호까지에 해당하면 수상레저사업의 등록을 취소하여야 한다.
 1. 거짓이나 그 밖의 부정한 방법으로 등록을 한 경우
 2. 제39조 각 호의 어느 하나에 해당하게 된 경우
 3. 공유수면의 점용 또는 사용 허가기간 만료 이후에도 사업을 계속하는 경우
 4. 수상레저사업자 또는 그 종사자의 고의 또는 과실로 사람을 사상한 경우
 5. 수상레저사업자가 「수상레저기구의 등록 및 검사에 관한 법률」 제6조, 제9조, 제10조, 제13조, 제15조, 제17조의 규정을 위반한 수상레저기구를 수상레저사업에 이용한 경우
 6. 제37조제2항에 따라 변경등록을 하지 아니한 경우
 7. 제42조부터 제46조까지, 제49조제2항, 제50조의 규정 또는 명령을 위반한 경우
 8.

수상레저안전법 시행규칙

■ **수상레저사업의 등록취소 또는 업무정지처분의 기준**

위반사항	행정처분기준			
	1차 위반	2차 위반	3차 위반	4차 위반

위반행위	1차	2차	3차	4차
가. 거짓이나 그 밖의 부정한 방법으로 등록을 한 경우	등록취소			
나. 수상레저사업 결격사유에 해당하게 된 경우 및 공유수면의 점용 또는 사용허가 기간 만료 이후에도 사업을 계속하는 경우	등록취소			
다. 수상레저사업자 또는 그 종사자의 고의 또는 과실로 사람을 사상(死傷)한 경우 1) 고의로 사람을 사상한 경우	등록취소			
2) 과실로 사람을 사망하게 한 경우	업무정지 1개월	업무정지 2개월	등록취소	
3) 과실로 사람에게 2주 이상의 치료가 필요하다고 의사가 진단한 상해를 입힌 경우	경고	업무정지 1개월	업무정지 2개월	등록취소
라. 수상레저사업자가 등록(변경, 말소), 등록번호부착, 안전검사 규정을 위반한 수상레저기구를 수상레저사업에 이용한 경우	업무정지 1개월	업무정지 2개월	등록취소	
마. 수상레저사업 변경등록을 하지 않은 경우	업무정지 1개월	업무정지 2개월	등록취소	
바. 이용요금게시 또는 명령을 위반한 경우	경고	업무정지 1개월	업무정지 3개월	등록취소
사. 보험등 가입, 안전점검 등의 규정 또는 명령을 위반한 경우	업무정지 1개월	업무정지 3개월	등록취소	

※ 비고 :
1. 위반행위가 둘 이상인 경우로서 그에 해당하는 각각의 처분기준이 다른 경우에는 그 중 무거운 처분기준에 따른다. 다만, 둘 이상의 처분기준이 모두 업무정지인 경우에는 각 처분기준을 합산한 기간(1년을 초과하는 경우에는 1년을 말한다)을 넘지 않는 범위에서 무거운 처분기준의 2분의 1의 범위에서 가중할 수 있다.
2. 위반행위의 횟수에 따른 행정처분기준은 최근 1년 동안 같은 위반행위로 행정처분을 받은 경우에 적용한다. 이 경우 행정처분 기준의 적용은 같은 위반행위에 대하여 최초로 행정처분을 한 날을 기준으로 하되, 행정처분 후의 위반행위를 대상으로 한다.
3. 업무정지에 해당하는 위반사항으로서 위반행위의 동기, 내용, 횟수 또는 그 결과를 고려할 때 개별기준을 적용하는 것이 현저하게 불합리하다고 인정되는 경우에는 그 처분기준을 2분의 1의 범위에서 감경하여 처분할 수 있다.
4. 다목 2), 3)의 경우 수상레저사업자 또는 그 종사자와 피해자가 손해배상에 관하여 합의한 경우는 제외한다.

[제6장 보험]

[시행일: 2025. 6. 11.] 제54조의 개정규정 중 보험회사등 및 보험협회등에 관한 부분

1. 보험등의 가입 (법 제49조)

① 등록 대상 동력수상레저기구의 소유자는 동력수상레저기구의 사용으로 다른 사람이 사망하거나 부상한 경우에 피해자(피해자가 사망한 경우에는 손해배상을 받을 권리를 가진 자를 말한다)에 대한 보상을 위하여 소유한 날로부터 1개월 이내에 대통령령으로 정하는 바에 따라 보험이나 공제(이하 "보험등"이라 한다)에 가입하여야 한다.
② 수상레저사업자는 대통령령으로 정하는 바에 따라 그 종사자와 이용자의 피해를 보전하기 위하여 보험등에 가입하여야 한다.

■ 수상레저사업자의 보험등의 가입 (시행령 제28조)
법 제49조에 따라 수상레저사업자는 다음 각 호의 기준에 따라 보험등에 가입하여야 한다.
1. 가입기간: 수상레저사업자의 사업기간 동안 계속하여 가입할 것
2. 가입대상: 수상레저사업자의 사업에 사용하거나 사용하려는 모든 수상레저기구
3. 가입금액: 「자동차손해배상 보장법 시행령」 제3조제1항에 따른 금액 이상

> ■ 자동차 손해배상 보장법 시행령 (책임보험금 등)
> ① 법 제5조제1항에 따라 자동차보유자가 가입하여야 하는 책임보험 또는 책임공제(이하 "책임보험등"이라 한다)의 보험금 또는 공제금(이하 "책임보험금"이라 한다)은 피해자 1명당 다음 각 호의 금액과 같다.
>   1. 사망한 경우에는 1억5천만원의 범위에서 피해자에게 발생한 손해액. 다만, 그 손해액이 2천만원 미만인 경우에는 2천만원으로 한다.

2. 보험등의 가입정보 제공 (법 제50조)

수상레저사업자는 제49조에 따른 보험등의 가입에 관한 정보를 대통령령으로 정하는 바에 따라 종사자 및 이용자에게 알려야 한다.

■ 보험등의 가입여부 정보 제공
① 수상레저사업자는 법 제50조에 따라 그가 가입한 보험등의 가입기간, 가입대상 및 가입금액 등에 관한 사항을 사업장 안의 잘 보이는 장소에 게시하여야 한다.
② 제1항에서 규정한 사항 외에 보험등의 가입 여부에 관한 정보를 알리는 데 필요한 사항은 해양수산부령으로 정한다.

3. 보험등의 가입정보 요청 (법 제51조)

①. 해양경찰청장, 지방해양경찰청장, 해양경찰서장 또는 시장·군수·구청장은 제49조에 따른 보험등의 가입과 관련한 조사·관리를 위하여 보험회사 및 공제사업자(이하 "보험회사등"이라 한다) 또는 「보험업법」 제11장제1절의 보험협회 등(이하 "보험협회등"이라 한다)에 보험등의 가입과 관련한 조사·관리에 필요한 자료 또는 정보의 제공을 요청할 수 있다.
②. 보험회사등은 제1항에 따라 자료 또는 정보의 제공을 요청받은 경우 보험협회등을 통해 해당 자료 또는 정보를 제공할 수 있다.
③. 제1항에 따른 자료 및 정보의 제공을 요청받은 자는 정당한 사유가 없으면 요청에 따라야 한다.

4. 보험등 가입관리전산망의 구축·운영 등 (법 제52조)

①. 해양경찰청장은 보험등 가입관리 업무의 효율적인 수행을 위하여 제36조제1항에 따른 수상레저종합정보시스템과 보험회사등 또는 보험협회등이 관리·운영하는 전산시스템이나 이와 유사한 전산시스템을 연계하여 보험등 가입관리전산망(이하 "가입관리전산망"이라 한다)을 구축하여 운영할 수 있다.
②. 해양경찰청장은 보험회사등 또는 보험협회등에 가입관리전산망의 구축·운영을 위하여 대통령령으로 정하는 정보의 제공을 요청할 수 있다. 이 경우 관련 정보의 제공을 요청받은 자는 특별한 사유가 없으면 요청에 따라야 한다.
③. 가입관리전산망의 운영에 필요한 사항은 대통령령으로 정한다.

5. 보험등 미가입자에 대한 조치 (법 제53조)

①. 보험회사등은 보험등에 가입하여야 할 자가 다음 각 호의 어느 하나에 해당하면 그 사실을 해양수산부령으로 정하는 기간 내에 해양경찰청장, 지방해양경찰청장, 해양경찰서장 또는 시장·군수·구청장에게 알려야 한다.
 1. 자기와 보험등 계약을 체결한 경우
 2. 자기와 보험등 계약을 체결한 후 계약 기간이 끝나기 전에 그 계약을 해지한 경우
 3. 자기와 보험등 계약을 체결한 자가 그 계약 기간이 끝난 후 다시 계약을 체결하지 아니한 경우
②. 제1항에 따른 통지를 받은 해양경찰청장, 지방해양경찰청장, 해양경찰서장 또는 시장·군수·구청장은 보험등에 가입되지 아니한 보험등 가입의무자에게 지체 없이 10일 이상 15일 이하의 기간을 정하여 보험등에 가입하고 그 사실을 증명할 수 있는 서류를 제출할 것을 명하여야 한다.

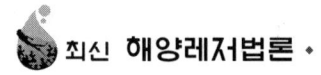

6. 보험등 미가입자에 대한 등록 등 처분의 금지 (법 제54조)

① 해양경찰청장, 지방해양경찰청장, 해양경찰서장 또는 시장·군수·구청장은 다음 각 호의 어느 하나에 해당하는 경우에 제49조에 따른 보험등 가입의무자가 보험등에 가입하였는지를 확인하여 보험등에 가입된 경우에만 등록 신청 또는 신고를 받아야 한다.
1. 등록 대상 동력수상레저기구의 소유자가 보험등 가입이 의무화된 수상레저기구를 「수상레저기구의 등록 및 검사에 관한 법률」 제6조제1항 및 제9조에 따라 등록 신청을 하는 경우
2. 수상레저사업자가 제37조 또는 제41조제2항에 따라 수상레저사업 등록 신청 또는 재개업의 신고를 하는 경우

② 제1항에 따른 보험등 가입의 확인 방법 및 절차 등에 관하여 필요한 사항은 해양수산부령으로 정한다.

7. 권한의 위탁 (법 제55조)

해양경찰청장은 가입관리전산망 구축·운영에 관한 업무를 보험회사등 또는 보험협회등에 위탁할 수 있다.

[제7장 보칙 · 벌칙]

1. 과징금 (법 제56조)

① 해양경찰청장은 면허시험 면제교육기관, 안전교육 위탁기관 또는 시험대행기관이 다음 각 호의 구분에 따른 사유에 해당하여 업무정지처분을 하여야 하는 경우로서 그 업무정지가 그 기관을 이용하는 자에게 심한 불편을 주거나 그 밖에 공익을 해칠 우려가 있다고 인정되면 업무정지처분에 갈음하여 1천만원 이하의 과징금을 부과할 수 있다.
1. 면허시험 면제교육기관: 제10조제1항제2호부터 제4호까지
2. 안전교육 위탁기관: 제14조제1항제2호 및 제3호
3. 시험대행기관: 제18조제2항제3호 및 제4호

② 제1항에도 불구하고 해양경찰청장은 면허시험 면제교육기관, 안전교육 위탁기관 또는 시험대행기관이 제1항에 따른 과징금 부과처분을 받고, 그 처분을 받은 날로부터 2년 이내에 다시 과징금 부과처분의 대상이 되는 위반행위를 한 경우에는 업무정지처분을 명하여야 한다.

③. 제1항에 따라 과징금을 부과하는 위반행위의 종류, 위반의 정도 등에 따른 과징금의 금액과 그 밖에 필요한 사항은 대통령령으로 정한다.
④. 해양경찰청장은 면허시험 면제교육기관, 안전교육 위탁기관, 시험대행기관이 제1항에 따른 과징금을 납부기한까지 내지 아니하면 국세 강제징수의 예에 따라 징수한다.

2. 수수료 (법 제57조)

①. 다음 각 호의 어느 하나에 해당하는 자는 해양수산부령으로 정하는 바에 따라 해양경찰청장 또는 시장·군수·구청장에게 수수료를 내야 한다.
 1. 제8조제1항에 따라 면허시험에 응시하려는 사람
 2. 제13조제1항에 따라 안전교육을 받으려는 사람
 3. 제15조에 따라 면허증의 발급, 재발급, 갱신을 신청하려는 사람
 4. 제37조와 제41조에 따라 수상레저사업의 등록·변경등록 및 휴업·폐업 또는 재개업의 신고 등을 신청하려는 자
②. 다음 각 호의 어느 하나에 해당하는 경우에는 안전교육 위탁기관 및 시험대행기관이 정하는 수수료를 해당 대행기관 등에 내야 한다.
 1. 제13조제2항에 따라 안전교육을 위탁하여 실시하는 경우
 2. 제18조제1항에 따라 시험대행기관이 면허시험 업무를 대행하는 경우
③. 제2항에 따라 안전교육 위탁기관 및 시험대행기관이 수수료를 정하거나 변경하려면 해양경찰청장의 승인을 받아야 한다.
④. 안전교육 위탁기관 및 시험대행기관이 제2항에 따라 수수료를 징수한 경우 그 수입은 안전교육 위탁기관, 시험대행기관의 수입으로 한다.
⑤. 제1항제1호 및 제2호에 따라 면허시험을 응시하거나, 안전교육을 받기 위하여 납부한 수수료의 반환기준 등에 필요한 사항은 해양수산부령으로 정한다.

3. 청문 (법 제58조)

①. 해양경찰청장은 다음 각 호의 어느 하나에 해당하는 처분을 하려면 청문을 하여야 한다.
 1. 제10조제1항에 따른 면허시험 면제교육기관의 지정취소, 업무정지 또는 제56조제1항제1호에 따른 과징금 부과
 2. 제14조제1항에 따른 안전교육 위탁기관의 지정취소, 업무정지 또는 제56조제1항제2호에 따른 과징금 부과
 3. 제18조제2항에 따른 시험대행기관의 지정취소, 업무정지 또는 제56조제1항제3호에 따른 과징금 부과
②. 해양경찰서장 또는 시장·군수·구청장은 제48조에 따라 수상레저사업의 등록을 취소하려면 청문을 하여야 한다.

4. 권한의 위임 (법 제59조)

이 법에 따른 해양경찰청장의 권한은 대통령령으로 정하는 바에 따라 그 일부를 그 소속 기관의 장에게 위임할 수 있다.

5. 벌칙 적용 시의 공무원 의제 (법 제60조)

면허시험 면제교육기관, 안전교육 위탁기관, 시험대행기관 및 제55조에 따라 위탁받은 업무에 종사하는 보험회사등 또는 보험협회등의 임직원은 「형법」 제127조 및 제129조부터 제132조까지의 규정에 따른 벌칙을 적용할 때에는 공무원으로 본다.

6. 벌칙 (법 제61조)

①. 다음 각 호의 어느 하나에 해당하는 자는 1년 이하의 징역 또는 1천만원 이하의 벌금에 처한다.
1. 제16조제3항을 위반하여 면허증을 빌리거나 빌려주거나 이를 알선한 자
2. 제25조 각 호 외의 부분 본문을 위반하여 조종면허를 받지 아니하고 동력수상레저기구를 조종한 사람
3. 제27조제1항을 위반하여 술에 취한 상태에서 동력수상레저기구를 조종한 사람
4. 술에 취한 상태라고 인정할 만한 상당한 이유가 있는데도 제27조제2항에 따른 관계공무원의 측정에 따르지 아니한 사람
5. 제28조를 위반하여 약물복용 등으로 인하여 정상적으로 조종하지 못할 우려가 있는 상태에서 동력수상레저기구를 조종한 사람
6. 제37조제1항 및 제2항을 위반하여 등록 또는 변경등록을 하지 아니하고 수상레저사업을 한 자
7. 제48조에 따른 수상레저사업 등록취소 후 또는 영업정지기간에 수상레저사업을 한 자

7. 벌칙 (법 제62조)

다음 각 호의 어느 하나에 해당하는 자는 6개월 이하의 징역 또는 500만원 이하의 벌금에 처한다.
1. 제43조제2항에 따른 정비·원상복구의 명령을 위반한 수상레저사업자
2. 제44조를 위반하여 안전을 위하여 필요한 조치를 하지 아니하거나 금지된 행위를 한 수상레저사업자와 그 종사자
3. 제46조에 따른 영업구역이나 시간의 제한 또는 영업의 일시정지 명령을 위반한 수상레저사업자

8. 양벌규정 (법 제63조)

법인의 대표자나 법인 또는 개인의 대리인, 사용인, 그 밖의 종업원이 그 법인 또는 개인의 업무에 관하여 제61조 및 제62조의 어느 하나에 해당하는 위반행위를 하면 그 행위자를 벌하는 외에 그 법인 또는 개인에게도 해당 조문의 벌금형을 과한다. 다만, 법인 또는 개인이 그 위반행위를 방지하기 위하여 해당 업무에 관하여 상당한 주의와 감독을 게을리하지 아니한 경우에는 그러하지 아니하다.

9. 과태료 (법 제64조)

①. 다음 각 호의 어느 하나에 해당하는 자에게는 100만원 이하의 과태료를 부과한다.
1. 제19조제1항을 위반하여 교육을 받지 아니한 사람
2. 제26조제1항 및 제2항에 따른 수상레저활동 시간 외에 수상레저활동을 한 사람
3. 제29조를 위반하여 정원을 초과하여 조종한 사람
4. 제30조제2항을 위반하여 수상레저활동 금지구역에서 수상레저활동을 한 사람
5. 제41조제1항 및 제2항을 위반하여 휴업, 폐업 또는 재개업의 신고를 하지 아니한 수상레저사업자
6. 제42조에 따라 신고한 이용요금 외의 금품을 받거나 신고사항을 게시하지 아니한 수상레저사업자
7. 제45조에 따른 등록 대상이 아닌 수상레저기구 운영 사업자 등의 준수사항을 위반한 수상레저사업자와 그 종사자
8. 제47조에 따른 서류나 자료를 제출하지 아니하거나 거짓의 서류 또는 자료를 제출한 수상레저사업자
9. 제49조제2항을 위반하여 보험등에 가입하지 아니한 수상레저사업자
10. 정당한 사유 없이 제50조를 위반하여 보험등의 가입 여부에 관한 정보를 알리지 아니하거나 거짓의 정보를 알린 수상레저사업자
11. 제53조제1항을 위반하여 통지를 하지 아니한 보험회사등

②. 다음 각 호의 어느 하나에 해당하는 자에게는 50만원 이하의 과태료를 부과한다.
1. 제17조제2항을 위반하여 면허증을 반납하지 아니한 사람
2. 제20조를 위반하여 인명안전장비를 착용하지 아니한 사람
3. 제21조를 위반하여 운항규칙 등을 준수하지 아니한 사람
4. 제22조를 위반하여 기상에 따른 수상레저활동이 제한되는 구역에서 수상레저활동을 한 사람
5. 제23조제1항을 위반하여 원거리 수상레저활동 신고를 하지 아니한 사람
6. 제23조제2항을 위반하여 등록 대상이 아닌 수상레저기구로 출발항으로부터 10해리 이상 떨어진 곳에서 수상레저활동을 한 사람
7. 제24조제1항을 위반하여 사고의 신고를 하지 아니한 사람
8. 제31조에 따른 시정명령을 이행하지 아니한 사람
9. 제32조에 따른 일시정지나 면허증·신분증의 제시명령을 거부한 사람

10. 제49조제1항을 위반하여 보험등에 가입하지 아니한 자
③. 제1항 및 제2항에 따른 과태료는 대통령령으로 정하는 바에 따라 해수면의 경우에는 해양경찰청장, 지방해양경찰청장 또는 해양경찰서장이, 내수면의 경우에는 시장·군수·구청장이 부과·징수한다.
④. 제1항 및 제2항에 따른 과태료의 부과·징수, 재판 및 집행 등의 절차에 관한 사항은 「질서위반행위규제법」을 따른다.

[과징금]

■ **위반행위의 종류와 과징금의 금액**(시행령 제38조의4제1항 관련)

위 반 내 용	근거법령	과징금 부과금액 (단위: 만원)		
		1차 위반	2차 위반	3차 위반
1. 면허시험 면제교육기관이 해양경찰청장에게 교육 이수 결과를 거짓으로 제출하여 법 제7조제1항제6호에 따른 교육을 이수하지 않은 사람에게 면허시험 과목의 전부를 면제하게 한 경우	법 제7조의2 제1항제2호	1,000	-	-
2. 면허시험 면제교육기관이 법 제7조제3항에 따른 교육내용을 지키지 않은 경우	법 제7조의2 제1항제3호	200	600	1,000
3. 면허시험 면제교육기관이 법 제7조제5항에 따른 지정 기준에 미치지 못하게 된 경우	법 제7조의2 제1항제4호	200	600	1,000
4. 안전교육 위탁기관이 거짓이나 그 밖의 부정한 방법으로 안전교육 수료에 관한 증서를 발급한 경우	법 제10조의2제1항제2호	1,000	-	-
5. 안전교육 위탁기관이 법 제10조제3항에 따른 지정 기준에 미치지 못하게 된 경우	법 제10조의2제1항제3호	200	600	1,000
6. 시험대행기관이 법 제14조제5항에 따른 지정 기준에 미치지 못하게 된 경우	법 제14조제2항제2호	200	600	1,000
7. 법 또는 법에 따른 면허시험 대행업무를 적정하게 수행하지 못할 사유가 발생한 경우	법 제14조제2항제3호	200	600	1,000
8. 검사대행자가 고의 또는 중대한 과실로 사실과 다르게 안전검사를 한 경우	법 제38조제2항제1호의2	1,000	-	-
9. 검사대행자가 법 제38조제5항에 따른 기준에 맞지 않게 된 경우	법 제38조제2항제2호	200	600	1,000
10. 검사대행자가 법 또는 법에 따른 명령이나 지정조건을 위반한 경우	법 제38조제2항제3호	200	600	1,000
11. 검사대행자가 업무와 관련하여 부정한 금품을 수수거나 그 밖의 부정한 행위를 한 경우	법 제38조제2항제4호	600	1,000	-

※ 비고: 위반행위의 횟수는 해양수산부령으로 정하는 처분기준에 따른 위반행위의 횟수 산정 기준에 따른다.

[수수료]

(단위: 원)

항목		관련 조문	수수료
1. 면허시험	필기시험	법 제8조제1항	4,800
	실기시험	법 제8조제1항	64,800
2. 안전교육		법 제13조제1항	14,400(교재 포함)
3. 면허증	신규발급	법 제15조	5,000
	갱신·재발급	법 제15조	4,000

■ 과태료의 세부 부과기준

1. 일반기준

가. 위반행위의 횟수에 따른 과태료 부과 기준은 최근 1년간 같은 위반행위로 과태료를 부과 받은 경우에 적용한다. 이 경우 같은 기간의 계산은 위반행위에 대하여 과태료부과 처분을 받은 날과 그 처분 후 다시 같은 위반행위를 하여 적발된 날을 기준으로 한다.

나. 가목에 따라 가중된 부과처분을 하는 경우 가중처분의 적용 차수는 그 위반행위 전 부과처분 차수(가목에 따른 기간 내에 과태료 부과처분이 둘 이상 있었던 경우에는 높은 차수를 말한다)의 다음 차수로 한다.

다. 부과권자는 다음의 어느 하나에 해당하는 경우에는 제2호에 따른 과태료 금액의 2분의 1의 범위에서 그 금액을 감경할 수 있다.
  1) 위반행위가 사소한 부주의나 오류로 인한 것으로 인정되는 경우
  2) 위반행위자의 법 위반상태를 시정하거나 해소하기 위한 노력이 인정되는 경우
  3) 그 밖에 위반행위의 정도, 위반행위의 동기와 결과 등을 고려하여 감경할 필요가 있다고 인정되는 경우

라. 부과권자는 다음의 어느 하나에 해당하는 경우에는 제2호에 따른 과태료 금액의 2분의 1의 범위에서 가중할 수 있다. 다만, 법 제59조제1항 및 제2항에 따른 과태료 금액의 상한을 넘을 수 없다.
  1) 위반의 내용·정도가 중대하여 다른 사람에게 미치는 피해가 크다고 인정되는 경우
  2) 법 위반상태의 기간이 6개월 이상인 경우
  3) 그 밖에 위반행위의 정도, 위반행위의 동기와 결과 등을 고려하여 가중할 필요가 있다고 인정되는 경우

2. 개별기준

(단위: 만원)

위반행위	과태료 금액
가. 면허증을 반납하지 않은 경우	20
나. 시험업무 종사자가 교육을 받지 않은 경우	100
다. 인명안전장비를 착용하지 않은 경우	10

라. 운항규칙을 지키지 않은 경우	1회 위반	2회 위반	3회 이상 위반
	10	20	30
마. 원거리 수상레저활동 신고를 하지 않은 경우		20	
바. 등록대상이 아닌 수상레저기구로 출발항으로부터 10해리 이상 떨어진 ht에서 수상레저활동을 하는 경우		20	
사. 수상레저활동 시간 외에 수상레저활동을 한 경우		60	
아. 정원을 초과하여 사람을 태우고 수상레저기구를 조종한 경우		60	
자. 수상레저활동 금지구역에서 수상레저활동을 한 경우		60	
차. 시정명령을 이행하지 않은 경우	1회 위반	2회 위반	3회 이상 위반
	10	15	20
카. 일시정지나 면허증·신분증의 제시명령을 거부한 경우		20	
타. 동력수상레저기구를 소유한 날부터 1개월 이내에 등록신청을 하지 않은 경우		50	
파. 수상레저기구 변경등록을 하지 않은 경우		10일 이내의 기간이 지난 자는 1만원(10일이 초과한 경우 1일 초과할 때마다 1만원 추가). 다만 과태료의 총액은 30만원을 초과하지 못한다.	
하. 수상레저기구의 말소등록의 최고를 받고 그 기간 이내에 이를 이행하지 않은 경우		20	
거. 보험등에 가입하지 않은 경우		10일 이내의 기간이 지난 자는 1만원(10일이 초과한 경우 1일 초과할 때마다 1만원 추가). 다만 과태료의 총액은 30만원을 초과하지 못한다.	
너. 등록번호판을 부착하지 않은 경우		30	
더. 구조·장치 변경승인을 받지 않은 경우		50	
러. 개인수상레저기구의 검사를 받지 않은 경우		10일 이내의 기간이 지난 자는 5만원(10일이 초과한 경우 1일 초과할 때마다 1만원 추가). 다만 과태료의 총액은 30만원을 초과하지 못한다.	

머. 수상레저사업자가 수상레저기구의 안전검사를 받지 않은 경우	50	
버. 거짓이나 그 밖의 부정한 방법으로 검사대행자로 지정을 받은 경우	100	
서. 고의 또는 중대한 과실로 사실과 다르게 안전검사를 한 경우	100	
어. 휴업, 폐업 또는 재개업의 신고를 하지 않은 경우	휴업·폐업 미신고 10	재개업 미신고 100
저. 수상레저사업자가 신고한 이용요금 외의 금품을 받거나 신고사항을 게시하지 않은 경우	30	
처. 수상레저사업자는 그 종사자와 이용자의 피해 보전을 위한 보험 등에 가입하지 않은 경우	100	
커. 정당한 사유 없이 보험 등의 가입 여부에 관한 정보를 알리지 않거나 거짓의 정보를 알린 경우	30	
터. 수상레저사업자 또는 종사자가 등록대상이 아닌 수상레기구 운영 운영 사업자 등의 준수사항을 위반한 경우	60	
퍼. 수상레저사업자가 서류나 자료를 제출하지 않거나 거짓의 서류 또는 자료를 제출한 경우	100	

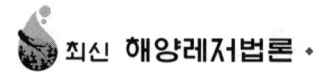

■ 수상레저사업장 종사자 인명구조요원 래프팅가이드 자격관리지침
[시행 2019. 9. 3.] [해양경찰청고시 제2019-4호, 2019. 9. 3., 일부개정]

제1조(목적) 이 지침은「수상레저안전법」(이하 "법"이라 한다) 제44조와 같은 법 시행령(이하 "시행령"이라 한다)에 따라 인명구조요원·래프팅가이드 교육기관의 지정 및 취소절차, 교육과정 등에 필요한 사항에 대하여 규정함을 목적으로 한다.

제2조(용어의 정의) 이 지침에서 사용하는 용어의 뜻은 다음과 같다.
1. "인명구조요원"이란 수상레저사업장(래프팅기구 만을 이용한 사업은 제외)에서 이용객 안전관리와 인명구조를 목적으로 배치되는 사람으로서 해양경찰청장이 지정한 교육기관에서 발급하는 인명구조요원 자격증을 취득한 사람을 말한다.
2. "래프팅가이드"란 래프팅기구를 이용한 수상레저사업장에서 이용객 안전관리와 인명구조를 목적으로 수상레저기구에 동승하거나 배치되는 사람으로서 해양경찰청장이 지정한 교육기관에서 발급하는 래프팅가이드 자격증을 취득한 사람을 말한다.
3. "교육기관"이란 인명구조요원 또는 래프팅가이드의 자격증 발급과 관련된 업무를 위하여 해양경찰청장으로부터 지정을 받은 법인이나 기관·단체를 말한다.
4. "인명구조·래프팅가이드강사"란 인명구조요원·래프팅가이드 교육과정에서 인명구조·래프팅가이드 이론과 실기교육을 담당하는 사람을 말하며, 인명구조·래프팅가이드 강사 및 평가관은 인명구조·래프팅가이드로서 역할을 할 수 있다.
5. "응급처치강사"란 인명구조요원·래프팅가이드 교육과정에서 응급처치와 심폐소생 교육·평가를 담당하는 사람을 말한다.
6. "평가관"이란 인명구조·래프팅가이드 자격을 평가하는 사람을 말한다.
7. "자격증"이란 법의 적용을 받는 수상레저사업장 등에 배치되는 인명구조요원 또는 래프팅가이드 자격을 인정하는 증서를 말한다.

제3조(적용범위) 인명구조요원 또는 래프팅가이드의 교육·자격관리·평가 등 다른 법령에서 정한 것을 제외하고는 이 지침을 적용한다.

제4조(교육기관 신청 자격)
① 법 제44조와 시행령에 따라 교육기관으로 지정받으려는 경우 다음 각 호의 자격을 모두 갖추어야 한다.
 1. 「민법」·「상법」 등 관련법에 따라 수상안전과 관련된 업무를 수행하기 위하여 설립된 법인이나 인명구조·래프팅가이드교육과 수상인명구조 활동 등을 목적으로 설립되어 활동 중인 기관·단체
 2. 자격기본법 제17조에 의하여 등록된 법인이나 기관·단체
 3. 최근 2년간 인명구조요원·래프팅가이드와 관련된 교육과정을 개설하고 매년 5회 이상 관련 민간자격이나 교육이수증을 발급한 실적이 있는 법인이나 기관·단체
② 제1항에도 불구하고 다음 각 호의 어느 하나에 해당하는 경우에는 지정신청을 할 수 없다.
 1. 제27조제1항에 따라 지정 취소된 후 3년이 지나지 아니한 경우
 2. 정관의 설립목적과 조직, 인력, 재산 등이 교육기관으로 적합하지 아니한 경우

제5조(교육기관의 지정신청) 교육기관으로 지정 받으려는 법인·단체·기관은 별지 제1호서식의 인명구조요원·래프팅가이드 교육기관 지정신청서에 다음 각 호의 서류를 첨부하여 해양경찰청장에게 신청해야 하며, 해양경찰청장은 한국수상레저안전협회장(이하 '협회장'이라 한다.)으로 하여금 그 업무를 대행하게 할 수 있다.
    1. 자격의 관리·운영에 관한 규정
    2. 교육장소·실기교육장비 등의 사용권리를 증명할 수 있는 서류
    3. 대표자와 임원의 이력서 및 조직도
    4. 교육 강사 명단과 경력증명서, 관련 자격증사본
    5. 「자격기본법」 제17조에 따라 등록된 법인이나 기관·단체임을 증명하는 서류
    6. 제4조제1항제3호의 실적을 증명하는 서류

제6조(교육기관의 지정과 고시)
① 해양경찰청장은 제5조에 따라 교육기관 지정신청을 관련서류 및 현장 실사를 통해 자격 조건 부합 여부를 확인하고 인명구조요원 또는 래프팅가이드 수요, 교육·자격 발급현황과 교육업무 수행능력 등을 종합적으로 판단하여 교육기관으로 지정할 수 있다.
② 협회장은 제5조에 따라 업무를 대행받은 경우 그 결과를 해양경찰청장에게 보고하여야 한다.
③ 제1항의 교육기관으로 지정하려면 신청을 받은 날로부터 20일 이내에 별지 제2호서식의 교육기관 지정서를 발급하고 관보와 수상레저종합정보 홈페이지 등을 통하여 공고하여야 한다.

제7조(신규 교육기관 지정 제한)
① 해양경찰청장은 교육기관의 과당경쟁, 부실교육 등을 방지하기 위하여 신규 교육기관 지정을 제한하거나 완화할 수 있다.
② 신규 교육기관 지정을 제한하거나 완화하는 경우는 그 사유와 제한하는 교육기관의 수 등을 관보와 수상레저종합정보 홈페이지 등을 통하여 공고하여야 한다.

제8조(변경내용의 신고)
① 다음 각 호의 사유가 발생하면 교육기관의 대표자는 별지 제3호서식의 인명구조요원·래프팅가이드 교육기관 변경신고서에 변경내용을 증명하는 서류를 첨부하여 30일 이내에 해양경찰청장에게 신고하여야 한다.
    1. 법인이나 기관·단체의 명칭이나 대표자가 변경된 때
    2. 법인이나 기관·단체의 주사무소의 이전이 있는 때
    3. 자격의 관리·운영에 관한 규정이 변경된 때
    4. 그 밖에 교육·자격발급과 관련된 중요사항을 변경한 때
② 해양경찰청장은 제1항에 따른 신청이 적합하다고 인정하면 인명구조요원·래프팅가이드 교육기관 지정서의 기재내용을 변경하여 신청인에게 발급하여야 한다.

제9조(업무의 제한) 교육과정에 참여한 인명구조·래프팅가이드강사는 당 회차 교육생을 대상으로 하는 자격평가 중 수강태도, 이론평가를 제외한 평가관으로 종사할 수 없다.

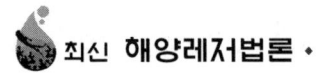

제10조(상호 업무의 협조)
① 교육기관의 대표자는 최종평가시 평가의 공정성 확보를 위하여 교육기관별로 교차평가를 실시하여야 한다. 단, 교육기관내에 별도의 지부를 운영하며 지부에서 교육을 실시하는 경우에는 교육기관내에서 자체 교차평가를 실시 할 수 있다. 이 경우 지부별 교차평가 세부계획을 사전에 해양경찰청장에게 제출하여야 한다.
② 제1항에 따라 교차평가를 위하여 평가관의 파견을 요청받은 교육기관의 대표자는 평가관 파견에 적극 협조하여 원활한 평가가 이루어 지도록 해야 한다.

제11조(교육생의 자격)
① 교육을 받으려는 사람의 최소자격 기준은 다음 각 호의 기초수영가능자이어야 한다. 단, 교육기관은 최소자격 기준을 포함하는 범위에서 자격기준을 조정하여 마련할 수 있다.
  1. 자유형, 평영 각 50m 이상 가능자
  2. 잠영 10m 이상 가능자(래프팅가이드인 경우 제외)
② 교육기관은 교육실시 전 기초수영이 가능한지에 대한 평가를 실시하고 결과를 기록·관리하여야 한다.
③ 제1항에 따른 기초수영 평가 시 최소 자격기준에 미치지 못하는 자에 대하여 교육을 시켜서는 아니 된다.

제12조(교육강사 · 평가관의 자격 등)
① 교육기관의 대표자는 교육과정의 전문성을 높이고 자격평가의 공정성을 확보하기 위하여 별표 1의 자격을 갖춘 교육강사와 평가관을 두어야 한다.
② 교육기관의 대표자는 교육과정에 참여하는 교육강사·평가관의 도덕성과 전문성을 충분히 고려하여 배치해야하며 해당 교육강사·평가관의 이력을 관리하여야 한다.

제13조(교육강사 · 평가관의 구성)
① 교육기관의 대표자는 다음 각 호의 교육강사와 평가관으로 구성하여 교육·평가를 실시하여야 한다. 단, 제15조제5항에 따른 갱신교육 또는 교육인원이 10명 미만(래프팅가이드 12명 미만)인 때는 인명구조·래프팅가이드강사를 1명으로 할 수 있다.
  1. 인명구조요원교육인 경우 인명구조강사 2명 이상, 응급처치강사 1명 이상, 평가관 1명 이상
  2. 래프팅가이드교육인 경우 래프팅가이드강사 3명 이상, 응급처치강사 1명 이상, 평가관 1명 이상
② 응급처치강사는 심폐소생술, 인공호흡법 등 응급처치와 관련된 교육·평가과정에만 참여할 수 있다. 단, 인명구조·래프팅가이드강사 자격과 응급처치강사 자격을 동시에 가진 경우 업무를 겸임할 수 있다.
③ 교육기관의 대표자는 교육·평가과정의 원활한 진행과 안전을 위하여 필요한 경우 교육강사와 평가관을 도와주는 별도의 보조요원을 둘 수 있다. 이 경우 보조요원은 교육생이 아닌 사람 중에서 선발하여야 한다.
④ 교육기관의 대표자는 제1항에 따라 구성된 교육강사의 불가피한 사유로 결원이 생긴 경우 전체 교육기관의 20%를 초과하지 않는 범위 내에서 교육을 실시할 수 있다. 단, 결원이

발생한 교육강사의 수만큼 제13조제3항에 따른 보조요원을 두어야 한다.
⑤ 교육기관의 대표자는 제4항에 따른 불가피한 사유에 대한 증빙자료를 해양경찰청장에게 제출 하여야 한다.

제14조(교육인원)
① 교육인원은 다음 각 호와 같이 편성하여야 한다.
　1. 인명구조요원 교육인원 30명 이하
　2. 래프팅가이드 교육인원 40명 이하
② 교육생이 제1항의 인원을 초과하는 때에는 별도의 반을 편성하여 교육과정을 진행할 수 있다. 이 경우 교육강사와 평가관의 구성은 제13조제1항 각 호와 같다.

제15조(교육과정)
① 인명구조요원에 관한 교육과정은 별표 2와 같다.
② 래프팅가이드에 관한 교육과정은 별표 3과 같다.
③ 교육기관에서는 필요한 경우 제1항 및 제2항의 교육과정을 초과하여 운영할 수 있다.
④ 인명구조요원 또는 래프팅가이드의 유효한 자격을 가진 사람이 상호 다른 자격을 취득하려고 할 때는 별표 2와 별표 3의 교육과정 중 중복되는 부분(수상안전과 응급처치)은 생략한다.
⑤ 갱신교육인 경우 8시간 이상의 범위에서 별표 2 또는 별표 3의 교육과정 중 변경이 있는 내용이나 반복이 필요한 내용을 정하여 실시하되 실기(종합구조술 등)를 2시간 이상 포함하여야 한다.

제16조(보험 등에의 가입)
① 교육기관의 대표자는 교육·평가시 발생하는 사고에 대비하여 교육과정 기간 동안 교육강사·평가관과 교육생 등의 피해보전을 위하여 보험 또는 공제에 가입하여야 한다.
② 제1항의 규정에 따른 보험 또는 공제의 가입금액은 법 시행령 제28조제3호의 규정에 따른 금액 이상으로 한다.

제17조(자격 평가기준 등)
① 교육기관의 대표자는 평가를 위하여 자체 세부평가 기준을 마련하여 최종평가 시 적용하여야 한다.
② 세부평가기준은 별표 4 및 별표 5의 평가기준을 포함하여야 한다.
③ 제1항과 제2항에 따라 실시한 최종평가에서 자격증을 발급 할 수 있는 합격 기준은 총점 100점을 만점으로 하되 70점 이상으로 한다.
④ 전체교육과정 불참률이 10% 이상인 교육생과 전체교육과정 불참률이 10%미만이더라도 세부교육과정 중 미이수 교육과정이 있는 교육생은 최종 평가 대상에서 제외한다.
⑤ 교육과정을 이수한 사람이 최종평가에 합격하지 못한 경우 교육 이수일로부터 6개월의 범위 안에 재평가에 응시할 수 있다.
⑥ 교육기관의 대표자는 평가업무에 종사하는 사람의 이론평가 문제 유출 등 부정한 행위 발견 시 즉시 종사자를 교체하여야 하고 부정행위를 한 사람은 향후 2년간 평가업무에 종사하게 하여서는 아니 된다.

제18조(자격증의 발급절차 등)
① 자격증의 발급은 교육기관의 대표자만이 할 수 있으며, 자격증 발급 관련 교육계획 수립, 교육과정 개설 및 교육생 모집 등 모든 업무는 교육기관 대표자의 책임하에 수행되어야 한다. 또한, 교육기관의 대표자는 자격증 부정발급 등 위법사항이 발생하지 않도록 관리의무에 최선을 다하여야 한다.
② 교육 종료 후 교육기관의 대표자에게 자격증 발급을 신청하는 경우 다음 각 호의 서류를 첨부하여 제출하여야 한다.
   1. 자격증(재교부 포함) 발급신청서과 평가채점표 사본
   2. 교육생 명단
   3. 교육생 출석부 사본
③ 자격증 발급의 신청을 받은 교육기관의 대표자는 발급 신청일로부터 7일 이내에 자격증을 발급하여야 한다. 이 경우 발급일은 신청일로 한다.

제19조(자격증의 발급)
① 인명구조요원·래프팅가이드의 자격증 발급나이를 만18세 이상으로 한다.
② 교육을 받고자 하는 사람이 만16세부터 만18세 미만인 경우 부모 등 친권자의 동의를 얻어 교육할 수 있고, 교육과정을 이수하고 최종평가에 합격한 때에는 교육기관에서 정한 교육 이수증을 발급할 수 있다.
③ 교육기관에서 유효하게 발급되어 유효기간 중에 있는 자격증에 한하여 법에서 규정하고 있는 자격증으로 인정한다.

제20조(유효기간과 갱신)
① 자격증의 유효기간은 3년으로 한다. 이 경우, 자격유효기간 만료후 즉시 효력이 정지되고 1년이 경과 후 자동으로 자격이 취소된다.
② 다음 각 호의 경우 교육기관에서 제15조제5항에 따른 갱신교육과정을 이수하고 자격을 갱신하거나 교부 받아야 한다. 이 경우 교육기관의 대표자는 자격증을 내주어야 한다.
   1. 자격증의 갱신기간은 자격증 발급일부터 유효기간 만료일 후 1년 이내로 한다. 다만, 자격증을 갱신한 경우에는 갱신한 날로부터 3년을 유효기간으로 한다.
   2. 제19조에 따른 교육 이수증을 받고 만18세가 된 날로부터 1년 이내
③ 제2호에 해당하는 사람이 다음 각 호의 어느 하나에 해당하는 사유로 자격증을 갱신·교부 받을 수 없는 경우에는 연기를 받을 수 있다.
   1. 갱신 기간 중 해외에 체류가 예정되어 있거나 체류 중인 경우 또는 재해·재난을 당한 경우
   2. 질병이나 부상을 입어 거동이 불가능한 경우
   3. 법령에 따라 신체의 자유를 구속당한 경우
   4. 군복무 중(「병역법」에 따라 교정시설경비교도·전투경찰대원이나 의무소방원으로 전환복무 중인 경우를 포함한다)인 경우
   5. 그 밖에 사회통념상 갱신 기간내에 자격증을 갱신할 수 없는 부득이한 사유라고 인정되는 경우

④ 제3항의 사유로 자격증의 갱신을 연기하려는 사람은 별지 제5호서식의 자격증 갱신·교부연기신청서에 사유를 증명할 수 있는 서류를 첨부하여 교육기관에 제출하여야 한다.
⑤ 교육기관은 제4항의 신청사유가 타당하다고 인정되는 경우에는 1회에 한하여 자격증의 갱신 기간을 연기하여야 한다.
⑥ 제5항에 따라 자격증 갱신기간을 연장 받은 사람은 사유가 없어진 날부터 6개월 이내에 자격증을 갱신하여야 한다.

제21조(자격증의 기재사항 등)
① 교육기관에서 발급하는 자격증의 규격은 다음과 같다.
   1. ISO 7810 준용 PVC카드(가로 86mm X 세로 54mm)
   2. 두께 : 0.78 ~ 0.80mm
② 제1항의 자격증에는 다음 각 호의 내용이 기재되어야 하고 기재 양식은 별지 제6호와 같다.
   1. 인명구조요원 자격증(Certificate of Life Guard) 또는 래프팅가이드 자격증(Certificate of Rafting Guide)
   2. 성명(영문포함), 생년월일, 발급번호, 발급일자, 유효기간
   3. 사진, 교육기관(직인 포함)
③ 제2항제2호의 발급번호는 연도, 자격종별, 일련번호로 구분하고 자격증 발급대장에 적는다.

제22조(교육계획과 교육실적 제출)
교육기관의 대표자는 해당연도 연간교육계획과 전년도 연간교육실적(일정, 장소, 파견 가능한 교육강사·평가관의 명단포함)을 매년 2월 말까지 해양경찰청장에게 제출하여야 한다.

제23조(관련서류의 보관 등)
① 교육기관의 대표자는 교육·자격의 발급과 관련하여 다음 각 호의 서류를 주사무소에 3년간 보관하여야 한다.
   1. 연간 자격교육계획서
   2. 수강신청서 대장
   3. 교육 전 기초수영 평가 결과
   4. 회차별 교육일정표·교육생 명단·출석부
   5. 자격증(갱신·교부 포함) 발급요청서와 평가채점표
   6. 자격증(갱신·교부 포함) 발급대장(발급번호, 발급일자, 유효기간 포함)
   7. 회차별 교육강사·평가관 명단과 이력관리대장
   8. 평가관 파견 기록대장(파견요청서 포함)
   9. 회차별 교육장소(수영장 포함)의 시설증빙서류(별표2, 3기준)
   10. 자격증 갱신·교부연기(사전갱신·교부) 신청서와 증빙서류
② 제1호의 서류는 전자결재시스템 또는 전자발급시스템에 의하여 비치·관리하는 경우를 포함한다. 이 경우 필요한 정보를 즉시 확인 및 출력이 가능하여야 한다.
③ 교육기관의 대표자는 교육·자격의 발급과 관련하여 별지 제7호서식의 자격발급 현황을 매년 12월 말까지 해양경찰청장에게 제출하여야 한다.

제24조(주무관청의 지도·감독 등)
① 해양경찰청장은 교육기관에 대해 매년 또는 필요시 교육·자격의 평가와 자격증의 발급·관리업무 등에 관한 지도·점검을 실시할 수 있으며, 협회장과 합동 점검반을 편성하여 실시할 수 있다.
② 제1항에 따라 지도·점검을 실시하는 경우 교육기관의 대표자에게 일정 등을 7일 전까지 사전에 통보하여야 한다.
③ 교육·자격증발급·관리 실태 등과 관련하여 필요하다고 판단되는 경우에 교육기관의 대표자에게 관련된 자료의 제출을 요청 할 수 있다.
④ 제1항에 따라 지도·점검을 실시한 경우 결과와 조치사항을 교육기관의 대표자에게 통보하여야 하고, 이 경우 교육기관의 대표자는 필요한 조치사항을 이행하여야 한다.
⑤ 교육기관의 대표자는 제3항에 따라 자료의 제출을 요청받은 경우 이에 따라야 한다.

제25조(협의체의 구성) 협회는 교육·자격의 발급 등에 관한 업무개선과 교육과정 발전을 위하여 협회 내에 각 교육기관들로 구성된 협의체를 구성하여 운영할 수 있다.

제26조(교육기관의 폐지신고 등) 교육기관의 대표자가 지정받은 교육 및 자격 발급 등의 업무를 폐지하려는 경우에는 발급 받은 지정서를 업무폐지일로부터 14일 이내에 해양경찰청장에게 반납하여야 한다.

제27조(교육기관 지정 취소·정지 등)
① 해양경찰청장은 제6조에 따라 지정한 교육기관이 다음 각 호의 어느 하나에 해당하면 지정을 취소하거나, 6월 이내의 기간을 정하여 정지할 수 있다. 다만, 제1호부터 제3호까지의 어느 하나에 해당하면 취소하여야 한다.
  1. 거짓이나 그 밖의 부정한 방법으로 지정을 받은 경우
  2. 교육기관으로 지정받은 법인이 해산한 때이거나 제26조에 의하여 폐지신고를 한 때 및 민간자격 등록단체에서 제외된 때
  3. 정지 처분을 받고 기간 중에 해양경찰청 지정 교육기관임을 표시하는 자격증을 발급하거나, 지정 기관임을 인터넷, 신문, 잡지 등 대중매체에 공지하는 행위를 한 때
  4. 정지 처분을 받고 자격회복 후 최근 2년 이내에 재차 3개월 이상의 정지 처분을 받은 때
  5. 제11조, 제17조 또는 제19조를 위반하여 자격이 없는 사람에게 자격증을 발급한 때
  6. 제8조에 따른 변경내용의 신고를 이행하지 아니한 때
  7. 제10조에 따른 교차평가를 실시하지 아니한 경우
  8. 제11조를 위반하여 자격평가를 실시하지 아니하거나 결과를 기록관리하지 아니한 때
  9. 제12조제1항 별표 1을 위반하여 자격이 없는 사람을 교육강사·평가관의 업무에 종사시킨 때
  10. 제13조에 따른 교육강사·평가관을 구성하지 아니하거나, 제14조에 따른 교육인원을 초과하여 구성한 때
  11. 제15조에 따른 교육과정을 이행하지 아니한 때
  12. 제16조에 따른 교육강사와 교육생의 피해보전을 위한 보험 등에 가입하지 아니한 때

13. 제18조를 위반하여 강사 등 교육기관의 대표자가 아닌 사람이 교육과정을 개설한 때
14. 제21조에 따른 자격증의 기재사항을 이행하지 아니한 때
15. 제22조에 따른 교육일정 등의 자료제출을 이행하지 아니한 때
16. 제23조제1항부터 제3항까지의 관련서류 보관 등을 하지 아니한 때
17. 제23조제4항에 따라 인명구조요원 또는 래프팅가이드 자격발급 현황을 제출하지 아니한 때
18. 제24조제4항에 따라 해양경찰청장이 통보한 필요한 조치사항을 이행하지 아니한 때
19. 교육과정 중 교육기관이나 교육강사(평가관 포함)의 고의 또는 중대한 과실로 인명 사고가 발생한 때
20. 특별한 사유없이 사무점검을 회피한 때
21. 별표2,3의 교육장소·시설의 규정을 위반한 때

② 제1항에 따른 지정취소·정지 처분에 관한 세부기준은 사유와 정도 등을 고려하여 별표 6과 같이 한다.
③ 해양경찰청장은 교육기관 지정취소를 알리려면 별지 제8호서식의 교육기관 지정 취소통지서에, 지정 정지를 알리려면 별지 제9호서식의 교육기관 지정 정지통지서에 따라 행하되, 처분집행 예정일 7일 전까지 교육기관의 대표자에게 알려야 한다.
④ 지정취소 처분을 받은 교육기관의 대표자는 발급받은 교육기관 지정서를 처분일로부터 14일 이내에 해양경찰청장에게 반납하여야 한다.
⑤ 해양경찰청장이 교육기관의 지정 취소·정지를 하면 그 사실을 관보에 고시하여야 한다.

제28조(재검토기한) 해양경찰청장은 「훈령·예규 등의 발령 및 관리에 관한 규정」에 따라 이 고시에 대하여 2020년 1월 1일 기준으로 매 3년이 되는 시점(매 3년째의 12월 31일까지를 말한다)마다 그 타당성을 검토하여 개선 등의 조치를 하여야 한다.

[별표 1]

교육강사 · 평가관의 자격기준(제12조제1항)

구 분	자 격 기 준
인명구조강사 평가관	■ 해양경찰청에서 지정한 교육기관에서 인명구조요원 자격증을 취득 후 유효기간내에 인명구조강사 교육과정을 이수하고 평가에 합격하여 인명구조강사 자격증을 취득한 사람으로 최근 3년 이내 3회차 이상 인명구조요원의 교육업무 전 과정에 참여 또는 동 기간내 120시간 이상 교육업무에 참여한 실적이 있는 사람
응급처치강사 평가관	- 다음 각 호의 어느 하나에 해당하는 경우 ■「응급의료에관한법률」제36조제2항의 1급 응급구조사 자격증을 소지한 사람으로 응급구조사 또는 해당 분야 강사 업무에 1년 이상 종사한 사람. ■「응급의료에관한법률」제36조제3항의 2급 응급구조사 자격증을 소지한 사람으로 응급구조사 또는 응급처치 강사 업무에 2년 이상 종사한 사람. ■ 응급처치강사 과정이 개설된 단체에서 실시하는 응급처치강사 교육과정을

	이수하고 평가에 합격하여 자격증을 취득한 사람으로 최근 3년 이내 3회차 이상 응급처치 교육 업무 전 과정에 참여 또는 동 기간내 120시간 이상 교육업무에 참여한 실적이 있는 사람
래프팅가이드 강사·평가관	■ 해양경찰청에서 지정한 교육기관에서 래프팅가이드 자격증을 취득 후 유효기간내에 래프팅가이드강사 교육과정을 이수하고 평가에 합격하여 래프팅가이드강사 자격증을 취득한 사람으로 최근 3년 이내 3회차 이상 래프팅가이드의 교육 업무 전 과정에 참여 또는 동 기간내 120시간 이상 교육업무에 참여한 실적이 있는 사람

[별표 2]

인명구조요원 교육과정(제15조제1항)

구분	과정명	교육시간	교육장비
계	11 과정	40시간	교육대상 인원 : 20인 기준
소계	5개 과정	16시간	- 최신 개정 CPR가이드라인을 반영한 가장 최근에 발간한 교재 교육생 당 1권 (수상안전/응급처치 포함) - 기본형마네킹 5세트 이상 (성인 3세트, 어린이·영아 각 1세트) - 중량물(5Kg 이상) 또는 수중구조용 마네킹 5개 이상 - 인공호흡용 마스크 5개 이상 - 수동식 인공호흡기 2개 이상 - 제세동기(AED) 2개 이상 - 구명부환 5개 이상 - 목 고정장비 5세트 이상 - 골절부목 및 붕대 5세트 이상 - 척추 고정 들것 1세트 이상 - 수상구조용 들 것 2개 이상 - 구조튜브 20개 이상 - 응급처치용 구급함 1세트 이상
수상안전 및 응급처치법	- 수상일반상식 - 인명구조요원의 자세(이론) - 출혈, 쇼크대응, 골절처치 등 - 익수자 운반(부목사용 등) - 기본인명구조술 (이론2시간, 실기4시간 이상)	4시간 이상 2시간 이상 2시간 이상 2시간 이상 6시간 이상	
소계	6개 과정	24시간	
인명구조법	- 각종 영법 숙달 - 구조튜브 및 도구이용 구조법 - 익수자 수영구조법 - 생존을 위한 수영법 - 경추환자 구조법 - 종합구조실습 및 평가	3시간 이상 5시간 이상 4시간 이상 4시간 이상 2시간 이상 6시간 이상	

※교육시간은 1일 8시간을 초과하지 못함.
※실기에 사용하는 장비는 「전기용품 및 생활용품 안전관리법」 등 관계법령의 검증을 마친 제품을 사용하여야 한다.
※이론교육장은 바닥면적 65제곱미터 이상의 강의실
■ 20명 이상 수강할 수 있는 면적과 책상·의자의 설치 및 책상·의자가 배열된 상태에서 실기실습을 할 수 있는 충분한 공간이 확보되어 있어야 한다.

제1부. 수상레저안전법

- 교육의 효과를 높일 수 있는 빔 프로젝터 등 영상장비를 갖추고 교육에 활용하여야 한다

※ 교육 및 평가 장소는 수영장, 강 또는 바다 등 교육기관에서 선택하여 실시할 수 있다. 단, 수영장에서 교육 및 평가를 하는 경우에는 수영장 길이 20미터 이상, 최저수심 1미터 이상인 곳에서 실시해야 한다.

※ 기본인명구조술 실기 6시간 중 4시간 이상은 성인과 영아를 구분하여 인공호흡, 이물질에 따른 기도 막힘 처치, 심폐소생술과 연계 실시하여야 한다.(마네킹 활용)

※ 종합구조실습은 인명구조상황에 대한 종합적인 실습을 말한다.

[별표 3]

래프팅가이드 교육과정(제15조제2항)

구분	과정명	교육시간	교육장비
계	14 과정	40시간	교육대상 인원 : 36인 기준
소계	5개 과정	16시간	- 최신 개정 CPR가이드라인을 반영한 가장 최근에 발간한 교재 교육생 당 1권 (수상안전/응급처치 포함) - 기본형마네킹 6세트 이상 (성인 4세트, 어린이·영아 각 1세트) - 인공호흡용 마스크 6개 이상 - 수동식인공호흡기 2개 이상 - 제세동기(AED) 2개 이상 - 목 고정장비 6세트 이상 - 골절부목 및 붕대 6세트 이상 - 척추 고정 들것 2세트 이상 - 응급처치용 구급함 1세트 이상 - 드로우백 36개 이상 - 구명조끼 36개 이상(교육생당 1개) - 헬멧 36개 이상(교육생당 1개) - 래프팅보트 (8인승 이상) 5대 이상
수상안전 및 응급처치법	- 수상일반상식 - 래프팅가이드의 자세(이론) - 출혈, 쇼크대응, 골절처치 등 - 익수자 운반(부목사용 등) - 기본인명구조술 (이론2시간, 실기4시간 이상)	4시간 이상 2시간 이상 2시간 이상 2시간 이상 6시간 이상	
소계	9개 과정	24시간	
인명구조법및 래프트 조종술	- 급류수영법 - 구조술(드로우로프 등) - 익수자 수영구조법 - 래프팅 테크닉 (리더쉽, 수신호 등) - 가이드 스트로크 - 래프트 기본조종술 - 래프트 급류조종술 - 래프트 복구방법 - 종합구조실습 및 평가	3시간 이상 4시간 이상 2시간 이상 2시간 이상 2시간 이상 2시간 이상 2시간 이상 3시간 이상 4시간 이상	

※ 교육시간은 1일 8시간을 초과하지 못함.
※ 실기에 사용하는 장비는 「전기용품 및 생활용품 안전관리법」 등 관계법령의 검증을 마친 제품을 사용하여야 한다.
※ 래프팅보트에서의 탑승교육시 보트 정원을 초과하지 않을 것.
※ 이론교육장은 바닥면적 65제곱미터 이상의 강의실
- 24명 이상 수강할 수 있는 면적과 책상·의자의 설치 및 책상·의자가 배열된 상태에서 실기실습을 할 수 있는 충분한 공간이 확보되어 있어야 한다.
- 교육의 효과를 높일 수 있는 빔 프로젝터 등 영상장비를 갖추고 교육에 활용하여야 한다

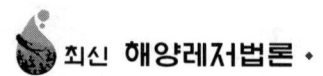

※교육 및 평가 장소는 수영장, 강 또는 바다 등 교육기관에서 선택하여 실시할 수 있다. 단, 수영장에서 교육 및 평가를 하는 경우에는 수영장 길이 20미터 이상, 최저수심 1미터 이상인 곳에서 실시해야 한다.
※기본인명구조술 실기 6시간 중 4시간 이상은 성인과 영아를 구분하여 인공호흡, 이물질에 따른 기도 막힘 처치, 심폐소생술과 연계 실시하여야 한다.(마네킹 활용)
※종합구조실습은 강, 하천 등의 급류가 있는 수면에서 실시하여야 하며 이 경우 래프팅 보트의 전복 등에 대비한 종합적인 구조 실습이 이루어져야 한다.

[별표 4]

인명구조요원 평가 기준 (제17조제2항)

평가항목	배점비율	평가방법	비고
출석 및 태도	5%	- 교육과정의 참석시간 및 태도 등 평가 - 전체교육과정 불참률이 10% 이상인 경우와 전체교육과정 불참률이 10%미만이더라도 세부교육과정 중 미이수 교육과정이 있는 경우 미 이수처리	출석부 관리
이론 평가	20%	- 인명구조요원의 역할과 의무에 따른 관련법령, 응급처치법, 종합구조술 등을 객관적으로 평가 - 교육교재 중심으로 20문항이상 출제 - 출제문제의 300%이상을 가지고 출제시마다 교체출제	문제 비공개 (당해년만 해당)
응급 처치	25%	- 기도폐쇄처치, 심폐소생술, 인공호흡법, 출혈과 쇼크 대응, 골절처치, 들것 이용 운반법(척추손상자 포함) 등을 종합평가 - 항목별 점검사항과 대응 요령 평가 - 마네킹, 부목과 붕대, 들것 등 장비 활용 - 각 항목을 세분화(성인과 영아 구분) 평가	절차 방법 정확도 평가
영법	20%	- 기본영법, 입영, 잠영 평가 - 기본영법은 자유형, 평영, 횡영 중 1가지 이상 선택 75m이상 수영가능 평가 - 입영은 양손 손목이 수면 밖으로 나온 상태 2분이상 평가 - 잠영은 1m이상 수면하에서 15m이상 평가	자체 시간 평가
종합 구조	30%	- 접근영법, 잡힘 탈출, 요구조자 확보(맨몸, 장비 등 이용), 수면운반법 등 평가 - 접근영법은 수하접근법과 장비접근법 포함하여야 하고 수면 접근시에는 머리를 들고 요구조자를 지속 확인하는지 - 잡힘 탈출은 목이나 손목 잡힘에 효과적으로 대응하는 방법 - 요구조자 확보는 수하접근과 수면접근으로 요구조자 확보방법(수중구조용 마네킹 이용 수중구조를 포함한다) - 수면운반법은 맨몸이나 장비를 이용 최소 25m이상 요구조자 운반	의식유무 구분 / 자체 시간 평가

제1부. 수상레저안전법

[별표 5]

래프팅가이드 평가 기준 (제17조제2항)

평가 항목	배점비율	평가방법	비고
출석 및 태도	5%	- 교육과정의 참석시간과 태도 등 평가 - 전체교육과정 불참률이 10% 이상인 경우와 전체교육과정 불참률이 10%만이더라도 세부교육과정 중 미이수 교육과정이 있는 경우 미 이수처리	출석부 관리
이론 평가	20%	- 래프팅가이드의 역할과 의무에 따른 관련법령, 응급처치법, 종합구조술 등을 객관적으로 평가 - 교육교재 중심으로 20문항이상 출제 - 출제문제의 300%이상을 가지고 출제시마다 교체출제	문제 비공개
응급 처치	25%	- 기도폐쇄처치, 심폐소생술, 인공호흡법, 출혈과 쇼크 대응, 골절처치, 들것 이용 운반법(척추손상자 포함) 등을 종합평가 - 항목별 점검사항과 대응요령 평가 - 마네킹, 부목과 붕대, 들것 등 장비 활용 - 각 항목을 세분화(성인과 영아 구분) 평가	절차 방법 정확도 평가
급류수영	5%	- 2급 이상의 급류에서 대각도 도강 30m이상(구명조끼 착용) - 목적지를 선정하여 도착지점과의 거리 등 측정	자세·시간
수영구조	10%	- 급류지에서의 수영구조와 운반 25m이상(구명조끼 착용) - 가상의 의식불명자 활용 구조와 운반실시	자세·시간
조종법	15%	- 래프팅보트에 탑승하여 스윕, 프라이, 파백 각 5회 이상 - 주행, 회전, 진출입 등	자세 정확도
전/원복	10%	- 급류지에서 래프팅보트 이용 전원복 실시(30초 이내) - 익수자 확인과 구조방법 등	자세 정확도 시간
드로우로프 구조	10%	- 급류지에서 드로우로프이용 구조(거리 20m이상) - 가상의 익수자 구조	투척법 정확도

[별표 6]

지정취소 정지처분의 기준 (제27조제2항)

위반사항	행정처분 기준 1차 위반	2차 위반	3차 위반
가. 거짓이나 그 밖의 부정한 방법으로 지정을 받은 경우	취소		
나. 교육기관으로 지정받은 법인이 해산한 때이거나 제26조에 의하여 폐지신고를 한 때 및 민간자격등록단체에서 제외된 때	취소		
다. 지정정지 처분을 받고 기간 중에 해양경찰청 지정 교육기관임을 표시하는 자격증을 발급하거나, 지정기관임을 인터넷, 신문, 잡지 등 대중 매체에 공지하는 행위를 한 때	취소		

라. 지정정지 처분을 받고 자격회복 후 최근 2년 이내에 재차 3개월 이상의 지정정지 처분을 받은 때	6월	취소		
마. 자격이 없는 사람에게 자격증을 발급한 때	6월	취소		
바. 변경내용의 신고를 이행하지 아니한 때	경고	1월	3월	취소
사. 교차평가를 실시하지 아니한 때	3월	6월	취소	
아. 자격평가를 실시하지 않거나 결과를 기록관리하지 아니한 때	3월	6월	취소	
자. 자격이 없는 사람을 교육강사·평가관의 업무에 종사시킨 때	3월	6월	취소	
차. 교육강사·평가관을 구성하지 않거나, 제14조에 따른 교육인원을 초과하여 구성한 때	3월	6월	취소	
카. 교육과정을 이행하지 아니한 때	1월	3월	6월	취소
타. 교육강사·평가관과 교육생의 피해보전을 위한 보험 등에 가입하지 아니한 때	1월	3월	6월	취소
파. 강사 등 교육기관의 대표자가 아닌 사람이 교육과정을 개설한 때	6월	취소		
하. 자격증의 기재사항을 이행하지 아니한 때	1월	3월	6월	취소
거. 교육일정 등의 자료제출을 이행하지 아니한 때	1월	3월	6월	취소
너. 관련서류 보관 등을 하지 아니한 때	경고	1월	3월	취소
더. 자격발급 현황을 제출하지 아니한 때	경고	1월	3월	취소
러. 해양경찰청장이 통보한 필요한 조치사항을 이행하지 아니한 때	1월	3월	6월	취소
머. 교육과정 중 교육기관이나 교육강사(평가관 포함)의 고의 또는 중대한 과실로 인명 사고가 발생한 때	3월	6월	취소	
버. 정당한 사유없이 사무점검을 회피한 때	6월	취소		
서. 교육장소·시설의 규정을 위반한 때	6월	취소		

※ 비고
1. 위반행위가 둘 이상인 경우로서 해당하는 각각의 처분기준이 다른 경우에는 그 중 무거운 처분기준에 따른다. 다만, 둘 이상의 처분기준이 동일한 지정정지인 경우에는, 각 처분기준을 합산한 기간을 넘지 않는 범위에서 무거운 처분기준의 2분의 1 범위에서 가중할 수 있다.
2. 위반행위에 정도 및 위반 횟수 등을 참작하여 처분기준의 2분의 1 범위에서 감경할 수 있다.
3. 위반행위의 횟수에 따른 처분의 기준은 최근 1년간 같은 위반행위로 처분을 받은 경우에 적용한다. 이 경우 행정처분 기준의 적용은 같은 위반행위에 대하여 최초로 처분을 한 날을 기준으로 한다.

■ 수상레저안전법 시행령 [별표 7]
수상레저활동자가 지켜야 하는 운항규칙(제15조 관련)

1. 주위의 상황 및 다른 수상레저기구와의 충돌위험을 충분히 판단할 수 있도록 시각·청각과 그 밖에 당시의 상황에 적합하게 이용할 수 있는 모든 수단을 이용하여 항상 적절한 경계를 해야 한다.
2. 등록대상 동력수상레저기구의 경우에는 해양경찰청장이 지정·고시하는 항해구역을 준수해

야 한다. 다만, 다음 각 목의 어느 하나에 해당하는 경우에는 그렇지 않다.

　가. 항해구역을 평수구역(「선박안전법 시행령」제2조제1항제3호가목에 따른 평수구역을 말한다. 이하 같다)으로 지정받은 동력수상레저기구를 이용하여 평수구역의 끝단 및 가까운 육지 또는 섬으로부터 10해리(해양수산부령으로 정하는 기관을 사용하는 동력수상레저기구는 5해리) 이내의 연해구역(「선박안전법 시행령」제2조제1항제3호나목에 따른 연해구역을 말한다. 이하 같다)을 항해하려는 경우

　나. 항해구역을 평수구역으로 지정받은 동력수상레저기구를 이용하여 항해구역을 연해구역 이상으로 지정받은 동력수상레저기구와 500미터 이내의 거리에서 동시에 이동하려고 관할 해양경찰서장에게 운항신고(수상레저기구의 종류, 운항시간, 운항자의 성명 및 연락처 등의 신고를 말한다. 이하 같다)를 하여 해양경찰서장이 허용한 경우

3. 다이빙대·계류장 및 교량으로부터 20미터 이내의 구역이나 해양경찰서장 또는 시장·군수·구청장(특별자치시의 경우에는 특별자치시장을, 특별자치도의 경우에는 특별자치도지사를 말하고, 서울특별시 한강의 경우에는 한강 관리에 관한 업무를 관장하는 기관의 장을 말한다. 이하 이 표에서 같다)이 지정하는 위험구역에서는 10노트 이하의 속력으로 운항해야 하며, 해양경찰서장 또는 시장·군수·구청장이 별도로 정한 운항지침을 따라야 한다.

4. 태풍·풍랑·해일·호우·대설·강풍과 관련된 주의보 이상의 기상특보가 발효된 구역에서는 수상레저기구를 운항해서는 안 된다. 다만, 다음 각 목의 어느 하나에 해당하는 경우에는 그렇지 않다.

　가. 해양경찰서장 또는 시장·군수·구청장이 해당 구역의 기상 상태를 고려하여 그 운항을 허용한 경우

　나. 기상특보 중 풍랑·호우·대설·강풍 주의보가 발효된 구역에서 파도 또는 바람만을 이용하여 활동이 가능한 수상레저기구를 운항하려고 관할 해양경찰서장 또는 시장·군수·구청장에게 운항신고를 한 경우

　다. 기상특보 중 풍랑·호우·대설·강풍 경보가 발효된 구역에서 파도 또는 바람만을 이용하여 활동이 가능한 수상레저기구를 운항하려고 관할 해양경찰서장 또는 시장·군수·구청장에게 운항신고를 하여 해양경찰서장 또는 시장·군수·구청장이 허용한 경우

5. 다른 수상레저기구와 정면으로 충돌할 위험이 있을 때에는 음성신호·수신호 등 적당한 방법으로 상대에게 이를 알리고 우현 쪽으로 진로를 피해야 한다.

6. 다른 수상레저기구의 진로를 횡단하는 경우에 충돌의 위험이 있을 때에는 다른 수상레저기구를 오른쪽에 두고 있는 수상레저기구가 진로를 피해야 한다.

7. 다른 수상레저기구와 같은 방향으로 운항하는 경우에는 2미터 이내로 근접하여 운항해서는 안 된다.

8. 다른 수상레저기구를 추월하려는 경우에는 추월당하는 수상레저기구를 완전히 추월하거나 그 수상레저기구에서 충분히 멀어질 때까지 그 수상레저기구의 진로를 방해해서는 안 된다.

9. 다른 사람 또는 다른 수상레저기구의 안전을 위협하거나 수상레저기구의 소음기를 임의로

제거하거나 굉음을 발생시켜 놀라게 하는 행위를 해서는 안 된다.
10. 안개 등으로 가시거리가 0.5킬로미터 이내로 제한되는 경우에는 수상레저기구를 운항해서는 안 된다.

[별표 7]

공기주입형 고정식 튜브의 세부 안전기준(제8조 관련)

구 분			세부 안전기준
공기주입형고정식튜브	블롭점프	시설	가. 점프대 높이는 수면으로부터 5미터 이내로 설치하여야 한다. 나. 에어매트 정박줄로 고정설치, 정박줄은 매트 밑으로 설치하여야 한다. 　* 정박줄은 인명사고 방지를 위해 충격 완화 할 수 있는 완충 장치 설치 다. 주변 수심 2미터 이상, 날아가는 사람의 낙하수역에 위험물이 없도록 블롭 주변 5미터 이내 위험물이 없는 곳에 설치하여야 한다. 라. 점프대 뛰는 사람의 안전을 위해 에어매트와 점프대 2미터 이상 겹쳐 설치하여야 한다. 마. 워터파크 등 다른 시설과 연결 설치는 금지하여야 한다.
		장비	가. 기준에 맞는 구명조끼, 안전모를 반드시 착용하여야 한다. 　* 안전모는 「전기용품 및 생활용품 안전관리법」 또는 해양수산부장관이 고시하는 기준에 적합한 제품이고, 얼굴을 제외한 머리 전체를 감쌀 수 있어야 하며, 자체적인 부력이 있으며 충격을 흡수할 수 있는 부드러운 재질로 이루어져 있어야 한다. 나. 에어매트 공기주입과 겉 재질상태, 정박줄 등을 정기적으로 점검하여야 한다.
		안전수칙	가. 노약자, 임산부, 주취자, 14세 미만은 이용할 수 없다. 나. 점프대 뛰는 사람은 1명, 블롭에서 날아가는 사람은 1인 이내로 이용하여야 한다. 다. 점프대 뛰는 사람이 블롭에서 날아가는 사람의 몸무게 차이는 60kg 이내로 하며, 청소년은 20kg 이내로 한다. 라. 점프대 위와 아래 각 1명 이상의 인명구조요원을 배치하여야 한다. 　* 인명구조요원은 시야가 잘 확보된 지점 또는 시설물에서 관리감독을 수행하여야 하며, 인명구조 활동 이외 다른 업무에 배치되어서는 안됨 마. 주간에만, 관리자 감독 하에 이용하여야 한다.
	워터파크 (에어바운스)		가. 수심 1미터 이상 수역에 설치하여야 한다. 　* 수상레저활동 안전에 적합하다고 인정될 수 있는 구역에 설치하여야 한다. 나. 면적 660㎡당 이상 1명 이상의 인명구조요원을 상시 배치하여야 한다. 　* 인명구조요원은 시야가 잘 확보된 지점 또는 시설물에서 관리감독을 수행하여야 하며, 인명구조 활동 이외 다른 업무에 배치되어서는 안됨 다. 활동 중에는 구명조끼 항시 착용하여야 한다.

라. 워터파크 주변, 익수자의 신속한 구조를 위한 도보 이동이 가능한 구조용 설비(푼툰 등)를 설치하여야 한다.

마. 워터파크 설치 높이는 수면상에서 8미터 이내로 설치하여야 한다.

■ 수상레저안전법 시행규칙 [별표 1]

실기시험의 채점기준 및 운항코스(제4조제1항 관련)

1. 일반조종면허 실기시험의 채점기준 및 운항코스
  가. 채점기준

과제	항목	세부 내용	감점	채점 요령
1. 출발 전 점검 및 확인	가. 구명조끼 착용 불량	구명조끼를 착용하지 않았거나 올바르게 착용하지 않은 경우(구명조끼 착용 불량)	3	출발 전 점검 시 착용 상태를 기준으로 1회만 채점한다.
	나. 점검 불이행	출발 전 점검사항(구명튜브, 소화기, 예비 노, 엔진, 연료, 배터리, 핸들, 속도전환 레버, 계기판, 자동정지줄)을 확인하지 않은 경우 (점검사항 누락)	3	가) 점검사항 중 한 가지 이상 확인하지 않은 경우 1회만 채점한다. 나) 확인사항을 행동 및 말로 표시하지 않은 경우에도 확인하지 않은 것으로 본다. 다만, 특별한 신체적 장애 또는 사정이 있으면 말로 표시하지 않을 수 있다.
2. 출발	가. 시동 요령 부족	속도전환 레버를 중립에 두지 않고 시동을 건 경우 또는 엔진의 시동상태에서 시동키를 돌리거나 시동이 걸린 후에도 시동키를 2초 이상 돌린 경우(시동 불량)	2	세부 내용에 대하여 1회만 채점한다.
	나. 이안 불량	1) 계류줄을 걷지 않고 출발한 경우(계류줄 묶임) 2) 출발 시 보트 선체가 계류장 또는 다른 물체와 부딪치거나 접촉한 경우(출발 시 선체접촉)	2	각 세부 내용에 대하여 1회만 채점한다.
	다. 출발 시간 지연	출발 지시 후 30초 이내에 출발하지 못한 경우(30초 이상 출발 지연)	3	가) 세부 내용에 대하여 1회만 채점한다. 나) 다른 항목의 세부 내용이 원인이 되어 출발하지 못한 경우에도 적용하며 병행 채점한다.

				다) 출발하지 못한 사유가 시험선 고장 등 조종자의 책임이 아닌 경우는 제외한다.
	라. 속도 전환 레버 등 조작불량	1) 속도전환 레버를 급히 조작하거나 급히 출발한 경우(급조작·급출발) 2) 속도전환 레버 조작불량으로 클러치 마찰음이 발생하거나 엔진이 정지된 경우(레버 마찰음 발생 또는 엔진정지) 3) 지시받지 않고 엔진 트림(trim) 조절 스위치를 조작한 경우(트림 스위치 작동)	2	가) 각 세부 내용에 대하여 1회만 채점한다. 나) 탑승자의 신체 일부가 젖혀지거나 엔진의 회전소리가 갑자기 높아지는 경우에도 급출발로 채점한다.
	마. 안전 미확인	1) 자동정지 줄을 착용하지 않고 출발한 경우(자동정지 줄 미착용) 2) 전후좌우의 안전상태를 확인하지 않거나 탑승자가 앉기 전에 출발한 경우(안전 미확인, 앉기 전 출발)	3	가) 각 세부내용에 대하여 1회만 채점한다. 나) 고개를 돌려서 안전상태를 확인하고, 말로 이상 없음을 표시하지 않은 경우에도 확인하지 않은 것으로 본다.
	바. 출발 침로 유지 불량	1) 출발 후 15초 이내에 지시된 방향의 ±10° 이내의 침로를 유지하지 못한 경우(15초 이내 출발 침로 ±10° 이내 유지 불량) 2) 출발 후 일직선으로 운항하지 못하고 침±10° 이상 불안정)	3	각 세부 내용에 대하여 1회만 채점한다.
3. 변침	가. 변침 불량	1) 제한시간 내(45°·90° 내외의 변침은 15초, 180° 내외의 변침은 20초)에 지시된 침로의 ±10° 이내로 변침하지 못한 경우(지시 각도 ±10° 초과) 2) 변침 완료 후 침로가 ±10° 이내에서 유지되지 않은 경우(±10° 이내 침로 유지 불량)	3	가) 각 세부 내용에 대하여 2회까지 채점할 수 있다. 나) 변침은 좌현·우현을 달리하여 3회 실시하고, 변침 범위는 45°·90° 및 180° 내외로 각 1회 실시해야 하며, 나침반으로 변침 방위를 평가한다. 다) 변침 후 10초 이상 침로를 유지하는지 확인해야 한다.
	나. 안전 확인 및 선체 동	1) 변침 전 변침방향의 안전상태를 미리 확인하고 말로 표시하지 않은 경우(변침 전 안전상태)	2	각 세부 내용에 대하여 2회까지 채점할 수 있다.

	요	2) 변침 시 선체의 심한 동요 또는 급경사가 발생한 경우(선체 동요) 3) 변침 시 10놋트 이상 15놋트 이내의 속력을 유지하지 못한 경우(변침속력)		
4. 운항	가. 조종자세 불량	1) 핸들을 정면으로 하여 조종하지 않거나 창틀에 팔꿈치를 올려놓고 조종한 경우(핸들 비정면, 창틀 팔) 2) 시험관의 조종자세 교정 지시에 따르지 않은 경우(교정 지시 불응) 3) 한 손으로만 계속 핸들을 조작하거나 필요 없이 자리에서 일어나 조종한 경우(한 손 조종, 서서 조종) 4) 필요 없이 속도를 조절하는 등 불필요하게 속도전환 레버를 반복 조작한 경우(불필요한 레버 조작)	2	가) 각 세부 내용에 대하여 1회만 채점한다. 나) 특별한 신체적 장애 또는 사정으로 이 항목을 적용하기 어려운 경우에는 감점하지 않는다.
	나. 지정 속력 유지 불량	1) 증속 및 활주 지시 후 15초 이내에 활주 상태가 되지 않은 경우(활주시간 15초 초과) 2) 시험관의 지시가 있을 경우까지 활주 상태를 유지하지 못한 경우(활주 상태 유지 불량) 3) 15놋트 이하 또는 25놋트 이상으로 운항한 경우(저속 또는 과속)	4	가) 각 세부 내용에 대하여 2회까지 채점할 수 있다. 나) 시험관은 세부 내용에 대하여 1회 채점 시 시정 지시를 하여야 하며, 시정 지시 후에도 시정하지 않거나 다시 기준을 위반하는 경우 2회 채점한다.
5. 사행	가. 반대 방향 진행	첫 번째 부이(buoy)로부터 시계방향으로 진행하지 않고 반대방향으로 진행한 경우(반대방향 진행)	3	가) 세부 내용에 대하여 1회만 채점한다. 나) 반대방향으로 진행하는 경우라도 과제 5.의 다른 항목은 정상적인 사행으로 보고 적용한다.
	나. 통과 간격 불량	1) 부이로부터 3미터 이내로 접근한 경우(부이 3미터 접근) 2) 첫 번째 부이 전방 25미터 지	9	가) 각 세부 내용에 대하여 2회까지 채점할 수 있다. 나) 부이를 사행하지 않은 경우란 부이

		점과 세 번째 부이 후방 25미터 지점의 양쪽 옆 각 15미터 지점을 연결한 수역을 벗어난 경우 또는 부이를 사행하지 않은 경우(15미터 초과, 미사행)		를 중심으로 왼쪽 또는 오른쪽으로 반원(타원)형으로 회전하지 않은 경우를 말한다.
	다. 침로 이탈	1) 첫 번째 부이 약 30미터 전방에서 3개의 부이와 일직선으로 침로를 유지하지 못한 경우(사행진입 불량) 2) 세 번째 부이 사행 후 3개의 부이와 일직선으로 침로를 유지하지 못한 경우(사행 후 침로 불량)	3	각 세부 내용에 대하여 1회만 채점한다.
	라. 핸들 조작 미숙	1) 사행 중 핸들 조작 미숙으로 선체가 심하게 흔들리거나 선체 후미에 급격한 쏠림이 발생하는 경우(심한 요동, 쏠림) 2) 사행 중 갑작스런 핸들 조작으로 선회가 부자연스러운 경우(부자연스러운 선회)	3	가) 각 세부 내용에 대하여 1회만 채점한다. 나) 선회가 부자연스러운 경우란 완만한 곡선으로 회전이 이루어지지 않은 경우를 말한다.
6. 급정지 및 후진	가. 급정지 불량	1) 급정지 지시 후 3초 이내에 속도전환 레버를 중립으로 조작하지 못한 경우(급정지 3초 초과) 2) 급정지 시 후진 레버를 사용한 경우(후진 레버 사용)	4	각 세부 내용에 대하여 1회만 채점한다.
	나. 후진 동작 미숙	1) 후진 레버 사용 전 후방의 안전상태를 확인하지 않거나 후진 중 지속적으로 후방의 안전상태를 확인하지 않은 경우(후진방향 미확인) 2) 후진 시 진행침로가 ±10° 이상 벗어난 경우(후진침로 ±10° 이상) 3) 후진 레버를 급히 조작하거나 급히 후진한 경우(후진 레버 급조작·급후진)	2	가) 각 세부 내용에 대하여 1회만 채점한다. 나) 탑승자의 신체 일부가 후진으로 한쪽으로 쏠리거나 엔진 회전소리가 갑자기 높아지는 경우, 이 항목 세부 내용 3)의 "후진 레버 급조작·급후진"으로 채점한다. 다) 응시자는 시험관의 정지 지시가 있을 경우까지 후진해야 하며, 후진은 후진거리를 고려하여 15초에서 20초 이내로 한다.
7. 인명구조	가. 물에 빠진 사람에의	1) 물에 빠진 사람이 있음을 고지 한 후 3초 이내에 5놋트 이하로 속도를 줄이고 물에	3	가) 각 세부 내용에 대하여 1회만 채점한다. 나) 물에 빠진 사람의 위치 확인 시 확

제1부. 수상레저안전법

	접근 불량	빠진 사람의 위치를 확인하지 않은 경우(3초 이내 물에 빠진 사람 미확인) 2) 물에 빠진 사람이 있음을 고지한 후 5초 이내에 물에 빠진 사람이 발생한 방향으로 전환하지 않은 경우(5초 이내 물에 빠진 사람 발생방향 미전환) 3) 물에 빠진 사람을 조종석 1미터 이내로 접근시키지 않은 경우(조종석 1미터 이내 접근 불량)		인 유·무를 말로 표시하지 않은 경우도 미확인으로 채점한다.
	나. 속도 조정 불량	1) 물에 빠진 사람 방향으로 방향 전환 후 물에 빠진 사람으로부터 15미터 이내에서 3놋트 이상의 속도로 접근한 경우(3놋트 이상 접근) 2) 물에 빠진 사람이 시험선의 선체에 근접하였을 경우 속도 전환 레버를 중립으로 하지 않거나 후진 레버를 사용한 경우(레버 미중립, 후진 레버 사용)	3	각 세부 내용에 대하여 1회만 채점한다.
	다. 구조 실패	1) 물에 빠진 사람(부이)과 충돌한 경우(물에 빠진 사람과 충돌) 2) 물에 빠진 사람이 있음을 고지한 후 2분 이내에 물에 빠진 사람을 구조하지 못한 경우(2분 이내 구조 실패)	6	가) 각 세부 내용에 대하여 1회만 채점한다. 나) 시험선의 방풍막을 기준으로 선수부에 물에 빠진 사람이 부딪히는 경우에는 충돌로 채점한다. 다만, 바람, 조류, 파도 등으로 시험선의 현측에 가볍게 접촉하는 경우는 제외한다. 다) 항목 가. 세부 내용의 3) 또는 항목 나. 세부 내용에 해당하는 경우에는 응시자로 하여금 다시 접근하도록 해야 한다.
8. 접안	가. 접근 속도 불량	계류장으로부터 30미터의 거리에서 속도를 5놋트 이하로 낮추어 접근하지 않은 경우 또는 계류장 접안 위치에서 속도를 3놋	3	가) 세부 내용에 대하여 1회만 채점한다. 나) 접안 시 시험관은 정확한 접안 위치를 응시자에게 알려주어야 한다.

		트 이하로 낮추지 않거나 속도 전환 레버가 중립이 아닌 경우(후진을 사용하는 경우를 포함한다) (접안속도 초과)		
	나. 접안 불량	1) 접안 위치에서 시험선과 계류장이 1미터 이내의 거리로 평행이 되지 않은 경우(평행 상태 불량) 2) 계류장과 선수 또는 선미가 부딪친 경우(계류장 충돌) 3) 접안 위치에 접안을 하지 못한 경우(접안 실패)	3	가) 각 세부 내용에 대하여 1회만 채점한다. 나) 선수란 방풍막을 기준으로 앞쪽 굴곡부를 지칭한다.

9. 다음 각 목의 어느 하나에 해당하는 경우에는 시험을 중단하고 "실격"으로 한다.
   가. 3회 이상의 출발 지시에도 출발하지 못하거나 응시자가 시험포기의 의사를 밝힌 경우(3회 이상 출발 불가 및 응시자 시험포기)
   나. 속도전환 레버 및 핸들의 조작 미숙 등 조종능력이 현저히 부족하다고 인정되는 경우(조종능력 부족으로 시험진행 곤란)
   다. 부이 등과 충돌하는 등 사고를 일으키거나 사고를 일으킬 위험이 현저한 경우(현저한 사고위험)
   라. 법 제22조제1항에 따른 술에 취한 상태이거나 취한 상태는 아니더라도 음주로 원활한 시험이 어렵다고 인정되는 경우(음주상태)
   마. 사고 예방과 시험 진행을 위한 시험관의 지시 및 통제에 따르지 않거나 시험관의 지시 없이 2회 이상 임의로 시험을 진행하는 경우(지시·통제 불응 또는 임의 시험 진행)
   바. 이미 감점한 점수의 합계가 합격기준에 미달함이 명백한 경우(중간점수 합격기준 미달)

※ 비고
1. 이 기준에서 사용하는 용어의 뜻은 다음과 같다.
   가. "이안"이란 계류줄을 걷고 계류장에서 이탈하여 출발할 수 있도록 준비하는 행위를 말한다.
   나. "출발"이란 정지된 상태에서 속도전환 레버를 조작하여 전진 또는 후진하는 것을 말한다.
   다. "활주"란 모터보트의 속력과 양력이 증가되어 선수 및 선미가 수면과 평행 상태가 되는 것을 말한다.
   라. "침로"란 모터보트가 진행하는 방향의 나침방위를 말한다.
   마. "변침"이란 모터보트가 침로를 변경하는 것을 말한다.
   바. "사행"이란 50미터 간격으로 설치된 3개의 부이를 각기 좌우로 방향을 달리(첫 번째 부이는 왼쪽부터 회전)하면서 회전하는 것을 말한다.
   사. "사행준비 또는 사행침로 유지"란 사행코스에 설치된 3개의 부이와 일직선이 되도록 시험선의 침로를 유지하는 것을 말한다.
   아. "접안"이란 시험선을 계류할 수 있도록 접안 위치에 정지시키는 동작을 말한다.
2. 세부 내용란 중 ( ) 안의 내용은 시험관이 채점과정에서 착오를 일으키지 않도록 채점표에 구체적으로 표시하는 사항을 말한다.

3. 시험 진행 중 감점사항을 즉시 고지하면 응시자를 불안하게 할 수 있으므로 감점사유가 발생한 때에는 채점표에 정확히 표시해 두었다가 시험이 끝난 후 응시자가 채점내용의 확인을 요구하는 경우 책임운영자 등이 그 내용을 설명해 주어야 한다.
4. 과제 중 제2호라목 및 제4호의 채점기준은 시험의 모든 과정에 적용한다.
5. 과제 중 제2호마목의 세부 내용 2)의 채점기준은 정지 후 출발하는 모든 경우에 적용한다.
6. 속력은 해당 시험선의 속도(력)계 또는 RPM게이지를 기준으로 채점하며, RPM을 기준으로 채점할 때에는 출발 전에 응시자에게 기준 RPM을 알려주어야 한다.

나. 운항코스

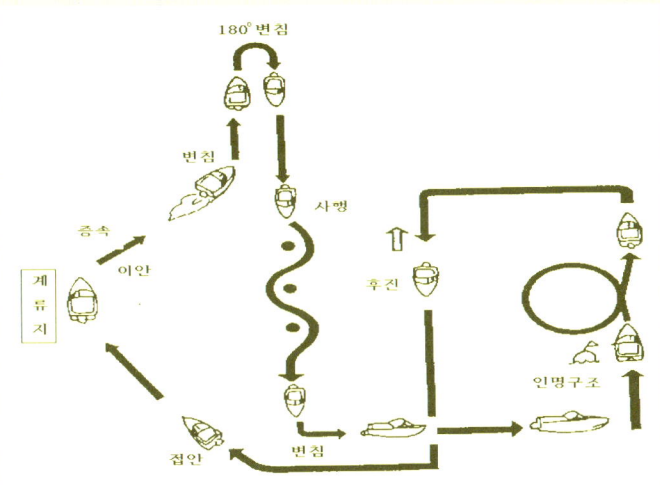

1) 계류장: 2대 이상 동시 계류가 가능해야 하고, 비트(bitt)를 설치할 것
2) 고정 부이: 3개 이상 5개 이하로 설치할 것
3) 이동 부이: 시험용 수상레저기구마다 1개씩 설치할 것
4) 사행코스에서의 부이와 부이 사이의 거리: 50미터로 할 것

2. 요트조종면허 실기시험의 채점기준 및 운항코스
  가. 채점기준

과제	항목	세부 내용	감점	채점 요령
1. 출발 전 점검 및 확인	가. 로프 취급 미숙	1) 8자 묶기를 하지 못한 경우 (8자 묶기) 2) 보울라인(bowline) 묶기를 하지 못한 경우(bowline 묶기) 3) 클로브(clove) 묶기를 하지 못한 경우(clove 묶기) 4) 클리트(cleat) 묶기를 하지 못한 경우(cleat 묶기)	3	각 세부 내용에 대하여 2회까지 채점할 수 있다.

	나. 구명조끼 착용 불량	구명조끼를 착용하지 않았거나 올바르게 착용하지 아니한 경우 (구명조끼 착용 불량)	4	세부 내용에 대하여 1회만 채점한다.
	다. 출발 준비 불량	1) 분담된 임무에 해당하는 위치를 선정하지 못한 경우(위치 선정 불량) 2) 출발 전 전후좌우 물표 및 장애물을 확인하지 않은 경우(Ⓢ출항 전 안전 확인)	4	각 세부 내용에 대하여 1회만 채점한다.
2. 출발 및 기주	가. 크루(crew) 지휘 불량	스키퍼(skipper)가 크루(crew)에게 지시를 하지 않거나 부정확하게 또는 시험관이 들을 수 없을 정도의 작은 목소리로 지시한 경우(Ⓢ지휘 불량)	4	세부 내용에 대하여 1회만 채점한다.
	나. 이안 불량	1) 요트의 선체가 직접 계류장과 부딪친 경우(Ⓢ계류장 충격) 2) 이안 후 펜더(fender)를 달고 운항한 경우(Ⓒ펜더 달고 운항) 3) 이안 후 계류줄을 정리하지 않고 운항한 경우(Ⓒ계류 줄 미정리) 4) 출항준비 지시 후 계류줄을 걷지 않는 등 준비상태가 불량한 경우(Ⓒ출항준비 불량) 5) 2회 이상 이안 시도 후에도 계류장을 벗어나지 못한 경우 (Ⓢ2회 이상 이안 곤란)	3	각 세부 내용에 대하여 2회까지 채점할 수 있다.
	다. 이안 시 급발진 및 엔진 정지	1) 엔진 시동을 걸지 못한 경우 (Ⓢ엔진시동 미숙) 2) 엔진 시동 중 레버 조작을 잘못하여 엔진이 정지한 경우(Ⓢ레버 조작 불량) 3) 레버를 급히 조작함으로써 급하게 출발한 경우(Ⓢ레버 급조작, 급출발)	4	각 세부 내용에 대하여 1회만 채점한다.
	라. 항내 기주	항내 기주 시 규정 속도를 초과한 경우(Ⓢ항내 기주 5놋트 초과)	4	가) 세부 내용에 대하여 2회까지 채점할 수 있다.

	시속력미준수			나) 시험관은 해당 시험장의 제한속도를 응시자에게 제시해야 한다. 다) 바람이나 충돌위험 회피 등의 사유로 시험관의 지시에 따라 속력을 초과한 경우는 제외한다.
	마. 침로기주불량	1) 지시된 침로를 15초 이내에 ±5° 이내로 유지하지 못한 경우(Ⓢ지정 침로 ±5°초과) 2) 변침 후 침로를 ±5° 이내에서 유지하지 못한 경우(Ⓢ침로 유지 불량)	4	가) 각 세부 내용에 대하여 3회까지 채점할 수 있다. 나) 변침은 좌현·우현을 달리하여 3회 실시하고, 변침 범위는 45°, 90° 및 180° 내외로 각 1회 실시해야 하며, 나침반으로 변침 방위를 평가한다. 다) 변침 후 15초 이상 침로를 유지하는지 확인해야 한다.
3. 범주	가. 크루태킹(tacking: 맞바람 방향 전환) 역할 불량	1) 스키퍼의 태킹준비 지시에 따른 필요한 동작을 하지 않은 경우(Ⓒ준비동작 불량) 2) 스키퍼의 태킹 지시에 따라 필요한 동작을 하지 않거나 민첩하게 동작하지 않은 경우(Ⓒ태킹동작 불량) 3) 태킹 후 위치 선정이 불량한 경우(Ⓒ위치 선정 불량) 4) 태킹 후 돛의 조절 또는 시트 상태가 불량한 경우(Ⓒ돛 또는 시트 상태 불량)	3	가) 이 과제 평가 시 바람이 없어 범주가 불가능한 경우에는 기주에 의하여 범주를 평가할 수 있다. 나) 각 세부 내용에 대하여 3회까지 채점할 수 있다.
	나. 스키퍼(skipper) 태킹 불량	1) 태킹이 이루어지지 않거나 태킹이 지나쳐 클로스 리치(close reach) 이상 회전한 경우(Ⓢ태킹 불량) 2) 필요한 지시를 생략하거나 부정확하게 또는 작은 목소리로 지시한 경우(Ⓢ태킹 지휘 불량) 3) 태킹 후 침로 및 지정 침로를 유지하지 못한 경우(Ⓢ태킹 후 침로 유지 불량) 4) 태킹 후 위치 이동이 불량한 경우(Ⓢ위치 이동 불량)	4	각 세부 내용에 대하여 2회까지 채점할 수 있다.

	다. 크루 자이빙 (gybing : 뒷바람 방향 전환) 역할 불량	1) 스키퍼의 자이빙준비 지시에 따른 필요한 동작을 하지 않은 경우(ⓒ준비 동작 불량) 2) 스키퍼의 자이빙 지시에 따라 필요한 동작을 하지 않거나 민첩하게 동작하지 않은 경우(ⓒ자이빙 동작 불량) 3) 자이빙 후 위치 선정이 불량한 경우(ⓒ위치 선정 불량) 4) 자이빙 후 돛의 조절 또는 시트 상태가 불량한 경우(ⓒ돛 또는 시트 상태 불량)	3	각 세부 내용에 대하여 3회까지 채점할 수 있다.
	라. 스키퍼 자이빙 불량	1) 자이빙이 이루어지지 않거나 자이빙이 지나쳐 브로드 리치(broad reach) 이상 회전한 경우(Ⓢ방향 전환 불량) 2) 필요한 지시를 생략하거나, 부정확하게 또는 작은 목소리로 지시한 경우(Ⓢ자이빙 지휘 불량) 3) 자이빙 후 침로 및 지정 침로를 유지하지 못한 경우(Ⓢ자이빙 후 침로 유지 불량) 4) 방향 전환 후 위치 이동이 불량한 경우(Ⓢ위치 이동 불량)	4	각 세부 내용에 대하여 2회까지 채점할 수 있다.
4. 입항	가. 접안 불량	1) 지정 계류석으로부터 50미터의 거리에서 3놋트 이하로 속도를 낮추지 않거나 접안 위치에서 변속기어를 중립으로 하지 않은 경우(Ⓢ50미터 전방 3놋트 초과, 변속기어 미중립) 2) 계류장과 선체가 직접 부딪친 경우(Ⓢ계류장 충돌) 3) 시험선과 계류장이 2미터 이내의 거리로 평행이 되게 접안하지 못한 경우(Ⓢ접안 불량)	4	각 세부 내용에 대하여 1회만 채점한다.
	나. 계류 불량	1) 계류해야 할 위치에 계류하지 못한 경우(Ⓢ계류 위치 부적절)	3	각 세부 내용에 대하여 1회만 채점한다.

제1부. 수상레저안전법

	2) 계류줄을 묶는 방법이 틀리거나 풀리기 쉽게 묶은 경우(ⓒ 결색 불량)		
다. 펜더(fender) 취급 미숙	1) 펜더를 요트 접안 현의 적당한 높이에 달지 못한 경우(ⓒ 펜더 높이 부적절) 2) 펜더에 달린 로프의 묶은 부분이 느슨하거나 풀린 경우(ⓒ 펜더 묶인 상태 부적절)	3	각 세부 내용에 대하여 1회만 채점한다.
라. 뒷정리 불량	로프를 제대로 정리하지 않은 경우(ⓒ계류 후 로프 정리 불량)	3	세부 내용에 대하여 2회까지 채점할 수 있다.

5. 다음 각 목의 어느 하나에 해당하는 경우에는 시험을 중단하고 "실격"으로 한다.
  가. 출발 지시 후 3분 이내에 계류장을 벗어나지 못하거나 응시자가 시험포기의 의사를 밝힌 경우(3분 이내 출발 불가 및 응시자 시험포기)
  나. 주어진 위치 및 역할을 이해하지 못하거나 각종 장치의 조작 미숙 등 조종능력이 현저하게 부족하다고 인정되는 경우(현저한 조종능력 부족)
  다. 계류장 등과 심하게 충돌하는 등 사고를 일으키거나 조종능력의 부족으로 사고를 일으킬 위험이 현저한 경우(현저한 사고위험)
  라. 사고 예방과 시험 진행을 위한 시험관의 지시 및 통제에 따르지 않은 경우(시험관의 지시·통제 불응)
  마. 이미 감점한 점수의 합계가 합격기준에 미달함이 명백한 경우(중간점수 합격기준 미달)

※ 비고
1. 이 기준에서 사용하는 용어의 뜻은 다음과 같다.
  가. "이안" 이란 계류줄을 걷고 계류장에서 이탈하여 출발할 수 있도록 준비하는 행위를 말한다.
  나. "기주"란 엔진만을 이용해 운항하는 것을 말한다.
  다. "범주"란 돛(Sail)만을 이용해 운항하는 것을 말한다.
  라. "스키퍼(skipper)"란 선장, 정장 등 요트를 책임지는 사람을 말한다.
  마. "크루(crew)"란 스키퍼 외에 요트의 운항을 돕는 승조원을 말한다.
  바. "클로스 리치(close reach)"란 바람방향에서 70°~ 75°정도로 바람을 거슬러 범주하는 것을 말한다.
  사. "브로드 리치(broad reach)란 바람방향에서 뒤쪽(110°~ 120°)으로 바람을 받아 범주하는 것을 말한다.
2. 세부 내용란 중 ( ) 안의 내용은 시험관이 채점과정에서 착오를 일으키지 않도록 채점표에 구체적으로 표시하는 사항을 말한다.
3. 세부 내용란 중 ( ) 안에 표시한 ⓒ는 크루(crew)를, ⓢ는 스키퍼(skipper)를 의미하며, ( ) 안에

표시된 ⓒ, ⓢ에 대하여 그 세부 내용을 적용하고, 표시가 없는 경우에는 응시자 모두에게 적용한다.
4. 시험 진행 중 감점사항을 즉시 고지하면 응시자를 불안하게 할 수 있으므로 감점사유가 발생한 때에는 채점표에 정확히 표시해 두었다가 시험이 끝난 후 응시자가 채점내용의 확인을 요구하는 경우 책임운영자 등이 그 내용을 설명해 주어야 한다.

나. 운항코스

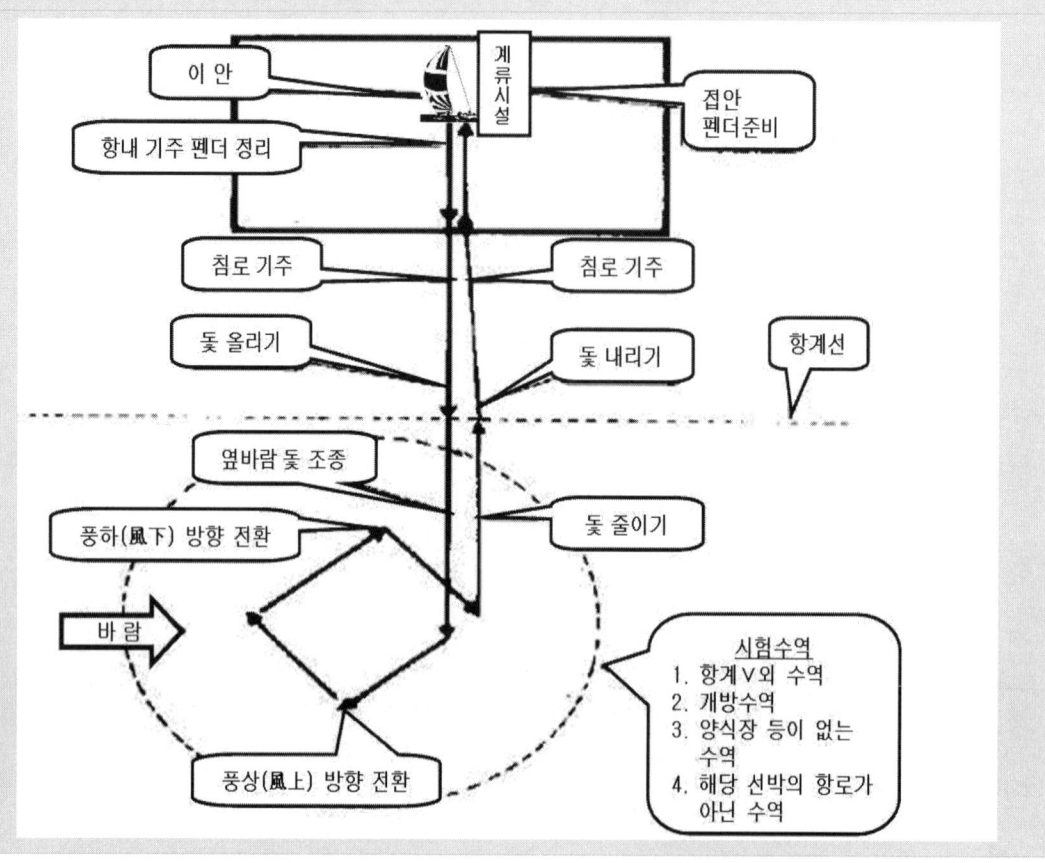

제2부 수상레저기구의 등록 및 검사에 관한 법률(수상레저기구등록법)

[시행 2023. 6. 11.] [법률 제18957호, 2022. 6. 10. 제정]

제1장 총칙
제2장 동력수상레저기구의 등록
제3장 동력수상레저기구의 검사
제4장 동력수상레저기구의 안전기준
제5장 보칙·벌칙

[제1장 총칙]

1. 목적 (법 제1조)

이 법은 수상레저기구의 등록 및 검사에 관한 사항을 정하여 수상레저기구의 성능 및 안전을 확보함으로써 공공의 복리를 증진함을 목적으로 한다.

2. 정의 (법 제2조)

이 법에서 사용하는 용어의 뜻은 다음과 같다.
1. "수상레저활동"이란 「수상레저안전법」 제2조제1호에 따른 수상레저활동을 말한다.
2. "수상레저기구"란 「수상레저안전법」 제2조제3호에 따른 수상레저기구를 말한다.
3. "동력수상레저기구"란 「수상레저안전법」 제2조제4호에 따른 동력수상레저기구를 말한다.
4. "수상"이란 「수상레저안전법」 제2조제6호에 따른 수상을 말한다.
5. "해수면"이란 「수상레저안전법」 제2조제7호에 따른 해수면을 말한다.
6. "내수면"이란 「수상레저안전법」 제2조제8호에 따른 내수면을 말한다.
7. "운항구역"이란 수상레저기구 운항의 안전확보를 위하여 운항할 수 있는 최대구역으로서 기구의 종류, 크기, 구조, 설비 등을 고려하여 대통령령으로 정하는 구역을 말한다.

3. 적용범위 (법 제3조)

이 법은 수상레저활동에 사용하거나 사용하려는 것으로서 다음 각 호의 어느 하나에 해당하는 동력수상레저기구에 대하여 적용한다. 다만, 동력수상레저기구의 총톤수, 출력 등을 고려하여 대통령령으로 정하는 경우에는 그러하지 아니하다.
1. 수상오토바이
2. 모터보트
3. 고무보트
4. 세일링요트(돛과 기관이 설치된 것을 말한다. 이하 같다)

4. 적용배제 (법 제4조)

이 법은 다음 각 호의 경우에는 적용하지 아니한다.

제2부. 수상레저기구의 등록 및 검사에 관한 법률(수상레저기구등록법)

1. 「유선 및 도선 사업법」에 따른 유·도선사업 및 그 사업과 관련된 수상에서의 행위를 하는 경우
2. 「체육시설의 설치·이용에 관한 법률」에 따른 체육시설업 및 그 사업과 관련된 수상에서의 행위를 하는 경우
3. 「낚시 관리 및 육성법」에 따른 낚시어선업 및 그 사업과 관련된 수상에서의 행위를 하는 경우

5. 사무의 지도 · 감독 (법 제5조)

해양경찰청장은 동력수상레저기구의 등록에 관한 적절하고 효율적인 제도를 확립하고, 관련 행정의 합리적인 발전을 도모하기 위하여 이 법에서 특별자치시장·특별자치도지사·시장·군수 및 구청장(구청장은 자치구의 구청장을, 서울특별시 한강의 경우에는 서울특별시의 한강 관리에 관한 업무를 관장하는 기관의 장을 말하며, 이하 "시장·군수·구청장"이라 한다)의 권한으로 규정한 동력수상레저기구의 등록에 관한 사무를 지도·감독할 수 있다.

[제2장 동력수상레저기구의 등록]

1. 등록 (법 제6조)

① 동력수상레저기구(「선박법」 제8조에 따라 등록된 선박은 제외한다. 이하 이 조에서 같다)를 취득한 자는 주소지를 관할하는 시장·군수·구청장에게 동력수상레저기구를 취득한 날부터 1개월 이내에 등록신청을 하여야 하고, 등록되지 아니한 동력수상레저기구를 운항하여서는 아니 된다.
② 시장·군수·구청장은 다음 각 호의 어느 하나에 해당하는 경우 등록신청을 거부할 수 있다.
 1. 등록신청 사항에 거짓이 있는 경우
 2. 동력수상레저기구의 구조, 설비 및 장치가 제15조제1항제1호 및 같은 조 제5항에 따른 신규검사 기준에 맞지 아니한 경우
③ 제1항에 따른 등록의 요건 및 신청 절차 등에 관하여 필요한 사항은 대통령령으로 정한다.

■ 등록대상의 동력수상레저기구

1. 수상오토바이
2. 총톤수 20톤 미만의 모터보트(선내기 또는 선외기인 모터보트)
3. 총톤수 20톤 미만의 세일링요트(돛과 기관이 부착된 요트)
4. 추진기관 30마력 이상의 고무보트
   (공기를 넣으면 부풀고 접어서 운반할 수 있는 고무보트를 제외)

■ 등록신청의 절차 등 (시행령)

법 제6조제1항에 따라 동력수상레저기구를 등록하려는 자는 해양수산부령으로 정하는 등록신청서에 다음 각 호의 서류를 첨부하여 주소지를 관할하는 시장·군수·구청장(특별자치시장 및 특별자치도지사를 포함한다. 이하 이 장에서 같다)에게 제출하여야 한다. 다만, 「전자정부법」에 따른 행정정보의 공동이용을 통하여 첨부서류에 대한 정보를 확인할 수 있으면 그 확인으로 첨부서류의 제출을 갈음하여야 한다.
1. 양도증명서나 등록의 원인을 증명하는 서면
2. 등록의 원인에 대하여 제3자의 동의 또는 승낙이 필요한 경우에는 이를 증명하는 서류(신청서에 제3자가 직접 기명날인한 경우는 제외한다)
3. 법 제16조에 따른 안전검사증 사본

②. 시장·군수·구청장은 제1항 각 호에 따른 첨부서류 외에 신청서의 기재사항 및 첨부서류가 진정한 것임을 증명하기 위하여 필요한 자료의 제출을 요구할 수 있다.

③. 시장·군수·구청장은 제1항에 따른 등록신청을 받은 때에는 신청인이 해당 동력수상레저기구의 소유자인지를 확인하여 동력수상레저기구등록원부(이하 "등록원부"라 한다)에 등록한 후 3일 내에 신청인에게 동력수상레저기구 등록증과 등록번호판을 발급하여야 한다.

④. 제3항에 따른 등록원부를 열람하거나 그 사본을 발급받으려는 자는 시장·군수·구청장에게 신청하여야 한다.

■ 등록신청서

①. 동력수상레저기구를 등록할 때에는 별지 서식의 동력수상레저기구 등록신청서(전자문서로 된 신청서를 포함한다)에 다음 각 호의 서류를 첨부하여 시장·군수·구청장(구청장은 자치구의 구청장을 말하며, 특별자치시의 경우에는 특별자치시장을, 특별자치도의 경우에는 특별자치도지사를 말한다. 이하 이 장에서 같다)에게 제출하여야 한다.
   1. 안전검사증(사본)

2. 동력수상레저기구와 추진기관의 양도증명서, 제조증명서, 수입허가서, 매매계약서 등 등록원인을 증명할 수 있는 서류
3. 등록할 동력수상레저기구의 사진(전체, 좌측면·우측면 및 후면 각 1매)
4. 보험가입증명서(사본)
5. 공유자가 있는 경우 그에 관한 증명서류

② 시장·군수·구청장은 제1항에 따른 신청서를 제출받은 경우에는 「전자정부법」 제36조제1항에 따라 행정정보의 공동이용을 통하여 다음 각 호의 서류를 확인하여야 한다. 다만, 제2호 및 제3호의 경우 신청인이 확인에 동의하지 아니하는 경우에는 이를 첨부하도록 하여야 한다.
1. 법인 등기사항증명서(법인인 경우만 해당한다)
2. 주민등록등본(법인인 경우는 제외한다)
3. 외국인등록 사실증명 또는 국내거소신고 사실증명(외국인만 해당한다)

③ 동력수상레저기구의 등록원부 및 동력수상레저기구의 등록증은 별지 서식과 같다.

④ 등록증 및 등록번호판의 재발급을 받으려는 자는 별지 서식의 등록증(등록번호판) 재발급신청서에 등록증 또는 등록번호판을 첨부(훼손된 경우만 해당한다)하여 시장·군수·구청장에게 신청하여야 한다. 이 경우 시장·군수·구청장은 「전자정부법」 제36조제1항에 따른 행정정보의 공동이용을 통하여 주민등록등본(개인만 해당한다) 및 법인 등기사항증명서(법인만 해당한다)를 확인하여야 한다.

2. 등록원부 (법 제7조)

① 시장·군수·구청장은 제6조제1항에 따라 등록신청을 받으면 신청자를 동력수상레저기구 등록원부(이하 "등록원부"라 한다)에 소유자로 등록하여야 한다.
② 등록원부를 열람하거나 등록원부의 사본을 발급받으려는 자는 시장·군수·구청장에게 열람 또는 발급을 신청하여야 한다.
③ 시장·군수·구청장은 제2항의 신청에 따라 등록원부를 열람하게 하거나 그 사본을 발급하는 경우 개인정보의 유출을 방지하기 위하여 그 내용의 일부를 표시하지 아니할 수 있다.
④ 등록원부에는 등록번호, 기구의 종류, 기구의 명칭, 보관장소, 기구의 제원, 추진기관의 종류 및 형식, 기구의 소유자, 공유자의 인적사항 및 저당권 등에 관한 사항을 기재하여야 한다. 이 경우 세부 기재사항, 서식 및 기재방법 등 등록원부의 작성에 필요한 사항은 대통령령으로 정한다.

3. 등록증·등록번호판의 발급 등 (법 제8조)

① 시장·군수·구청장은 제7조제1항에 따른 소유자에게 동력수상레저기구 등록증(이하 "등

록증"이라 한다)과 등록번호판을 발급하여야 한다.
② 동력수상레저기구의 소유자는 등록증 또는 등록번호판이 없어지거나, 알아보기 곤란하게 된 경우에는 시장·군수·구청장에게 신고하고 다시 발급받을 수 있다.
③ 제1항 및 제2항에 따른 등록증·등록번호판의 발급 및 재발급 절차 등에 관하여 필요한 사항은 해양수산부령으로 정한다.

4. 변경등록 (법 제9조)

동력수상레저기구의 등록 사항 중 변경 사항이 있는 경우(제10조의 말소등록은 제외한다) 그 소유자나 점유자는 대통령령으로 정하는 바에 따라 시장·군수·구청장에게 변경등록을 신청하여야 한다.

■ 변경등록 (시행령)

① 법 제9조에 따라 동력수상레저기구의 등록사항 중 다음 각 호의 어느 하나에 해당하는 변경이 있는 때에는 그 소유자 또는 점유자는 그 변경이 발생한 날부터 30일 이내에 시장·군수·구청장에게 변경등록을 신청하여야 한다.
1. 매매·증여 등으로 소유권의 변경이 있는 때
2. 소유자의 성명(법인인 경우에는 법인명을 말한다)이나 동력수상레저기구의 명칭에 변경이 있는 때
3. 임시검사에 합격한 경우
② 제1항에 따른 변경등록신청을 받은 시장·군수·구청장은 그 신청에 거짓이 있다고 인정되는 경우를 제외하고는 변경등록을 하여야 한다.
③ 동력수상레저기구의 변경등록신청서는 해양수산부령으로 정한다.

5. 말소등록 (법 제10조)

① 소유자는 등록된 동력수상레저기구가 다음 각 호의 어느 하나에 해당하는 경우에는 해양수산부령으로 정하는 바에 따라 등록증 및 등록번호판을 반납하고 시장·군수·구청장에게 말소등록을 신청하여야 한다. 다만, 등록증 및 등록번호판을 분실 등의 사유로 반납할 수 없는 경우에는 그 사유서를 제출하고 등록증 및 등록번호판을 반납하지 아니할 수 있다.
1. 동력수상레저기구가 멸실되거나 수상사고 등으로 본래의 기능을 상실한 경우
2. 동력수상레저기구의 존재 여부가 3개월간 분명하지 아니한 경우
3. 총톤수·추진기관의 변경 등 해양수산부령으로 정하는 사유로 동력수상레저기구에서 제외된 경우
4. 동력수상레저기구를 수출하는 경우
5. 수상레저활동 외의 목적으로 사용하게 된 경우

②. 제1항에 따라 소유자가 말소등록 신청을 하지 아니하는 경우에는 관할 시장·군수·구청장은 1개월 이내의 기간을 정하여 소유자에게 해당 동력수상레저기구의 말소등록을 신청할 것을 최고하고, 그 기간 이내에 말소등록 신청을 하지 아니하면 직권으로 그 동력수상레저기구의 등록을 말소할 수 있다.

③. 시장·군수·구청장은 제1항에 따라 등록번호판을 반납받은 경우에는 다시 사용할 수 없는 상태로 폐기하여야 한다.

> ■ **말소등록의 신청 등**
> ①. 법 제10조제1항에 따라 등록된 동력수상레저기구의 말소등록을 신청할 때에는 별지 서식의 동력수상레저기구 말소등록 신청서에 다음 각 호의 서류를 첨부하여 시장·군수·구청장에게 제출하여야 한다.
>   1. 동력수상레저기구 등록증
>   2. 해양경찰관서 또는 경찰관서에서 발급하는 분실·도난신고확인서(분실·도난의 경우만 해당한다)
>   3. 사용 폐지 또는 수상레저활동 목적 외의 사용을 증명할 수 있는 서류(분실·도난 외의 경우만 해당한다)
>   4. 등록과 관련하여 이해관계가 있는 제3자가 있는 경우 그 사람의 승낙서 또는 그 사람에게 대항할 수 있는 증명서
>   5. 동력수상레저기구의 구조·장치의 변경에 대한 안전검사증(구조·장치를 변경한 경우만 해당한다)
>   6. 수출하는 사실을 증명할 수 있는 서류(수출하는 경우만 해당한다)
> ②. 시장·군수·구청장은 법 제10조제2항에 따라 직권으로 말소등록을 할 때에는 그 사유를 이해관계인에게 알려야 한다. 다만, 해당 동력수상레저기구의 소유자 및 이해관계인이 그 동력수상레저기구의 말소등록에 동의한 경우와 법 제10조제1항제1호의 경우에는 그러하지 아니하다.
> ③. 시장·군수·구청장은 법 제10조제2항에 따라 직권으로 말소등록을 하였을 때에는 해당 동력수상레저기구의 소유자에게 그 사실을 알려야 한다. 이 경우 통지를 받은 자는 부득이한 사유 등이 있는 경우를 제외하고는 지체 없이 해당 등록증을 반납하여야 한다.

6. 소유권 변동의 효력 (법 제11조)

[3]「자동차 등 특정동산 저당법」제3조제2호다목에 따라 저당권의 목적이 되는 동력수상레저기구에 대한 소유권의 득실변경은 해당 등록원부에 등록을 하여야 그 효력이 생긴다.

---

3) 「자동차 등 특정동산 저당법」제3조(저당권의 목적물) 다음 각 호의 특정동산은 저당권의 목적물로 할 수 있다. 2.「선박등기법」이 적용되지 아니하는 다음 각 목의 선박(이하 "소형선박"이라 한다) 다.「수상레저안전법」제30조에 따라 등록된 동력수상레저기구

7. 압류등록 등 (법 제12조)

①. 시장·군수·구청장은 「민사집행법」에 따라 법원으로부터 압류등록의 촉탁이 있거나 「국세징수법」이나 「지방세징수법」에 따라 행정관청으로부터 압류등록의 촉탁이 있는 경우에는 해당 등록원부에 압류등록을 하고 소유자 및 이해관계자 등에게 통지하여야 한다.

②. 시장·군수·구청장은 「민사집행법」에 따라 법원으로부터 압류해제의 촉탁이 있거나 「국세징수법」이나 「지방세징수법」에 따라 행정관청으로부터 압류해제의 촉탁이 있는 경우에는 해당 등록원부에 압류등록을 해제하여야 한다.

③. 제1항 및 제2항에 따른 압류등록 및 해제의 절차·방법과 그 사실의 통지 등에 관하여 필요한 사항은 대통령령으로 정한다.

■ **압류등록 (시행령)**

시장·군수·구청장은 법 제12조에 따라 동력수상레저기구에 대한 압류등록을 요청받은 경우에는 등록원부에 압류등록을 하고 지체 없이 동력수상레저기구의 소유자에게 알려야 한다.

8. 등록번호판의 부착 (법 제13조)

①. 동력수상레저기구의 소유자는 동력수상레저기구의 잘 보이는 곳에 등록번호판을 부착하여야 한다.

②. 누구든지 제1항에 따른 등록번호판을 부착하지 아니한 동력수상레저기구를 운항하여서는 아니 된다.

③. 제1항에 따른 등록번호판의 부착 등에 필요한 사항은 해양수산부령으로 정한다.

■ **동력수상레저기구 등록번호판**

수상레저기구의 소유자는 수상레저기구의 잘 보이는 곳에 등록번호판 2개를 수상레저기구의 옆면과 뒷면에 견고하게 부착하여야 한다. 다만, 기구의 구조상 뒷면에 부착하기 곤란한 경우에는 다른 면에 부착할 수 있다.

번호판의 기구의 종류, 명칭

기구의 종류	기구의 명칭
모터보트	MB
수상오토바이	PW
고무보트	RB
세일링요트	YT

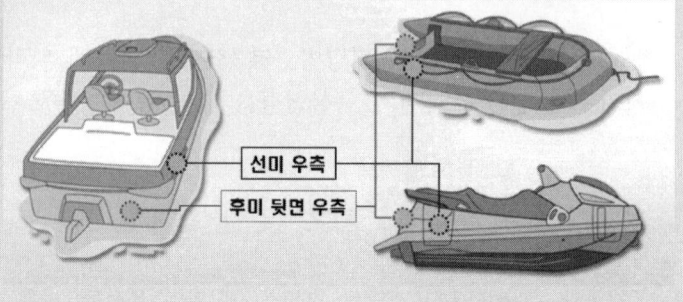

9. 시험운항의 허가 (법 제14조)

① 제15조제1항제1호의 신규검사를 받기 전에 국내에서 동력수상레저기구로 시험운항(조선소 등에서 건조·개조·수리 중 운항하는 것을 말한다)을 하고자 하는 자는 해양수산부령으로 정하는 안전장비를 비치 또는 보유하고, 해양경찰서장 또는 시장·군수·구청장(이하 "시험운항허가 관서의 장"이라 한다)의 허가(이하 "시험운항허가"라 한다)를 받아야 한다.

② 시험운항허가 관서의 장은 시험운항허가의 신청을 받은 경우에는 시험운항의 목적, 기간 및 운항구역을 정하여 시험운항을 허가할 수 있다. 이 경우 시험운항을 허가하는 때에는 허가사항이 기재된 시험운항허가증을 발급하여야 한다.

③ 시험운항허가를 받은 자는 제2항의 시험운항허가증에 기재된 시험운항의 목적, 기간 및 운항구역을 준수하고, 제1항에 따른 안전장비를 동력수상레저기구에 비치 또는 보유하여 운항하여야 한다.

④ 시험운항허가를 받은 자는 제2항의 시험운항허가증에 기재된 기간이 만료된 경우에는 시험운항허가증을 반납하여야 한다.

⑤ 제1항에 따른 시험운항허가의 신청, 제2항 후단에 따른 시험운항허가증의 발급 및 제4항에 따른 시험운항허가증의 반납 등에 필요한 사항은 대통령령으로 정한다.

[제3장 동력수상레저기구의 검사]

1. 안전검사 (법 제15조)

① 동력수상레저기구의 소유자는 해양경찰청장이 실시하는 다음 각 호의 구분에 따른 검사(이하 "안전검사"라 한다)를 받아야 한다.
 1. 신규검사: 제6조에 따른 등록을 하려는 경우 실시하는 검사
 2. 정기검사: 제6조에 따른 등록 이후 일정 기간마다 정기적으로 실시하는 검사
 3. 임시검사: 다음 각 목의 사항을 변경하려는 경우 실시하는 검사
  가. 정원 또는 운항구역. 이 경우 정원의 변경은 해양경찰청장이 정하여 고시하는 최대승선정원의 범위 내로 한정한다.
  나. 해양수산부령으로 정하는 구조, 설비 또는 장치

② 안전검사의 대상 동력수상레저기구 중 「수상레저안전법」 제37조에 따른 수상레저사업에 이용되는 동력수상레저기구는 1년마다, 그 밖의 동력수상레저기구는 5년마다 정기검사를 받아야 한다.

③ 동력수상레저기구의 소유자는 제1항 각 호의 어느 하나에 해당하는 안전검사를 받지 아니하거나 검사에 합격하지 못한 동력수상레저기구를 운항하여서는 아니 된다. 다만,

해양수산부령으로 정하는 경우에는 그러하지 아니하다.
④ 제1항제3호에 따른 임시검사를 받는 시기가 제1항제2호에 따른 정기검사 시기와 중복되는 경우에는 정기검사로 대체할 수 있다.
⑤ 안전검사의 대상·기준·시기·절차·방법 및 준비 등에 필요한 사항은 해양수산부령으로 정한다.

■ **안전검사의 신청 등**

1. 안전검사를 받으려는 자는 별지 서식의 동력수상레저기구 안전검사 신청서(개인용)에 다음 각 호의 서류를 첨부하여 해양경찰청장 또는 검사대행자에게 제출하여야 한다.
    ※ 검사대행자 : 한국해양교통안전공단, 한국수상레저안전협회, 한국수상레저안전연합회
    1. 검사대상 장비 명세서
    2. 도면(별표 7의3 제1호가목 및 나목의 동력수상레저기구만 해당한다) 3부
    3. 「선박안전법」 제2조제8호에 따른 복원성에 관한 자료[승선정원이 13인 이상인 모터보트·고무보트 및 세일링요트(돛과 기관이 설치된 것을 말한다. 이하 같다)만 해당한다] 3부
    4. 검사 면제를 증명하는 서류(면제 대상인 경우만 해당한다)
2. 안전검사를 받으려는 자는 별지 서식의 동력수상레저기구 안전검사 신청서(사업자용)에 각 호의 서류를 첨부하여 영업구역이 해수면인 경우에는 해양경찰청장 또는 검사대행자에게, 영업구역이 내수면인 경우에는 해당 지역을 관할하는 특별시장·광역시장·특별자치시장·도지사·특별자치도지사 또는 검사대행자에게 제출하여야 한다.
3. 제1항 또는 제2항에 따라 신청을 받은 해양경찰청장 또는 시·도지사는 동력수상레저기구가 안전검사에 합격한 경우에는 해당 동력수상레저기구별로 안전검사증을 신청인에게 발급하여야 한다.
4. 안전검사증의 재발급을 받으려는 자는 별지 서식의 안전검사증 재발급 신청서에 안전검사증을 첨부(훼손된 경우만 해당한다)하여 해양경찰청장, 시·도지사 또는 검사대행자에게 제출하여야 한다.
5. 안전검사를 받아야 하는 기간은 검사유효기간 만료일을 기준으로 하여 전후 각각 30일 이내로 하며, 해당 기간 중에 안전검사에 합격한 경우에는 검사유효기간 만료일에 안전검사를 받은 것으로 본다. 다만, 소유자의 요청이 있는 경우에는 안전검사증의 유효기간 만료일 전 30일 이전에 안전검사를 받을 수 있다.
6. 제5항에 따른 안전검사의 유효기간은 다음 각 호의 구분에 따른 날부터 기산(起算)한다.
    1. 최초로 신규검사를 받은 경우: 해당 안전검사증을 발급받은 날
    2. 안전검사증의 유효기간 만료일 전후 각각 30일 이내에 정기검사를 받은 경우: 종전 안전검사증 유효기간 만료일의 다음 날
    3. 제2호에 따른 기간이 아닌 때에 정기검사를 받은 경우: 해당 안전검사증을 발급받은 날

제2부. 수상레저기구의 등록 및 검사에 관한 법률(수상레저기구등록법)

수상레저안전법 시행규칙 [별표]

제출도면의 종류

구분	도면의 종류
길이 12미터 미만인 동력수상 레저기구	1. 일반배치도 또는 기구의 길이[기구의 선체 전단부터 후단까지의 전장(全長)을 말하며, 선체를 구성하고 있지 않은 비영구적 부착물 등은 제외하되, 고무보트의 경우에는 고무튜브를 포함한다], 너비, 깊이, 승선정원, 격벽위치, 기관의 종류 및 출력 등이 기재된 제작사의 카탈로그 2. 강재배치도 또는 재료배치도 3. 중앙횡단면도 4. 강도계산서(강화플라스틱 재질의 기구는 선체판두께측정 등에 따른 강도계산서를 말하고 2호 및 3호의 도면을 제출할 수 없는 경우만 해당한다) 5. 선체선도(복원성 적용대상 기구만 해당한다) 6. 배수량등곡선도(복원성 적용대상 기구만 해당한다) 7. 흘수표배치도(복원성 적용대상 기구만 해당한다)
길이 12미터 이상인 동력 수상 레저기구	1. 건조사양서(건조에 착수한 때부터 수행하는 검사만 해당한다) 2. 일반배치도 3. 선체선도(복원성 적용대상 기구만 해당한다) 4. 배수량등곡선도(복원성 적용대상 기구만 해당한다) 5. 중앙횡단면도 6. 강재배치도 또는 재료배치도 7. 외판전개도(강선과 알루미늄 재질의 기구만 해당한다) 8. 기관실전체장치도 9. 흘수표배치도(복원성 적용대상 기구만 해당한다) 10. 전기계통도(동시에 사용하는 발전기 합계용량이 50kVA 이상인 것만 해당한다)

※ 비고: 위 표에도 불구하고 다음 각 호의 어느 하나에 해당하는 경우에는 도면제출의 전부 또는 일부를 생략할 수 있다.
1. 이전에 안전검사를 받은 수상레저기구로서 해양경찰청장 또는 검사대행기관의 확인을 받은 도면에 변경이 없는 경우: 전부 생략
2. 해양경찰청장 또는 검사대행기관의 확인을 받은 도면에 따라 동일한 형식으로 건조되는 수상레저기구의 경우: 전부 생략
3. 해양경찰청장이 정하여 고시하는 선체구조 강도 요건에 적합한 경우에는 다음 각 목의 구분에 따른다. 다만, 승선정원 13인 이상의 복원성 적용대상 모터보트 및 세일링요트 기구의 경우에는 위 표의 구분에 따른 도면을 제출한다.
  가. 길이 12미터 미만인 기구: 일반배치도 또는 카탈로그. 다만, 길이 6미터 미만인 기구의 경우에는 전경사진으로 대체할 수 있다.
  나. 길이 12미터 이상인 기구: 중앙횡단면도, 일반배치도 또는 카탈로그

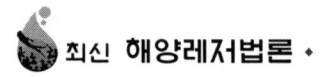

■ 수상레저안전법 시행규칙 [별표]

안전검사 방법

1. 신규검사 실시 시기
   가. 다음의 동력수상레저기구는 건조에 착수한 때부터 실시한다.
      1) 수상레저사업에 이용하려는 총톤수 2톤 이상의 모터보트 및 세일링요트
      2) 그 외에 수상레저활동에 이용하려는 총톤수 5톤 이상의 모터보트 및 세일링요트
   나. 외국에서 수입되는 가목의 동력수상레저기구에 대해서는 해양경찰청장이 정하여 고시하는 시기에 실시한다.
   다. 가목 및 나목 이외의 동력수상레저기구에 대해서는 건조가 완료된 때부터 실시한다.
2. 총톤수측정:「선박톤수의 측정에 관한 규칙」및 이 규칙에 따라 해양경찰청장이 정하여 고시하는 방법에 따라 총 톤수 측정을 실시한다.(모터보트 및 세일링요트만 해당한다)
3. 서류의 확인: 도면 및 복원성자료의 적정성을 확인한 후 해양경찰청장 또는 검사대행자가 정하는 바에 따라 날인한다.
4. 제1호부터 제3호까지에서 규정한 사항 외의 항해구역(「선박안전법 시행규칙」제15조제1항에 따른 항해구역) 및 최대승선정원 등에 관하여는 해양경찰청장이 정하여 고시하는 바에 따른다.

2. 안전검사증 · 안전검사필증의 발급 (법 제16조)

①. 해양경찰청장 또는 제18조제1항의 검사대행자(이하 "해양경찰청장등"이라 한다)는 안전검사에 합격한 동력수상레저기구의 소유자에게 안전검사증 및 안전검사필증을 발급하여야 한다. 다만, 안전검사필증의 발급은 제15조제1항제1호 및 제2호의 경우에 한정한다.
②. 해양경찰청장등은 제1항에 따른 안전검사증에 해당 동력수상레저기구의 정원·운항구역 등을 지정하고, 그 내용을 기재하여야 한다.
③. 동력수상레저기구의 소유자는 안전검사증 또는 안전검사필증이 없어지거나, 알아보기 곤란하게 된 경우에는 해양경찰청장등에게 신고하고 다시 발급받을 수 있다.
④. 제1항에 따른 안전검사증·안전검사필증의 발급, 제2항에 따른 정원·운항구역 등의 지정 및 제3항에 따른 안전검사증·안전검사필증의 분실 등의 신고와 재발급 등에 관하여 필요한 사항은 해양수산부령으로 정한다.

3. 안전검사필증의 부착 (법 제17조)

①. 제16조제1항 및 제3항에 따라 안전검사필증을 발급 또는 재발급받은 동력수상레저기

구의 소유자는 동력수상레저기구의 잘 보이는 곳에 안전검사필증을 부착하여야 한다.
②. 제1항에 따른 안전검사필증의 부착에 필요한 사항은 해양수산부령으로 정한다.

4. 안전검사 업무의 대행 (법 제18조)

①. 해양경찰청장은 동력수상레저기구의 안전검사에 관한 업무의 전부 또는 일부를 해양경찰청장이 지정하는 기관이나 단체(이하 "검사대행자"라 한다)로 하여금 대행하게 할 수 있다.
②. 검사대행자는 제1항에 따라 대행하는 업무에 대하여 해양경찰청장에게 보고하여야 한다.
③. 해양경찰청장은 제2항에 따라 검사대행자가 보고한 사항에 대하여 그 내용을 확인하고, 이 법 또는 이 법에 따른 명령을 위반한 사실이 발견되면 필요한 조치를 할 수 있다.
④. 제1항에 따라 검사대행자가 갖추어야 할 검사 관련 기술인력·시설·장비 등의 기준과 검사대행자의 지정절차, 제2항에 따른 보고 및 제3항에 따른 검사대행자에 대한 감독 등에 필요한 사항은 대통령령으로 정한다.

■ 안전검사 대행기관의 지정 조건 및 절차 등 (시행령)
①. 검사대행자(이하 "검사대행자"라 한다)로 지정받으려는 자는 다음 각 호의 어느 하나에 해당하는 자격이 있는 안전검사원 3명 이상을 갖추어야 한다.
 1. 「고등교육법」 제2조에 따른 전문대학 이상의 학교에서 기관·기계 또는 조선·항해 관련 학과를 졸업하거나 법령에 따라 이와 같은 수준의 학력을 갖춘 후 선박검사 관련 업무에 3년 이상 종사한 경력이 있는 사람
 2. 동력수상레저기구 안전검사업무나 법(법률 제13754호로 개정되기 전의 것을 말한다) 제46조제1항에 따른 우수사업장의 인증 및 같은 법 제47조에 따른 형식승인 업무에 3년 이상 종사한 경력이 있는 사람
 3. 「선박안전법」 제76조 및 제77조제1항에 따른 선박검사관 또는 선박검사원의 자격요건에 해당하는 자격이 있는 사람
 4. 동력수상레저기구 일반조종면허 1급 소지자로서 법(2016년 7월 8일 법률 제13754호로 개정되기 전의 것을 말한다) 제46조제1항에 따라 우수정비사업장으로 인증받은 사업장에서 3년 이상 정비업무에 종사한 경력이 있는 사람
 5. 동력수상레저기구 조종면허(1급 조종면허 또는 요트조종면허로 한정한다) 및 「선박직원법」 제4조에 따른 3급 기관사 이상의 면허를 취득한 후 선박의 기관(機關) 운용 및 정비 관련 업무에 10년 이상 종사한 경력이 있는 사람
②. 검사대행자로 지정받으려는 자는 해양수산부령으로 정하는 바에 따라 해양경찰청장 또는 시·도지사에게 그 지정을 신청하여야 한다.
③. 제1항과 제2항에서 규정한 사항 외에 검사대행자의 보고사항 및 절차, 검사대행자가 갖추어야 하는 시설·장비기준 및 검사대행자에 대한 관리·감독에 관한 세부사항은 해양수산부령으로 정한다.

5. 검사대행자의 지정취소 (법 제19조)

① 해양경찰청장은 검사대행자가 다음 각 호의 어느 하나에 해당하는 경우 그 지정을 취소하거나 6개월의 범위에서 기간을 정하여 업무의 전부 또는 일부의 정지를 명할 수 있다. 다만, 제1호에 해당하면 그 지정을 취소하여야 한다.
 1. 거짓이나 그 밖의 부정한 방법으로 지정을 받은 경우
 2. 고의 또는 중대한 과실로 사실과 다르게 안전검사를 한 경우
 3. 제18조제4항에 따른 검사 관련 기술인력·시설·장비 등의 기준에 미치지 못하게 된 경우
 4. 업무와 관련하여 부정한 금품을 수수하거나 그 밖의 부정한 행위를 한 경우
 5. 이 법 또는 이 법에 따른 명령을 위반한 경우
② 제1항에 따른 처분의 세부 기준, 절차 등에 필요한 사항은 대통령령으로 정한다.

6. 안전검사원의 교육 (법 제20조)

① 검사대행자에 소속되어 검사업무에 종사하는 사람(이하 "안전검사원"이라 한다)은 해양경찰청장이 실시하는 교육을 받아야 한다. 다만, 검사업무의 기술적·전문적 특성을 고려하여 해양수산부령으로 정하는 사람에 대하여는 그러하지 아니하다.
② 제1항에 따른 교육의 시기·대상·방법 등에 관하여 필요한 사항은 해양수산부령으로 정한다.

[제4장 동력수상레저기구의 안전기준]

1. 동력수상레저기구의 구조·설비 등 (법 제21조)

동력수상레저기구는 해양경찰청장이 정하여 고시하는 성능 및 안전 기준에 적합한 다음 각 호에 따른 구조·설비 또는 장치의 전부 또는 일부를 갖추어야 한다.
 1. 선체
 2. 추진기관
 3. 배수설비
 4. 돛대
 5. 조타·계선·양묘설비
 6. 전기설비
 7. 구명·소방설비
 8. 그 밖에 해양수산부령으로 정하는 설비

2. 무선설비 (법 제22조)

①. 동력수상레저기구의 소유자는 「전파법」과 해양경찰청장이 정하여 고시하는 성능 및 안전 기준에 적합한 무선설비를 동력수상레저기구에 갖추어야 한다. 다만, 동력수상레저기구의 구조, 정원 및 운항구역 등을 고려하여 해양수산부령으로 정하는 동력수상레저기구는 그러하지 아니하다.
②. 제1항에 따라 무선설비를 갖춘 동력수상레저기구의 소유자 또는 사용자는 안전운항과 해양사고 발생 시 신속한 대응을 위하여 동력수상레저기구를 운항하는 경우 무선설비를 작동하여야 한다.

3. 위치발신장치 (법 제23조)

①. 동력수상레저기구의 소유자는 해양경찰청장이 정하여 고시하는 성능 및 안전 기준에 적합한 위치발신장치(동력수상레저기구의 위치 및 제원 등에 관한 정보를 자동으로 발신하는 장치를 말한다. 이하 같다)를 동력수상레저기구에 갖추어야 한다. 다만, 동력수상레저기구의 구조, 정원 및 운항구역 등을 고려하여 해양수산부령으로 정하는 동력수상레저기구는 그러하지 아니하다.
②. 제1항에 따라 위치발신장치를 갖춘 동력수상레저기구의 소유자 또는 사용자는 안전운항과 해양사고 발생 시 신속한 대응을 위하여 동력수상레저기구를 운항하는 경우 위치발신장치를 작동하여야 한다.
③. 제22조제1항에 따른 무선설비가 위치발신장치의 기능을 가지고 있는 때에는 위치발신장치를 갖춘 것으로 본다.

4. 기타 안전기준 (법 제24조)

제21조부터 제23조까지 외의 동력수상레저기구의 복원성, 동력수상레저기구에 설치 또는 비치되는 물건 등 해양수산부령으로 정하는 사항은 해양경찰청장이 정하여 고시하는 성능 및 안전 기준에 적합하여야 한다.

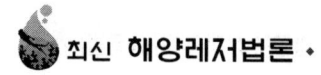

[제5장 보칙·벌칙]

1. 과징금 (법 제25조)

①. 해양경찰청장은 검사대행자가 제19조제1항제2호부터 제5호까지에 따른 사유에 해당하여 업무정지처분을 하여야 하는 경우로서 그 업무정지가 그 기관을 이용하는 자에게 심한 불편을 주거나 그 밖에 공익을 해칠 우려가 있다고 인정되면 업무정지처분에 갈음하여 1천만원 이하의 과징금을 부과할 수 있다.

②. 제1항에도 불구하고 해양경찰청장은 검사대행자가 제1항에 따른 과징금 부과처분을 받고, 그 처분을 받은 날로부터 2년 이내에 다시 과징금 부과처분의 대상이 되는 위반행위를 한 경우에는 업무정지처분을 명하여야 한다.

③. 제1항에 따라 과징금을 부과하는 위반행위의 종류, 위반의 정도 등에 따른 과징금의 금액과 그 밖에 필요한 사항은 대통령령으로 정한다.

④. 해양경찰청장은 검사대행자가 제1항에 따른 과징금을 납부기한까지 내지 아니하면 국세강제징수의 예에 따라 징수한다.

2. 수수료 (법 제26조)

①. 다음 각 호의 어느 하나에 해당하는 자는 해양수산부령으로 정하는 바에 따라 해양경찰청장 또는 시장·군수·구청장에게 수수료를 내야 한다.
 1. 제6조, 제9조 및 제10조에 따라 등록·변경등록·말소등록 등을 신청하려는 자
 2. 제7조제2항에 따라 등록원부 사본의 발급을 신청하려는 자
 3. 제8조제1항에 따라 등록번호판을 받으려는 자
 4. 제8조제2항에 따라 등록증 및 등록번호판의 재발급을 신청하려는 자
 5. 제15조제1항에 따라 안전검사를 받으려는 자

②. 다음 각 호의 어느 하나에 해당하는 경우에는 검사대행자가 정하는 수수료를 검사대행자에게 내야 한다.
 1. 제16조에 따라 안전검사증 및 안전검사필증을 재발급하는 경우
 2. 제18조제1항에 따라 검사대행자가 안전검사 업무를 대행하는 경우

③. 제2항에 따라 검사대행자가 수수료를 정하거나 변경하려면 해양경찰청장의 승인을 받아야 한다.

④. 검사대행자가 제2항에 따라 수수료를 징수한 경우 그 수입은 검사대행자의 수입으로 한다.

3. 청문 (법 제27조)

해양경찰청장은 제19조제1항에 따른 검사대행자의 지정취소, 업무정지 또는 제25조제1항에 따른 과징금 부과 처분을 하려면 청문을 하여야 한다.

4. 권한의 위임 (법 제28조)

이 법에 따른 해양경찰청장의 권한은 대통령령으로 정하는 바에 따라 그 일부를 그 소속 기관의 장 또는 시장·군수·구청장에게 위임할 수 있다.

5. 벌칙 적용 시의 공무원의 의제 (법 제29조)

검사대행자의 임직원 및 안전검사원은 「형법」 제127조 및 제129조부터 제132조까지의 규정을 적용할 때에는 공무원으로 본다.

6. 벌칙 (법 제30조)

다음 각 호의 어느 하나에 해당하는 자는 6개월 이하의 징역 또는 500만원 이하의 벌금에 처한다.
1. 제6조제1항을 위반하여 등록되지 아니한 동력수상레저기구를 운항한 자
2. 제14조제1항을 위반하여 시험운항허가를 받지 아니하고 동력수상레저기구를 운항한 자
3. 제15조제3항 본문을 위반하여 안전검사를 받지 아니하거나 검사에 합격하지 못한 동력수상레저기구를 운항한 자

7. 양벌규정 (법 제31조)

법인의 대표자나 법인 또는 개인의 대리인, 사용인, 그 밖의 종업원이 그 법인 또는 개인의 업무에 관하여 제30조의 어느 하나에 해당하는 위반행위를 하면 그 행위자를 벌하는 외에 그 법인 또는 개인에게도 해당 조문의 벌금형을 과한다. 다만, 법인 또는 개인이 그 위반행위를 방지하기 위하여 해당 업무에 관하여 상당한 주의와 감독을 게을리하지 아니한 경우에는 그러하지 아니하다.

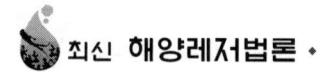

8. 과태료 (법 제32조)

①. 다음 각 호의 어느 하나에 해당하는 자에게는 100만원 이하의 과태료를 부과한다.
  1. 제6조제1항을 위반하여 동력수상레저기구를 취득한 날부터 1개월 이내에 등록신청을 하지 아니한 자
  2. 제13조제2항을 위반하여 등록번호판을 부착하지 아니한 동력수상레저기구를 운항한 자
  3. 정당한 사유 없이 제15조제1항을 위반하여 동력수상레저기구의 안전검사를 받지 아니한 수상레저사업자
  4. 거짓이나 그 밖의 부정한 방법으로 제18조제1항에 따른 검사대행자로 지정을 받은 자
  5. 제19조제1항제2호에 따라 고의 또는 중대한 과실로 사실과 다르게 안전검사를 한 자
  6. 제20조를 위반하여 교육을 받지 아니한 사람
②. 다음 각 호의 어느 하나에 해당하는 자에게는 50만원 이하의 과태료를 부과한다.
  1. 제9조를 위반하여 변경등록을 하지 아니한 자
  2. 제10조제2항에 따른 말소등록의 최고를 받고 그 기간 이내에 이를 이행하지 아니한 자
  3. 제13조제1항을 위반하여 등록번호판을 부착하지 아니한 자
  4. 제14조제3항을 위반하여 시험운항의 목적 및 운항구역을 준수하지 아니하거나, 안전장비를 비치 또는 보유하지 아니하고 동력수상레저기구를 운항한 자
  5. 제14조제4항을 위반하여 시험운항허가증을 반납하지 아니한 자
  6. 정당한 사유 없이 제15조제1항을 위반하여 동력수상레저기구의 안전검사를 받지 아니한 자(제32조제1항제3호에 해당되는 수상레저사업자는 제외한다)
  7. 제17조를 위반하여 안전검사필증을 부착하지 아니한 자
  8. 정당한 사유 없이 제22조제2항을 위반하여 무선설비를 작동하지 아니한 자
  9. 정당한 사유 없이 제23조제2항을 위반하여 위치발신장치를 작동하지 아니한 자
③. 제1항 및 제2항에 따른 과태료는 대통령령으로 정하는 바에 따라 해수면의 경우에는 해양경찰청장, 지방해양경찰청장 또는 해양경찰서장이, 내수면의 경우에는 시장·군수·구청장이 부과·징수한다.
④. 제1항 및 제2항에 따른 과태료의 부과·징수, 재판 및 집행 등의 절차에 관한 사항은 「질서위반행위규제법」을 따른다.

제3부 선박의 입항 및 출항 등에 관한 법률 (선박의 입출항법)

[2021. 1. 1. 시행]

제1장 총칙
제2장 입항·출항 및 정박
제3장 항로 및 항법
제4장 위험물의 관리 등
제5장 수로의 보전
제6장 등화 및 신호
제7장 보칙·벌칙

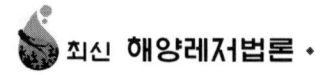

[제1장 총칙]

1. 목적 (법 제1조)

무역항의 수상구역 등에서 선박의 입항·출항에 대한 지원과 선박운항의 안전 및 질서 유지에 필요한 사항을 규정함을 목적으로 한다.

2. 정의 (법 제2조)

1. "무역항"이란 「항만법」 제2조제2호에 따른 항만을 말한다.
   - *무역항* : 국민경제와 공공의 이해에 밀접한 관계가 있고 주로 외항선이 입항·출항하는 항만
2. "무역항의 수상구역등"이란 무역항의 수상구역과 「항만법」 제2조제5호가목1)의 수역시설 중 수상구역 밖의 수역시설로서 관리청이 지정·고시한 것을 말한다.
   - 항만법 제2조 *"항만시설"* 이란 다음 각 목의 어느 하나에 해당하는 시설을 말한다. 이 경우 다음 각 목의 시설이 항만구역 밖에 있는 경우에는 해양수산부장관이 지정·고시하는 시설로 한정한다.

   가. 기본시설
   1) 항로, 정박지, 소형선 정박지, 선회장(旋回場) 등 수역시설(水域施設)
   2) 방파제, 방사제(防砂堤), 파제제(波除堤), 방조제, 도류제(導流堤), 갑문, 호안(해안보호둑을 말한다) 등 외곽시설
   3) 도로, 교량, 철도, 궤도, 운하 등 임항교통시설(臨港交通施設)
   4) 안벽, 소형선 부두, 잔교(棧橋: 선박이 부두에 닿도록 구름다리 형태로 만든 구조물), 부잔교(浮棧橋: 선박을 매어두거나 선박이 부두에 닿도록 물 위에 띄워 만든 구조물), 돌핀(계선말뚝을 말한다), 선착장, 램프(경사식 진출입로를 말한다) 등 계류시설(繫留施設)
3. "관리청"이란 무역항의 수상구역등에서 선박의 입항 및 출항 등에 관한 행정업무를 수행하는 다음 각 목의 구분에 따른 행정관청을 말한다.

가. 「항만법」 제3조제2항제1호에 따른 국가관리무역항: 해양수산부장관
나. 「항만법」 제3조제2항제2호에 따른 지방관리무역항: 특별시장·광역시장·도지사 또는 특별자치도지사(이하 "시·도지사"라 한다)

4. "선박"이란 「선박법」 제1조의2제1항에 따른 선박을 말한다.
   - 선박법 제1조의2(정의) *"선박"* 이란 수상 또는 수중에서 항행용으로 사용하거나 사용할 수 있는 배 종류를 말하며 그 구분은 다음 각 호와 같다.
     1) *기선*: 기관을 사용하여 추진하는 선박[선체 밖에 기관을 붙인 선박으로서 그 기관을 선체로부터 분리할 수 있는 선박 및 기관과 돛을 모두 사용하는 경우로서 주로 기관을

제3부. 선박의 입항 및 출항 등에 관한 법률(선박입출항법)

　　　사용하는 선박을 포함한다]과 수면비행선박(표면효과 작용을 이용하여 수면에 근접하여 비행하는 선박을 말한다)
　2) *범선*: 돛을 사용하여 추진하는 선박(기관과 돛을 모두 사용하는 경우로서 주로 돛을 사용하는 것을 포함한다)
　3) *부선*: 자력항행능력이 없어 다른 선박에 의하여 끌리거나 밀려서 항행되는 선박
5. "예선"이란 「선박안전법」 제2조제13호에 따른 예인선(이하 "예인선"이라 한다) 중 무역항에 출입하거나 이동하는 선박을 끌어당기거나 밀어서 이안·접안·계류를 보조하는 선박을 말한다.
　■ 선박안전법 제2조(정의) *예인선*'이라 함은 다른 선박을 끌거나 밀어서 이동시키는 선박을 말한다.
6. "우선피항선"이란 주로 무역항의 수상구역에서 운항하는 선박으로서 다른 선박의 진로를 피하여야 하는 다음 각 목의 선박을 말한다.
　가. 「선박법」 제1조의2제1항제3호에 따른 *부선*[예인선이 부선을 끌거나 밀고 있는 경우의 예인선 및 부선을 포함하되, 예인선에 결합되어 운항하는 압항부선은 제외한다]
　■ *부선*: 자력항행능력이 없어 다른 선박에 의하여 끌리거나 밀려서 항행되는 선박
　나. 주로 노와 삿대로 운전하는 선박
　다. 예선
　라. 「항만운송사업법」 제26조의3제1항에 따라 항만운송관련사업을 등록한 자가 소유한 선박
　마. 「해양환경관리법」 제70조제1항에 따라 해양환경관리업을 등록한 자가 소유한 선박 또는 「해양폐기물 및 해양오염퇴적물 관리법」 제19조제1항에 따라 해양폐기물관리업을 등록한 자가 소유한 선박(폐기물해양배출업으로 등록한 선박은 제외한다)
　바. 가목부터 마목까지의 규정에 해당하지 아니하는 총톤수 20톤 미만의 선박
7. "정박"이란 선박이 해상에서 닻을 바다 밑바닥에 내려놓고 운항을 멈추는 것을 말한다.
8. "정박지"란 선박이 정박할 수 있는 장소를 말한다.
9. "정류"란 선박이 해상에서 일시적으로 운항을 멈추는 것을 말한다.
10. "계류"란 선박을 다른 시설에 붙들어 매어 놓는 것을 말한다.
11. "계선"이란 선박이 운항을 중지하고 정박하거나 계류하는 것을 말한다.
12. "항로"란 선박의 출입 통로로 이용하기 위하여 제10조에 따라 지정·고시한 수로를 말한다.
　■ 선박의 입출항법 제10조(항로 지정 및 준수) ① 관리청은 무역항의 수상구역등에서 선박교통의 안전을 위하여 필요한 경우에는 무역항과 무역항의 수상구역 밖의 수로를 항로로 지정·고시할 수 있다. ② 우선피항선 외의 선박은 무역항의 수상구역등에 출입하는 경우 또는 무역항의 수상구역등을 통과하는 경우에는 제1항에 따라 지정·고시된 항로를 따라 항행하여야 한다. 다만, 해양사고를 피하기 위한 경우 등 해양수산부령으로 정하는 사유가 있는 경우에는 그러하지 아니하다.
13. "위험물"이란 화재·폭발 등의 위험이 있거나 인체 또는 해양환경에 해를 끼치는 물질로서 해양수산부령으로 정하는 것을 말한다. 다만, 선박의 항행 또는 인명의 안전을 유지하기 위하여 해당 선박에서 사용하는 위험물은 제외한다.
14. "위험물취급자"란 제37조제1항제1호에 따른 위험물운송선박의 선장 및 위험물을 취급

하는 사람을 말한다.

3. 다른 법률과의 관계 (법 제3조)

무역항의 수상구역등에서의 선박 입항·출항에 관하여는 다른 법률에 특별한 규정이 있는 경우를 제외하고는 이 법에 따른다.

> ■ **선박톤수**
> 1. 국제총톤수: 주로 국제항해에 종사하는 선박에 대하여 그 크기를 나타내기 위하여 사용되는 지표.
> 2. 총톤수: 우리나라의 해사에 관한 법령을 적용할 때 선박의 크기를 나타내기 위하여 사용되는 지표.
> 3. 순톤수: 여객 또는 화물의 운송용으로 제공되는 선박 안에 있는 장소의 크기를 나타내기 위하여 사용되는 지표.
> 4. 재화중량톤수: 항행의 안전을 확보할 수 있는 한도에서 선박의 여객 및 화물 등의 최대적재량을 나타내기 위하여 사용되는 지표.

[제2장 입항·출항 및 정박]

1. 출입 신고 (법 제4조)

① 무역항의 수상구역등에 출입하려는 선박의 선장(이하 이 조에서 "선장"이라 한다)은 대통령령으로 정하는 바에 따라 관리청에 신고하여야 한다. 다만, 다음 각 호의 선박은 출입 신고를 하지 아니할 수 있다.
1. 총톤수 5톤 미만의 선박
2. 해양사고 구조에 사용되는 선박
3. 「수상레저안전법」 제2조제3호에 따른 수상레저기구 중 국내항 간을 운항하는 모터보트 및 동력요트
   ■ "*수상레저기구*"란 수상레저활동에 이용되는 선박이나 기구로서 대통령령으로 정하는 것을 말한다.
4. 그 밖에 공공목적이나 항만 운영의 효율성을 위하여 해양수산부령으로 정하는 선박
   ■ 시행규칙 제4조 *신고의 면제* "해양수산부령으로 정하는 선박"이란 다음 각 호의 선박을 말한다.
   1) 관공선, 군함, 해양경찰함정 등 공공의 목적으로 운영하는 선박
   2) 도선선(導船船), 예선(曳船) 등 선박의 출입을 지원하는 선박
   3) 「선박직원법 시행령」 제2조제1호에 따른 연안수역을 항행하는 정기여객선(「해운법」

에 따라 내항 정기 여객운송사업에 종사하는 선박을 말한다)으로서 경유항(經由港)에 출입하는 선박
4) 피난을 위하여 긴급히 출항하여야 하는 선박
5) 그 밖에 항만운영을 위하여 지방해양수산청장이나 시·도지사가 필요하다고 인정하여 출입 신고를 면제한 선박
②. 관리청은 제1항에 따른 신고를 받은 경우 그 내용을 검토하여 이 법에 적합하면 신고를 수리하여야 한다.
③. 제1항에도 불구하고 전시·사변이나 그에 준하는 국가비상사태 또는 국가안전보장에 필요한 경우에는 선장은 대통령령으로 정하는 바에 따라 관리청의 허가를 받아야 한다.

■ **출입 신고 (시행령)**

제4조제1항에 따른 출입 신고는 다음 각 호의 구분에 따른다. 다만, 내항어선(국내항 사이만을 항행하는 어선)의 출입 신고는 해양수산부령으로 정하는 바에 따른다.

①. 내항선(국내에서만 운항하는 선박)이 무역항의 수상구역 등의 안으로 입항하는 경우에는 입항 전에, 무역항의 수상구역 등의 밖으로 출항하려는 경우에는 출항 전에 내항선 출입 신고서를 해양수산부장관(지방해양수산청)에게 제출할 것

②. 외항선(국내항과 외국항 사이를 운항하는 선박)이 무역항의 수상구역 등의 안으로 입항하는 경우에는 입항 전에, 무역항의 수상구역 등의 밖으로 출항하려는 경우에는 출항 전에 외항선 출입 신고서를 해양수산부장관(지방해양수산청)에게 제출할 것

③. 무역항을 출항한 선박이 피난, 수리 또는 그 밖의 사유로 출항 후 12시간 이내에 출항한 무역항으로 귀항하는 경우에는 그 사실을 적은 서면을 해양수산부장관에게 제출할 것

④. 선박이 해양사고를 피하기 위한 경우나 그 밖의 부득이한 사유로 무역항의 수상구역등의 안으로 입항하거나 무역항의 수상구역 등의 밖으로 출항하는 경우에는 그 사실을 적은 서면을 해양수산부장관에게 제출할 것

■ **출입 허가의 대상 선박 (시행령)**

법 제4조제3항에 따라 다음 각 호의 어느 하나에 해당하는 선박의 선장은 관리청의 출입 허가를 받아야 한다.

1. 외국 국적의 선박으로서 무역항을 출항한 후 바로 다음 기항 예정지가 북한인 선박
2. 외국 국적의 선박으로서 북한에 기항한 후 1년 이내에 무역항에 최초로 입항하는 선박
3. 「국제항해선박 및 항만시설의 보안에 관한 법률」 제33조제1항제3호에 따른 행위를 한 외국인 선원이 승무하였던 국제항해선박(같은 법 제2조제1호에 따른 국제항해선박을 말한다)으로서 해양수산부장관이 국가안전보장을 위하여 무역항 출입에 특별한 관리가 필요하다고 인정하는 선박

> 4. 전시·사변이나 이에 준하는 국가비상사태 또는 국가안전보장에 필요한 경우로서 관계 중앙행정기관의 장이나 「국제항해선박 및 항만시설의 보안에 관한 법률」 제2조제9호에 따른 국가보안기관의 장(이하 "국가보안기관의 장"이라 한다)이 무역항 출입에 특별한 관리가 필요하다고 인정하는 선박

5. 정박지의 사용 (법 제5조)

① 관리청은 무역항의 수상구역 등에 정박하는 선박의 종류·톤수·흘수(吃水) 또는 적재물의 종류에 따른 정박구역 또는 정박지를 지정·고시할 수 있다.
② 무역항의 수상구역 등에 정박하려는 선박(우선피항선은 제외)은 제1항에 따른 정박구역 또는 정박지에 정박하여야 한다. 다만, 해양사고를 피하기 위한 경우 등 해양수산부령으로 정하는 경우는 그러하지 아니하다.

> ■ 해양사고를 피하기 위한 경우 등 (시행규칙)
> 1. 해양사고를 피하기 위한 경우
> 2. 선박의 고장이나 그 밖의 사유로 선박을 조종할 수 없는 경우
> 3. 인명을 구조하거나 급박한 위험이 있는 선박을 구조하는 경우
> 4. 해양오염 등의 발생 또는 확산을 방지하기 위한 경우
> 5. 그 밖에 선박의 안전운항을 위하여 지방해양수산청장 또는 시·도지사가 필요하다고 인정하는 경우

③ 우선피항선은 다른 선박의 항행에 방해가 될 우려가 있는 장소에 정박하거나 정류하여서는 아니 된다.
④ 제2항의 정박구역 또는 정박지가 아닌 곳에 정박한 선박의 선장은 즉시 그 사실을 관리청에 신고하여야 한다.

6. 정박의 제한 및 방법 등 (법 제6조)

① 선박은 무역항의 수상구역 등에서 다음 각 호의 장소에는 정박하거나 정류하지 못한다.
 1. 부두·잔교(棧橋)·안벽(岸壁)·계선부표·돌핀 및 선거(船渠)의 부근 수역
 2. 하천, 운하 및 그 밖의 좁은 수로와 계류장(繋留場) 입구의 부근 수역
② 제1항에도 불구하고 다음 각 호의 경우에는 제1항 각 호의 장소에 정박하거나 정류할 수 있다.
 1. 해양사고를 피하기 위한 경우
 2. 선박의 고장이나 그 밖의 사유로 선박을 조종할 수 없는 경우
 3. 인명을 구조하거나 급박한 위험이 있는 선박을 구조하는 경우
 4. 제41조에 따른 허가를 받은 공사 또는 작업에 사용하는 경우

③. 제1항에 따른 선박의 정박 또는 정류의 제한 외에 무역항별 무역항의 수상구역등에서의 정박 또는 정류 제한에 관한 구체적인 내용은 관리청이 정하여 고시한다.
④. 무역항의 수상구역등에 정박하는 선박은 지체 없이 예비용 닻을 내릴 수 있도록 닻 고정장치를 해제하고, 동력선은 즉시 운항할 수 있도록 기관의 상태를 유지하는 등 안전에 필요한 조치를 하여야 한다.
⑤. 관리청은 정박하는 선박의 안전을 위하여 필요하다고 인정하는 경우에는 무역항의 수상구역등에 정박하는 선박에 대하여 정박 장소 또는 방법을 변경할 것을 명할 수 있다.

7. 선박의 계선 신고 등 (법 제7조)

①. 총톤수 20톤 이상의 선박을 무역항의 수상구역등에 계선하려는 자는 해양수산부령으로 정하는 바에 따라 관리청에 신고하여야 한다.
②. 관리청은 제1항에 따른 신고를 받은 경우 그 내용을 검토하여 이 법에 적합하면 신고를 수리하여야 한다.
③. 제1항에 따라 선박을 계선하려는 자는 관리청이 지정한 장소에 그 선박을 계선하여야 한다.
④. 관리청은 계선 중인 선박의 안전을 위하여 필요하다고 인정하는 경우에는 그 선박의 소유자나 임차인에게 안전 유지에 필요한 인원의 선원을 승선시킬 것을 명할 수 있다.

8. 선박의 이동명령 (법 제8조)

관리청은 다음 각 호의 경우에는 무역항의 수상구역등에 있는 선박에 대하여 관리청이 정하는 장소로 이동할 것을 명할 수 있다.
1. 무역항을 효율적으로 운영하기 위하여 필요하다고 판단되는 경우
2. 전시·사변이나 그에 준하는 국가비상사태 또는 국가안전보장을 위하여 필요하다고 판단되는 경우

9. 선박 교통의 제한 (법 제9조)

①. 관리청은 무역항의 수상구역등에서 선박교통의 안전을 위하여 필요하다고 인정하는 경우에는 항로 또는 구역을 지정하여 선박교통을 제한하거나 금지할 수 있다.
②. 관리청이 제1항에 따라 항로 또는 구역을 지정한 경우에는 항로 또는 구역의 위치, 제한·금지 기간을 정하여 공고하여야 한다.

[제3장 항로 및 항법]

1. 항로 지정 및 준수 (법 제10조)

① 관리청은 무역항의 수상구역 등에서 선박교통의 안전을 위하여 필요한 경우에는 무역항과 무역항의 수상구역 밖의 수로를 항로로 지정·고시할 수 있다.

② 우선피항선 외의 선박은 무역항의 수상구역 등에 출입하는 경우 또는 무역항의 수상구역등을 통과하는 경우에는 지정·고시된 항로를 따라 항행하여야 한다. 다만, 해양사고를 피하기 위한 경우 등 해양수산부령(시행규칙 제6조제2항)으로 정하는 사유가 있는 경우에는 그러하지 아니하다.

2. 항로에서의 정박 등 금지 (법 제11조)

가. 선장은 항로에 선박을 정박 또는 정류시키거나 예인되는 선박 또는 부유물을 내버려두어서는 아니 된다. 다만, 제6조제2항 각 호의 어느 하나에 해당하는 경우는 그러하지 아니하다.

> ■ **선박의 입출항법 법 제6조(항로에서의 정박금지 예외)**
> 1. 해양사고를 피하기 위한 경우
> 2. 선박의 고장이나 그 밖의 사유로 선박을 조종할 수 없는 경우
> 3. 인명을 구조하거나 급박한 위험이 있는 선박을 구조하는 경우
> 4. 허가를 받은 공사 또는 작업에 사용하는 경우

나. 제6조제2항제1호부터 제3호까지의 사유로 선박을 항로에 정박시키거나 정류시키려는 자는 그 사실을 관리청에 신고하여야 한다. 이 경우 제2호에 해당하는 선박의 선장은 「해사안전법」 제85조제1항에 따른 조종불능선 표시를 하여야 한다.

> ■ **해사안전법 제85조(조종불능선과 조종제한선)**
> ① 조종불능선은 다음 각 호의 등화나 형상물을 표시하여야 한다.
> 1. 가장 잘 보이는 곳에 수직으로 붉은색 전주등 2개
> 2. 가장 잘 보이는 곳에 수직으로 둥근꼴이나 그와 비슷한 형상물 2개
> 3. 대수속력이 있는 경우에는 제1호와 제2호에 따른 등화에 덧붙여 현등 1쌍과 선미등 1개

3. 항로에서의 항법 (법 제12조)

①. 모든 선박은 항로에서 다음 각 호의 항법에 따라 항행하여야 한다.
  1. 항로 밖에서 항로에 들어오거나 항로에서 항로 밖으로 나가는 선박은 항로를 항행하는 다른 선박의 진로를 피하여 항행할 것
  2. 항로에서 다른 선박과 나란히 항행하지 아니할 것
  3. 항로에서 다른 선박과 마주칠 우려가 있는 경우에는 오른쪽으로 항행할 것
  4. 항로에서 다른 선박을 추월하지 아니할 것. 다만, 추월하려는 선박을 눈으로 볼 수 있고 안전하게 추월할 수 있다고 판단되는 경우에는 「해사안전법」 제67조제5항 및 제71조에 따른 방법으로 추월할 것

  ■ **해사안전법 제67조제5항(좁은 수로등)**
  ⑤ 제71조제2항 및 제3항에 따른 앞지르기 하는 배는 좁은 수로등에서 앞지르기당하는 선박이 앞지르기 하는 배를 안전하게 통과시키기 위한 동작을 취하지 아니하면 앞지르기 할 수 없는 경우에는 기적신호를 하여 앞지르기 하겠다는 의사를 나타내야 한다. 이 경우 앞지르기당하는 선박은 그 의도에 동의하면 기적신호를 하여 그 의사를 표현하고, 앞지르기 하는 배를 안전하게 통과시키기 위한 동작을 취하여야 한다.

  ■ **해사안전법 제71조(앞지르기)**
  ①. 앞지르기 하는 배는 제1절과 이 절의 다른 규정에도 불구하고 앞지르기당하고 있는 선박을 완전히 앞지르기하거나 그 선박에서 충분히 멀어질 때까지 그 선박의 진로를 피하여야 한다.
  ②. 다른 선박의 양쪽 현의 정횡(正橫)으로부터 22.5도를 넘는 뒤쪽[밤에는 다른 선박의 선미등(船尾燈)만을 볼 수 있고 어느 쪽의 현등(舷燈)도 볼 수 없는 위치를 말한다]에서 그 선박을 앞지르는 선박은 앞지르기 하는 배로 보고 필요한 조치를 취하여야 한다.
  ③. 선박은 스스로 다른 선박을 앞지르기 하고 있는지 분명하지 아니한 경우에는 앞지르기 하는 배로 보고 필요한 조치를 취하여야 한다.

  5. 항로를 항행하는 위험물운송선박(급유선은 제외) 또는 「해사안전법」 제2조제14호에 따른 흘수제약 선의 진로를 방해하지 아니할 것

  ■ **해사안전법 제2조제14호(흘수제약선)**
  "흘수제약선"이란 가항수역의 수심 및 폭과 선박의 흘수와의 관계에 비추어 볼 때 그 진로에서 벗어날 수 있는 능력이 매우 제한되어 있는 동력선을 말한다.

  6. 「선박법」에 따른 범선은 항로에서 지그재그(zigzag)로 항행하지 아니할 것
②. 관리청은 선박교통의 안전을 위하여 특히 필요하다고 인정하는 경우에는 규정 한 사항

외에 따로 항로에서의 항법 등에 관한 사항을 정하여 고시할 수 있다.

4. 방파제 부근에서의 항법 (법 제13조)

무역항의 수상구역 등에 입항하는 선박이 방파제 입구 등에서 출항하는 선박과 마주칠 우려가 있는 경우에는 방파제 밖에서 출항하는 선박의 진로를 피하여야 한다.

5. 부두 등 부근에서의 항법 (법 제14조)

선박이 무역항의 수상구역 등에서 해안으로 길게 뻗어 나온 육지 부분, 부두, 방파제 등 인공시설물의 튀어나온 부분 또는 정박 중인 선박을 오른쪽 뱃전에 두고 항행할 때에는 부두 등에 접근하여 항행하고, 부두 등을 왼쪽 뱃전에 두고 항행할 때에는 멀리 떨어져서 항행하여야 한다.

6. 예인선 등의 항법 (법 제15조)

①. 예인선이 무역항의 수상구역 등에서 다른 선박을 끌고 항행할 때에는 해양수산부령으로 정하는 방법에 따라야 한다.

> ■ **시행규칙 제9조(예인선의 항법 등)**
> ①. 예인선이 무역항의 수상구역 등에서 다른 선박을 끌고 항행하는 경우에는 다음 각 호에서 정하는 바에 따라야 한다.
> 1. 예인선의 선수로부터 피예인선의 선미까지의 길이는 200미터를 초과하지 아니할 것. 다만, 다른 선박의 출입을 보조하는 경우에는 그러하지 아니하다.
> 2. 예인선은 한꺼번에 3척 이상의 피예인선을 끌지 아니할 것
> ②. 제1항에도 불구하고 지방해양수산청장 또는 시·도지사는 해당 무역항의 특수성 등을 고려하여 특히 필요한 경우에는 항법을 조정할 수 있다. 이 경우 지방해양수산청장 또는 시·도지사는 그 사실을 고시하여야 한다.

②. 범선이 무역항의 수상구역 등에서 항행할 때에는 돛을 줄이거나 예인선이 범선을 끌고 가게 하여야 한다.

7. 진로방해의 금지 (법 제16조)

①. 우선피항선은 무역항의 수상구역 등이나 무역항의 수상구역 부근에서 다른 선박의 진로를 방해하여서는 아니 된다.
②. 공사 등의 허가를 받은 선박과 선박경기 등의 행사를 허가받은 선박은 무역항의 수상구역 등에서 다른 선박의 진로를 방해하여서는 아니 된다.

8. 속력 등의 제한 (법 제17조)

①. 선박이 무역항의 수상구역 등이나 무역항의 수상구역 부근을 항행할 때에는 다른 선박에 위험을 주지 아니할 정도의 속력으로 항행하여야 한다.
②. 해양경찰청장은 선박이 빠른 속도로 항행하여 다른 선박의 안전 운항에 지장을 초래할 우려가 있다고 인정하는 무역항의 수상구역 등에 대하여는 관리청에 무역항의 수상구역 등에서의 선박 항행 최고속력을 지정할 것을 요청할 수 있다.
③. 관리청은 제2항에 따른 요청을 받은 경우 특별한 사유가 없으면 무역항의 수상구역 등에서 선박 항행 최고속력을 지정·고시하여야 한다. 이 경우 선박은 고시된 항행 최고속력의 범위에서 항행하여야 한다.

9. 항행 선박 간의 거리 (법 제18조)

무역항의 수상구역 등에서 2척 이상의 선박이 항행할 때에는 서로 충돌을 예방할 수 있는 상당한 거리를 유지하여야 한다.

10. 예선의 사용 의무(법 제23조)

①. 관리청은 항만시설을 보호하고 선박의 안전을 확보하기 위하여 관리청이 정하여 고시하는 일정 규모 이상의 선박에 대하여 예선을 사용하도록 하여야 한다.
②. 관리청은 예선을 사용하여야 하는 선박이 그 규모에 맞는 예선을 사용하게 하기 위하여 예선의 사용기준(이하 "예선사용기준"이라 한다)을 정하여 고시할 수 있다.

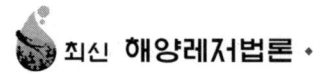

[제4장 위험물의 관리 등]

1. 위험물의 반입(법 제32조)

①. 위험물을 무역항의 수상구역 등으로 들여오려는 자는 해양수산부령으로 정하는 바에 따라 관리청에 신고하여야 한다.
②. 관리청은 신고를 받은 경우 그 내용을 검토하여 이 법에 적합하면 신고를 수리하여야 한다.
③. 관리청은 무역항 및 무역항의 수상구역 등의 안전, 오염방지 및 저장능력을 고려하여 해양수산부령으로 정하는 바에 따라 들여올 수 있는 위험물의 종류 및 수량을 제한하거나 안전에 필요한 조치를 할 것을 명할 수 있다.

> ■ **시행규칙 제14조(위험물 반입의 신고)**
> 위험물을 무역항의 수상구역 등으로 들여오려는 자는 반입 24시간 전에 위험물 반입신고서에 위험물 일람표를 첨부하여 지방해양수산청장 또는 시·도지사에게 제출하여야 한다. 다만, 위험물을 육상으로 반입하는 경우에는 무역항의 육상구역으로 위험물을 들여 오기 전까지, 전(前) 출항지부터 반입항까지의 운항 시간이 24시간 이내이고 해상으로 위험물을 반입하는 경우에는 무역항의 수상구역 등으로 위험물을 들여오기 전까지 위험물 반입신고서 등을 제출할 수 있다.
>
> ■ **시행규칙 제15조(위험물 반입의 제한)**
> ①. 지방해양수산청장 또는 시·도지사는 다음 각 호의 어느 하나에 해당하는 위험물에 대해서는 그 반입을 제한할 수 있다.
>   1. 「위험물 선박운송 및 저장규칙」따른 화약류
>   2. 「위험물 선박운송 및 저장규칙」따른 독물류
>   3. 「위험물 선박운송 및 저장규칙」따른 방사성 물질
> ②. 지방해양수산청장 또는 시·도지사는 무역항의 수상구역 등으로 반입된 위험물에 대하여 해당 위험물의 격리, 이동 또는 반출 등 안전에 필요한 조치를 할 수 있다.

2. 선박수리의 허가 등 (법 제37조)

①. 선장은 무역항의 수상구역등에서 다음 각 호의 선박을 불꽃이나 열이 발생하는 용접 등의 방법으로 수리하려는 경우 해양수산부령으로 정하는 바에 따라 관리청의 허가를 받아야 한다. 다만, 제2호의 선박은 기관실, 연료탱크, 그 밖에 해양수산부령으로 정하는 선박 내 위험구역에서 수리작업을 하는 경우에만 허가를 받아야 한다.
  1. 위험물을 저장·운송하는 선박과 위험물을 하역한 후에도 인화성 물질 또는 폭발성 가 스

가 남아 있어 화재 또는 폭발의 위험이 있는 선박
   2. 총톤수 20톤 이상의 선박(위험물운송선박은 제외한다)
② 관리청은 허가 신청을 받았을 때에는 신청 내용이 다음 각 호의 어느 하나에 해당하는 경우를 제외하고는 허가하여야 한다.
   1. 화재·폭발 등을 일으킬 우려가 있는 방식으로 수리하려는 경우
   2. 용접공 등 수리작업을 할 사람의 자격이 부적절한 경우
   3. 화재·폭발 등의 사고 예방에 필요한 조치가 미흡한 것으로 판단되는 경우
   4. 선박수리로 인하여 인근의 선박 및 항만시설의 안전에 지장을 초래할 우려가 있다고 판단되는 경우
   5. 수리장소 및 수리시기 등이 항만운영에 지장을 줄 우려가 있다고 판단되는 경우
   6. 위험물운송선박의 경우 수리하려는 구역에 인화성 물질 또는 폭발성 가스가 없다는 것을 증명하지 못하는 경우
③ 총톤수 20톤 이상의 선박을 위험구역 밖에서 불꽃이나 열이 발생하는 용접 등의 방법으로 수리하려는 경우에 그 선박의 선장은 해양수산부령으로 정하는 바에 따라 관리청에 신고하여야 한다.
④ 관리청은 신고를 받은 경우 그 내용을 검토하여 이 법에 적합하면 신고를 수리하여야 한다.
⑤ 선박을 수리하려는 자는 그 선박을 관리청이 지정한 장소에 정박하거나 계류하여야 한다.
⑥ 관리청은 수리 중인 선박의 안전을 위하여 필요하다고 인정하는 경우에는 그 선박의 소유자나 임차인에게 해양수산부령으로 정하는 바에 따라 안전에 필요한 조치를 할 것을 명할 수 있다.

[제5장 수로의 보전]

1. 폐기물의 투기 금지 (법 제38조)

① 누구든지 무역항의 수상구역 등이나 무역항의 수상구역 밖 10킬로미터 이내의 수면에 선박의 안전운항을 해칠 우려가 있는 흙·돌·나무·어구 등 폐기물을 버려서는 아니된다.
② 무역항의 수상구역 등이나 무역항의 수상구역 부근에서 석탄·돌·벽돌 등 흩어지기 쉬운 물건을 하역하는 자는 그 물건이 수면에 떨어지는 것을 방지하기 위하여 필요한 조치를 하여야 한다.
③ 관리청은 폐기물을 버리거나 흩어지기 쉬운 물건을 수면에 떨어뜨린 자에게 그 폐기물 또는 물건을 제거할 것을 명할 수 있다.

2. 해양사고 등이 발생한 경우의 조치 (법 제39조)

① 무역항의 수상구역 등이나 무역항의 수상구역 부근에서 해양사고·화재 등의 재난으로 인하여 다른 선박의 항행이나 무역항의 안전을 해칠 우려가 있는 조난선의 선장은 즉시 「항로표지법」에 따른 항로표지를 설치하는 등 필요한 조치를 하여야 한다.
② 조난선의 선장이 조치를 할 수 없을 때에는 해양수산부장관에게 필요한 조치를 요청할 수 있다.
③ 해양수산부장관이 조치를 하였을 때에는 그 선박의 소유자 또는 임차인은 그 조치에 들어간 비용을 해양수산부장관에게 납부하여야 한다.
④ 해양수산부장관은 선박의 소유자 또는 임차인이 조치 비용을 납부하지 아니할 경우 국세체납처분의 예에 따라 이를 징수할 수 있다.
① 제3항에 따른 비용의 산정방법 및 납부절차는 해양수산부령으로 정한다.

3. 장애물의 제거 (법 제40조)

① 관리청은 무역항의 수상구역 등이나 무역항의 수상구역 부근에서 선박의 항행을 방해하거나 방해할 우려가 있는 물건을 발견한 경우에는 그 장애물의 소유자 또는 점유자에게 제거를 명할 수 있다.
② 관리청은 장애물의 소유자 또는 점유자가 명령을 이행하지 아니하는 경우에는 「행정대집행법」에 따라 대집행을 할 수 있다.
③ 관리청은 다음 각 호의 어느 하나에 해당하는 경우로서 절차에 따르면 그 목적을 달성하기 곤란한 경우에는 그 절차를 거치지 아니하고 장애물을 제거하는 등 필요한 조치를 할 수 있다.
 1. 장애물의 소유자 또는 점유자를 알 수 없는 경우
 2. 수역시설을 반복적, 상습적으로 불법 점용하는 경우
 3. 그 밖에 선박의 항행을 방해하거나 방해할 우려가 있어 신속하게 장애물을 제거하여야할 필요가 있는 경우
④ 장애물을 제거하는 데 들어간 비용은 그 물건의 소유자 또는 점유자가 부담하되, 소유자 또는 점유자를 알 수 없는 경우에는 대통령령으로 정하는 바에 따라 그 물건을 처분하여 비용에 충당한다.
⑤ 장애물 제거에 따른 조치는 선박교통의 안전 및 질서유지를 위하여 필요한 최소한도에 그쳐야 한다.
⑥ 관리청은 제거된 장애물을 보관 및 처리하여야 한다. 이 경우 전문지식이 필요하거나 그 밖에 특수한 사정이 있어 직접 처리하기에 적당하지 아니하다고 인정할 때에는 「금융회사부실자산 등의 효율적 처리 및 한국자산관리공사의 설립에 관한 법률」에 따라 설립된 한국자산관리공사에게 장애물의 처리를 대행하도록 할 수 있다.
⑦ 관리청은 한국자산관리공사가 장애물의 처리를 대행하는 경우에는 해양수산부령으

로 정하는 바에 따라 수수료를 지급할 수 있다.
⑧. 한국자산관리공사가 장애물의 처리를 대행하는 경우에 한국자산관리공사의 임직원은 「형법」의 규정에 따른 벌칙을 적용할 때에는 공무원으로 본다.
⑨. 장애물의 보관 및 처리, 장애물 처리의 대행에 필요한 사항은 대통령령으로 정한다.

4. 선박경기 등 행사의 허가 (법 제42조)

①. 무역항의 수상구역 등에서 선박경기 등 대통령령으로 정하는 행사를 하려는 자는 해양수산부령으로 정하는 바에 따라 해양수산부장관의 허가를 받아야 한다.
②. 관리청은 허가 신청을 받았을 때에는 다음 각 호의 어느 하나에 해당하는 경우를 제외하고는 허가하여야 한다.
 1. 행사로 인하여 선박의 충돌·좌초·침몰 등 안전사고가 생길 우려가 있다고 판단되는 경우
 2. 행사의 장소와 시간 등이 항만운영에 지장을 줄 우려가 있는 경우
 3. 다른 선박의 출입 등 항행에 방해가 될 우려가 있다고 판단되는 경우
 4. 다른 선박이 화물을 싣고 내리거나 보존하는 데에 지장을 줄 우려가 있다고 판단되는 경우
③. 관리청은 허가를 하였을 때에는 해양경찰청장에게 그 사실을 통보하여야 한다.

5. 부유물에 대한 허가 (법 제43조)

①. 무역항의 수상구역 등에서 목재 등 선박교통의 안전에 장애가 되는 부유물에 대하여 다음 각 호의 어느 하나에 해당하는 행위를 하려는 자는 해양수산부령으로 정하는 바에 따라 관리청의 허가를 받아야 한다.
 1. 부유물을 수상에 띄워 놓으려는 자
 2. 부유물을 선박 등 다른 시설에 붙들어 매거나 운반하려는 자
②. 관리청은 허가를 할 때에는 선박교통의 안전에 필요한 조치를 명할 수 있다.

6. 어로의 제한 (법 제44조)

누구든지 무역항의 수상구역 등에서 선박교통에 방해가 될 우려가 있는 장소 또는 항로에서는 어로(어구 등의 설치를 포함한다)를 하여서는 아니 된다.

[제6장 등화 및 신호]

1. 불빛의 제한 (법 제45조)

① 누구든지 무역항의 수상구역 등이나 무역항의 수상구역 부근에서 선박교통에 방해가 될 우려가 있는 강력한 불빛을 사용하여서는 아니 된다.
② 관리청은 불빛을 사용하고 있는 자에게 그 빛을 줄이거나 가리개를 씌우도록 명할 수 있다.

2. 기적 등의 제한 (법 제46조)

① 선박은 무역항의 수상구역 등에서 특별한 사유 없이 기적이나 사이렌을 울려서는 아니 된다.
② 무역항의 수상구역 등에서 기적이나 사이렌을 갖춘 선박에 화재가 발생한 경우 그 선박은 해양수산부령으로 정하는 바에 따라 화재를 알리는 경보를 울려야 한다.

> ■ 시행규칙 제29조(화재 시 경보방법)
> ① 화재를 알리는 경보는 기적이나 사이렌을 장음(4초에서 6초까지의 시간 동안 계속되는 울림을 말한다)으로 5회 울려야 한다.
> ② 경보는 적당한 간격을 두고 반복하여야 한다.

[제7장 보칙·벌칙]

1. 출항의 중지 (법 제47조)

관리청은 선박이 이 법 또는 이 법에 따른 명령을 위반한 경우에는 그 선박의 출항을 중지시킬 수 있다.

2. 검사·확인 등 (법 제48조)

① 관리청은 다음 각 호의 경우 그 선박의 소유자·선장이나 그 밖의 관계인에게 출

석 또는 진술을 하게 하거나 관계 서류의 제출 또는 보고를 요구할 수 있으며, 관계 공무원으로 하여금 그 선박이나 사무실·사업장, 그 밖에 필요한 장소에 출입하여 장부·서류 또는 그 밖의 물건을 검사하거나 확인하게 할 수 있다.
 1. 위반한 자가 있다고 인정되는 경우
 2. 예선업의 등록 사항을 이행하고 있는지 확인할 필요가 있는 경우
 3. 적정예선 척수 산정 및 예선업계의 경영여건 파악을 위하여 필요한 경우
②. 관계 공무원의 자격, 직무 범위 및 그 밖에 필요한 사항은 대통령령으로 정한다.
③. 선박에 출입하여 관계 서류 등을 검사·확인하는 공무원은 그 권한을 표시하는 증표를 지니고 관계인에게 보여주어야 한다.

3. 개선명령 (법 제49조)

①. 관리청은 제48조제1항에 따른 검사 또는 확인 결과 무역항의 수상구역 등에서 선박의 안전 및 질서 유지를 위하여 필요하다고 인정하는 경우에는 그 선박의 소유자·선장이나 그 밖의 관계인에게 다음 각 호의 사항에 관하여 개선명령을 할 수 있다.
 1. 시설의 보강 및 대체(代替)
 2. 공사 또는 작업의 중지
 3. 인원의 보강
 4. 장애물의 제거
 5. 선박의 이동
 6. 선박 척수의 제한
 7. 그 밖에 해양수산부령으로 정하는 사항
②. 관리청은 예선업자 등이 다른 예선업자의 사업이나 다른 예선 사용자의 예선사용을 부당하게 방해하는 등 사유로 인하여 예선업의 건전한 발전을 저해하거나 예선 사용자의 권익을 침해한 사실이 있다고 인정되는 경우에는 해당 예선업자 등에 대하여 사업 내용의 변경 또는 예선운영 방법 등에 관하여 개선명령을 할 수 있다.

4. 벌칙

■ 법 제54조 - 2년 이하의 징역 또는 2천만원 이하의 벌금
 1. 거짓이나 그 밖의 부정한 방법으로 법제24조제1항에 따른 예선업 등록을 한 자
 2. 예선업에 따른 등록을 하지 아니하고 예선업을 한 자

■ 법 제55조 - 1년 이하의 징역 또는 1천만원 이하의 벌금
 1. 허가를 받지 아니하고 무역항의 수상구역등에 출입하거나 기항지에 대한 정보를 거짓으로 제출하여 출입허가를 받은 자
 2. 예선의 사용의무를 위반하여 예선을 사용하지 아니한 자
 3. 예선사용기준에 미치지 못하는 예선을 사용한 자

4. 정당한 사유 없이 예선의 사용 요청을 거절한 자
5. 지정장소 외에 위험물운송선박을 정박하거나 정류한 자
6. 안전조치를 하지 아니한 자
7. 시설·인원·장비 등의 보강 또는 개선 명령을 이행하지 아니한 자
8. 허가를 받지 아니하고 무역항의 수상구역 등에서 선박을 수리한 자
9. 폐기물을 버린 자
10. 폐기물 또는 물건의 제거 명령을 이행하지 아니한 자
11. 출항 중지 처분을 위반한 자
12. 개선명령을 이행하지 아니한 자

■ 법 제56조 - 500만원 이하의 벌금
1. 출입 신고를 하지 아니하거나 거짓이나 그 밖의 부정한 방법으로 신고한 자
2. 정박구역 및 정박지가 아닌 곳에 정박한 자
3. 부두·잔교·안벽·계선부표·돌핀 및 선거의 부근 수역에 선박을 정박하거나 정류한 자
4. 정박 장소 또는 방법의 변경 명령에 따르지 아니한 자
5. 선원의 승선 명령을 이행하지 아니한 선박의 소유자 또는 임차인
6. 이동 명령에 따르지 아니한 자
7. 항로 또는 구역에서 선박교통의 제한 또는 금지 처분을 따르지 아니한 자
8. 지정·고시한 항로를 따라 항행하지 아니한 자
9. 항로에 선박을 정박 또는 정류시키거나 예인되는 선박 또는 부유물을 항로에 방치한 자
10. 위험물의 종류 및 수량의 제한 또는 안전에 필요한 조치 명령을 이행하지 아니한 자
11. 위험물 하역을 위한 자체안전관리계획의 승인을 받지 아니한 자
12. 자체안전관리계획의 변경 명령을 이행하지 아니한 자
13. 하역의 금지 또는 중지 명령을 위반하거나 지정된 장소가 아닌 곳에서 하역을 한 자
14. 안전장비를 갖추지 아니한 자
15. 지정 장소가 아닌 곳에 선박을 정박하거나 계류한 자
16. 안전에 필요한 조치 명령을 이행하지 아니한 선박의 소유자 또는 임차인
17. 흩어지기 쉬운 물건이 수면에 떨어지는 것을 방지하기 위한 필요한 조치를 하지 아니한 자
18. 허가를 받지 아니하고 같은 항 각 호의 행위를 한 자
19. 안전에 필요한 조치 명령을 이행하지 아니한 자

■ 법 제57조 - 300만원 이하의 벌금
1. 항법을 위반하여 항행한 자
2. 허가를 받지 아니하고 공사 또는 작업을 한 자
3. 선박교통의 안전과 화물의 보전 및 무역항의 안전에 필요한 조치 명령을 이행하지 아니한 자
4. 허가를 받지 아니하고 선박경기 등의 행사를 한 자
5. 어로의 제한 구역에 어로를 설치한 자
6. 명령을 위반하여 불빛을 줄이지 아니하거나 가리개를 씌우지 아니한 자
7. 개선명령을 이행하지 아니한 자

제3부. 선박의 입항 및 출항 등에 관한 법률(선박입출항법)

■ 법 제59조 - 과태료의 부과기준

1. 일반기준

가. 위반행위의 횟수에 따른 과태료 부과기준은 최근 1년간 같은 위반행위로 과태료 부과처분을 받은 경우에 적용한다. 이 경우 위반횟수는 위반행위에 대하여 과태료 부과처분을 한 날과 그 처분 후에 다시 같은 위반행위를 적발한 날을 각각 기준으로 하여 계산한다.

나. 부과권자는 다음의 어느 하나에 해당하는 경우에는 제2호의 개별기준에 따른 과태료 금액의 2분의 1 범위에서 그 금액을 감경할 수 있다. 다만, 과태료를 체납하고 있는 위반행위자의 경우에는 그러하지 아니하다.

  1) 위반행위자가 「질서위반행위규제법 시행령」 제2조의2제1항 각 호의 어느 하나에 해당하는 경우
  2) 위반행위가 사소한 부주의나 오류로 인한 것으로 인정되는 경우
  3) 법 위반상태를 시정하거나 해소하기 위한 위반행위자의 노력이 인정되는 경우
  4) 그 밖에 위반행위의 정도, 위반행위의 동기와 결과 등을 고려하여 감경할 필요가 있다고 인정되는 경우

2. 개별 기준

(단위: 만원)

위반행위	근거 법조문	과태료 1회 위반	2회 위반	3회 이상 위반
가. 법 제5조제3항을 위반하여 우선피항선을 정박하거나 정류한 경우	법 제59조제2항제1호	10	20	30
나. 법 제5조제4항에 따른 신고를 하지 않은 경우	법 제59조제2항제2호	10	20	30
다. 법 제6조제4항에 따른 정박선박의 안전조치를 하지 않은 경우	법 제59조제2항제3호	10	20	30
라. 법 제7조제1항에 따른 계선 신고를 하지 않은 경우	법 제59조제2항제4호		30	
마. 법 제7조제2항에 따른 지정장소에 계선하지 않은 경우	법 제59조제2항제5호		30	
바. 법 제11조제2항에 따른 신고 및 표시를 하지 않은 경우	법 제59조제1항제1호		50	
사. 법 제12조제2항에 따른 항법 등에 관한 고시를 위반하여 항행한 경우	법 제59조제2항제6호	15	30	50
아. 법 제13조에 따른 항법을 위반하여 항행한 경우	법 제59조제2항제7호	15	30	50
자. 법 제14조에 따른 항법을 위반하여 항행한 경우	법 제59조제2항제8호	25	50	100

차. 법 제15조제1항을 위반하여 예인선을 항행한 경우	법 제59조제2항제9호	15	30	50
카. 법 제15조제2항을 위반하여 범선을 항행한 경우	법 제59조제2항제10호	15	30	50
타. 법 제16조를 위반하여 다른 선박의 진로를 방해한 경우	법 제59조제2항제11호	15	30	50
파. 법 제17조제1항 및 제3항에 따른 속력 제한을 위반하여 항행한 경우	법 제59조제2항제12호	15	30	50
하. 법 제18조를 위반하여 다른 선박과의 상당한 거리를 유지하지 않고 선박을 항행한 경우	법 제59조제2항제13호	15	30	50
거. 법 제20조제1항 본문에 따른 선박교통관제를 따르지 않은 경우	법 제59조제2항제14호	50		
너. 법 제22조를 위반하여 무선설비를 갖추지 않은 경우	법 제59조제1항제2호	120		
더. 법 제22조를 위반하여 호출응답용 관제통신을 청취·응답하지 않은 경우	법 제59조제1항제2호	50		
러. 법 제24조제1항에 따른 예선업의 변경등록을 거짓이나 그 밖의 부정한 방법으로 한 경우	법 제59조제1항제3호	100	150	200
머. 법 제24조제1항에 따른 예선업의 변경등록을 하지 않고 예선업을 한 경우	법 제59조제1항제4호	100	150	200
버. 법 제32조제1항에 따른 위험물의 반입 신고를 하지 않은 경우	법 제59조제2항제15호	50	100	200
서. 법 제37조제3항에 따른 수리 신고를 하지 않은 경우	법 제59조제2항제16호	30		
어. 법 제39조제1항에 따른 표지의 설치 등 필요한 조치를 하지 않은 경우	법 제59조제2항제17호	50		
저. 법 제40조제1항에 따른 장애물 제거 명령을 이행하지 않은 경우	법 제59조제2항제18호	200		
처. 법 제45조제1항을 위반하여 강력한 불빛을 사용한 경우	법 제59조제2항제19호	10	20	30
커. 법 제46조제1항을 위반하여 기적이나 사이렌을 울린 경우	법 제59조제2항제20호	10	20	30
터. 법 제46조제2항을 위반하여 화재경보를 울리지 않은 경우	법 제59조제2항제21호	10	20	30
퍼. 법 제48조제1항에 따른 출석·진술이나 서류제출·보고를 하지 않거나 거짓으로 서류제출·보고한 경우 또는 관계 공무원의 출입을 거부하거나 방해한 경우	법 제59조제2항제22호	50	100	200

제4부 해사안전법

[2023. 1. 5. 시행]

[제1장 총칙]
[제2장 수역 안전관리]
[제3장 해상교통 안전관리]
[제4장 선박 및 사업장의 안전관리]
[제5장 선박의 항법]
       1절 모든 시계상태에서의 항법
       2절 선박이 서로 시계 안에 있을 때의 항법
       3절 제한된 시계에서 선박의 항법
       4절 등화와 형상물
       5절 음향신호와 발광신호
[제6장 벌칙]

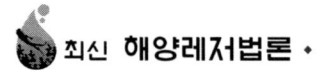

[제1장 총칙]

1. 목적 (법 제1조)

선박의 안전운항을 위한 안전관리체계를 확립하여 선박항행과 관련된 모든 위험과 장해를 제거함으로써 해사안전 증진과 선박의 원활한 교통에 이바지함을 목적

2. 정의 (법 제2조)

① 이 법에서 사용하는 용어의 뜻은 다음과 같다.
1. "해사안전관리"란 선원·선박소유자 등 인적 요인, 선박·화물 등 물적 요인, 항행보조시설·안전제도 등 환경적 요인을 종합적·체계적으로 관리함으로써 선박의 운용과 관련된 모든 일에서 발생할 수 있는 사고로부터 사람의 생명·신체 및 재산의 안전을 확보하기 위한 모든 활동을 말한다.
2. "선박"이란 물에서 항행수단으로 사용하거나 사용할 수 있는 모든 종류의 배(물 위에서 이동할 수 있는 수상항공기와 수면비행선박을 포함한다)를 말한다.
3. "수상항공기"란 물 위에서 이동할 수 있는 항공기를 말한다.
4. "수면비행선박"이란 표면효과 작용을 이용하여 수면 가까이 비행하는 선박을 말한다.
5. "대한민국선박"이란 「선박법」 제2조 각 호에 따른 선박을 말한다.

> ■ **선박법 제2조 - 한국선박**
> 1. 국유 또는 공유의 선박
> 2. 대한민국 국민이 소유하는 선박
> 3. 대한민국의 법률에 따라 설립된 상사법인이 소유하는 선박
> 4. 대한민국에 주된 사무소를 둔 대한민국 국민의 법인이 소유하는 선박

6. "위험화물운반선"이란 선체의 한 부분인 화물창(貨物倉)이나 선체에 고정된 탱크 등에 해양수산부령으로 정하는 위험물을 싣고 운반하는 선박을 말한다.

> ■ **시행규칙 제2조 - 위험물의 범위**
> 위험물"이란 다음 각 호의 어느 하나에 해당하는 것을 말한다. 다만, 해당 선박에서 연료로 사용되는 것은 제외한다.
> 1. 화약류로서 총톤수 300톤 이상의 선박에 적재된 것
> 2. 고압가스 중 인화성 가스로서 총톤수 1천톤 이상의 선박에 산적된 것
> 3. 인화성 액체류로서 총톤수 1천톤 이상의 선박에 산적된 것
> 4. 200톤 이상의 유기과산화물로서 총톤수 300톤 이상의 선박에 적재된 것
> 5. 제2호 및 제3호에 따른 위험물을 산적한 선박에서 해당 위험물을 내린 후 선박 내에 남아 있는 인화성 가스로서 화재 또는 폭발의 위험이 있는 것

7. "거대선"이란 길이 200미터 이상의 선박을 말한다.
8. "고속여객선"이란 시속 15노트 이상으로 항행하는 여객선을 말한다.
9. "동력선"이란 기관을 사용하여 추진하는 선박을 말한다. 다만, 돛을 설치한 선박이라도 주로 기관을 사용하여 추진하는 경우에는 동력선으로 본다.
10. "범선"이란 돛을 사용하여 추진하는 선박을 말한다. 다만, 기관을 설치한 선박이라도 주로 돛을 사용하여 추진하는 경우에는 범선으로 본다.
11. "어로에 종사하고 있는 선박"이란 그물, 낚싯줄, 트롤망, 그 밖에 조종성능을 제한하는 어구를 사용하여 어로 작업을 하고 있는 선박을 말한다.
12. "조종불능선"이란 선박의 조종성능을 제한하는 고장이나 그 밖의 사유로 조종을 할 수 없게 되어 다른 선박의 진로를 피할 수 없는 선박을 말한다.
13. "조종제한선"이란 다음 각 목의 작업과 그 밖에 선박의 조종성능을 제한하는 작업에 종사하고 있어 다른 선박의 진로를 피할 수 없는 선박을 말한다.
    가) 항로표지, 해저전선 또는 해저파이프라인의 부설·보수·인양 작업
    나) 준설·측량 또는 수중 작업
    다) 항행 중 보급, 사람 또는 화물의 이송 작업
    라) 항공기의 발착작업
    마) 기뢰제거작업
    바) 진로에서 벗어날 수 있는 능력에 제한을 많이 받는 예인작업
14. "흘수제약선"이란 가항수역의 수심 및 폭과 선박의 흘수와의 관계에 비추어 볼 때 그 진로에서 벗어날 수 있는 능력이 매우 제한되어 있는 동력선을 말한다.
15. "해양시설"이란 자원의 탐사·개발, 해양과학조사, 선박의 계류·수리·하역, 해상주거·관광·레저 등의 목적으로 해저에 고착된 교량·터널·케이블·인공섬·시설물이거나 해상부유구조물로서 선박이 아닌 것을 말한다.
16. "해상교통안전진단"이란 해상교통안전에 영향을 미치는 다음 각 목의 사업(이하 "안전진단대상사업"이라 한다)으로 발생할 수 있는 항행안전 위험 요인을 전문적으로 조사·측정하고 평가하는 것을 말한다.
    가) 가. 항로 또는 정박지의 지정·고시 또는 변경
    나) 선박의 통항을 금지하거나 제한하는 수역의 설정 또는 변경
    다) 수역에 설치되는 교량·터널·케이블 등 시설물의 건설·부설 또는 보수
    라) 항만 또는 부두의 개발·재개발
    마) 그 밖에 해상교통안전에 영향을 미치는 사업으로서 대통령령으로 정하는 사업
17. "항행장애물"이란 선박으로부터 떨어진 물건, 침몰·좌초된 선박 또는 이로부터 유실된 물건 등 해양수산부령으로 정하는 것으로서 선박항행에 장애가 되는 물건을 말한다.

> ■ **시행규칙 제4조 - 항행장애물**
> 1. 선박으로부터 수역에 떨어진 물건
> 2. 침몰·좌초된 선박 또는 침몰·좌초되고 있는 선박
> 3. 침몰·좌초가 임박한 선박 또는 침몰·좌초가 충분히 예견되는 선박
> 4. 제2호 및 제3호의 선박에 있는 물건
> 5. 침몰·좌초된 선박으로부터 분리된 선박의 일부분

18. "통항로"란 선박의 항행안전을 확보하기 위하여 한쪽 방향으로만 항행할 수 있도록 되어 있는 일정한 범위의 수역을 말한다.
19. "제한된 시계"란 안개·연기·눈·비·모래바람 및 그 밖에 이와 비슷한 사유로 시계가 제한되어 있는 상태를 말한다.
20. "항로지정제도"란 선박이 통항하는 항로, 속력 및 그 밖에 선박 운항에 관한 사항을 지정하는 제도를 말한다.
21. "항행 중"이란 선박이 다음 각 목의 어느 하나에 해당하지 아니하는 상태를 말한다.
    가) 정박
    나) 항만의 안벽 등 계류시설에 매어 놓은 상태[계선부표나 정박하고 있는 선박에 매어 놓은 경우를 포함한다]
    다) 얹혀 있는 상태
22. "길이"란 선체에 고정된 돌출물을 포함하여 선수의 끝단부터 선미의 끝단 사이의 최대 수평거리를 말한다.
23. "폭"이란 선박 길이의 횡방향 외판의 외면으로부터 반대쪽 외판의 외면 사이의 최대 수평거리를 말한다.
24. "통항분리제도"란 선박의 충돌을 방지하기 위하여 통항로를 설정하거나 그 밖의 적절한 방법으로 한쪽 방향으로만 항행할 수 있도록 항로를 분리하는 제도를 말한다.
25. "분리선" 또는 "분리대"란 서로 다른 방향으로 진행하는 통항로를 나누는 선 또는 일정한 폭의 수역을 말한다.
26. "연안통항대"란 통항분리수역의 육지 쪽 경계선과 해안 사이의 수역을 말한다.
27. "예인선열"이란 선박이 다른 선박을 끌거나 밀어 항행할 때의 선단 전체를 말한다.
28. "대수속력"이란 선박의 물에 대한 속력으로서 자기 선박 또는 다른 선박의 추진장치의 작용이나 그로 인한 선박의 타력에 의하여 생기는 것을 말한다.

3. 적용범위 (법 제3조)

①. 이 법은 다음 각 호의 어느 하나에 해당하는 선박과 해양시설에 대하여 적용한다.
  1. 대한민국의 영해, 내수(해상항행선박이 항행을 계속할 수 없는 하천·호수·늪 등은 제외한다. 이하 같다)에 있는 선박이나 해양시설. 다만, 대한민국선박이 아닌 선박(이하 "외국선박"이라 한다) 중 다음 각 목에 해당하는 외국선박에 대하여 제46조부터 제50조까지의 규정을 적용할 때에는 대통령령으로 정하는 바에 따라 이 법의 일부를 적용한다.
      사) 대한민국의 항과 항 사이만을 항행하는 선박
      아) 국적의 취득을 조건으로 하여 선체용선으로 차용한 선박
  2. 대한민국의 영해 및 내수를 제외한 해역에 있는 대한민국선박
  3. 대한민국의 배타적경제수역에서 항행장애물을 발생시킨 선박
  4. 대한민국의 배타적경제수역 또는 대륙붕에 있는 해양시설
②. 이 법 또는 이 법에 따른 명령 중 선박소유자에 관한 규정은 선박을 공유하는 경우로서 선박관리인을 임명하였을 때에는 그 선박관리인에게 적용하고, 선박을 임차(賃借)하였을 때에는 그 선박임차인에게 적용하며, 선장에 관한 규정은 선장을 대신하여 그 직

무를 수행하는 자에게도 적용한다.
③. 이 법 또는 이 법에 따른 명령 중 해양시설의 소유자에 관한 규정은 해양시설을 임대차한 경우에는 그 임차인에게 적용한다.

4. 국가 등의 책무 (법 제4조)

①. 국가 및 지방자치단체는 해양을 이용하거나 보존하기 위한 시책을 수립하는 경우에는 해사안전에 관한 사항을 고려하여야 한다.
②. 국가는 국민의 안전한 해양이용을 촉진하기 위하여 국민에 대한 해사안전 지식·정보의 제공, 해사안전 교육 및 해사안전 문화의 홍보에 노력하여야 한다.
③. 국가는 외국 및 국제기구 등과 해사안전에 관한 기술협력, 정보교환, 공동 조사·연구를 위한 기구설치 등 효율적인 국제협력을 추진하기 위하여 노력하여야 하며, 해사안전 관련 산업의 진흥 및 국제화에 필요한 지원을 하여야 한다.

5. 선박 · 해양시설 소유자의 책무 (법 제52조)

선박·해양시설 소유자는 국가의 해사안전에 관한 시책에 협력하여 자기가 소유·관리하거나 운영하는 선박·해양시설로부터 해양사고 등이 발생하지 아니하도록 종사자에 대한 교육·훈련 등을 실시하고 제반 안전규정을 준수하여야 한다.

[제2장 수역 안전관리]

1. 보호수역의 설정 및 입역허가 (법 제8조)

①. 해양수산부장관은 제3조제1항제4호에 따른 해양시설 부근 해역에서 선박의 안전항행과 해양시설의 보호를 위한 수역(이하 "보호수역"이라 한다)을 설정할 수 있다.
②. 누구든지 보호수역에 입역하기 위하여는 해양수산부장관의 허가를 받아야 하며, 해양수산부장관은 해양시설의 안전 확보에 지장이 없다고 인정하거나 공익상 필요하다고 인정하는 경우 보호수역의 입역을 허가할 수 있다.
③. 해양수산부장관은 입역허가에 필요한 조건을 달 수 있다.
④. 해양수산부장관은 입역허가에 관하여 필요하면 관계 행정기관의 장과 협의하여야 한다.
⑤. 보호수역의 범위는 대통령령으로 정하고, 보호수역 입역허가 등에 필요한 사항은 해양수산부령으로 정한다.

2. 보호수역의 입역 (법 제9조)

①. 제8조제2항에도 불구하고 다음 각 호의 어느 하나에 해당하면 해양수산부장관의 허가를 받지 아니하고 보호수역에 입역할 수 있다.
 1. 선박의 고장이나 그 밖의 사유로 선박 조종이 불가능한 경우
 2. 해양사고를 피하기 위하여 부득이한 사유가 있는 경우
 3. 인명을 구조하거나 또는 급박한 위험이 있는 선박을 구조하는 경우
 4. 관계 행정기관의 장이 해상에서 안전 확보를 위한 업무를 하는 경우
 5. 해양시설을 운영하거나 관리하는 기관이 그 해양시설의 보호수역에 들어가려고 하는 경우
②. 제1항에 따른 입역 등에 필요한 사항은 해양수산부령으로 정한다.

3. 교통안전특정해역의 설정 등 (법 제10조)

①. 해양수산부장관은 다음 각 호의 어느 하나에 해당하는 해역으로서 대형 해양사고가 발생할 우려가 있는 해역(이하 "교통안전특정해역"이라 한다)을 설정할 수 있다.
 1. 해상교통량이 아주 많은 해역
 2. 거대선, 위험화물운반선, 고속여객선 등의 통항이 잦은 해역
②. 해양수산부장관은 관계 행정기관의 장의 의견을 들어 해양수산부령으로 정하는 바에 따라 교통안전특정해역 안에서의 항로지정제도를 시행할 수 있다.
③. 교통안전특정해역의 범위는 대통령령으로 정한다.

4. 거대선 등의 항행안전확보 조치 (법 제11조)

①. 해양경찰서장은 거대선, 위험화물운반선, 고속여객선, 그 밖에 해양수산부령으로 정하는 선박이 교통안전특정해역을 항행하려는 경우 항행안전을 확보하기 위하여 필요하다고 인정하면 선장이나 선박소유자에게 다음 각 호의 사항을 명할 수 있다.
 1. 통항시각의 변경
 2. 항로의 변경
 3. 제한된 시계의 경우 선박의 항행 제한
 4. 속력의 제한
 5. 안내선의 사용
 6. 그 밖에 해양수산부령으로 정하는 사항

> ■ 시행규칙 제8조(항행안전확보조치가 필요한 선박)
> 법 제11조 각 호 외의 부분에서 "그 밖에 해양수산부령으로 정하는 선박"이란
> 1. 흘수제약선

> 2. 수면비행선박
> 3. 선박 또는 물체를 끌거나 미는 선박 중 그 예인선열의 길이가 200미터 이상인 경우에 해당하는 선박

5. 어업의 제한 등 (법 제12조)

① 교통안전특정해역에서 어로 작업에 종사하는 선박은 항로지정제도에 따라 그 교통안전특정해역을 항행하는 다른 선박의 통항에 지장을 주어서는 아니 된다.
② 교통안전특정해역에서는 어망 또는 그 밖에 선박의 통항에 영향을 주는 어구 등을 설치하거나 양식업을 하여서는 아니 된다.
③ 교통안전특정해역으로 정하여지기 전에 그 해역에서 면허를 받은 어업권·양식업권을 행사하는 경우에는 해당 어업면허 또는 양식업 면허의 유효기간이 끝나는 날까지 제2항을 적용하지 아니한다.
④ 특별자치도지사·시장·군수·구청장(자치구의 구청장을 말한다)이 교통안전특정해역에서 어업면허, 양식업 면허, 어업허가 또는 양식업 허가(면허 또는 허가의 유효기간 연장을 포함한다)를 하려는 경우에는 미리 해양경찰청장과 협의하여야 한다.

6. 공사 또는 작업 (법 제13조)

① 교통안전특정해역에서 해저전선이나 해저파이프라인의 부설, 준설, 측량, 침몰선 인양 작업 또는 그 밖에 선박의 항행에 지장을 줄 우려가 있는 공사나 작업을 하려는 자는 해양경찰청장의 허가를 받아야 한다. 다만, 관계 법령에 따라 국가가 시행하는 항로표지 설치, 수로 측량 등 해사안전에 관한 업무의 경우에는 그러하지 아니하다.
② 해양경찰청장은 제1항에 따른 허가를 하면 그 사실을 해양수산부장관에게 보고하여야 하며, 해양수산부장관은 이를 고시하여야 한다.
③ 해양경찰청장은 제1항에 따라 공사 또는 작업의 허가를 받은 자가 다음 각 호의 어느 하나에 해당하면 그 허가를 취소하거나 6개월의 범위에서 공사나 작업의 전부 또는 일부의 정지를 명할 수 있다. 다만, 제1호 또는 제4호에 해당하는 경우에는 그 허가를 취소하여야 한다.
 1. 거짓이나 그 밖의 부정한 방법으로 제1항에 따른 허가를 받은 경우
 2. 공사나 작업이 부진하여 이를 계속할 능력이 없다고 인정되는 경우
 3. 제1항에 따라 허가를 할 때 붙인 허가조건 또는 허가사항을 위반한 경우
 4. 정지명령을 위반하여 정지기간 중에 공사 또는 작업을 계속한 경우
④ 제1항에 따라 허가를 받은 자는 해당 허가기간이 끝나거나 허가가 취소되었을 때에는 해당 구조물을 제거하고 원래 상태로 복구하여야 한다.
⑤ 제1항에 따른 공사나 작업의 허가, 제3항에 따른 행정처분의 세부기준과 절차, 그 밖에 필요한 사항은 해양수산부령으로 정한다.

7. 유조선의 통항제한 (법 제14조)

①. 다음 각 호의 어느 하나에 해당하는 석유 또는 유해액체물질을 운송하는 선박(이하 "유조선"이라 한다)의 선장이나 항해당직을 수행하는 항해사는 유조선의 안전운항을 확보하고 해양사고로 인한 해양오염을 방지하기 위하여 유조선의 통항을 금지한 해역(이하 "유조선통항금지해역"이라 한다)에서 항행하여서는 아니 된다.
1. 원유, 중유, 경유 또는 이에 준하는「석유 및 석유대체연료 사업법」제2조제2호가목에 따른 탄화수소유, 같은 조 제10호에 따른 가짜석유제품, 같은 조 제11호에 따른 석유대체연료 중 원유·중유·경유에 준하는 것으로 해양수산부령으로 정하는 기름 1천500킬로리터 이상을 화물로 싣고 운반하는 선박
2. 「해양환경관리법」제2조제7호에 따른 유해액체물질을 1천500톤 이상 싣고 운반하는 선박

②. 유조선통항금지해역의 범위는 대통령령으로 정한다.
③. 유조선은 다음 각 호의 어느 하나에 해당하면 제1항에도 불구하고 유조선통항금지해역에서 항행할 수 있다.
  1. 기상상황의 악화로 선박의 안전에 현저한 위험이 발생할 우려가 있는 경우
  2. 인명이나 선박을 구조하여야 하는 경우
  3. 응급환자가 생긴 경우
  4. 항만을 입항·출항하는 경우. 이 경우 유조선은 출입해역의 기상 및 수심, 그 밖의 해상상황 등 항행여건을 충분히 헤아려 유조선통항금지해역의 바깥쪽 해역에서부터 항구까지의 거리가 가장 가까운 항로를 이용하여 입항·출항하여야 한다.

8. 시운전금지해역의 설정 (법 제14조의2)

①. 누구든지 충돌 등 해양사고를 방지하기 위하여 시운전(조선소 등에서 선박을 건조·개조·수리 후 인도 전까지 또는 건조·개조·수리 중 시험운전하는 것을 말한다. 이하 이 조 및 제106조제5호의2에서 같다)을 금지한 해역(이하 "시운전금지해역"이라 한다)에서 길이 100미터 이상의 선박에 대하여 해양수산부령으로 정하는 시운전을 하여서는 아니 된다.
②. 제1항에 따른 시운전금지해역의 범위는 대통령령으로 정한다.

[제3장 해상교통 안전관리]

1. 항행장애물의 보고 등 (법 제25조)

①. 다음 각 호의 어느 하나에 해당하는 항행장애물을 발생시킨 선박의 선장, 선박소유자 또는 선박운항자(이하 "항행장애물제거책임자"라 한다)는 해양수산부령으로 정하는 바에 따라 해양수산부장관에게 지체 없이 그 항행장애물의 위치와 제27조에 따른 위험성 등을 보고하여야 한다.
  1. 떠다니거나 침몰하여 다른 선박의 안전운항 및 해상교통질서에 지장을 주는 항행장애물
  2. 「항만법」제2조제1호에 따른 항만의 수역, 「어촌·어항법」제2조제3호에 따른 어항의 수역, 「하천법」제2조제1호에 따른 하천의 수역(이하 "수역등"이라 한다)에 있는 시설 및 다른 선박 등과 접촉할 위험이 있는 항행장애물
②. 대한민국선박이 외국의 배타적경제수역에서 항행장애물을 발생시켰을 경우 항행장애물제거책임자는 그 해역을 관할하는 외국 정부에 지체 없이 보고하여야 한다.
③. 제1항의 보고를 받은 해양수산부장관은 항행장애물 주변을 항행하는 선박과 인접 국가의 정부에 항행장애물의 위치와 내용 등을 알려야 한다.

2. 항행장애물의 표시 등 (법 제26조)

①. 항행장애물제거책임자는 항행장애물이 다른 선박의 항행안전을 저해할 우려가 있는 경우에는 지체 없이 항행장애물에 위험성을 나타내는 표시를 하거나 다른 선박에게 알리기 위한 조치를 하여야 한다. 다만, 항행장애물 중 침몰·좌초된 선박에 대하여는 「항로표지법」제14조에 따라 조치하여야 한다.
②. 해양수산부장관은 항행장애물제거책임자가 제1항에 따른 표시나 조치를 하지 아니하는 경우 항행장애물제거책임자에게 그 표시나 조치를 하도록 명할 수 있다.
③. 항행장애물제거책임자가 제2항에 따른 명령을 이행하지 아니하거나 시급히 표시하지 아니하면 선박의 항행안전에 위해(危害)를 미칠 우려가 큰 경우 해양수산부장관은 직접 항행장애물에 표시할 수 있다.

3. 항행장애물의 위험성 결정 (법 제27조)

①. 해양수산부장관은 항행장애물이 선박의 항행안전이나 해양환경에 중대한 영향을 끼치는지를 고려하여 항행장애물의 위험성을 결정하여야 한다.
②. 항행장애물의 위험성 결정에 필요한 사항은 해양수산부령으로 정한다.

> ■ **시행규칙 제21조 - 항행장애물의 위험성 결정**
> 항행장애물의 위험성 결정에 필요한 사항은 다음 각 호와 같다.
> 1. 항행장애물의 크기·형태 및 구조
> 2. 항행장애물의 상태 및 손상의 형태
> 3. 항행장애물에 선적된 화물의 성질·양과 연료유 및 윤활유를 포함한 기름의 종류·양
> 4. 침몰된 항행장애물의 경우에는 그 침몰된 상태(음파 및 자기적 측정 결과 등에 따른 상태를 포함한다)
> 5. 해당 수역의 수심 및 해저의 지형
> 6. 해당 수역의 조차·조류·해류 및 기상 등 수로조사 결과
> 7. 해당 수역의 주변 해양시설과의 근접도
> 8. 선박의 국제항해에 이용되는 통항대 또는 설정된 통항로와의 근접도
> 9. 선박 통항의 밀도 및 빈도
> 10. 선박 통항의 방법
> 11. 항만시설의 안전성
> 12. 국제해사기구에서 지정한 특별민감해역 또는 「1982년 해양법에 관한 국제연합협약」 제211조제6항에 따른 특별규제조치가 적용되는 수역

4. 항행장애물 제거 (법 제28조)

① 항행장애물제거책임자는 항행장애물을 제거하여야 한다.
② 항행장애물제거책임자가 제1항에 따라 항행장애물을 제거하지 아니하는 때에는 해양수산부장관은 그 항행장애물제거책임자에게 항행장애물을 제거하도록 명할 수 있다.
③ 항행장애물제거책임자가 제2항에 따른 명령을 이행하지 아니하거나 항행장애물이 제27조에 따라 위험성이 있다고 결정된 경우 해양수산부장관이 직접 항행장애물을 제거할 수 있다.
④ 제1항부터 제3항까지에서 규정한 사항 외에 항행장애물 제거에 필요한 사항은 해양수산부령으로 정한다.

5. 비용징수 (법 제29조)

① 해양수산부장관은 제26조제3항 및 제28조제3항에 따른 항행장애물의 표시·제거에 드는 비용의 징수에 대비하여 필요한 경우에는 선박소유자에게 비용 지급을 보증하는 서류의 제출을 요구할 수 있다.
② 제26조제3항 및 제28조제3항에 따른 항행장애물의 표시·제거에 쓰인 비용은 항행장애물제거책임자의 부담으로 하되, 항행장애물제거책임자를 알 수 없는 경우에는 대통령령으로 정하는 바에 따라 그 항행장애물 또는 항행장애물을 발생시킨 선박을 처분하여

비용에 충당할 수 있다.

6. 국내항의 입항·출항 등 거부 (법 제30조)

해양수산부장관은 제29조제1항의 요구에 응하지 아니하는 선박에 대하여는 국내항의 입항·출항을 거부하거나 국내계류시설의 사용을 허가하지 아니할 수 있다.

7. 항로의 지정 등 (법 제31조)

①. 해양수산부장관은 선박이 통항하는 수역의 지형·조류, 그 밖에 자연적 조건 또는 선박 교통량 등으로 해양사고가 일어날 우려가 있다고 인정하면 관계 행정기관의 장의 의견을 들어 그 수역의 범위, 선박의 항로 및 속력 등 선박의 항행안전에 필요한 사항을 해양수산부령으로 정하는 바에 따라 고시할 수 있다.
②. 해양수산부장관은 태풍 등 악천후를 피하려는 선박이나 해양사고 등으로 자유롭게 조종되지 아니하는 선박을 위한 수역 등을 지정·운영할 수 있다.

> ■ **시행규칙 제23조 - 항로의 고시**
> ①. 지방해양수산청장이 선박의 항행안전에 필요한 사항을 고시하는 경우에는 다음 각 호의 사항이 포함되어야 한다.
>   1. 선박의 항로·속력 및 항법
>   2. 선박의 교통량
>   3. 수역의 범위
>   4. 기상여건
>   5. 그 밖에 해상교통 및 선박의 항행안전을 위하여 해양수산부장관이 필요하다고 인정하는 사항
> ②. 지방해양수산청장이 고시한 수역 안을 통항하는 선박은 해당 고시에 따른 항로·항법 및 속력 등을 따라야 한다.

8. 외국선박의 통항 (법 제32조)

①. 외국선박은 해양수산부장관의 허가를 받지 아니하고는 대한민국의 내수에서 통항할 수 없다.
②. 제1항에도 불구하고 「영해 및 접속수역법」 제2조제2항에 따른 직선기선에 따라 내수에 포함된 해역에서는 정박·정류·계류 또는 배회함이 없이 계속적이고 신속하게 통항할 수 있다. 다만, 다음 각 호의 경우에는 그러하지 아니하다.
  1. 불가항력이나 조난으로 인하여 필요한 경우

2. 위험하거나 조난상태에 있는 인명·선박·항공기를 구조하기 위한 경우
3. 그 밖에 대한민국 항만에의 입항 등 해양수산부령으로 정하는 경우
③. 제1항에 따른 허가에 필요한 서류의 제출 등 관련 조치에 관하여 필요한 사항은 해양수산부령으로 정한다.

> ■ **시행규칙 제25조(외국선박의 통항)**
> 법 제32조제2항제3호에서 "해양수산부령으로 정하는 경우"란 다음 각 호의 어느 하나에 해당하는 경우를 말한다.
> 1. 「선박의 입항 및 출항 등에 관한 법률」 제4조에 따른 허가를 받거나 신고를 하고 무역항의 수상구역등에 출입하기 위하여 대기하는 경우
> 2. 「선박법」 제6조 단서에 따라 불개항장에서의 기항 허가를 받고 대기하는 경우
>
> ■ **시행규칙 제24조(외국선박의 내수 통항허가)**
> ①. 법 제32조제1항에 따라 내수 통항의 허가를 받으려는 외국선박은 다음 각 호의 서류를 관할 지방해양수산청장에게 제출하여야 한다.
> 1. 선박의 명세
> 2. 선박소유자 및 선박운항자의 성명(명칭) 또는 주소
> 3. 내수 통항이 필요한 사유
> 4. 통항 위치 및 일정 등을 기재한 통항계획서
> 5. 해상교통에 미치는 영향 및 안전대책
> ②. 지방해양수산청장은 제1항에 따른 허가신청을 받은 경우에는 내수 통항이 필요한 사유 및 해상교통안전에 미치는 영향 등을 종합적으로 고려하여 허가 여부를 결정한 후 그 결과를 통보하여야 한다.
> ③. 지방해양수산청장은 제2항에 따라 허가를 하는 경우에 필요하다고 인정하는 때에는 해상교통안전의 확보에 관한 조건을 붙일 수 있다.

9. 항로 등의 보전 (법 제34조)

①. 누구든지 항로에서 다음 각 호의 어느 하나에 해당하는 행위를 하여서는 아니 된다.
  1. 선박의 방치
  2. 어망 등 어구의 설치나 투기
②. 해양경찰서장은 제1항을 위반한 자에게 방치된 선박의 이동·인양 또는 어망 등 어구의 제거를 명할 수 있다.
③. 누구든지 「항만법」 제2조제1호에 따른 항만의 수역 또는 「어촌·어항법」 제2조제3호에 따른 어항의 수역 중 4)대통령령으로 정하는 수역에서는 해상교통의 안전에 장애가 되

---

4) 해사안전법 시행령 제10조(해상교통장애행위) ① 법 제34조제3항 본문에서 "대통령령으로 정하는 수역"이란 해상안전 및 해상교통 여건 등을 고려하여 해양경찰서장이 정하여 고시하는 수역을 말한다. ② 해양경찰서장은 제1항에 따른 수역을 정하여 고시하는 경우에는 해당 수역을 이용하는 사람이 보기 쉬운 장소에 그 사실을 게시하여야 한다. ③ 법 제34조제3항 본문에서 "스킨다이빙, 스쿠버다이빙, 윈드서핑 등 대통령령으로 정하는 행위"란 다음 각 호의 어느 하나에 해당하는 행위를 말한다. 다만, 선박 및 레저기구가 제1항의 수역을 통과하기 위하여 침로나 속력의 급격한 변경 등이 없이 다른 선박의 항행안전을 저해하지 않고 항행하는 경우는 제외한다.

는 스킨다이빙, 스쿠버다이빙, 윈드서핑 등 대통령령으로 정하는 행위를 하여서는 아니 된다. 다만, 해상교통안전에 장애가 되지 아니한다고 인정되어 해양경찰서장의 허가를 받은 경우와 「체육시설의 설치·이용에 관한 법률」 제20조에 따라 신고한 체육시설업과 관련된 해상에서 행위를 하는 경우에는 그러하지 아니하다.

④. 해양경찰서장은 제3항에 따라 허가를 받은 사람이 다음 각 호의 어느 하나에 해당하면 그 허가를 취소하거나 해상교통안전에 장애가 되지 아니하도록 시정할 것을 명할 수 있다. 다만, 제3호에 해당하는 경우에는 그 허가를 취소하여야 한다.
1. 항로나 정박지 등 해상교통 여건이 달라진 경우
2. 허가 조건을 위반한 경우
3. 거짓이나 그 밖의 부정한 방법으로 허가를 받은 경우

⑤. 제3항에 따른 허가에 필요한 사항은 대통령령으로 정한다.

10. 수역 및 항로의 안전확보 (법 제35조)

①. 누구든지 수역등 또는 수역등의 밖으로부터 10킬로미터 이내의 수역에서 선박 등을 이용하여 수역등이나 항로를 점거하거나 차단하는 행위를 함으로써 선박 통항을 방해하여서는 아니 된다.

②. 해양경찰서장은 선박 통항을 방해한 자 또는 방해할 우려가 있는 자에게 일정한 시간 내에 스스로 해산할 것을 요청하고, 이에 따르지 아니하면 해산을 명할 수 있다.

③. 해산명령을 받은 자는 지체 없이 물러가야 한다.

■ 선박 출항통제(법 제38조)

①. 해양수산부장관은 해상에 대하여 기상특보가 발표되거나 제한된 시계 등으로 선박의 안전운항에 지장을 줄 우려가 있다고 판단할 경우에는 선박소유자나 선장에게 선박의 출항통제를 명할 수 있다.

②. 제1항에 따른 출항통제의 기준·방법 및 절차 등에 필요한 사항은 해양수산부령으로 정한다.

---

1. 「수상레저안전법」 제2조제1호에 따른 수상레저활동
2. 「수중레저활동의 안전 및 활성화 등에 관한 법률」 제2조제2호에 따른 수중레저활동
3. 「마리나항만의 조성 및 관리 등에 관한 법률」 제2조제3호에 따른 마리나선박을 이용한 유람, 스포츠 또는 여가 행위
4. 「유선 및 도선 사업법」 제2조제1호에 따른 유선사업에 사용되는 선박을 이용한 고기잡이, 관광 또는 그 밖의 유락 행위

■ **시행규칙 [별표 10]** 선박출항통제의 기준 및 절차(제31조 관련)

1. 국제항해에 종사하지 않는 여객선 및 여객용 수면비행선박
  가. 적용선박: 「해운법」 제2조제1호의2에 따른 여객선 중 국제항해에 종사하지 않는 여객선 및 여객용 수면비행선박(이하 "내항여객선"이라 한다)
  나. 출항통제권자: 해양경찰서장
  다. 기상상태별 출항통제선박 및 통제절차

기상상태	출항통제선박	통제절차
풍랑·폭풍해일주의보	1) 「선박안전법 시행령」 제2조제1항제3호가목에 따른 평수구역(이하 "평수구역"이라 한다) 밖을 운항하는 내항여객선. 다만, 「기상법 시행령」 제8조제1항에 따른 해상예보구역 중 앞바다(이하 이 표에서 "앞바다"라고 한다)에서 운항하는 내항여객선과 총톤수 2,000톤 이상 내항여객선에 대해서는 운항항로의 해상상태가 「해운법」 제21조에 따른 운항관리규정의 출항정지조건·운항정지조건(이하 "출항정지조건등"이라 한다)에 해당하지 않는 내항여객선에 한정하여 출항을 허용할 수 있다.	가) 「해운법」 제22조에 따른 운항관리자(이하 이 표에서 "운항관리자"라 한다)는 풍랑·폭풍해일주의보 발효 시 기상상황을 종합분석(다음 기항지 도착예정시간 내에 출항정지조건등에 해당하는 기상특보·예보의 발표 여부를 포함하여야 한다)할 것 나) 운항관리자는 해당 내항여객선의 출항정지조건등을 확인하고 선장의 의견을 들을 것 다) 운항관리자는 앞바다에서 운항하는 내항여객선 및 총톤수 2,000톤 이상 내항여객선에 대하여 종합분석된 해상상태가 출항정지조건등에는 해당하지 않아 출항을 허용하려는 경우에는 출항통제권자에게 보고할 것 라) 출항통제권자는 해상상태 및 운항관리자의 보고 등을 고려하여 해당 내항여객선의 출항 여부를 결정할 것
	2) 평수구역 안에서 운항하는 내항여객선. 다만, 운항항로의 해상상태가 해당 내항여객선의 출항정지조건등에 해당하여 안전운항에 위험이 있다고 판단될 경우에만 운항을 통제할 수 있다.	가) 운항관리자는 평수구역 안에서 운항하는 내항여객선이 출항통제선박에 해당된다고 판단되는 경우에는 출항통제권자에게 보고할 것 나) 출항통제권자는 해상상태 및 운항관리자의 보고 등을 고려하여 해당 내항여객선의 출항 여부를 결정할 것
풍랑·폭풍해일경보, 태풍주의보·경보	모든 내항여객선	출항통제권자는 해당 기상특보가 발효되면 해당 내항여객선의 출항을 통제하여야 한다.
시 시정	모든 내항여객선(여객용 수	출항통제권자는 시계제한 시 해당 내항여객

제4부. 해사안전법

기상상태		출항통제선박	통제절차
계한시	시정 제1킬로미터 이내	(수면비행선박은 제외한다)	선의 출항을 통제하여야 한다.
	시정 11킬로미터 이내	여객용 수면비행선박	

※ 비고
1. 기상특보의 발표 기준은 「기상법 시행령」 제9조에 따른다.
2. "여객용 수면비행선박"이란 「해운법」 제3조제1호 또는 제2호의 내항 정기여객운송사업 또는 내항 부정기 여객운송사업에 종사하는 「선박법」 제1조의2제1항제1호에 따른 수면비행선박을 말한다.
3. "총톤수"란 선박국적증서 또는 선적증서에 기재된 톤수를 말한다.

2. 내항여객선 외의 선박

   가. 적용선박: 내항여객선을 제외한 선박. 다만, 다음의 어느 하나에 해당하는 선박에 대해서는 적용하지 않는다.
      1) 「수상레저안전법」에 따른 수상레저기구
      2) 「낚시 관리 및 육성법」에 따른 낚시어선
      3) 「유선 및 도선 사업법」에 따른 유·도선

   나. 출항통제권자: 지방해양수산청장

   다. 기상상태별 출항통제선박 및 통제절차

기상상태		출항통제선박	통제절차
풍랑·폭풍해일주의보		1) 평수구역 밖을 운항하는 선박 중 총톤수 250톤 미만으로서 길이 35미터 미만의 국제항해에 종사하지 않는 선박 2) 국제항해에 종사하는 예부선 결합선박 3) 수면비행선박(여객용 수면비행선박은 제외한다)	출항통제권자는 해당 기상특보가 발효되거나 시계제한 시 출항신고 선박의 총톤수·길이·항행구역 등을 확인하여 통제대상 여부를 판단한 후 해당 선박의 출항을 통제하여야 한다.
풍랑·폭풍해일경보		1) 총톤수 1,000톤 미만으로서 길이 63미터 미만의 국제항해에 종사하지 않는 선박 2) 국제항해에 종사하는 예부선 결합선박	
대풍주의보 및 경보		1) 총톤수 7,000톤 미만의 국제항해에 종사하지 않는 선박 2) 국제항해에 종사하는 예부선 결합선박	
시계제한시	시정 0.5킬로미터 이내	1) 화물을 적재한 유조선·가스운반선 또는 화학제품운반선[향도선(嚮導船)을 활용하는 경우는 제외한다] 2) 레이더 및 초단파 무선전화(VHF) 통신설비를 갖추지 않은 선박	
	시정 11킬로미터 이내	수면비행선박(여객용 수면비행선박은 제외한다)	

※ 비고
1. 위 표에도 불구하고 어선의 출항통제에 관한 사항은 「어선안전조업법 시행규칙」 제4조에 따른 기상특보 발효 시 조치사항을 적용한다.
2. 출항통제권자는 선박의 안전운항 확보, 항만의 효율적 운영 또는 재난·안전관리 등을 위하여 필요하다고 인정하는 경우에는 출항통제를 완화하거나 적용하지 않을 수 있다.
3. "총톤수" 및 "길이"란 선박국적증서 또는 선적증서에 기재된 톤수 및 길이를 말한다. 이 경우 예부선 결합선박[추진기관이 설치되어 있는 선박에 결합하여 운항하는 압항부선(押航艀船)은 제외한다]은 예선톤수만을 말한다.

11. 술에 취한 상태에서의 조타기 조작 등 금지 (법 제41조)

① 술에 취한 상태에 있는 사람은 운항을 하기 위하여 「선박직원법」 제2조제1호에 따른 선박[총톤수 5톤 미만의 선박과 같은 호 나목 및 다목에 해당하는 외국선박을 포함하고, 시운전선박(국내 조선소에서 건조 또는 개조하여 진수 후 인도 전까지 시운전하는 선박을 말한다) 및 이동식 시추선·수상호텔 등 「선박안전법」 제2조제1호에 따라 해양수산부령으로 정하는 부유식 해상구조물은 제외한다. 이하 이 조 및 제41조의2에서 같다]에 따른 선박의 조타기(操舵機)를 조작하거나 조작할 것을 지시하는 행위 또는 「도선법」 제2조제1호에 따른 도선(이하 "도선"이라 한다)을 하여서는 아니 된다.
② 해양경찰청 소속 경찰공무원은 다음 각 호의 어느 하나에 해당하는 경우에는 운항을 하기 위하여 조타기를 조작하거나 조작할 것을 지시하는 사람(이하 "운항자"라 한다) 또는 제1항에 따른 도선을 하는 사람(이하 "도선사"라 한다)이 술에 취하였는지 측정할 수 있으며, 해당 운항자 또는 도선사는 해양경찰청 소속 경찰공무원의 측정 요구에 따라야 한다. 다만, 제3호에 해당하는 경우에는 반드시 술에 취하였는지를 측정하여야 한다.
1. 다른 선박의 안전운항을 해치거나 해칠 우려가 있는 등 해상교통의 안전과 위험방지를 위하여 필요하다고 인정되는 경우
2. 제1항을 위반하여 술에 취한 상태에서 조타기를 조작하거나 조작할 것을 지시하였거나 도선을 하였다고 인정할 만한 충분한 이유가 있는 경우
3. 해양사고가 발생한 경우
③ 제2항에 따라 술에 취하였는지를 측정한 결과에 불복하는 사람에 대하여는 해당 운항자 또는 도선사의 동의를 받아 혈액채취 등의 방법으로 다시 측정할 수 있다.
④ 제1항에 따른 술에 취한 상태의 기준은 혈중알코올농도 0.03퍼센트 이상으로 한다.
⑤ 제1항부터 제5항까지의 규정에 따른 측정에 필요한 세부 절차 및 측정기록의 관리 등에 필요한 사항은 해양수산부령으로 정한다.

12. 약물복용 등의 상태에서 조타기 조작 등 금지 (법 제41조의2)

약물(「마약류 관리에 관한 법률」에 따른 마약류를 말한다)·환각물질(「화학물질관리법」에 따른 환각물질을 말한다)의 영향으로 인하여 정상적으로 다음 각 호의 행위를 하지 못할 우려가 있는 상태에서는 해당 행위를 하여서는 아니 된다.
1. 「선박직원법」에 따른 선박의 조타기를 조작하거나 조작할 것을 지시하는 행위
2. 「선박직원법」에 따른 선박의 도선

13. 해기사면허의 취소·정지 요청 (법 제42조)

해양경찰청장은 「선박직원법」에 따른 해기사면허를 받은 자가 다음 각 호의 어느 하나에 해당하는 경우 해양수산부장관에게 해당 해기사면허를 취소하거나 1년의 범위에서 해기사면허의 효력을 정지할 것을 요청할 수 있다.
1. 술에 취한 상태에서 운항을 하기 위하여 조타기를 조작하거나 그 조작을 지시한 경우
2. 술에 취한 상태에서 조타기를 조작하거나 조작할 것을 지시하였다고 인정할 만한 상당한 이유가 있음에도 불구하고 해양경찰청 소속 경찰공무원의 측정요구에 따르지 아니한 경우
3. 약물·환각물질의 영향으로 인하여 정상적으로 조타기를 조작하거나 그 조작을 지시하지 못할 우려가 있는 상태에서 조타기를 조작하거나 그 조작을 지시한 경우

14. 해양사고가 일어난 경우의 조치 (법 제43조)

①. 선장이나 선박소유자는 해양사고가 일어나 선박이 위험하게 되거나 다른 선박의 항행안전에 위험을 줄 우려가 있는 경우에는 위험을 방지하기 위하여 신속하게 필요한 조치를 취하고, 해양사고의 발생 사실과 조치 사실을 지체 없이 해양경찰서장이나 지방해양수산청장에게 신고하여야 한다.
②. 지방해양수산청장은 신고를 받으면 지체 없이 그 사실을 해양경찰서장에게 통보하여야 한다.
③. 해양경찰서장은 선장이나 선박소유자가 신고한 조치 사실을 적절한 수단을 사용하여 확인하고, 조치를 취하지 아니하였거나 취한 조치가 적당하지 아니하다고 인정하는 경우에는 그 선박의 선장이나 선박소유자에게 해양사고를 신속하게 수습하고 해상교통의 안전을 확보하기 위하여 필요한 조치를 취할 것을 명하여야 한다.
④. 해양경찰서장은 해양사고가 일어나 선박이 위험하게 되거나 다른 선박의 항행안전에 위험을 줄 우려가 있는 경우 필요하면 구역을 정하여 다른 선박에 대하여 선박의 이동·항행 제한 또는 조업중지를 명할 수 있다.

[제4장 선박 및 사업장의 안전관리]

1. 선장의 권한 (법 제45조)

①. 누구든지 선박의 안전을 위한 선장의 전문적인 판단을 방해하거나 간섭하여서는 아니 된다.
②. 선장은 선박의 안전관리를 위하여 제46조의2에 따라 선임된 안전관리책임자에게 선박과 그 시설의 정비·수리, 선박운항일정의 변경 등을 요구할 수 있고, 그 요구를 받은 안전관리책임자는 타당성 여부를 검토하여 그 결과를 10일 이내에 선박소유자에게 알려야 한다. 다만, 안전관리책임자가 선임되지 아니하거나 선박소유자가 안전관리책임자로 선임된 경우에는 선장이 선박소유자에게 직접 요구할 수 있다.
③. 제2항에 따른 요구를 받은 선박소유자는 해당 요구에 따른 필요한 조치를 하여야 한다.
④. 해양수산부장관은 선박소유자가 제3항에 따른 필요한 조치를 하지 아니할 경우 공중의 안전에 위해를 끼칠 수 있어 긴급한 조치가 필요하다고 판단하면 선박소유자에게 필요한 조치를 하도록 명할 수 있다. [시행일: 2023. 1. 5.] 제45조]

2. 선박의 안전관리체제 수립 등 (법 제46조)

①. 해양수산부장관은 선박소유자가 그 선박과 사업장에 대하여 선박의 안전운항 등을 위한 관리체제(이하 "안전관리체제"라 한다)를 수립하고 시행하는 데 필요한 시책을 강구하여야 한다.
②. 다음 각 호의 어느 하나에 해당하는 선박(해저자원을 채취·탐사 또는 발굴하는 작업에 종사하는 이동식 해상구조물을 포함한다. 이하 이 조 및 제47조부터 제54조까지의 규정에서 같다)을 운항하는 선박소유자는 안전관리체제를 수립하고 시행하여야 한다. 다만, 「해운법」 제21조에 따른 운항관리규정을 작성하여 해양수산부장관으로부터 심사를 받고 시행하는 경우에는 안전관리체제를 수립하여 시행하는 것으로 본다.
  1. 「해운법」 제3조에 따른 해상여객운송사업에 종사하는 선박
  2. 「해운법」 제23조에 따른 해상화물운송사업에 종사하는 선박으로서 총톤수 500톤 이상의 선박[기선(機船)과 밀착된 상태로 결합된 부선(艀船)을 포함한다]
  3. 국제항해에 종사하는 총톤수 500톤 이상의 어획물운반선과 이동식 해상구조물
  4. 수면비행선박
  5. 그 밖에 대통령령으로 정하는 선박
③. 안전관리체제에는 다음 각 호의 사항이 포함되어야 한다. 다만, 제2항제5호에 따른 선박의 안전관리체제에는 해양수산부령으로 정하는 바에 따라 그 일부를 포함시키지 아니할 수 있다.

1. 해상에서의 안전과 환경 보호에 관한 기본방침
2. 선박소유자의 책임과 권한에 관한 사항
3. 제46조의2제1항에 따른 안전관리책임자와 안전관리자의 임무에 관한 사항
4. 선장의 책임과 권한에 관한 사항
5. 인력의 배치와 운영에 관한 사항
6. 선박의 안전관리체제 수립에 관한 사항
7. 선박충돌사고 등 발생 시 비상대책의 수립에 관한 사항
8. 사고, 위험 상황 및 안전관리체제의 결함에 관한 보고와 분석에 관한 사항
9. 선박의 정비에 관한 사항
10. 안전관리체제와 관련된 지침서 등 문서 및 자료 관리에 관한 사항
11. 안전관리체제에 대한 선박소유자의 확인·검토 및 평가에 관한 사항

④. 제2항에 따라 안전관리체제를 수립·시행하여야 하는 선박소유자는 제51조에 따라 안전관리대행업을 등록한 자에게 이를 위탁할 수 있다. 이 경우 선박소유자는 그 사실을 10일 이내에 해양수산부장관에게 알려야 한다.

⑤. 안전관리체제에 포함되어야 할 제3항 각 호의 구체적 범위는 해양수산부령으로 정한다. [시행일: 2023. 1. 5.]

3. 선박소유자의 안전관리책임자 선임의무 등 (제46조의2)

①. 제46조제2항에 따라 안전관리체제를 수립·시행하여야 하는 선박소유자(같은 조 제4항에 따라 안전관리체제의 수립·시행을 위탁한 경우에는 위탁받은 자를 말한다. 이하 제2항 및 제3항에서 같다)는 선박 및 사업장의 안전관리 업무를 수행하게 하기 위하여 제61조의2에 따른 선박안전관리사 자격을 가진 자 중에서 안전관리책임자와 안전관리자를 선임하여야 한다.

②. 선박소유자는 안전관리책임자 및 안전관리자를 해임하거나 안전관리책임자 및 안전관리자가 퇴직하는 경우 그 즉시 안전관리책임자 및 안전관리자를 변경선임하여야 한다.

③. 선박소유자는 제1항 및 제2항에 따라 안전관리책임자 및 안전관리자를 선임 또는 변경선임한 때에는 그 사실이 발생한 날부터 10일 이내에 해양수산부장관에게 신고하여야 한다.

④. 선박소유자는 제47조에 따른 인증심사를 받은 안전관리체제를 유지하기 위하여 필요한 조치를 하여야 하며, 안전관리책임자·안전관리자 및 제46조제4항에 따라 안전관리체제의 수립·시행을 위탁받은 자가 안전관리 업무를 성실하게 수행할 수 있도록 지원 및 지도·감독하여야 한다.

⑤. 해양수산부장관은 제4항에 따른 의무를 이행하지 아니한 선박소유자에게 그 의무를 이행하도록 명할 수 있다.

⑥. 제1항에 따른 안전관리책임자 및 안전관리자의 자격과 선임기준, 제3항에 따른 선임·변경선임에 대한 신고의 절차 및 방법 등 그 밖에 필요한 사항은 해양수산부령으로 정한다.

[시행일: 2024. 1. 5.] 제46조의2제1항, [시행일: 2023. 1. 5.] 제46조의2

4. 선박안전관리사 자격제도의 관리·운영 등 (법 제61조의2)

①. 해양수산부장관은 해사안전 및 선박·사업장 안전관리를 효과적이고 전문적으로 하기 위하여 선박안전관리사 자격제도를 관리·운영한다.
②. 선박안전관리사는 다음 각 호의 업무를 수행한다.
 1. 안전관리체제의 수립·시행 및 개선·지도
 2. 선박에 대한 안전관리 점검·개선 및 지도·조언
 3. 선박과 사업장 종사자의 안전을 위한 교육 및 점검
 4. 선박과 사업장에 대한 작업환경의 점검 및 개선
 5. 해양사고 예방 및 재발방지에 관한 지도·조언
 6. 여객관리 및 화물관리에 관한 업무
 7. 선박안전·보안기술의 연구개발 및 해상교통안전진단에 관한 참여·조언
 8. 그 밖에 해사안전관리 및 보안관리에 필요한 업무
③. 선박안전관리사가 되려는 자는 대통령령으로 정하는 응시자격을 갖추고 해양수산부장관이 실시하는 자격시험에 합격하여야 한다. 다만,「국가기술자격법」 또는 다른 법률에 따른 선박 안전관리와 관련된 자격의 보유자 등 대통령령으로 정하는 자에 대해서는 자격시험의 일부를 면제할 수 있다.
④. 선박안전관리사는 다른 사람에게 자격증을 대여하거나 그 명의를 사용하게 하여서는 아니 된다.
⑤. 이 법에 따른 선박안전관리사가 아니면 선박안전관리사 또는 이와 유사한 명칭을 사용하지 못한다.
⑥. 선박안전관리사의 등급, 자격시험의 과목·합격기준 및 자격증의 발급 등 그 밖에 자격시험에 관하여 필요한 사항은 대통령령으로 정한다.
[본조신설 2022. 1. 4.] [시행일: 2024. 1. 5.]

[제5장 선박의 항법]

제1절 모든 시계상태에서의 항법

5. 경계 (법 제63조)

선박은 주위의 상황 및 다른 선박과 충돌할 수 있는 위험성을 충분히 파악할 수 있도록 시각·청각 및 당시의 상황에 맞게 이용할 수 있는 모든 수단을 이용하여 항상 적절한 경계를 하여야 한다.

6. 안전한 속력 (법 제64조)

① 선박은 다른 선박과의 충돌을 피하기 위하여 적절하고 효과적인 동작을 취하거나 당시의 상황에 알맞은 거리에서 선박을 멈출 수 있도록 항상 안전한 속력으로 항행하여야 한다.
② 안전한 속력을 결정할 때에는 다음 각 호(레이더를 사용하고 있지 아니한 선박의 경우에는 제1호부터 제6호까지)의 사항을 고려하여야 한다.
 1. 시계의 상태
 2. 해상교통량의 밀도
 3. 선박의 정지거리·선회성능, 그 밖의 조종성능
 4. 야간의 경우에는 항해에 지장을 주는 불빛의 유무
 5. 바람·해면 및 조류의 상태와 항행장애물의 근접상태
 6. 선박의 흘수와 수심과의 관계
 7. 레이더의 특성 및 성능
 8. 해면상태·기상, 그 밖의 장애요인이 레이더 탐지에 미치는 영향
 9. 레이더로 탐지한 선박의 수·위치 및 동향

7. 충돌 위험 (법 제65조)

① 선박은 다른 선박과 충돌할 위험이 있는지를 판단하기 위하여 당시의 상황에 알맞은 모든 수단을 활용하여야 한다.
② 레이더를 설치한 선박은 다른 선박과 충돌할 위험성 유무를 미리 파악하기 위하여 레이더를 이용하여 장거리 주사, 탐지된 물체에 대한 작도, 그 밖의 체계적인 관측을 하여야 한다.
③ 선박은 불충분한 레이더 정보나 그 밖의 불충분한 정보에 의존하여 다른 선박과의 충돌 위험 여부를 판단하여서는 아니 된다.
④ 선박은 접근하여 오는 다른 선박의 나침방위에 뚜렷한 변화가 일어나지 아니하면 충돌할 위험성이 있다고 보고 필요한 조치를 하여야 한다. 접근하여 오는 다른 선박의 나침방위에 뚜렷한 변화가 있더라도 거대선 또는 예인작업에 종사하고 있는 선박에 접근하거나, 가까이 있는 다른 선박에 접근하는 경우에는 충돌을 방지하기 위하여 필요한 조치를 하여야 한다.

8. 충돌을 피하기 위한 동작 (법 제66조)

① 선박은 항법에 따라 다른 선박과 충돌을 피하기 위한 동작을 취하되, 이 법에서 정하는 바가 없는 경우에는 될 수 있으면 충분한 시간적 여유를 두고 적극적으로 조치하여 선박을 적절하게 운용하는 관행에 따라야 한다.

②. 선박은 다른 선박과 충돌을 피하기 위하여 침로나 속력을 변경할 때에는 될 수 있으면 다른 선박이 그 변경을 쉽게 알아볼 수 있도록 충분히 크게 변경하여야 하며, 침로나 속력을 소폭으로 연속적으로 변경하여서는 아니 된다.

③. 선박은 넓은 수역에서 충돌을 피하기 위하여 침로를 변경하는 경우에는 적절한 시기에 큰 각도로 침로를 변경하여야 하며, 그에 따라 다른 선박에 접근하지 아니하도록 하여야 한다.

④. 선박은 다른 선박과의 충돌을 피하기 위하여 동작을 취할 때에는 다른 선박과의 사이에 안전한 거리를 두고 통과할 수 있도록 그 동작을 취하여야 한다. 이 경우 그 동작의 효과를 다른 선박이 완전히 통과할 때까지 주의 깊게 확인하여야 한다.

⑤. 선박은 다른 선박과의 충돌을 피하거나 상황을 판단하기 위한 시간적 여유를 얻기 위하여 필요하면 속력을 줄이거나 기관의 작동을 정지하거나 후진하여 선박의 진행을 완전히 멈추어야 한다.

⑥. 이 법에 따라 다른 선박의 통항이나 통항의 안전을 방해하여서는 아니 되는 선박은 다음 각 호의 사항을 준수하고 유의하여야 한다.
  1. 다른 선박이 안전하게 지나갈 수 있는 여유 수역이 충분히 확보될 수 있도록 조기에 동작을 취할 것
  2. 다른 선박에 접근하여 충돌할 위험이 생긴 경우에는 그 책임을 면할 수 없으며, 피항동작을 취할 때에는 이 장에서 요구하는 동작에 대하여 충분히 고려할 것

⑦. 이 법에 따라 통항할 때에 다른 선박의 방해를 받지 아니하도록 되어 있는 선박은 다른 선박과 서로 접근하여 충돌할 위험이 생긴 경우 이 장의 규정에 따라야 한다.

9. 좁은 수로등 (법 제67조)

①. 좁은 수로나 항로(이하 "좁은 수로등"이라 한다)를 따라 항행하는 선박은 항행의 안전을 고려하여 될 수 있으면 좁은 수로등의 오른편 끝 쪽에서 항행하여야 한다. 다만, 해양수산부장관이 특별히 지정한 수역 또는 통항분리제도가 적용되는 수역에서는 좁은 수로등의 오른편 끝 쪽에서 항행하지 아니하여도 된다.

②. 길이 20미터 미만의 선박이나 범선은 좁은 수로등의 안쪽에서만 안전하게 항행할 수 있는 다른 선박의 통행을 방해하여서는 아니 된다.

③. 어로에 종사하고 있는 선박은 좁은 수로등의 안쪽에서 항행하고 있는 다른 선박의 통항을 방해하여서는 아니 된다.

④. 선박이 좁은 수로등의 안쪽에서만 안전하게 항행할 수 있는 다른 선박의 통항을 방해하게 되는 경우에는 좁은 수로등을 횡단하여서는 아니 된다.

⑤. 추월선은 좁은 수로등에서 추월당하는 선박이 추월선을 안전하게 통과시키기 위한 동작을 취하지 아니하면 추월할 수 없는 경우에는 기적신호를 하여 추월하겠다는 의사를 나타내야 한다. 이 경우 추월당하는 선박은 그 의도에 동의하면 기적신호를 하여 그 의사를 표현하고, 추월선을 안전하게 통과시키기 위한 동작을 취하여야 한다.

⑥. 선박이 좁은 수로등의 굽은 부분이나 항로에 있는 장애물 때문에 다른 선박을 볼 수 없는 수역에 접근하는 경우에는 특히 주의하여 항행하여야 한다.

⑦. 선박은 좁은 수로등에서 정박(정박 중인 선박에 매어 있는 것을 포함한다)을 하여서는 아니 된다. 다만, 해양사고를 피하거나 인명이나 그 밖의 선박을 구조하기 위하여 부득이하다고 인정되는 경우에는 그러하지 아니하다.

10. 통항분리제도 (법 제68조)

①. 이 조는 다음 각 호의 수역(이하 "통항분리수역"이라 한다)에 대하여 적용한다.통항분리수역 적용한다.
 1. 국제해사기구가 채택하여 통항분리제도가 적용되는 수역
 2. 해상교통량이 아주 많아 충돌사고 발생의 위험성이 있어 통항분리제도를 적용할 필요성이 있는 수역으로서 해양수산부령으로 정하는 수역
②. 선박이 통항분리수역을 항행하는 경우에는 다음 각 호의 사항을 준수하여야 한다.
 1. 통항로 안에서는 정하여진 진행방향으로 항행할 것
 2. 분리선이나 분리대에서 될 수 있으면 떨어져서 항행할 것
 3. 통항로의 출입구를 통하여 출입하는 것을 원칙으로 하되, 통항로의 옆쪽으로 출입하는 경우에는 그 통항로에 대하여 정하여진 선박의 진행방향에 대하여 될 수 있으면 작은 각도로 출입할 것
③. 선박은 통항로를 횡단하여서는 아니 된다. 다만, 부득이한 사유로 그 통항로를 횡단하여야하는 경우에는 그 통항로와 선수방향이 직각에 가까운 각도로 횡단하여야 한다.
④. 선박은 연안통항대에 인접한 통항분리수역의 통항로를 안전하게 통과할 수 있는 경우에는 연안통항대를 따라 항행하여서는 아니 된다. 다만, 다음 각 호의 선박의 경우에는 연안통항대를 따라 항행할 수 있다.
 1. 길이 20미터 미만의 선박
 2. 범선
 3. 어로에 종사하고 있는 선박
 4. 인접한 항구로 입항·출항하는 선박
 5. 연안통항대 안에 있는 해양시설 또는 도선사의 승하선 장소에 출입하는 선박
 6. 급박한 위험을 피하기 위한 선박
⑤. 통항로를 횡단하거나 통항로에 출입하는 선박 외의 선박은 급박한 위험을 피하기 위한 경우나 분리대 안에서 어로에 종사하고 있는 경우 외에는 분리대에 들어가거나 분리선을 횡단하여서는 아니 된다.
⑥. 통항분리수역에서 어로에 종사하고 있는 선박은 통항로를 따라 항행하는 다른 선박의 항행을 방해하여서는 아니 된다.
⑦. 모든 선박은 통항분리수역의 출입구 부근에서는 특히 주의하여 항행하여야 한다.
⑧. 선박은 통항분리수역과 그 출입구 부근에 정박(정박하고 있는 선박에 매어 있는 것을 포함한다)하여서는 아니 된다. 다만, 해양사고를 피하거나 인명이나 선박을 구조하기 위하여 부득이하다고 인정되는 사유가 있는 경우에는 그러하지 아니하다.
⑨. 통항분리수역을 이용하지 아니하는 선박은 될 수 있으면 통항분리수역에서 멀리 떨어져서 항행하여야 한다.

⑩. 길이 20미터 미만의 선박이나 범선은 통항로를 따라 항행하고 있는 다른 선박의 항행을 방해하여서는 아니 된다.

⑪. 통항분리수역 안에서 해저전선을 부설·보수 및 인양하는 작업을 하거나 항행안전을 유지하기 위한 작업을 하는 중이어서 조종능력이 제한되고 있는 선박은 그 작업을 하는 데에 필요한 범위에서 상기 규정을 적용하지 아니한다.

제2절. 선박이 서로 시계 안에 있는 때의 항법

(이 절은 선박에서 다른 선박을 눈으로 볼 수 있는 상태에 있는 선박에 적용한다.)

1. 범선 (법 제70조)

①. 2척의 범선이 서로 접근하여 충돌할 위험이 있는 경우에는 다음 각 호에 따른 항행방법에 따라 항행하여야 한다.
  1. 각 범선이 다른 쪽 현에 바람을 받고 있는 경우에는 좌현에 바람을 받고있는 범선이 다른 범선의 진로를 피하여야한다.
  2. 두 범선이 서로 같은 현에 바람을 받고 있는 경우에는 바람이 불어오는 쪽의 범선이 바람이 불어가는 쪽의 범선의 진로를 피하여야 한다.
  3. 좌현에 바람을 받고 있는 범선은 바람이 불어오는 쪽에 있는 다른 범선을 본 경우로서 그 범선이 바람을 좌우 어느 쪽에 받고 있는지 확인할 수 없는 때에는 그 범선의 진로를 피하여야 한다.

②. 바람이 불어오는 쪽이란 종범선에서는 주범을 펴고 있는 쪽의 반대쪽을 말하고, 횡범선에서는 최대의 종범을 펴고 있는 쪽의 반대쪽을 말하며, 바람이 불어가는 쪽이란 바람이 불어오는 쪽의 반대쪽을 말한다.

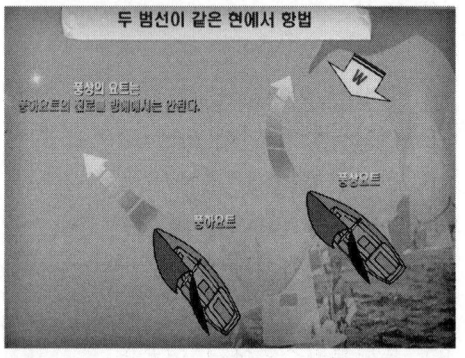

2. 앞지르기 (법 제71조)

①. 앞지르기 하는 배는 제1절과 이 절의 다른 규정에도 불구하고 앞지르기당하고 있는 선

박을 완전히 앞지르기하거나 그 선박에서 충분히 멀어질 때까지 그 선박의 진로를 피하여야 한다.

②. 다른 선박의 양쪽 현의 정횡으로부터 22.5도를 넘는 뒤쪽[밤에는 다른 선박의 선미등만을 볼 수 있고 어느 쪽의 현등도 볼 수 없는 위치를 말한다]에서 그 선박을 앞지르는 선박은 앞지르기 하는 배로 보고 필요한 조치를 취하여야 한다.

③. 선박은 스스로 다른 선박을 앞지르기 하고 있는지 분명하지 아니한 경우에는 앞지르기 하는 배로 보고 필요한 조치를 취하여야 한다.

④. 앞지르기 하는 경우 2척의 선박 사이의 방위가 어떻게 변경되더라도 앞지르기 하는 선박은 앞지르기가 완전히 끝날 때까지 앞지르기당하는 선박의 진로를 피하여야 한다.

3. 마주치는 상태 (법 제72조)

①. 2척의 동력선이 마주치거나 거의 마주치게 되어 충돌의 위험이 있을 때에는 각 동력선은 서로 다른 선박의 좌현 쪽을 지나갈 수 있도록 침로를 우현 쪽으로 변경하여야 한다.

②. 선박은 다른 선박을 선수 방향에서 볼 수 있는 경우로서 다음 각 호의 어느 하나에 해당하면 마주치는 상태에 있다고 보아야 한다.

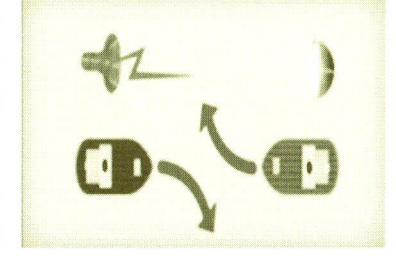

 1. 밤에는 2개의 마스트등을 일직선으로 또는 거의 일직선으로 볼 수 있거나 양쪽의 현등을 볼 수 있는 경우
 2. 낮에는 2척의 선박의 마스트가 선수에서 선미까지 일직선이 되거나 거의 일직선 이 되는 경우

③. 선박은 마주치는 상태에 있는지가 분명하지 아니한 경우에는 마주치는 상태에 있다고 보고 필요한 조치를 취하여야 한다.

4. 횡단하는 상태 (법 제73조)

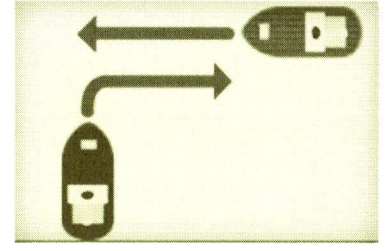

2척의 동력선이 상대의 진로를 횡단하는 경우로서 충돌의 위험이 있을 때에는 다른 선박을 우현 쪽에 두고 있는 선박이 그 다른 선박의 진로를 피하여야 한다. 이 경우 다른 선박의 진로를 피하여야 하는 선박은 부득이한 경우 외에는 그 다른 선박의 선수 방향을 횡단하여

서는 아니 된다.

5. 피항선의 동작 (법 제74조)

이 법에 따라 다른 선박의 진로를 피하여야 하는 모든 선박[이하 "피항선"이라 한다]은 될 수 있으면 미리 동작을 크게 취하여 다른 선박으로부터 충분히 멀리 떨어져야 한다.

6. 유지선의 동작 (법 제75조)

①. 2척의 선박 중 1척의 선박이 다른 선박의 진로를 피하여야 할 경우 다른 선박은 그 침로와 속력을 유지하여야 한다.
②. 제1항에 따라 침로와 속력을 유지하여야 하는 선박[이하 "유지선"이라 한다]은 피항선이 이 법에 따른 적절한 조치를 취하고 있지 아니하다고 판단하면 제1항에도 불구하고 스스로의 조종만으로 피항선과 충돌하지 아니하도록 조치를 취할 수 있다. 이 경우 유지선은 부득이하다고 판단하는 경우 외에는 자기 선박의 좌현 쪽에 있는 선박을 향하여 침로를 왼쪽으로 변경하여서는 아니 된다.
②. 유지선은 피항선과 매우 가깝게 접근하여 해당 피항선의 동작만으로는 충돌을 피할 수 없다고 판단하는 경우에는 제1항에도 불구하고 충돌을 피하기 위하여 충분한 협력을 하여야 한다.
③. 제2항과 제3항은 피항선에게 진로를 피하여야 할 의무를 면제하는 것은 아니다.

7. 선박 사이의 책무 (법 제76조)

①. 항행 중인 선박은 제67조, 제68조 및 제71조에 따른 경우 외에는 이 조에서 정하는 항법에 따라야 한다.
②. 항행 중인 동력선은 다음 각 호에 따른 선박의 진로를 피하여야 한다.
 1. 조종불능선
 2. 조종제한선
 3. 어로에 종사하고 있는 선박
 4. 범선
③. 항행 중인 범선은 다음 각 호에 따른 선박의 진로를 피하여야 한다.
 1. 조종불능선
 2. 조종제한선
 3. 어로에 종사하고 있는 선박
④. 어로에 종사하고 있는 선박 중 항행 중인 선박은 될 수 있으면 다음 각 호에 따른 선박의 진로를 피하여야 한다.
 1. 조종불능선

2. 조종제한선
  ⑤. 조종불능선이나 조종제한선이 아닌 선박은 부득이하다고 인정하는 경우 외에는 제86조에 따른 등화나 형상물을 표시하고 있는 흘수제약선의 통항을 방해하여서는 아니 된다.
  ⑥. 수상항공기는 될 수 있으면 모든 선박으로부터 충분히 떨어져서 선박의 통항을 방해하지 아니하도록 하되, 충돌할 위험이 있는 경우에는 이 법에서 정하는 바에 따라야 한다.
  ⑦. 수면비행선박은 선박의 통항을 방해하지 아니하도록 모든 선박으로부터 충분히 떨어져서 비행(이륙 및 착륙을 포함한다. 이하 같다)하여야 한다. 다만, 수면에서 항행하는 때에는 이 법에서 정하는 동력선의 항법을 따라야 한다.

제3절 제한된 시계에서 선박의 항법

1. 제한된 시계에서 선박의 항법 (법 제77조)

①. 이 조는 시계가 제한된 수역 또는 그 부근을 항행하고 있는 선박이 서로 시계 안에 있지 아니한 경우에 적용한다.
②. 모든 선박은 시계가 제한된 그 당시의 사정과 조건에 적합한 안전한 속력으로 항행하여야 하며, 동력선은 제한된 시계 안에 있는 경우 기관을 즉시 조작할 수 있도록 준비하고 있어야 한다.
③. 선박은 제1절에 따라 조치를 취할 때에는 시계가 제한되어 있는 당시의 상황에 충분히 유의하여 항행하여야 한다.
④. 레이더만으로 다른 선박이 있는 것을 탐지한 선박은 해당 선박과 얼마나 가까이 있는지 또는 충돌할 위험이 있는지를 판단하여야 한다. 이 경우 해당 선박과 매우 가까이 있거나 그 선박과 충돌할 위험이 있다고 판단한 경우에는 충분한 시간적 여유를 두고 피항동작을 취하여야 한다.
⑤. 제4항에 따른 피항동작이 침로를 변경하는 것만으로 이루어질 경우에는 될 수 있으면 다음 각 호의 동작은 피하여야 한다.
  1. 다른 선박이 자기 선박의 양쪽 현의 정횡 앞쪽에 있는 경우 좌현 쪽으로 침로를 변경하는 행위(앞지르기당하고 있는 선박에 대한 경우는 제외한다)
  2. 자기 선박의 양쪽 현의 정횡 또는 그곳으로부터 뒤쪽에 있는 선박의 방향으로 침로를 변경하는 행위
⑥. 충돌할 위험성이 없다고 판단한 경우 외에는 다음 각 호의 어느 하나에 해당하는 경우 모든 선박은 자기 배의 침로를 유지하는 데에 필요한 최소한으로 속력을 줄여야 한다. 이 경우 필요하다고 인정되면 자기 선박의 진행을 완전히 멈추어야 하며, 어떠한 경우에도 충돌할 위험성이 사라질 때까지 주의하여 항행하여야 한다.

1. 자기 선박의 양쪽 현의 정횡 앞쪽에 있는 다른 선박에서 무중신호를 듣는 경우
2. 자기 선박의 양쪽 현의 정횡으로부터 앞쪽에 있는 다른 선박과 매우 근접한 것을 피할 수 없는 경우

제4절 등화와 형상물

1. 적용 (법 제78조)

①. 이 절은 모든 날씨에서 적용한다.
②. 선박은 해지는 시각부터 해뜨는 시각까지 이 법에서 정하는 등화를 표시하여야 하며, 이 시간 동안에는 이 법에서 정하는 등화 외의 등화를 표시하여서는 아니 된다. 다만, 다음 각 호의 어느 하나에 해당하는 등화는 표시할 수 있다.
 1. 이 법에서 정하는 등화로 오인되지 아니할 등화
 2. 이 법에서 정하는 등화의 가시도나 그 특성의 식별을 방해하지 아니하는 등화
 3. 이 법에서 정하는 등화의 적절한 경계를 방해하지 아니하는 등화
③. 이 법에서 정하는 등화를 설치하고 있는 선박은 해뜨는 시각부터 해지는 시각까지도 제한된 시계에서는 등화를 표시하여야 하며, 필요하다고 인정되는 그 밖의 경우에도 등화를 표시할 수 있다.
④. 선박은 낮 동안에는 이 법에서 정하는 형상물을 표시하여야 한다.

2. 등화의 종류 (법 제79조)

선박의 등화는 다음 각 호와 같다.
 1. 마스트등: 선수와 선미의 중심선상에 설치되어 225도에 걸치는 수평의 호를 비추되, 그 불빛이 정선수 방향으로부터 양쪽 현의 정횡으로부터 뒤쪽 22.5도까지 비출 수 있는 흰색 등
 2. 현등: 정선수 방향에서 양쪽 현으로 각각 112.5도에 걸치는 수평의 호를 비추는 등화로서 그 불빛이 정선수 방향에서 좌현 정횡으로부터 뒤쪽 22.5도까지 비출 수 있도록 좌현에 설치된 붉은색 등과 그 불빛이 정선수 방향에서 우현 정횡으로부터 뒤쪽 22.5도까지 비출 수 있도록 우현에 설치된 녹색 등
 3. 선미등: 135도에 걸치는 수평의 호를 비추는 흰색 등으로서 그 불빛이 정선미 방향으로부터 양쪽 현의 67.5도까지 비출 수 있도록 선미 부분 가까이에 설치된 등
 4. 예선등: 선미등과 같은 특성을 가진 황색 등
 5. 전주등: 360도에 걸치는 수평의 호를 비추는 등화. 다만, 섬광등은 제외한다.
 6. 섬광등: 360도에 걸치는 수평의 호를 비추는 등화로서 일정한 간격으로 1분에 120회 이상 섬광을 발하는 등

7. 양색등: 선수와 선미의 중심선상에 설치된 붉은색과 녹색의 두 부분으로 된 등화로서 그 붉은색과 녹색 부분이 각각 현등의 붉은색 등 및 녹색 등과 같은 특성을 가진 등
8. 삼색등: 선수와 선미의 중심선상에 설치된 붉은색·녹색·흰색으로 구성된 등으로서 그 붉은색·녹색·흰색의 부분이 각각 현등의 붉은색 등과 녹색 등 및 선미등과 같은 특성을 가진 등 (이 절은 모든 날씨에서 적용한다.)

3. 등화 및 형상물의 기준 (법 제80조)

이 법에서 규정하는 등화의 가시거리·광도 등 기술적 기준, 등화·형상물의 구조와 설치할 위치 등에 관하여 필요한 사항은 해양수산부장관이 정하여 고시한다.

4. 항행 중인 동력선 (법 제81조)

①. 항행 중인 동력선은 다음 각 호의 등화를 표시하여야 한다.
 1. 앞쪽에 마스트등 1개와 그 마스트등보다 뒤쪽의 높은 위치에 마스트등 1개. 다만, 길이 50미터 미만의 동력선은 뒤쪽의 마스트등을 표시하지 아니할 수 있다.
 2. 현등 1쌍(길이 20미터 미만의 선박은 이를 대신하여 양색등을 표시할 수 있다. 이하 이 절에서 같다)
 3. 선미등 1개

②. 수면에 떠있는 상태로 항행 중인 5)해양수산부령으로 정하는 선박은 제1항에 따른 등화에 덧붙여 사방을 비출 수 있는 황색의 섬광등 1개를 표시하여야 한다.

③. 수면비행선박이 비행하는 경우에는 등화에 덧붙여 사방을 비출 수 있는 고광도 홍색 섬광등 1개를 표시하여야 한다.

④. 길이 12미터 미만의 동력선은 등화를 대신하여 흰색 전주등 1개와 현등 1쌍을 표시할 수 있다.

⑤. 길이 7미터 미만이고 최대속력이 7노트 미만인 동력선은 등화를 대신하여 흰색 전주등 1개만을 표시할 수 있으며, 가능한 경우 현등 1쌍도 표시할 수 있다.

⑥. 길이 12미터 미만인 동력선에서 마스트등이나 흰색 전주등을 선수와 선미의 중심선상에 표시하는 것이 불가능할 경우에는 그 중심선 위에서 벗어난 위치에 표시할 수 있다. 이 경우 현등 1쌍은 이를 1개의 등화로 결합하여 선수와 선미의 중심선상 또는 그에 가까운 위치에 표시하되, 그 표시를 할 수 없을 경우에는 될 수 있으면 마스트등이나 흰색 전주등이 표시된 선으로부터 가까운 위치에 표시하여야 한다.

---
5) 해사안전법 시행규칙 제55조(황색섬광등을 표시하여야 할 선박) 법 제81조제2항에서 "해양수산부령으로 정하는 선박"이란 공기부양선을 말한다

5. 항행 중인 예인선 (법 제82조)

①. 동력선이 다른 선박이나 물체를 끌고 있는 경우에는 다음 각 호의 등화나 형상물을 표시하여야 한다.
  1. 제81조제1항제1호에 따라 앞쪽에 표시하는 마스트등을 대신하여 같은 수직선 위에 마스트등 2개. 다만, 예인선의 선미로부터 끌려가고 있는 선박이나 물체의 뒤쪽 끝까지 측정한 예인선열의 길이가 200미터를 초과하면 같은 수직선 위에 마스트등 3개를 표시하여야 한다.
  2. 현등 1쌍
  3. 선미등 1개
  4. 선미등의 위쪽에 수직선 위로 예선등 1개
  5. 예인선열의 길이가 200미터를 초과하면 가장 잘 보이는 곳에 마름모꼴의 형상물 1개
②. 다른 선박을 밀거나 옆에 붙여서 끌고 있는 동력선은 다음 각 호의 등화를 표시하여야 한다.
  1. 제81조제1항제1호에 따라 앞쪽에 표시하는 마스트등을 대신하여 같은 수직선 위로 마스트등 2개
  2. 현등 1쌍
  3. 선미등 1개
③. 끌려가고 있는 선박이나 물체는 다음 각 호의 등화나 형상물을 표시하여야 한다.
  1. 현등 1쌍
  2. 선미등 1개
  3. 예인선열의 길이가 200미터를 초과하면 가장 잘 보이는 곳에 마름모꼴의 형상물 1개
④. 2척 이상의 선박이 한 무리가 되어 밀려가거나 옆에 붙어서 끌려갈 경우에는 이를 1척의 선박으로 보고 다음 각 호의 등화를 표시하여야 한다.
  1. 앞쪽으로 밀려가고 있는 선박의 앞쪽 끝에 현등 1쌍
  2. 옆에 붙어서 끌려가고 있는 선박은 선미등 1개와 그의 앞쪽 끝에 현등 1쌍
⑤. 일부가 물에 잠겨 잘 보이지 아니하는 상태에서 끌려가고 있는 선박이나 물체 또는 끌려가고 있는 선박이나 물체의 혼합체는 다음 각 호의 등화나 형상물을 표시하여야 한다.
  1. 폭 25미터 미만이면 앞쪽 끝과 뒤쪽 끝 또는 그 부근에 흰색 전주등 각 1개
  2. 폭 25미터 이상이면 제1호에 따른 등화에 덧붙여 그 폭의 양쪽 끝이나 그 부근에 흰색 전주등 각 1개
  3. 길이가 100미터를 초과하면 제1호와 제2호에 따른 등화 사이의 거리가 100미터를 넘지 아니하도록 하는 흰색 전주등을 함께 표시
  4. 끌려가고 있는 맨 뒤쪽의 선박이나 물체의 뒤쪽 끝 또는 그 부근에 마름모꼴의 형상물 1개. 이 경우 예인선열의 길이가 200미터를 초과할 때에는 가장 잘 볼 수 있는 앞쪽 끝 부분에 마름모꼴의 형상물 1개를 함께 표시한다.
⑥. 끌려가고 있는 선박이나 물체에 제3항 또는 제5항에 따른 등화나 형상물을 표시할 수 없는 경우에는 끌려가고 있는 선박이나 물체를 조명하거나 그 존재를 나타낼 수 있는

가능한 모든 조치를 취하여야 한다.
⑦. 통상적으로 예인작업에 종사하지 아니한 선박이 조난당한 선박이나 구조가 필요한 다른 선박을 끌고 있는 경우로서 등화를 표시할 수 없을 때에는 그 등화들을 표시하지 아니할 수 있다. 이 경우 끌고 있는 선박과 끌려가고 있는 선박 사이의 관계를 표시하기 위하여 끄는데에 사용되는 줄을 탐조등으로 비추는 등 제94조에 따른 가능한 모든 조치를 취하여야 한다.
⑧. 밀고 있는 선박과 밀려가고 있는 선박이 단단하게 연결되어 하나의 복합체를 이룬 경우에는 이를 1척의 동력선으로 보고 제81조를 적용한다.

6. 항행 중인 범선 등 (법 제83조)

①. 항행 중인 범선은 다음 각 호의 등화를 표시하여야 한다.
 1. 현등 1쌍
 2. 선미등 1개
②. 항행 중인 길이 20미터 미만의 범선은 등화를 대신하여 마스트의 꼭대기나 그 부근의 가장 잘 보이는 곳에 삼색등 1개를 표시할 수 있다.
③. 항행 중인 범선은 상기 등화에 덧붙여 마스트의 꼭대기나 그 부근의 가장 잘 보이는 곳에 전주등 2개를 수직선의 위아래에 표시할 수 있다. 이 경우 위쪽의 등화는 붉은색, 아래쪽의 등화는 녹색이어야 하며, 이 등화들은 삼색등과 함께 표시하여서는 아니 된다.
④. 길이 7미터 미만의 범선은 될 수 있으면 상기에 따른 등화를 표시하여야 한다. 다만, 이를 표시하지 아니할 경우에는 흰색 휴대용 전등이나 점화된 등을 즉시 사용할 수 있도록 준비하여 충돌을 방지할 수 있도록 충분한 기간 동안 이를 표시하여야 한다.
⑤. 노도선은 이 조에 따른 범선의 등화를 표시할 수 있다. 다만, 이를 표시하지 아니하는 경우에는 단서에 따라야 한다.
⑥. 범선이 기관을 동시에 사용하여 진행하고 있는 경우에는 앞쪽의 가장 잘 보이는 곳에 원뿔꼴로 된 형상물 1개를 그 꼭대기가 아래로 향하도록 표시하여야 한다.

7. 어선 (법 제84조)

①. 항망이나 그 밖의 어구를 수중에서 끄는 트롤망어로에 종사하는 선박은 항행에 관계없이 다음 각 호의 등화나 형상물을 표시하여야 한다.
 1. 수직선 위쪽에는 녹색, 그 아래쪽에는 흰색 전주등 각 1개 또는 수직선 위에 2개의 원뿔을 그 꼭대기에서 위아래로 결합한 형상물 1개
 2. 제1호의 녹색 전주등보다 뒤쪽의 높은 위치에 마스트등 1개. 다만, 어로에 종사하는 길이 50미터 미만의 선박은 이를 표시하지 아니할 수 있다.
 3. 대수속력이 있는 경우에는 제1호와 제2호에 따른 등화에 덧붙여 현등 1쌍과 선미등 1개
②. 상기에 따른 어로에 종사하는 선박 외에 어로에 종사하는 선박은 항행 여부에 관계없

이 다음 각 호의 등화나 형상물을 표시하여야 한다.
1. 수직선 위쪽에는 붉은색, 아래쪽에는 흰색 전주등 각 1개 또는 수직선 위에 두 개의 원뿔을 그 꼭대기에서 위아래로 결합한 형상물 1개
2. 수평거리로 150미터가 넘는 어구를 선박 밖으로 내고 있는 경우에는 어구를 내고 있는 방향으로 흰색 전주등 1개 또는 꼭대기를 위로 한 원뿔꼴의 형상물 1개
3. 대수속력이 있는 경우에는 제1호와 제2호에 따른 등화에 덧붙여 현등 1쌍과 선미등 1개
③. 트롤망 어로와 선망어로에 종사하고 있는 선박에는 상기 등화 외에 해양수산부령으로 정하는 추가신호를 표시하여야 한다.
④. 어로에 종사하고 있지 아니하는 선박은 이 조에 따른 등화나 형상물을 표시하여서는 아니되며, 그 선박과 같은 길이의 선박이 표시하여야 할 등화나 형상물만을 표시하여야 한다.

8. 조종불능선과 조종제한선 (법 제85조)

①. 조종불능선은 다음 각 호의 등화나 형상물을 표시하여야 한다.
1. 가장 잘 보이는 곳에 수직으로 붉은색 전주등 2개
2. 가장 잘 보이는 곳에 수직으로 둥근꼴이나 그와 비슷한 형상물 2개
3. 대수속력이 있는 경우에는 제1호와 제2호에 따른 등화에 덧붙여 현등 1쌍과 선미등 1개

②. 조종제한선은 기뢰제거작업에 종사하고 있는 경우 외에는 다음 각 호의 등화나 형상물을 표시하여야 한다.
1. 가장 잘 보이는 곳에 수직으로 위쪽과 아래쪽에는 붉은색 전주등, 가운데에는 흰색 전주등 각 1개
2. 가장 잘 보이는 곳에 수직으로 위쪽과 아래쪽에는 둥근꼴, 가운데에는 마름모꼴의 형상물 각 1개
3. 대수속력이 있는 경우에는 제1호에 따른 등화에 덧붙여 마스트등 1개, 현등 1쌍 및 선미등 1개
4. 정박 중에는 제1호와 제2호에 따른 등화나 형상물에 덧붙여 제88조에 따른 등화나 형상물

③. 동력선이 진로로부터 이탈능력을 매우 제한받는 예인작업에 종사하고 있는 경우에는 제82조제1항에 따른 등화나 형상물에 덧붙여 제2항제1호와 제2호에 따른 등화나 형상물을 표시하여야 한다.

④. 준설이나 수중작업에 종사하고 있는 선박이 조종능력을 제한받고 있는 경우에는 제2항에 따른 등화나 형상물을 표시하여야 하며, 장애물이 있는 경우에는 이에 덧붙여 다음 각 호의 등화나 형상물을 표시하여야 한다.
1. 장애물이 있는 쪽을 가리키는 뱃전에 수직으로 붉은색 전주등 2개나 둥근꼴의 형상물 2개
2. 다른 선박이 통과할 수 있는 쪽을 가리키는 뱃전에 수직으로 녹색 전주등 2개나 마름모꼴의 형상물 2개
3. 정박 중인 때에는 제88조에 따른 등화나 형상물을 대신하여 제1호와 제2호에 따른 등화

제4부. 해사안전법

　　　나 형상물
　⑤. 잠수작업에 종사하고 있는 선박이 그 크기로 인하여 제4항에 따른 등화와 형상물을 표시할 수 없으면 다음 각 호의 표시를 하여야 한다.
　　1. 가장 잘 보이는 곳에 수직으로 위쪽과 아래쪽에는 붉은색 전주등, 가운데에는 흰색 전주등 각 1개
　　2. 국제해사기구가 정한 국제신호서 에이(A) 기의 모사판을 1미터 이상의 높이로 하여 사방에서 볼 수 있도록 표시
　⑥. 기뢰제거작업에 종사하고 있는 선박은 해당 선박에서 1천미터 이내로 접근하면 위험하다는 경고로서 제81조에 따른 동력선에 관한 등화, 제88조에 따른 정박하고 있는 선박의 등화나 형상물에 덧붙여 녹색의 전주등 3개 또는 둥근꼴의 형상물 3개를 표시하여야 한다. 이 경우 이들 등화나 형상물 중에서 하나는 앞쪽 마스트의 꼭대기 부근에 표시하고, 다른 2개는 앞쪽 마스트의 가름대의 양쪽 끝에 1개씩 표시하여야 한다.
　⑦. 길이 12미터 미만의 선박은 잠수작업에 종사하고 있는 경우 외에는 이 조에 따른 등화와 형상물을 표시하지 아니할 수 있다.

9. 흘수제약선 (법 제86조)

[6)]흘수제약선은 제81조에 따른 동력선의 등화에 덧붙여 가장 잘 보이는 곳에 붉은색 전주등 3개를 수직으로 표시하거나 원통형의 형상물 1개를 표시할 수 있다.

10. 도선선 (법 제87조)

　①. 도선업무에 종사하고 있는 선박은 다음 각 호의 등화나 형상물을 표시하여야 한다.
　　1. 마스트의 꼭대기나 그 부근에 수직선 위쪽에는 흰색 전주등, 아래쪽에는 붉은색 전주등 각 1개
　　2. 항행 중에는 제1호에 따른 등화에 덧붙여 현등 1쌍과 선미등 1개
　　3. 정박 중에는 제1호에 따른 등화에 덧붙여 제88조에 따른 정박하고 있는 선박의 등화나 형상물
　②. 도선선이 도선업무에 종사하지 아니할 때에는 그 선박과 같은 길이의 선박이 표시하여야 할 등화나 형상물을 표시하여야 한다.

11. 정박선과 얹혀 있는 선박 (법 제88조)

　①. 정박 중인 선박은 가장 잘 보이는 곳에 다음 각 호의 등화나 형상물을 표시하여야 한다.

---
6) "흘수제약선"이란 가항수역의 수심 및 폭과 선박의 흘수와의 관계에 비추어 볼 때 그 진로에서 벗어날 수 있는 능력이 매우 제한되어 있는 동력선을 말한다.

1. 앞쪽에 흰색의 전주등 1개 또는 둥근꼴의 형상물 1개
2. 선미나 그 부근에 제1호에 따른 등화보다 낮은 위치에 흰색 전주등 1개

②. 길이 50미터 미만인 선박은 상기 등화를 대신하여 가장 잘 보이는 곳에 흰색 전주등 1개를 표시할 수 있다.

③. 정박 중인 선박은 갑판을 조명하기 위하여 작업등 또는 이와 비슷한 등화를 사용하여야 한다. 다만, 길이 100미터 미만의 선박은 이 등화들을 사용하지 아니할 수 있다.

④. 얹혀 있는 선박은 상기 등화를 표시하여야 하며, 이에 덧붙여 가장 잘 보이는 곳에 다음 각 호의 등화나 형상물을 표시하여야 한다.
1. 수직으로 붉은색의 전주등 2개
2. 수직으로 둥근꼴의 형상물 3개

⑤. 길이 7미터 미만의 선박이 좁은 수로등 정박지 안 또는 그 부근과 다른 선박이 통상적으로 항행하는 수역이 아닌 장소에 정박하거나 얹혀 있는 경우에는 등화나 형상물을 표시하지 아니할 수 있다.

⑥. 길이 12미터 미만의 선박이 얹혀 있는 경우에는 등화나 형상물을 표시하지 아니할 수 있다.

12. 수상항공기 및 수면비행선박 (법 제89조)

수상항공기 및 수면비행선박은 규정하는 특성을 가진 등화와 형상물을 표시할 수 없거나 규정된 위치에 표시할 수 없는 경우 그 특성과 위치에 관하여 될 수 있으면 규정하는 것과 비슷한 등화나 형상물을 표시하여야 한다.

제5절 음향신호와 발광신호

1. 기적의 종류 (법 제90조)

기적이란 다음 각 호의 구분에 따라 단음과 장음을 발할 수 있는 음향신호장치를 말한다.
1. 단음: 1초 정도 계속되는 고동소리
2. 장음: 4초부터 6초까지의 시간 동안 계속되는 고동소리

2. 음향신호설비 (법 제91조)

①. 길이 12미터 이상의 선박은 기적 1개를, 길이 20미터 이상의 선박은 기적 1개 및 호

종 1개를 갖추어 두어야 하며, 길이 100미터 이상의 선박은 이에 덧붙여 호종과 혼동되지 아니하는 음조와 소리를 가진 징을 갖추어 두어야 한다. 다만, 호종과 징은 각각 그것과 음색이 같고 이 법에서 규정한 신호를 수동으로 행할 수 있는 다른 설비로 대체할 수 있다.
②. 길이 12미터 미만의 선박은 제1항에 따른 음향신호설비를 갖추어 두지 아니하여도 된다. 다만, 이들을 갖추어 두지 아니하는 경우에는 유효한 음향신호를 낼 수 있는 다른 기구를 갖추어 두어야 한다.
③. 선박이 갖추어 두어야 할 기적·호종 및 징의 기술적 기준과 기적의 위치 등에 관하여는 해양수산부장관이 정하여 고시한다.

3. 조종신호와 경고신호 (법 제92조)

①. 항행 중인 동력선이 서로 상대의 시계 안에 있는 경우에 이 법의 규정에 따라 그 침로를 변경하거나 그 기관을 후진하여 사용할 때에는 다음 각 호의 구분에 따라 기적신호를 행하여야 한다.
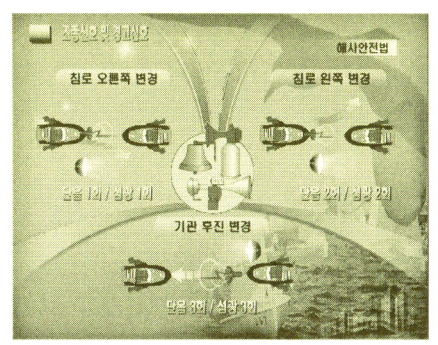
 1. 침로를 오른쪽으로 변경하고 있는 경우: 단음 1회
 2. 침로를 왼쪽으로 변경하고 있는 경우: 단음 2회
 3. 기관을 후진하고 있는 경우: 단음 3회
②. 항행 중인 동력선은 다음 각 호의 구분에 따른 발광신호를 적절히 반복하여 제1항에 따른 기적신호를 보충할 수 있다.
 1. 침로를 오른쪽으로 변경하고 있는 경우: 섬광 1회
 2. 침로를 왼쪽으로 변경하고 있는 경우: 섬광 2회
 3. 기관을 후진하고 있는 경우: 섬광 3회
③. 제2항에 따른 섬광의 지속시간 및 섬광과 섬광 사이의 간격은 1초 정도로 하되, 반복되는 신호 사이의 간격은 10초 이상으로 하며, 이 발광신호에 사용되는 등화는 적어도 5해리의 거리에서 볼 수 있는 흰색 전주등이어야 한다.
④. 선박이 좁은 수로등에서 서로 상대의 시계 안에 있는 경우 제67조제5항에 따른 기적신호를 할 때에는 다음 각 호에 따라 행하여야 한다.
 1. 다른 선박의 우현 쪽으로 앞지르기 하려는 경우에는 장음 2회와 단음 1회의 순서로 의사를 표시할 것
 2. 다른 선박의 좌현 쪽으로 앞지르기 하려는 경우에는 장음 2회와 단음 2회의 순서로 의사를 표시할 것
 3. 앞지르기당하는 선박이 다른 선박의 앞지르기에 동의할 경우에는 장음 1회, 단음 1회의 순서로 2회에 걸쳐 동의의사를 표시할 것
⑤. 서로 상대의 시계 안에 있는 선박이 접근하고 있을 경우에는 하나의 선박이 다른 선박의 의도 또는 동작을 이해할 수 없거나 다른 선박이 충돌을 피하기 위하여 충분한 동

작을 취하고 있는지 분명하지 아니한 경우에는 그 사실을 안 선박이 즉시 기적으로 단음을 5회 이상 재빨리 울려 그 사실을 표시하여야 한다. 이 경우 의문신호는 5회 이상의 짧고 빠르게 섬광을 발하는 발광신호로써 보충할 수 있다.

⑥. 좁은 수로등의 굽은 부분이나 장애물 때문에 다른 선박을 볼 수 없는 수역에 접근하는 선박은 장음으로 1회의 기적신호를 울려야 한다. 이 경우 그 선박에 접근하고 있는 다른 선박이 굽은 부분의 부근이나 장애물의 뒤쪽에서 그 기적신호를 들은 경우에는 장음 1회의 기적신호를 울려 이에 응답하여야 한다.

⑦. 100미터 이상 거리를 두고 둘 이상의 기적을 갖추어 두고 있는 선박이 조종신호 및 경고신호를 울릴 때에는 그 중 하나만을 사용하여야 한다.

4. 제한된 시계 안에서의 음향신호 (법 제93조)

①. 시계가 제한된 수역이나 그 부근에 있는 모든 선박은 밤낮에 관계없이 다음 각 호에 따른 신호를 하여야 한다.

1. 항행 중인 동력선은 대수속력이 있는 경우에는 2분을 넘지 아니하는 간격으로 장음을 1회 울려야 한다.
2. 항행 중인 동력선은 정지하여 대수속력이 없는 경우에는 장음 사이의 간격을 2초 정도로 연속하여 장음을 2회 울리되, 2분을 넘지 아니하는 간격으로 울려야 한다.
3. 조종불능선, 조종제한선, 흘수제약선, 범선, 어로 작업을 하고 있는 선박 또는 다른 선박을 끌고 있거나 밀고 있는 선박은 제1호와 제2호에 따른 신호를 대신하여 2분을 넘지 아니하는 간격으로 연속하여 3회의 기적(장음 1회에 이어 단음 2회를 말한다)을 울려야 한다.
4. 끌려가고 있는 선박(2척 이상의 선박이 끌려가고 있는 경우에는 제일 뒤쪽의 선박)은 승무원이 있을 경우에는 2분을 넘지 아니하는 간격으로 연속하여 4회의 기적(장음 1회에 이어 단음 3회를 말한다)을 울릴 것. 이 경우 신호는 될 수 있으면 끌고 있는 선박이 행하는 신호 직후에 울려야 한다.
5. 정박 중인 선박은 1분을 넘지 아니하는 간격으로 5초 정도 재빨리 호종을 울릴 것. 다만, 정박하여 어로 작업을 하고 있거나 작업 중인 조종제한선은 제3호에 따른 신호를 울려야 하고, 길이 100미터 이상의 선박은 호종을 선박의 앞쪽에서 울리되, 호종을 울린 직후에 뒤쪽에서 징을 5초 정도 재빨리 울려야 하며, 접근하여 오는 선박에 대하여 자기 선박의 위치와 충돌의 가능성을 경고할 필요가 있을 경우에는 이에 덧붙여 연속하여 3회(단음 1회, 장음 1회, 단음 1회) 기적을 울릴 수 있다.
6. 얹혀 있는 선박 중 길이 100미터 미만의 선박은 1분을 넘지 아니하는 간격으로 재빨리 호종을 5초 정도 울림과 동시에 그 직전과 직후에 호종을 각각 3회 똑똑히 울릴 것. 이 경우 그 선박은 이에 덧붙여 적절한 기적신호를 울릴 수 있다.
7. 얹혀 있는 선박 중 길이 100미터 이상의 선박은 그 앞쪽에서 1분을 넘지 아니하는 간격으로 재빨리 호종을 5초 정도 울림과 동시에 그 직전과 직후에 호종을 각각 3회씩 똑똑히 울리고, 뒤쪽에서는 그 호종의 마지막 울림 직후에 재빨리 징을 5초 정도 울릴 것. 이 경우 그 선박은 이에 덧붙여 알맞은 기적신호를 할 수 있다.

제4부. 해사안전법

8. 길이 12미터 미만의 선박은 제1호부터 제7호까지의 규정에 따른 신호를, 길이 12미터 이상 20미터 미만인 선박은 제5호부터 제7호까지의 규정에 따른 신호를 하지 아니할 수 있다. 다만, 그 신호를 하지 아니한 경우에는 2분을 넘지 아니하는 간격으로 다른 유효한 음향신호를 하여야 한다.
9. 도선선이 도선업무를 하고 있는 경우에는 제1호, 제2호 또는 제5호에 따른 신호에 덧붙여 단음 4회로 식별신호를 할 수 있다.
②. 밀고 있는 선박과 밀려가고 있는 선박이 단단하게 연결되어 하나의 복합체를 이룬 경우에는 이를 1척의 동력선으로 보고 제1항을 적용한다.

5. 주의환기신호 (법 제94조)

①. 모든 선박은 다른 선박의 주의를 환기시키기 위하여 필요하면 이 법에서 정하는 다른 신호로 오인되지 아니하는 발광신호 또는 음향신호를 하거나 다른 선박에 지장을 주지 아니하는 방법으로 위험이 있는 방향에 탐조등을 비출 수 있다.
②. 제1항에 따른 발광신호나 탐조등은 항행보조시설로 오인되지 아니하는 것이어야 하며, 스트로보등이나 그 밖의 강력한 빛이 점멸하거나 회전하는 등화를 사용하여서는 아니 된다.

6. 조난신호 (법 제95조)

①. 선박이 조난을 당하여 구원을 요청하는 경우 국제해사기구가 정하는 신호를 하여야 한다.
②. 선박은 제1항에 따른 목적 외에 같은 항에 따른 신호 또는 이와 오인될 위험이 있는 신호를 하여서는 아니 된다.

> ■ **선박 조난신호**
> 1. 모스 부호인 SOS
> 2. 무선전화에 의한 "메이데이(Mayday)"라는 말의 신호
> 3. 국제기류신호에 의한 NC의 신호
> 4. 불꽃, 붉은 빛, 오렌지색 연기를 내는 발연신호
> 5. 일정한 간격으로 발사된 총이나 로켓 소리
> 6. 좌우로 벌린 팔을 상하로 천천히 흔드는 신호
> 7. 야간에 운항 중 기상악화 등으로 인해 침몰할 경우 조난신호음 장비인 [7]'EPIRB' (Emergency Position Indicating Radio Beacon)를 통해 자동으로 조난 사실이 알려진다.

---

[7] 'EPIRB'는 선박이 수심 2-4m의 바닷속으로 들어갔을 경우 자동으로 수면 밖으로 치솟게 돼 있으며, 해경 본청 상황실에서는 선박이 조난당한 위도와 경도 등 좌표를 확인할 수 있다.

[제6장 벌칙]

1. 벌칙

- ☑ **법 제103조** : 사업중지명령을 위반한 자는 5년 이하의 징역 또는 5천만원 이하의 벌금
- ☑ **법 제104조** : 다음 각 호의 어느 하나에 해당하는 자는 3년 이하의 징역 또는 3천만원 이하의 벌금
  1. 제41조의2를 위반하여 약물·환각물질의 영향으로 인하여 정상적으로 「선박직원법」 제2조제1호에 따른 선박의 조타기를 조작하거나 그 조작을 지시하는 행위 또는 도선을 하지 못할 우려가 있는 상태에서 조타기를 조작하거나 그 조작을 지시한 운항자 또는 도선을 한 자
  2. 제100조를 위반하여 업무를 수행하는 과정에서 알게 된 비밀을 누설한 자나 직무상 목적 외에 사용한 자
- ☑ **법 제104조의2** : ① 제41조제1항을 위반하여 술에 취한 상태에서 「선박직원법」 제2조제1호에 따른 선박(같은 호 각 목의 어느 하나에 해당하는 외국선박을 포함한다)의 조타기를 조작하거나 그 조작을 지시한 운항자 또는 도선을 한 사람은 다음 각 호의 구분에 따라 처벌한다.
  1. 혈중알코올농도가 0.2퍼센트 이상인 사람은 2년 이상 5년 이하의 징역이나 2천만원 이상 3천만원 이하의 벌금
  2. 혈중알코올농도가 0.08퍼센트 이상 0.2퍼센트 미만인 사람은 1년 이상 2년 이하의 징역이나 1천만원 이상 2천만원 이하의 벌금
  3. 혈중알코올농도가 0.03퍼센트 이상 0.08퍼센트 미만인 사람은 1년 이하의 징역이나 1천만원 이하의 벌금
- ☑ **법 제41조제1항**을 위반하여 2회 이상 술에 취한 상태에서 「선박직원법」 제2조제1호에 따른 선박(같은 호 각 목의 어느 하나에 해당하는 외국선박을 포함한다)의 조타기를 조작하거나 그 조작을 지시한 운항자 또는 도선을 한 사람은 2년 이상 5년 이하의 징역이나 2천만원 이상 3천만원 이하의 벌금에 처한다.
- ☑ **법 제41조제2항**을 위반하여 해양경찰청 소속 경찰공무원의 측정 요구에 따르지 아니한 「선박직원법」 제2조제1호에 따른 선박(같은 호 각 목의 어느 하나에 해당하는 외국선박을 포함한다)의 조타기를 조작하거나 그 조작을 지시한 운항자 또는 도선을 한 사람은 다음 각 호의 구분에 따라 처벌한다.
  4. 측정 요구에 1회 따르지 아니한 사람은 3년 이하의 징역이나 3천만원 이하의 벌금
  5. 측정 요구에 2회 이상 따르지 아니한 사람은 2년 이상 5년 이하의 징역이나 2천만원 이상 3천만원 이하의 벌금
- ☑ **법 제106조** : 다음 각 호의 어느 하나에 해당하는 자는 1년 이하의 징역 또는 1천만원 이하의 벌금에 처한다.
  1. 법 제8조제2항을 위반하여 허가 없이 보호수역에 입역한 자

2. 법 제8조제3항의 허가조건을 위반한 자
3. 법 제11조제1호 또는 제3호에 따른 명령을 위반한 자
4. 법 제12조제2항을 위반하여 교통안전특정해역에서 어망 또는 그 밖에 선박의 통항에 영향을 주는 어구 등을 설치하거나 양식업을 한 자
5. 법 제13조제1항에 따른 허가를 받지 아니하고 교통안전특정해역에서 공사나 작업을 한 자
6. 법 제14조제1항을 위반하여 유조선통항금지해역에서 항행한 자
7. 법 제14조의2제1항을 위반하여 시운전금지해역에서 길이 100미터 이상 선박을 시운전한 자
8. 법 제15조제1항에 따른 해상교통안전진단을 실시하지 아니하고 사업을 시행하거나 해상교통안전진단 절차가 끝나기 전에 사업을 시행한 자
9. 법 제15조제2항에 따른 안전진단서를 거짓으로 작성하여 제출한 자
10. 법 제19조제2항에 따른 안전진단대행업자의 등록을 하지 아니하고 해상교통안전진단을 대행한 자
11. 법 제23조제1항에 따라 등록이 취소되거나 영업정지명령을 받은 후 해상교통안전진단을 대행한 자(제24조에 따라 해상교통안전진단을 대행한 경우는 제외한다)
12. 법 제34조제2항에 따른 방치 선박의 이동·인양 또는 어망 등 어구의 제거 명령을 위반한 자
13. 법 제35조제1항을 위반한 자 또는 같은 조 제3항을 위반하여 물러가지 아니한 자
14. 법 제40조제1항에 따른 정선명령이나 회항명령을 위반한 자
15. 법 제45조제4항에 따른 조치명령에 따르지 아니한 자
16. 법 제46조의2제4항을 위반하여 안전관리체제를 유지하기 위하여 필요한 조치나 지도·감독을 하지 아니한 자
17. 법 제46조의2제5항에 따른 이행명령에 따르지 아니한 자
18. 법 제47조제2항 본문을 위반하여 인증심사에 합격하지 아니한(제49조제6항 및 제7항에 따라 선박안전관리증서나 안전관리적합증서의 효력이 정지된 경우를 포함한다) 선박을 항행에 사용한 자
19. 거짓이나 그 밖의 부정한 방법으로 제49조제1항 및 제2항에 따른 선박안전관리증서·안전관리적합증서·임시선박안전관리증서 또는 임시안전관리적합증서를 받은 자
20. 법 제51조제1항을 위반하여 등록을 하지 아니하고 안전관리대행업을 한 자
21. 법 제59조제1항에 따른 개선명령을 위반한 자
22. 법 제61조의2제4항을 위반하여 자격증을 다른 사람에게 대여하거나 그 명의를 사용하게 한 자
23. 「해운법」 제2조제2호에 따른 해상여객운송사업에 종사하는 선박의 선장이나 선박소유자로서 제43조제1항에 따른 신고를 하지 아니하였거나 또는 게을리하였거나 거짓으로 신고한 자
24. 「해운법」 제2조제2호에 따른 해상여객운송사업에 종사하는 선박의 선장이나 선박소유자로서 제43조제3항·제4항에 따른 명령을 위반한 자

☑ **법 제108조** : 다음 각 호의 어느 하나에 해당하는 자는 300만원 이하의 벌금에 처한다.
 1. 법 제38조제1항에 따른 명령을 위반한 자

2. 법 제46조의3제4항 전단에 따른 시정 등의 조치 요구를 하지 아니한 자
3. 법 제46조의3제5항을 위반하여 조치요구에 응하지 아니하거나 안전관리책임자 또는 안전관리체제 수립·시행을 위탁받은 자에게 불이익한 처우를 한 자
4. 법 제46조의3제6항에 따른 이행명령에 따르지 아니한 자
5. 법 제46조의3제7항에 따른 변경선임 요구에 특별한 사정 없이 따르지 아니한 자

2. 양벌규정 (법 제109조)

법인의 대표자나 법인 또는 개인의 대리인, 사용인, 그 밖의 종업원이 그 법인 또는 개인의 업무에 관하여 제103조부터 제108조까지의 어느 하나에 해당하는 위반행위를 하면 그 행위자를 벌하는 외에 그 법인 또는 개인에게도 해당 조문의 벌금형을 과(科)한다. 다만, 법인 또는 개인이 그 위반행위를 방지하기 위하여 해당 업무에 관하여 상당한 주의와 감독을 게을리하지 아니한 경우에는 그러하지 아니하다.

3. 과태료 (법 제110조)

① 제37조를 위반하여 선박위치정보를 공개하거나 누설·변조·훼손한 자에게는 2천만원 이하의 과태료를 부과한다.
② 다음 각 호의 어느 하나에 해당하는 자에게는 1천만원 이하의 과태료를 부과한다.
 1. 제18조제3항에 따른 이행명령을 위반한 자
 2. 제58조제1항에 따른 출석이나 진술을 거부하거나 검사·확인·조사 또는 점검을 거부·방해하거나 기피한 자
 3. 제58조제1항에 따른 보고 또는 서류의 제출을 하지 아니하거나 거짓된 보고 또는 거짓된 서류를 제출한 자
 4. 제63조부터 제66조까지, 제71조부터 제73조까지 및 제77조에 따른 항행방법에 관한 규정을 위반한 자
③ 다음 각 호의 어느 하나에 해당하는 자에게는 300만원 이하의 과태료를 부과한다.
 1. 제10조제2항에 따른 항로지정제도를 위반한 자
 2. 제12조제1항을 위반한 자
 3. 제14조제3항제4호 후단에 따른 유조선의 준수 사항을 위반한 자
 4. 제21조제2항(제53조제1항에 따라 준용되는 경우를 포함한다)을 위반하여 양도 또는 합병에 따른 권리와 의무 승계의 신고를 하지 아니한 자
 5. 제22조(제53조제2항에 따라 준용되는 경우를 포함한다)를 위반하여 휴업 또는 폐업의 신고를 하지 아니한 자
 6. 제24조제3항에 따른 통지를 하지 아니한 자
 7. 제25조제1항에 따른 보고를 하지 아니한 자
 8. 제26조제1항에 따른 표시 또는 조치를 하지 아니한 자
 9. 제26조제2항에 따른 표시나 조치의 이행명령을 위반한 자

10. 제28조제2항에 따른 제거명령을 위반한 자
11. 제31조제1항에 따른 고시를 위반한 자
12. 제34조제1항 각 호의 어느 하나를 위반한 자
13. 제34조제3항을 위반하여 허가 없이 스킨다이빙, 스쿠버다이빙 등의 행위를 하거나 허가할 때에 붙인 조건을 위반한 자
14. 제34조제4항에 따른 시정명령을 위반한 자
15. 제41조의3에 따른 명령이나 조치에 따르지 아니한 자
16. 제46조제4항 후단에 따른 통보를 하지 아니한 자
17. 제46조의2제1항 또는 제2항을 위반하여 안전관리책임자나 안전관리자를 선임하지 아니한 자
18. 제46조의2제3항을 위반하여 안전관리책임자 및 안전관리자의 선임 또는 변경선임 신고를 하지 아니한 자
19. 제49조제3항에 따라 갖추어 두어야 할 증서를 갖추어 두지 아니한 자
20. 제67조, 제68조, 제70조, 제74조부터 제76조까지 및 제96조에 따른 항행방법에 관한 규정을 위반한 자
21. 제78조, 제81조부터 제85조까지, 제87조부터 제89조까지에 따른 등화와 형상물의 설치와 표시에 관한 규정을 위반한 자
22. 제91조부터 제95조까지에 따라 음향신호와 발광신호 등을 갖추어 두는 것과 그 사용에 관한 규정을 위반한 자
23. 제106조제17호 외의 선박의 선장이나 선박소유자로서 제43조제1항에 따른 신고를 하지 아니하였거나 또는 게을리하였거나 거짓으로 신고한 자

④ 제45조제1항을 위반하여 선장의 전문적 판단을 방해하거나 간섭한 자에게는 200만원 이하의 과태료를 부과한다.
⑤ 다음 각 호의 어느 하나에 해당하는 자에게는 100만원 이하의 과태료를 부과한다.
 1. 제46조의3제3항을 위반하여 교육을 받지 아니한 자
 2. 제61조의2제5항을 위반하여 선박안전관리사 또는 이와 유사한 명칭을 사용한 자
⑥ 제1항부터 제5항까지의 규정에 따른 과태료는 대통령령으로 정하는 바에 따라 해양수산부장관, 해양경찰청장, 지방해양수산청장 또는 해양경찰서장이 부과·징수한다.
 [시행일: 2023. 1. 5.] 제110조

제5부 해양환경관리법

[2021. 10. 14. 시행]

제1장 총칙
제2장 해양환경의 보전·관리를 위한 조치
제3장 해양오염 방지를 위한 규제
제4장 벌칙

[제1장 총칙]

1. 목적 (법 제1조)

이 법은 선박, 해양시설, 해양공간 등 해양오염물질을 발생시키는 발생원을 관리하고, 기름 및 유해액체물질 등 해양오염물질의 배출을 규제하는 등 해양오염을 예방, 개선, 대응, 복원하는 데 필요한 사항을 정함으로써 국민의 건강과 재산을 보호하는 데 이바지함을 목적으로 한다.

2. 정의 (법 제2조)

이 법에서 사용하는 용어의 뜻은 다음과 같다.
1. [8]"해양환경"이란 「해양환경 보전 및 활용에 관한 법률」 제2조제1호에 따른 해양환경을 말한다.
2. [9]"해양오염"이란 「해양환경 보전 및 활용에 관한 법률」 제2조제3호에 따른 해양오염을 말한다.
3. "배출"이라 함은 오염물질 등을 유출·투기하거나 오염물질 등이 누출·용출되는 것을 말한다. 다만, 해양오염의 감경·방지 또는 제거를 위한 학술목적의 조사·연구의 실시로 인한 유출·투기 또는 누출·용출을 제외한다.
4. "폐기물"이라 함은 해양에 배출되는 경우 그 상태로는 쓸 수 없게 되는 물질로서 해양환경에 해로운 결과를 미치거나 미칠 우려가 있는 물질(제5호·제7호 및 제8호에 해당하는 물질을 제외한다)을 말한다.
5. "기름"이라 함은 「석유 및 석유대체연료 사업법」에 따른 원유 및 석유제품(석유가스를 제외한다)과 이들을 함유하고 있는 액체상태의 유성혼합물(이하 "액상유성혼합물"이라 한다) 및 폐유를 말한다.
6. "선박평형수"란 「선박평형수 관리법」 제2조제2호에 따른 선박평형수를 말한다.
7. "유해액체물질"이라 함은 해양환경에 해로운 결과를 미치거나 미칠 우려가 있는 액체물질(기름을 제외한다)과 그 물질이 함유된 혼합 액체물질로서 해양수산부령이 정하는 것을 말한다.
8. 포장유해물질"이라 함은 포장된 형태로 선박에 의하여 운송되는 유해물질 중 해양에 배출되는 경우 해양환경에 해로운 결과를 미치거나 미칠 우려가 있는 물질로서 해양수산부

---

[8] "해양환경"이란 해양에 서식하는 생물체와 이를 둘러싸고 있는 해양수, 해양지, 해양대기 등 비생물적 환경 및 해양에서의 인간의 행동양식을 포함하는 것으로서 해양의 자연 및 생활 상태를 말한다.
[9] "해양오염"이란 해양에 유입되거나 해양에서 발생되는 물질 또는 에너지로 인하여 해양환경에 해로운 결과를 미치거나 미칠 우려가 있는 상태를 말한다.

령이 정하는 것을 말한다.

> ■ **선박에서의 오염방지에 관한 규칙 제3조(유해액체물질의 분류)**
>   ① 「해양환경관리법」(이하 "법"이라 한다) 제2조제7호에서 "해양수산부령이 정하는 것"이란 다음 각 호의 물질을 말한다.
>   1. X류 물질 : 해양에 배출되는 경우 해양자원 또는 인간의 건강에 심각한 위해를 끼치는 것으로서 해양배출을 금지하는 유해액체물질
>   2. Y류 물질 : 해양에 배출되는 경우 해양자원 또는 인간의 건강에 위해를 끼치거나 해양의 쾌적성 또는 해양의 적합한 이용에 위해를 끼치는 것으로서 해양배출을 제한하여야 하는 유해액체물질
>   3. Z류 물질 : 해양에 배출되는 경우 해양자원 또는 인간의 건강에 경미한 위해를 끼치는 것으로서 해양배출을 일부 제한하여야 하는 유해액체물질
>   4. 기타 물질 : 「위험화학품 산적운송선박의 구조 및 설비를 위한 국제코드」제18장의 오염분류에서 기타 물질로 표시된 물질로서 탱크세정수 배출 작업으로 해양에 배출할 경우 현재는 해양자원, 인간의 건강, 해양의 쾌적성 그 밖에 적법한 이용에 위해가 없다고 간주되어 제1호부터 제3호까지의 규정에 따른 범주에 해당되지 아니하는 것으로 알려진 물질
>   5. 잠정평가물질 : 제1호부터 제4호까지의 규정에 따라 분류되어 있지 아니한 액체물질로서 산적운송하기 위한 신청이 있는 경우 해양수산부장관이 「산적된 유해액체물질에 의한 오염규제를 위한 규칙」부록 1에 정하여진 유해액체물질의 분류를 위한 지침에 따라 잠정적으로 제1호부터 제4호까지의 어느 하나에 해당하는 것으로 평가한 물질
>   ② 제1항 각 호에 따른 유해액체물질의 세부 분류기준 및 분류된 유해액체물질의 목록은 별표 1과 같다.

9. "유해방오도료"라 함은 생물체의 부착을 제한·방지하기 위하여 선박 또는 해양시설 등에 사용하는 도료(이하 "방오도료"라 한다) 중 유기주석 성분 등 생물체의 파괴작용을 하는 성분이 포함된 것으로서 해양수산부령이 정하는 것을 말한다.

10. "잔류성오염물질"이라 함은 해양에 유입되어 생물체에 농축되는 경우 장기간 지속적으로 급성·만성의 독성 또는 발암성을 야기하는 화학물질로서 해양수산부령으로 정하는 것을 말한다.

11. "오염물질"이라 함은 해양에 유입 또는 해양으로 배출되어 해양환경에 해로운 결과를 미치거나 미칠 우려가 있는 폐기물·기름·유해액체물질 및 포장유해물질을 말한다.

12. "오존층파괴물질"이라 함은 「오존층 보호를 위한 특정물질의 제조규제 등에 관한 법률」제2조제1호에 해당하는 물질을 말한다.

13. "대기오염물질"이란 오존층파괴물질, 휘발성유기화합물과 「대기환경보전법」제2조제1호의 대기오염물질 및 같은 조 제3호의 온실가스 중 이산화탄소를 말한다.

14. "황산화물배출규제해역"이라 함은 황산화물에 따른 대기오염 및 이로 인한 육상과 해상에 미치는 악영향을 방지하기 위하여 선박으로부터의 황산화물 배출을 특별히 규제하는 조치가 필요한 해역으로서 해양수산부령이 정하는 해역을 말한다.

15. "휘발성유기화합물"이라 함은 탄화수소류 중 기름 및 유해액체물질로서 「대기환경보전법」제2조제10호에 해당하는 물질을 말한다.

16. "선박"이라 함은 수상 또는 수중에서 항해용으로 사용하거나 사용될 수 있는 것(선외기를 장착한 것을 포함한다) 및 해양수산부령이 정하는 고정식·부유식 시추선 및 플랫폼을 말한다.
17. "해양시설"이라 함은 해역(「항만법」 제2조제1호의 규정에 따른 항만을 포함한다. 이하 같다)의 안 또는 해역과 육지 사이에 연속하여 설치·배치하거나 투입되는 시설 또는 구조물로서 해양수산부령이 정하는 것을 말한다.
18. "선저폐수"라 함은 선박의 밑바닥에 고인 액상유성혼합물을 말한다.
19. "항만관리청"이라 함은 「항만법」 제20조의 관리청, 「어촌·어항법」 제35조의 어항관리청 및 「항만공사법」에 따른 항만공사를 말한다.
20. "해역관리청"이란 「해양환경 보전 및 활용에 관한 법률」 제2조제8호에 따른 해역관리청을 말한다.
21. "선박에너지효율"이란 선박이 화물운송과 관련하여 사용한 에너지량을 이산화탄소 발생비율로 나타낸 것을 말한다.
22. "선박에너지효율설계지수"란 1톤의 화물을 1해리 운송할 때 배출되는 이산화탄소량을 해양수산부장관이 정하여 고시하는 방법에 따라 계산한 선박에너지효율을 나타내는 지표를 말한다.

3. 적용범위 (법 제3조)

①. 이 법은 다음 각 호의 해역·수역·구역 및 선박·해양시설 등에서의 해양환경관리에 관하여 적용한다. 다만, 방사성물질과 관련한 해양환경관리(연구·학술 또는 정책수립 목적 등을 위한 조사는 제외한다) 및 해양오염방지에 대하여는 「원자력안전법」이 정하는 바에 따른다.
  1. 「영해 및 접속수역법」에 따른 영해 및 대통령령이 정하는 해역
  2. 「배타적 경제수역 및 대륙붕에 관한 법률」 제2조에 따른 배타적 경제수역
  3. 제15조의 규정에 따른 환경관리해역
  4. 「해저광물자원 개발법」 제3조의 규정에 따라 지정된 해저광구
②. 제1항 각 호의 해역·수역·구역 밖에서 「선박법」 제2조의 규정에 따른 대한민국 선박(이하 "대한민국선박"이라 한다)에 의하여 행하여진 해양오염의 방지에 관하여는 이 법을 적용한다.
③. 대한민국선박 외의 선박(이하 "외국선박"이라 한다)이 제1항 각 호의 해역·수역·구역 안에서 항해 또는 정박하고 있는 경우에는 이 법을 적용한다. 다만, 제32조, 제41조의3제2항부터 제5항까지, 제41조의4, 제49조부터 제54조까지, 제54조의2, 제56조부터 제58조까지, 제60조, 제112조 및 제113조의 규정은 국제항해에 종사하는 외국선박에 대하여 적용하지 아니한다.
④. 제44조의 규정에 따른 연료유의 황함유량 기준 및 제45조의 규정에 따른 연료유의 품질기준에 관하여 이 법에서 규정하고 있는 경우를 제외하고는 「석유 및 석유대체연료 사업법」 및 「대기환경보전법」이 정하는 바에 따른다.
⑤. 오염물질의 처리는 이 법에서 규정하고 있는 경우를 제외하고는 「폐기물관리법」·「물환

경보전법」,「하수도법」 및「가축분뇨의 관리 및 이용에 관한 법률」에서 정하는 바에 따른다.

⑥. 선박의 디젤기관으로부터 발생하는 질소산화물 등 대기오염물질의 배출허용기준에 관하여 이 법에서 규정하고 있는 경우를 제외하고는「대기환경보전법」이 정하는 바에 따른다.

■ **배타적 경제수역 및 대륙붕에 관한 법률 제2조 배타적 경제수역과 대륙붕의 범위**

1. 대한민국의 배타적 경제수역은 협약에 따라「영해 및 접속수역법」제2조에 따른 기선(이하 "기선"이라 한다)으로부터 그 바깥쪽 200해리의 선까지에 이르는 수역 중 대한민국의 영해를 제외한 수역으로 한다.
2. 대한민국의 대륙붕은 협약에 따라 영해 밖으로 영토의 자연적 연장에 따른 대륙변계의 바깥 끝까지 또는 대륙변계의 바깥 끝이 200해리에 미치지 아니하는 경우에는 기선으로부터 200해리까지의 해저지역의 해저와 그 하층토로 이루어진다. 다만, 대륙변계가 기선으로부터 200해리 밖까지 확장되는 곳에서는 협약에 따라 정한다.
3. 대한민국과 마주 보고 있거나 인접하고 있는 국가 간의 배타적 경제수역과 대륙붕의 경계는 제1항 및 제2항에도 불구하고 국제법을 기초로 관계국과의 합의에 따라 획정한다.

■ **영해 및 접속수역법**

제1조. 영해의 범위 : 대한민국의 영해는 기선으로부터 측정하여 그 바깥쪽 12해리의 선까지에 이르는 수역으로 한다. 다만, 대통령령으로 정하는 바에 따라 일정수역의 경우에는 12해리 이내에서 영해의 범위를 따로 정할 수 있다.

제2조. 기선 : 영해의 폭을 측정하기 위한 통상의 기선은 대한민국이 공식적으로 인정한 대축척해도에 표시된 해안의 저조선으로 한다. 지리적 특수사정이 있는 수역의 경우에는 대통령령으로 정하는 기점을 연결하는 직선을 기선으로 할 수 있다.

제3조. 내수 : 영해의 폭을 측정하기 위한 기선으로부터 육지 쪽에 있는 수역은 내수로 한다.

제3조의2. 접속수역의 범위 : 대한민국의 접속수역은 기선으로부터 측정하여 그 바깥쪽 24해리의 선까지에 이르는 수역에서 대한민국의 영해를 제외한 수역으로 한다. 다만, 대통령령으로 정하는 바에 따라 일정수역의 경우에는 기선으로부터 24해리 이내에서 접속수역의 범위를 따로 정할 수 있다.

제4조. 인접국 또는 대향국과의 경계선 : 대한민국과 인접하거나 마주 보고 있는 국가와의 영해 및 접속수역의 경계선은 관계국과 별도의 합의가 없으면 두 나라가 각자 영해의 폭을 측정하는 기선상의 가장 가까운 지점으로부터 같은 거리에 있는 모든 점을 연결하는 중간선으로 한다.

■ **제5조. 외국선박의 통항** : ① 외국선박은 대한민국의 평화·공공질서 또는 안전보장을 해치지 아니하는 범위에서 대한민국의 영해를 무해통항할 수 있다. 외국의 군함 또는 비상업용 정부선박이 영해를 통항하려는 경우에는 대통령령으로 정하는 바에 따라 관계 당국에 미리 알려야 한다.

② 외국선박이 통항할 때 다음 각 호의 행위를 하는 경우에는 대한민국의 평화·공공질서 또는 안전보장을 해치는 것으로 본다. 다만, 제2호부터 제5호까지, 제11호 및 제13호의 행위로서 관계 당국의 허가·승인 또는 동의를 받은 경우에는 그러하지 아니하다.
  1. 대한민국의 주권·영토보전 또는 독립에 대한 어떠한 힘의 위협이나 행사, 그 밖에 국제연합헌장에 구현된 국제법원칙을 위반한 방법으로 하는 어떠한 힘의 위협이나 행사
  2. 무기를 사용하여 하는 훈련 또는 연습
  3. 항공기의 이함·착함 또는 탑재
  4. 군사기기의 발진·착함 또는 탑재
  5. 잠수항행
  6. 대한민국의 안전보장에 유해한 정보의 수집
  7. 대한민국의 안전보장에 유해한 선전·선동
  8. 대한민국의 관세·재정·출입국관리 또는 보건·위생에 관한 법규에 위반되는 물품이나 통화의 양하·적하 또는 사람의 승선·하선
  9. 대통령령으로 정하는 기준을 초과하는 오염물질의 배출
  10. 어로
  11. 조사 또는 측량
  12. 대한민국 통신체제의 방해 또는 설비 및 시설물의 훼손
  13. 통항과 직접 관련 없는 행위로서 대통령령으로 정하는 것
②. 대한민국의 안전보장을 위하여 필요하다고 인정되는 경우에는 대통령령으로 정하는 바에 따라 일정수역을 정하여 외국선박의 무해통항을 일시적으로 정지시킬 수 있다.

[제2장 해양환경의 보전·관리를 위한 조치]

1. 환경관리해역의 지정·관리 (법 제15조)

①. 해양수산부장관은 해양환경의 보전·관리를 위하여 필요하다고 인정되는 경우에는 다음 각 호의 구분에 따라 환경보전해역 및 특별관리해역(이하 "환경관리해역"이라 한다)을 지정·관리할 수 있다. 이 경우 관계 중앙행정기관의 장 및 관할 시·도지사 등과 미리 협의하여야 한다.
  1. 환경보전해역: 해양환경 및 생태계가 양호한 해역 중 「해양환경 보전 및 활용에 관한 법률」 제13조제1항에 따른 해양환경기준의 유지를 위하여 지속적인 관리가 필요한 해역으로서 해양수산부장관이 정하여 고시하는 해역(해양오염에 직접 영향을 미치는 육지를 포함한다)

제5부. 해양환경관리법

   2. 특별관리해역: 「해양환경 보전 및 활용에 관한 법률」 제13조제1항에 따른 해양환경기준의 유지가 곤란한 해역 또는 해양환경 및 생태계의 보전에 현저한 장애가 있거나 장애가 발생할 우려가 있는 해역으로서 해양수산부장관이 정하여 고시하는 해역(해양오염에 직접 영향을 미치는 육지를 포함한다)

② 해양수산부장관은 환경관리해역의 지정 목적이 달성되었거나 지정 목적이 상실된 경우 또는 당초 지정 목적의 달성을 위하여 지정범위를 확대하거나 축소하는 등의 조정이 필요한 경우 환경관리해역의 전부 또는 일부의 지정을 해제하거나 지정범위를 변경하여 고시할 수 있다. 이 경우 대상 구역을 관할하는 시·도지사와 미리 협의하여야 한다.

③ 해양수산부장관은 제1항 및 제2항에 따른 환경관리해역의 지정, 해제 또는 변경 시 다음 각 호의 사항을 고려하여야 한다.
  1. 제9조에 따른 해양환경측정망 조사 결과
  2. 제39조에 따른 잔류성오염물질 조사 결과
  3. 「해양생태계의 보전 및 관리에 관한 법률」 제10조에 따른 국가해양생태계종합조사 결과
  4. 국가 및 지방자치단체에서 3년 이상 지속적으로 시행한 해양환경 및 생태계 관련 조사 결과

④ 제1항부터 제3항까지에 따른 환경관리해역의 지정 및 해제, 변경을 위하여 필요한 사항은 대통령령으로 정한다.

2. 환경관리해역에서의 행위제한 등 (법 제15조의2)

① 해양수산부장관은 환경보전해역의 해양환경 상태 및 오염원을 측정·조사한 결과 「해양환경 보전 및 활용에 관한 법률」 제13조제1항에 따른 해양환경기준을 초과하게 되어 국민의 건강이나 생물의 생육에 심각한 피해를 가져올 우려가 있다고 인정되는 경우에는 그 환경보전해역 안에서 대통령령이 정하는 시설의 설치 또는 변경을 제한할 수 있다.

② 해양수산부장관은 특별관리해역의 해양환경 상태 및 오염원을 측정·조사한 결과 「해양환경 보전 및 활용에 관한 법률」 제13조제1항에 따른 해양환경기준을 초과하게 되어 국민의 건강이나 생물의 생육에 심각한 피해를 가져올 우려가 있다고 인정되는 경우에는 다음 각 호에 해당하는 조치를 할 수 있다.
  1. 특별관리해역 안에서의 시설의 설치 또는 변경의 제한
  2. 특별관리해역 안에 소재하는 사업장에서 배출되는 오염물질의 총량규제

③ 제2항 각 호의 규정에 따라 설치 또는 변경이 제한되는 시설 및 제한의 내용, 오염물질의 총량규제를 실시하는 해역범위·규제항목 및 규제방법에 관하여 필요한 사항은 대통령령으로 정한다.

[제3장 해양오염방지를 위한 규제]

1. 오염물질의 배출금지 등 (법 제22조)

①. 누구든지 선박으로부터 오염물질을 해양에 배출하여서는 아니 된다. 다만, 다음 각 호의 경우에는 그러하지 아니하다.
 1. 선박의 항해 및 정박 중 발생하는 폐기물을 배출하고자 하는 경우에는 해양수산부령으로 정하는 해역에서 해양수산부령으로 정하는 처리기준 및 방법에 따라 배출할 것
 2. 다음 각 목의 구분에 따라 기름을 배출하는 경우
    가 선박에서 기름을 배출하는 경우에는 해양수산부령이 정하는 해역에서 해양수산부령이 정하는 배출기준 및 방법에 따라 배출할 것
    나 유조선에서 화물유가 섞인 선박평형수, 화물창의 세정수 및 선저폐수를 배출하는 경우에는 해양수산부령이 정하는 해역에서 해양수산부령이 정하는 배출기준 및 방법에 따라 배출할 것
    다 유조선에서 화물창의 선박평형수를 배출하는 경우에는 해양수산부령이 정하는 세정도에 적합하게 배출할 것
 3. 다음 각 목의 구분에 따라 유해액체물질을 배출하는 경우
    가 유해액체물질을 배출하는 경우에는 해양수산부령이 정하는 해역에서 해양수산부령이 정하는 사전처리 및 배출방법에 따라 배출할 것
    나 해양수산부령이 정하는 유해액체물질의 산적운반에 이용되는 화물창(선박평형수의 배출을 위한 설비를 포함한다)에서 세정된 선박평형수를 배출하는 경우에는 해양수산부령이 정하는 정화방법에 따라 배출할 것
②. 누구든지 해양시설 또는 해수욕장·하구역 등 대통령령이 정하는 장소(이하 "해양공간"이라 한다)에서 발생하는 오염물질을 해양에 배출하여서는 아니 된다. 다만, 다음 각 호의 경우에는 그러하지 아니하다.
 1. 해양시설 및 해양공간(이하 "해양시설등"이라 한다)에서 발생하는 폐기물을 해양수산부령이 정하는 해역에서 해양수산부령이 정하는 처리기준 및 방법에 따라 배출하는 경우
 2. 해양시설등에서 발생하는 기름 및 유해액체물질을 해양수산부령이 정하는 처리기준 및 방법에 따라 배출하는 경우
③. 다음 각 호의 어느 하나에 해당하는 경우에는 제1항 및 제2항의 규정에 불구하고 선박 또는 해양시설등에서 발생하는 오염물질(폐기물은 제외한다. 이하 이조에서 같다)을 해양에 배출할 수 있다.
 1. 선박 또는 해양시설등의 안전확보나 인명구조를 위하여 부득이하게 오염물질을 배출하는 경우
 2. 선박 또는 해양시설등의 손상 등으로 인하여 부득이하게 오염물질이 배출되는 경우
 3. 선박 또는 해양시설등의 오염사고에 있어 해양수산부령이 정하는 방법에 따라 오염피해를 최소화하는 과정에서 부득이하게 오염물질이 배출되는 경우

제5부. 해양환경관리법

■ 선박에서의 오염방지에 관한 규칙 [별표 2]

선박 안의 일상생활에서 생기는 분뇨의 배출해역별 처리기준 및 방법(법제8조제1호 관련)

1. 제14조에 따라 분뇨오염방지설비를 설치하여야 하는 선박은 다음 각 목의 어느 하나에 해당하는 경우 해양에서 분뇨를 배출할 수 있다.
    가 영해기선으로부터 3해리를 넘는 거리에서 지방해양항만청장이 형식승인한 분뇨마쇄소독장치를 사용하여 마쇄하고 소독한 분뇨를 선박이 4노트 이상의 속력으로 항해하면서 서서히 배출하는 경우. 다만, 국내항해에 종사하는 총톤수 400톤 미만의 선박의 경우에는 영해기선으로부터 3해리 이내의 해역에 배출할 수 있다.
    나 영해기선으로부터 12해리를 넘는 거리에서 마쇄하지 아니하거나 소독하지 아니한 분뇨를 선박이 4노트 이상의 속력으로 항해하면서 서서히 배출하는 경우.
    다 지방해양수산청장이 형식승인한 분뇨처리장치를 설치·운전 중인 선박의 경우
2. 분뇨처리장치를 설치한 선박은 다음 각 목의 해역에서 분뇨를 배출하여서는 아니 된다.
    가 「국토의 계획 및 이용에 관한 법률」 제40조에 따른 수산자원 보호구역
    나 「수산자원관리법」제46조에 따른 보호수면 및 같은 법 제48조에 따른 수산자원관리수면
3. 분뇨마쇄소독장치 또는 분뇨저장탱크를 설치한 선박은 다음 각 목의 해역에서 분뇨를 배출하여서는 아니 된다.
    가 「국토의 계획 및 이용에 관한 법률」 제40조에 따른 수산자원 보호구역
    나 「수산자원관리법」제46조에 따른 보호수면 및 같은 법 제48조에 따른 수산자원관리수면
    다 법 제15조에 따른 환경보전해역 및 특별관리해역
    라 「항만법」 제2조제4호에 따른 항만구역
    마 「어촌·어항법」 제2조제4호에 따른 어항구역
    바 갑문 안의 수역
4. 제14조에 따른 분뇨오염방지설비 설치 대상선박 외의 선박은 다음 각 목의 경우에는 해양에 분뇨를 배출하여서는 아니 되며, 계류시설, 어장 등으로부터 가능한 한 멀리 떨어진 해역에서 배출하여야 한다.
    가 부두에 접안 시
    나 항만의 안벽(부두 벽) 등 계류시설에 계류 시(계선부표에 계류한 경우도 포함되고, 계류시설에 계류된 선박에 계류한 선박도 포함한다)
5. 국제특별해역에서 배출하려는 경우에는 국제협약에서 정하는 바에 따른다.
6. 시추선 및 플랫폼은 항해 중이 아닌 상태에서 분뇨를 배출할 수 있다.

■ 선박에서의 오염방지에 관한 규칙 [별표 3]

선박 안에서 발생하는 폐기물의 배출해역별 처리기준 및 방법(법제8조제2호 관련)

1. 선박 안에서 발생하는 폐기물의 처리
    1) 다음의 폐기물을 제외하고 모든 폐기물은 해양에 배출할 수 없다.

가) 음식찌꺼기
나) 해양환경에 유해하지 않은 화물잔류물
다) 선박 내 거주구역에서 목욕, 세탁, 설거지 등으로 발생하는 중수(中水)[화장실 오수(汚水) 및 화물구역 오수는 제외한다. 이하 같다]
라) 「수산업법」에 따른 어업활동 중 혼획(混獲)된 수산동식물(폐사된 것을 포함한다. 이하 같다) 또는 어업활동으로 인하여 선박으로 유입된 자연기원물질(진흙, 퇴적물 등 해양에서 비롯된 자연상태 그대로의 물질을 말하며, 어장의 오염된 퇴적물은 제외한다. 이하 같다)

2) 가목에서 배출 가능한 폐기물을 해양에 배출하려는 경우에는 영해기선으로부터 가능한 한 멀리 떨어진 곳에서 항해 중에 버리되, 다음의 해역에 버려야 한다.
가) 음식찌꺼기는 영해기선으로부터 최소한 12해리 이상의 해역. 다만, 분쇄기 또는 연마기를 통하여 25㎜ 이하의 개구(開口)를 가진 스크린을 통과할 수 있도록 분쇄되거나 연마된 음식찌꺼기의 경우 영해기선으로부터 3해리 이상의 해역에 버릴 수 있다.
나) 화물잔류물
  (1) 부유성 화물잔류물은 영해기선으로부터 최소한 25해리 이상의 해역
  (2) 가라앉는 화물잔류물은 영해기선으로부터 최소한 12해리 이상의 해역
  (3) 일반적인 하역방법으로 회수될 수 없는 화물잔류물은 영해기선으로부터 최소한 12해리 이상의 해역. 이 경우 국제협약 부속서 5의 부록 1에서 정하는 기준에 따라 분류된 물질을 포함해서는 안 된다.
  (4) 화물창을 청소한 세정수는 영해기선으로부터 최소한 12해리 이상의 해역. 다만, 다음의 조건에 만족하는 것으로서 해양환경에 해롭지 아니한 일반 세제를 사용한 경우로 한정한다.
    (가) 국제협약 부속서 제3장의 적용을 받는 유해물질이 포함되어 있지 아니할 것
    (나) 발암성 또는 돌연변이를 발생시키는 것으로 알려진 물질이 포함되어 있지 아니할 것
다) 해수침수, 부패, 부식 등으로 사용할 수 없게 된 화물은 국제협약이 정하는 바에 따른다.
라) 선박 내 거주구역에서 발생하는 중수는 아래 해역을 제외한 모든 해역에서 배출할 수 있다.
  (1) 「국토의 계획 및 이용에 관한 법률」 제40조에 따른 수산자원보호구역
  (2) 「수산자원관리법」 제46조에 따른 보호수면 및 같은 법 제48조에 따른 수산자원관리수면
  (3) 「농수산물 품질관리법」 제71조에 따른 지정해역 및 같은 법 제73조제1항에 따른 주변해역
마) 「수산업법」에 따른 어업활동 중 혼획된 수산동식물 또는 어업활동으로 인하여 선박으로 유입된 자연기원물질은 같은 법에 따른 면허 또는 허가를 받아 어업활동을 하는 수면에 배출할 수 있다.

제5부. 해양환경관리법

    바) 동물사체는 국제해사기구에서 정하는 지침을 고려하여 육지로부터 가능한 한 멀리 떨어진 해역에 배출할 수 있다.
  3) 폐기물이 다른 처분요건이나 배출요건의 적용을 받는 다른 배출물과 혼합되어 있는 경우에는 보다 엄격한 폐기물의 처분요건이나 배출요건을 적용한다.
  4) 가목 및 나목에도 불구하고, 선박소유자는 항만에 정박 중 가목 및 나목에 따른 폐기물을 법 제37조제1항 각 호의 어느 하나에 해당하는 자에게 인도하여 처리할 수 있다.
  5) 「1974년 해상에서의 인명안전을 위한 국제협약」 제6장 1-1.2규칙에서 정의된 고체산적화물 중 곡물을 제외한 화물은 국제협약 부속서 5의 부록 1에서 정하는 기준에 따라 분류되어야 하며, 화주는 해당 화물이 해양환경에 유해한지 여부를 공표해야 한다.
 2. 폐기물의 처분에 관한 특별요건
  육지로부터 12해리 이상 떨어진 위치에 있는 고정되거나 부동하는 플랫폼과 이들 플랫폼에 접안되어 있거나 그로부터 500m 이내에 있는 다른 모든 선박에서 음식찌꺼기를 해양에 버릴 때에는 분쇄기 또는 연마기를 통하여 분쇄 또는 연마한 후 버려야 한다. 이 경우 음식찌꺼기는 25㎜ 이하의 개구를 가진 스크린을 통과할 수 있도록 분쇄되거나 연마되어야 한다.
 3. 국제특별해역 및 제12조의2에 따른 극지해역 안에서의 폐기물 처분에 관하여는 국제협약 부속서 5에 따른다.
 4. 길이 12m 이상의 모든 선박은 제1호 및 제3호에 따른 폐기물의 처리 요건을 승무원과 여객에게 한글과 영문(국제항해를 하는 선박으로 한정한다)으로 작성·고지하는 안내표시판을 잘 보이는 곳에 게시하여야 한다.
 5. 총톤수 100톤 이상의 선박과 최대승선인원 15명 이상의 선박은 선원이 실행할 수 있는 폐기물관리계획서를 비치하고 계획을 수행할 수 있는 책임자를 임명하여야 한다. 이 경우 폐기물관리계획서에는 선상 장비의 사용방법을 포함하여 쓰레기의 수집, 저장, 처리 및 처분의 절차가 포함되어야 한다.

※ 비고
 "화물잔류물"이란 목재, 석탄, 곡물 등의 화물을 양하하고 남은 최소한의 잔류물을 말한다.

2. 폐기물의 배출률 (법 제22조의2)

① 선박의 항해 및 정박 중 발생하는 폐기물을 해양수산부령으로 정하는 해역에 배출하려는 선박의 소유자(선박을 임대하는 경우에는 선박임차인을 말한다. 이하 같다)는 해양수산부령으로 정하는 바에 따라 해양수산부장관의 승인을 받은 배출률[선박의 흘수 및 속력에 따른 시간당 폐기물 배출량을 말한다. 이하 같다]을 준수하여 폐기물을 배출하여야 한다.

②. 제1항에 따라 폐기물을 배출한 선박의 소유자는 폐기물을 배출한 장소, 배출량 등을 그 선박의 기관일지에 기재하여야 한다.
③. 제1항에 따라 배출률을 승인받아야 하는 폐기물의 종류, 배출률의 승인절차 및 제2항에 따른 기관일지 기재방법 등에 관하여 필요한 사항은 해양수산부령으로 정한다.

> ■ 선박에서의 오염방지에 관한 규칙 제13조의2(폐기물의 배출률 승인)
> ①. 법 제22조의2제1항에 따라 배출률[선박의 흘수 및 속력에 따른 시간당 폐기물 배출량을 말한다. 이하 같다]을 승인받아야 하는 폐기물은 제14조제2항제1호다목에 따른 분뇨저장탱크를 설치한 선박에서 발생하는 마쇄하지 않았거나 소독하지 않은 분뇨로 한다.
> ②. 법 제22조의2제1항에서 "해양수산부령으로 정하는 해역"이란 제8조제1호 및 별표 2에 따라 마쇄하지 않았거나 소독하지 않은 분뇨를 배출할 수 있는 해역을 말한다.
> ③. 법 제22조의2제1항에 따라 배출률의 승인을 신청하려는 자는 별지 제1호서식의 배출률 표를 작성하여 지방해양수산청장에게 제출해야 한다.
> ④. 제3항에 따라 승인 신청을 받은 지방해양수산청장은 해당 선박의 배출률이 다음의 계산식에 따라 산정한 최대허용 배출률 이내인 경우에는 해당 선박의 배출률 표에 별표 5의2에 따른 배출률 승인 표시를 하여 신청인에게 내주어야 한다.
>
> 최대허용 배출률(m^3/h) = 0.00926 × 선박의 평균속력(knot) × 선박의 흘수(m) × 선박의 너비(m)
>
> ⑤. 법 제22조의2제1항에 따라 폐기물을 배출한 선박의 소유자(선박을 임차하는 경우에는 선박임차인을 말한다. 이하 같다)는 폐기물을 배출한 장소(경도 및 위도를 말한다), 배출량, 배출 당시 선박의 속력 및 흘수를 기관일지에 기재하고, 당직 기관사와 기관장이 서명해야 한다.

3. 폐기물오염방지설비의 설치 등 (법 제25조)

①. 해양수산부령으로 정하는 선박의 소유자는 그 선박 안에서 발생하는 해양수산부령으로 정하는 폐기물을 저장·처리하기 위한 설비(이하 "폐기물오염방지설비"라 한다)를 해양수산부령으로 정하는 기준에 따라 설치하여야 한다.
②. 제1항의 규정에 따라 설치된 폐기물오염방지설비는 해양수산부령이 정하는 기준에 적합하게 유지·작동되어야 한다.

> ■ 선박에서의 오염방지에 관한 규칙 제14조(분뇨오염방지설비의 대상선박·종류 및 설치 기준
> ①. 다음 각 호의 어느 하나에 해당하는 선박의 소유자는 법 제25조제1항에 따라 그 선박 안에서 발생하는 분뇨를 저장·처리하기 위한 설비(이하 "분뇨오염방지설비"라 한다)를 설치하여야 한다. 다만, 「선박안전법 시행규칙」 제4조제11호

및 「어선법」 제3조제9호에 따른 위생설비 중 대변용 설비를 설치하지 아니한 선박의 소유자와 대변소를 설치하지 아니한 「수상레저안전법」 제30조에 따라 등록한 수상레저기구(이하 "수상레저기구"라 한다)의 소유자는 그러하지 아니하다.

1. 총톤수 400톤 이상의 선박(선박검사증서 상 최대승선인원이 16인 미만인 부선은 제외한다)
2. 선박검사증서 또는 어선검사증서 상 최대승선인원이 16명 이상인 선박
3. 수상레저기구 안전검사증에 따른 승선정원이 16명 이상인 선박
4. 소속 부대의 장 또는 경찰관서·해양경찰관서의 장이 정한 승선인원이 16명 이상인 군함과 경찰용 선박

②. 제1항에 따른 분뇨오염방지설비의 설치기준은 다음 각 호와 같다.
1. 다음 각 목의 분뇨오염방지설비 중 어느 하나를 설치할 것
   가 지방해양수산청장이 형식승인한 분뇨처리장치
   나 지방해양수산청장이 형식승인한 분뇨마쇄소독장치
   다 분뇨저장탱크
2. 분뇨를 수용시설로 배출할 수 있도록 외부배출관을 설치할 것. 다만, 다음 각 목의 어느 하나에 해당하는 선박으로서 외부배출관을 사용하지 아니하고 분뇨를 수용시설로 배출할 수 있는 경우에는 외부배출관을 설치하지 아니할 수 있다.
   가 시추선 및 플랫폼
   나 「선박법 시행규칙」 제11조제1항제9호에 따른 선박의 길이(어선의 경우에는 「어선법 시행규칙」 제2조제1호에 따른 배의 길이를 말한다. 이하 같다)가 24미터 미만인 선박
   다 수상레저기구

③. 제1항에 따른 분뇨오염방지설비는 법 제25조제2항에 따라 별표 6의 기술기준에 적합하게 유지·작동되어야 한다.

4. 기름오염방지설비의 설치 등 (법 제26조)

①. 선박의 소유자는 선박 안에서 발생하는 기름의 배출을 방지하기 위한 설비(이하 "기름오염방지설비"라 한다)를 해당 선박에 설치하거나 폐유저장을 위한 용기를 비치하여야 한다. 이 경우 그 대상선박과 설치기준 등은 해양수산부령으로 정한다.
②. 선박의 소유자는 선박의 충돌·좌초 또는 그 밖의 해양사고가 발생하는 경우 기름의 배출을 방지할 수 있는 선체구조 등을 갖추어야 한다. 이 경우 그 대상선박, 선체구조기준 그 밖에 필요한 사항은 해양수산부령으로 정한다.
③. 제1항의 규정에 따라 설치된 기름오염방지설비는 해양수산부령이 정하는 기준에 적합하게 유지·작동되어야 한다.

> ■ **선박에서의 오염방지에 관한 규칙제15조(기름오염방지설비 등의 설치기준)**
> ①. 법 제26조제1항에 따라 선박 안에서 발생하는 기름의 배출을 방지하기 위한 설비(이하 "기름오염방지설비"라 한다)와 폐유저장을 위한 용기를 갖추어야 하는 대상선박, 기름오염방지설비와 폐유저장을 위한 용기의 설치·비치기준은 별표 7과 같다.
> ②. 제1항에 따른 기름오염방지설비는 법 제26조제3항에 따라 별표 8의 기술기준에 적합하게 유지·작동되어야 한다.
> ③. 선박의 소유자는 법 제26조제2항에 따라 해양사고가 발생하는 경우 기름의 배출을 방지할 수 있도록 다음 각 호의 구분에 따라 선체구조 등을 갖추어야 한다.
>   1. 손상복원성 선체구조 등을 갖추어야 할 대상선박 및 시기 : 별표 9
>   2. 이중선체구조 등을 갖추어야 할 대상선박 및 시기 : 별표 10
>   3. 선박 연료유 탱크의 이중선체 구조 : 별표 11
>   4. 선박의 화물창 등의 구조기준 : 별표 12
>   5. 선박의 이중선체구조 등의 기준 : 별표 13
>   6. 복원성기준 : 별표 14
> ④. 제1항 또는 제3항에도 불구하고 군함, 경찰용 선박 및 이를 보조하는 공용선박은 기름오염방지설비와 폐유저장을 위한 용기를 갖추어야 하는 대상 선박 또는 해양사고 시 기름배출 방지를 위한 선체구조 등의 설치대상 선박에서 제외한다.

5. 유해액체물질 오염방지설비의 설치 등 (법 제27조)

①. 유해액체물질을 산적하여 운반하는 선박으로서 해양수산부령이 정하는 선박의 소유자는 유해액체물질을 그 선박 안에서 저장·처리할 수 있는 설비 또는 유해액체물질에 의한 해양오염을 방지하기 위한 설비(이하 "유해액체물질오염방지설비"라 한다)를 해양수산부령이 정하는 기준에 따라 설치하여야 한다.

②. 유해액체물질을 산적하여 운반하는 선박으로서 해양수산부령이 정하는 선박의 소유자는 선박의 충돌·좌초 그 밖의 해양사고가 발생하는 경우 유해액체물질의 배출을 방지하기 위하여 그 선박의 화물창을 해양수산부령이 정하는 기준에 따라 설치·유지하여야 한다.

③. 제1항의 규정에 따른 선박의 소유자는 해양수산부령이 정하는 기준에 따라 유해액체물질의 배출방법 및 설비에 관한 지침서를 작성하여 해양수산부장관의 검인을 받아 그 선박의 선장에게 제공하여야 한다.

④. 제1항의 규정에 따라 설치된 유해액체물질오염방지설비는 해양수산부령이 정하는 기준에 적합하게 유지·작동되어야 한다.

6. 선박 평형수 및 기름의 적재 제한 (법 제28조)

① 해양수산부령이 정하는 유조선의 화물창 및 해양수산부령이 정하는 선박의 연료유탱크에는 선박평형수를 적재하여서는 아니 된다. 다만, 새로이 건조한 선박을 시운전하거나 선박의 안전을 확보하기 위하여 필요한 경우로서 해양수산부령이 정하는 경우에는 그러하지 아니하다.
② 해양수산부령이 정하는 선박의 경우 그 선박의 선수(船首)탱크 및 충돌격벽(衝突隔璧)보다 앞쪽에 설치된 탱크에는 기름을 적재하여서는 아니 된다.

7. 선박오염물질기록부의 관리 (법 제30조)

① 선박의 선장(피예인선의 경우에는 선박의 소유자를 말한다)은 그 선박에서 사용하거나 운반·처리하는 폐기물·기름 및 유해액체물질에 대한 다음 각 호의 구분에 따른 기록부(이하 "선박오염물질기록부"라 한다)를 그 선박(피예인선의 경우에는 선박의 소유자의 사무실을 말한다) 안에 비치하고 그 사용량·운반량 및 처리량 등을 기록하여야 한다.
  1. 폐기물기록부 : 해양수산부령이 정하는 일정 규모 이상의 선박에서 발생하는 폐기물의 총량·처리량 등을 기록하는 장부. 다만, 제72조제1항의 규정에 따라 해양환경관리업자가 처리대장을 작성·비치하는 경우에는 동 처리대장으로 갈음한다.
  2. 기름기록부 : 선박에서 사용하는 기름의 사용량·처리량을 기록하는 장부. 다만, 해양수산부령이 정하는 선박의 경우를 제외하며, 유조선의 경우에는 기름의 사용량·처리량 외에 운반량을 추가로 기록하여야 한다.
  3. 유해액체물질기록부 : 선박에서 산적하여 운반하는 유해액체물질의 운반량·처리량을 기록하는 장부
② 선박오염물질기록부의 보존기간은 최종기재를 한 날부터 3년으로 하며, 그 기재사항·보존방법 등에 관하여 필요한 사항은 해양수산부령으로 정한다.

> ■ **선박에서의 오염방지에 관한 규칙 제23조(선박오염물질기록부 비치대상선박)**
> ① 법 제30조제1항제1호에서 "해양수산부령이 정하는 일정 규모 이상의 선박"이란 다음 각 호의 어느 하나에 해당하는 선박을 말한다.
>   1. 총톤수 400톤 이상의 선박
>   2. 선박검사증서 상 최대승선인원이 15명 이상인 선박(운항속력으로 1시간 이내의 항해에 종사하는 선박은 제외한다)
> ② 법 제30조제1항제2호 단서에서 "해양수산부령이 정하는 선박"이란 유조선 외의 선박으로서 다음 각 호의 어느 하나에 해당하는 선박을 말한다.
>   1. 총톤수 100톤[군함과 경찰용 선박의 경우에는 경하배수톤수(사람, 화물 등을 적재하지 않은 선박 자체의 톤수) 200톤] 미만의 선박
>   2. 선저폐수가 생기지 아니하는 선박

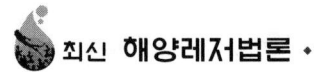

[제4장 벌칙]

1. 벌칙 (법 제126조)

☑ **제126조** : 다음 각 호의 어느 하나에 해당하는 자는 5년 이하의 징역 또는 5천만원 이하의 벌금에 처한다.
 1. 제22조제1항 및 제2항의 규정을 위반하여 선박 또는 해양시설로부터 기름·유해액체물질·포장유해물질을 배출한 자
 2. 제93조제2항의 규정에 따른 명령에 위반한 자

☑ **제127조** 다음 각 호의 어느 하나에 해당하는 자는 3년 이하의 징역 또는 3천만원 이하의 벌금에 처한다.
 1. 법 제22조제1항 및 제2항의 규정을 위반하여 선박 및 해양시설로부터 폐기물을 배출한 자
 2. 과실로 법 제22조제1항 및 제2항의 규정을 위반하여 선박 또는 해양시설로부터 기름·유해액체물질·포장유해물질을 배출한 자
 3. 법 제57조제1항 내지 제3항의 규정을 위반하여 선박을 항해에 사용한 자
 4. 법 제64조제1항 또는 제3항의 규정에 따른 방제조치를 하지 아니하거나 조치명령을 위반한 자
 5. 법 제65조의 규정에 따른 오염물질의 배출방지를 위한 조치를 하지 아니하거나 조치명령을 위반한 자

☑ **제128조** 다음 각 호의 어느 하나에 해당하는 자는 2년 이하의 징역 또는 2천만원 이하의 벌금에 처한다.
 1. 과실로 법 제22조제1항 및 제2항의 규정을 위반하여 선박 또는 해양시설로부터 폐기물을 배출한 자
 2. 법 제25조제1항의 규정에 따른 폐기물오염방지설비를 설치하지 아니하고 선박을 항해에 사용한 자
 3. 법 제26조제1항의 규정에 따른 기름오염방지설비를 설치하지 아니하고 선박을 항해에 사용한 자
 4. 법 제26조제2항의 규정에 따른 선체구조 등을 설치하지 아니하고 선박을 항해에 사용한 자
 5. 법 제27조제1항의 규정에 따른 유해액체물질오염방지설비를 설치하지 아니하고 선박을 항해에 사용한 자
 6. 법 제27조제2항의 규정을 위반하여 선박의 화물창을 설치한 자
 7. 법 제40조제1항 및 제2항의 규정을 위반하여 유해방오도료·유해방오시스템을 사용하거나 적법한 기준 및 방법에 따른 방오도료·방오시스템을 사용·설치하지 아니한 자
 8. 법 제67조제1항의 규정을 위반하여 방제선등을 배치 또는 설치하지 아니한 자
 9. 법 제67조제3항의 규정에 따른 선박입출항금지명령 또는 시설사용정지명령을 위반한 자

10. 법 제70조제1항의 규정에 따른 등록을 하지 아니하고 해양환경관리업을 한 자
11. 법 제75조의 규정에 따라 등록이 취소된 자가 영업을 하거나 또는 영업정지명령을 받은 자가 영업정지기간 중 영업을 한 자
12. 법 제77조제1항의 규정에 따른 해양오염영향조사를 실시하지 아니한 자
13. 법 제82조제1항 및 제89조제1항의 규정에 따라 지정이 취소된 자가 업무를 하거나 또는 업무정지명령을 받은 자가 업무정지기간 중 업무를 한 자
14. 법 제84조제4항에 따른 해역이용협의서 또는 제85조제2항에 따른 해역이용영향평가서를 거짓으로 작성한 자
15. 법 제86조제1항 전단에 따른 평가대행자의 등록을 하지 아니하고 해역이용협의서등의 작성을 대행한 자
16. 법 제95조제1항의 규정에 따른 해양환경영향조사의 결과를 거짓으로 작성한 자
17. 법 제110조제1항 단서, 제3항 단서 및 제4항 단서에 따라 형식승인이 면제된 해양환경측정기기, 형식승인대상설비 또는 오염물질의 방제·방지에 사용하는 자재·약제를 판매한 자
18. 법 제110조제9항의 규정에 따라 형식승인 또는 검정이 취소되거나 업무정지명령을 받은 자가 업무정지기간 중 업무를 한 자
19. 법 제110조의2제1항에 따라 형식승인대상외 자재·약제에 대한 성능인증을 받지 아니하거나 성능인증이 취소되었음에도 성능인증을 받은 것으로 표시하여 형식승인대상외 자재·약제를 제작·제조 및 수입하여 판매한 자
20. 법 제117조의 규정에 따른 정선·검색·나포·입출항금지 그 밖에 필요한 명령이나 조치를 거부·방해 또는 기피한 자

☑ **제129조** ①음 각 호의 어느 하나에 해당하는 자는 1년 이하의 징역 또는 1천만원 이하의 벌금에 처한다.
1. 법 제15조의2제2항의 규정을 위반하여 특별관리해역 내에 시설을 설치하거나 오염물질의 총량배출을 위반한 자
2. 법 제41조제1항의 규정에 따른 대기오염방지설비를 설치하지 아니하고 선박을 항해에 사용한 자
3. 법 제42조제1항의 규정을 위반하여 오존층파괴물질을 배출한 자
4. 법 제43조제1항의 규정을 위반하여 질소산화물의 배출허용기준을 초과하여 디젤기관을 작동한 자
5. 법 제44조제1항을 위반하여 황함유량 기준을 초과하는 연료유를 사용한 자
6. 법 제44조의2를 위반하여 황함유량 기준을 초과하는 연료유를 선박에 적재한 자
7. 법 제45조제1항의 규정을 위반하여 품질기준에 미달하거나 황함유량 기준을 초과하는 연료유를 공급한 자
8. 법 제47조제2항의 규정을 위반하여 유증기 배출제어장치를 설치하지 아니하거나 작동시키지 아니한 자
9. 법 제47조제3항의 규정을 위반하여 검사를 받지 아니하고 유증기 배출제어장치를 설치한 자
10. 법 제63조제1항제1호 또는 제2호에 해당하는 자로서 신고를 하지 아니하거나 거짓으로 신고한 자

11. 법 제84조 및 제85조의 규정에 따른 협의절차 및 재협의 절차가 완료되기 전에 공사를 시행한 자
12. 법 제88조제1호부터 제3호까지의 규정을 위반하여 다른 해역이용협의서등의 내용을 복제 또는 법령이 정하는 기간 동안 보관하지 아니하거나 이를 거짓으로 작성한 자
13. 법 제118조제1항의 규정을 위반하여 비밀을 누설하거나 도용한 자

① 다음 각 호의 어느 하나에 해당하는 자는 1년 이하의 징역 또는 500만원 이하의 벌금에 처한다.
1. 법 제25조제2항의 규정에 따른 기준을 위반하여 폐기물오염방지설비를 설치하거나 이를 유지·작동한 자
2. 법 제26조제3항의 규정을 위반하여 기름오염방지설비를 설치하거나 이를 유지·작동한 자
3. 법 제27조제4항의 규정을 위반하여 유해액체물질오염방지설비를 설치하거나 이를 유지·작동한 자
4. 법 제28조의 규정을 위반하여 선박평형수 또는 기름을 적재한 자
5. 법 제29조의 규정을 위반하여 포장유해물질을 운송한 자
6. 법 제37조의 규정을 위반하여 선박 및 해양시설에서 오염물질을 수거·처리하게 한 자
7. 법 제49조 내지 제53조의 규정에 따른 해양오염방지선박검사를 받지 아니한 선박을 항해에 사용한 자
8. 법 제54조의2를 위반하여 에너지효율검사를 받지 아니한 선박을 항해에 사용한 자
9. 법 제58조 또는 제59조의 규정에 따른 명령 또는 처분을 이행하지 아니한 자
10. 법 제64조제6항을 위반하여 제110조제4항·제6항 및 제7항에 따른 형식승인, 검정, 인정을 받지 아니하거나 제110조의2제3항에 따른 검정을 받지 아니한 자재·약제를 방제조치에 사용한 자
11. 법 제66조제1항을 위반하여 자재·약제를 보관시설 또는 선박 및 해양시설에 비치·보관하지 아니한 자
12. 법 제73조의 규정에 따른 처리명령을 위반한 자
13. 법 제110조제2항의 규정을 위반하여 정도검사를 받지 아니하고 해양환경측정기기를 사용하거나 교정용품을 공급·사용한 자
14. 법 제110조제1항 및 제3항부터 제7항까지의 규정에 따른 형식승인, 성능시험, 검정 또는 인정을 받지 아니하고 제작·제조하거나 수입한 자
15. 법 제111조제1항의 규정에 따른 신고를 하지 아니하고 선박을 해체한 자
16. 법 제115조제6항을 위반하여 출입검사·보고요구 등을 정당한 사유 없이 거부·방해 또는 기피한 자
17. 법 제118조제2항 및 제3항의 규정을 위반하여 직무상 알게 된 비밀을 누설하거나 도용한 자

2. 양벌규정 (법 제130조)

제130조(양벌규정) 법인의 대표자나 법인 또는 개인의 대리인, 사용인, 그 밖의 종업원이 그 법인 또는 개인의 업무에 관하여 제126조부터 제129조까지의 어느 하나에 해당하는 위

반행위를 하면 그 행위자를 벌하는 외에 그 법인 또는 개인에게도 해당 조문의 벌금형을 과(科)한다. 다만, 법인 또는 개인이 그 위반행위를 방지하기 위하여 해당 업무에 관하여 상당한 주의와 감독을 게을리하지 아니한 경우에는 그러하지 아니하다.

에듀컨텐츠·휴피아

제6부 마리나항만의 조성 및 관리 등에 관한 법률(마리나항만법)

[2022. 2. 19. 시행]

제1장 총칙
제2장 마리나항만에 관한 기본계획
제3장 마리나항만의 개발
제4장 마리나항만의 관리 및 운영
제5장 마리나업
제6장 보칙·벌칙

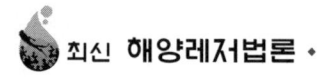

[제1장 총칙]

1. 목적 (법 제1조)

이 법은 마리나항만 및 관련 시설의 개발·이용과 마리나 관련 산업의 육성에 관한 사항을 규정함으로써 해양스포츠의 보급 및 진흥을 촉진하고, 국민의 삶의 질 향상에 이바지하는 것을 목적으로 한다.

2. 정의 (법 제2조)

이 법에서 사용하는 용어의 뜻은 다음과 같다.
1. "마리나항만"이란 마리나선박의 출입 및 보관, 사람의 승선과 하선 등을 위한 시설과 이를 이용하는 자에게 편의를 제공하기 위한 서비스시설이 갖추어진 곳으로서 제10조에 따라 지정·고시한 마리나항만구역을 말한다.
2. "마리나항만시설"이란 마리나선박의 정박시설 또는 계류장 등 마리나선박의 출입 및 보관, 사람의 승선과 하선 등을 위한 기반시설과 제조시설, 이를 이용하는 자에게 편의를 제공하기 위한 서비스시설 및 주거시설(「하천법」이 적용되거나 준용되는 하천구역을 제외한 마리나항만구역의 주거시설을 말한다)로서 대통령령으로 정하는 것을 말한다.
3. "마리나선박"이란 유람, 스포츠 또는 여가용으로 제공 및 이용하는 선박(보트 및 요트를 포함한다)으로서 대통령령으로 정하는 것을 말한다.
4. "마리나산업단지"란 마리나항만시설 또는 마리나선박 등 관련 산업 및 기술의 연구·개발 등 마리나항만 관련 상품의 개발·제작과 전문인력 양성 등을 통하여 관련 산업을 효율적으로 진흥하기 위하여 조성하는 것으로서 「산업입지 및 개발에 관한 법률」에 따른 국가산업단지, 일반산업단지, 도시첨단산업단지 및 농공단지를 말한다.
5. "마리나업"이란 마리나선박을 대여 또는 정비하거나, 마리나선박의 보관·계류에 필요한 시설을 제공하거나, 그 밖에 마리나선박 등의 이용자에게 물품이나 서비스를 공급하는 업을 말한다.

> ■ **시행령 제2조(마리나항만시설)**
> 법 제2조제2호에서 "대통령령으로 정하는 것"이란 법 제10조제1항에 따라 지정·고시된 마리나항만구역(이하 "마리나항만구역"이라 한다) 안에 있는 다음 각 호의 어느 하나에 해당하는 시설과 마리나항만구역 밖에 있는 다음 각 호의 어느 하나에 해당하는 시설 중 해양수산부장관이 지정·고시한 시설을 말한다.
> 1. 기본시설
>   가. 방파제, 방사제(防砂堤), 파제제(波除堤), 방조제, 도류제(導流堤), 갑문, 호안(기슭·둑 침식 방지시설) 등 외곽시설

나. 항로, 정박지, 선류장(船溜場), 선회장(船回場) 등 수역시설(水域施設)
  다. 도로, 교량, 철도, 궤도, 운하 등 임항교통시설(臨港交通施設)
  라. 안벽(부두 벽), 소형선 부두, 계선(繫船) 말뚝, 계선 부표, 잔교(선박을 매어두거나 부두에 닿도록 구름다리형태로 만든 구조물을 말한다. 이하 같다), 부잔교(선박을 매어두거나 부두에 닿도록 물 위에 띄워 만든 구조물을 말한다. 이하 같다), 돌핀, 선착장 등 계류시설
2. 기능시설
  가. 주정장[빌딩형 주정장(駐艇場)을 포함한다], 보트창고 등 보관시설
  나. 경사로, 램프(경사식 진출입로), 크레인, 리프트 등 상하가시설(上下架施設)
  다. 급유시설, 급수시설, 급전시설(給電施設) 등 선박보급시설
  라. 선박성형틀 등 제조시설, 전기시설, 수리시설, 세정시설(洗淨施設) 등 선박작업용시설
  마. 마리나선박의 출입항 신고, 공공서비스, 시설관리 등 마리나항만 관련 업무용시설
  바. 클럽하우스, 회의장 등 관리운영시설
  사. 항로표지, 방화시설, 관제통신시설 등 안전시설
  아. 출입문, 울타리, 초소 등 보안시설
  자. 쓰레기처리장, 오수·폐수처리시설, 폐유처리시설 등 환경정화시설
  차. 해양관측, 마리나항만 관련 산업의 기술개발 또는 벤처산업 지원 등을 위한 연구시설
3. 서비스편의시설
  가. 진료시설, 복지회관, 체육시설 등 복지시설
  나. 숙박시설, 목욕시설, 위락시설 등 휴게시설
  다. 매점, 음식점, 쇼핑센터[수상레저기구 및 선용품(船用品) 판매장을 포함한다], 주차장 등 편익시설
  라. 수족관(수중 수족관을 포함한다), 해양박물관, 공연장(수중 공연시설을 포함한다), 캠프장, 학습장 등 문화·교육시설
  마. 해양전망대, 산책로, 해안녹지, 광장, 조경시설 등 공원시설
  바. 「주택법」 제2조제1호에 따른 주택 및 「건축법 시행령」 별표 1 제14호나목에 따른 오피스텔
4. 제1호부터 제3호까지의 규정에 따른 시설을 조성하기 위한 부지와 수역

■ 시행령 제3조(마리나선박)

법 제2조제3호에서 "대통령령으로 정하는 것"이란 다음 각 호의 어느 하나에 해당하는 선박을 말한다.
1. 모터보트
2. 고무보트
3. 요트
4. 윈드서핑용 선박
5. 수상오토바이

> 6. 공기부양정(호버크래프트)
> 7. 카누
> 8. 카약
> 9. 제1호부터 제8호까지의 선박과 비슷한 구조, 형태 및 운전방식을 가진 것으로서 유람, 스포츠 또는 여가용으로 사용되는 선박

3. 다른 법률과의 관계 (법 제3조)

이 법 중 마리나항만 및 관련 시설의 개발·이용과 관련 산업의 육성 등에 적용되는 규제에 관한 특례는 다른 법률에 우선하여 적용한다. 다만, 다른 법률에 이 법의 규제에 관한 특례보다 완화된 규정이 있으면 그 법률에서 정하는 바에 따른다.

[제2장 마리나항만에 관한 기본계획]

1. 기본계획의 수립 (법 제4조)

① 해양수산부장관은 마리나항만의 합리적인 개발 및 이용을 위하여 10년마다 「항만법」 제4조에 따른 중앙항만정책심의회(이하 "심의회"라 한다)의 심의를 거쳐 마리나항만에 관한 기본계획(이하 "기본계획"이라 한다)을 수립하여야 한다.
② 해양수산부장관은 기본계획을 수립하고자 하는 때에는 관계 중앙행정기관의 장 및 관계 특별시장·광역시장·특별자치시장·도지사 또는 특별자치도지사(이하 "시·도지사"라 한다)와 협의하여야 한다. 다만, 협의과정에서 시·도지사가 제출하는 의견에는 기본계획과 관련된 시장·군수 또는 구청장(자치구의 구청장을 말한다. 이하 같다)의 의견을 첨부하여야 한다.
③ 기본계획에는 다음 각 호의 사항이 포함되어야 한다.
 1. 마리나항만의 중·장기 정책방향에 관한 사항
 2. 마리나항만의 입지지표 등 마리나항만구역 선정기준 및 개발 수요 등에 관한 사항
 3. 마리나항만의 지정·변경 및 해제에 관한 사항
 4. 마리나 관련 산업의 육성에 관한 사항
 5. 그 밖에 대통령령으로 정하는 사항
④ 해양수산부장관은 기본계획을 수립하기 위하여 필요한 경우에는 관계 중앙행정기관의 장 또는 관계 시·도지사에게 관련 자료의 제출을 요청할 수 있다. 이 경우 자료의 제출을 요청받은 관계 기관의 장은 정당한 사유가 없으면 이에 따라야 한다.

2. 기본계획의 변경 등 (법 제5조)

① 해양수산부장관은 기본계획에 대하여 5년마다 그 타당성을 검토하고, 그 결과를 기본계획에 반영하여야 한다.
② 제1항에도 불구하고 해양수산부장관은 기본계획을 변경할 필요가 있다고 인정되거나 관계 중앙행정기관의 장 및 관계 시·도지사가 그 변경을 요청하는 때에는 이를 검토하여 변경할 수 있다.
③ 제1항 및 제2항에 따른 기본계획의 변경에 관하여는 제4조를 준용한다. 다만, 대통령령으로 정하는 경미한 사항을 변경하는 경우에는 그러하지 아니하다.

3. 기본계획의 고시 등 (법 제6조)

① 해양수산부장관은 제4조와 제5조에 따라 기본계획을 수립하거나 변경한 경우에는 해양수산부령으로 정하는 바에 따라 그 사실을 고시하여야 한다.
② 해양수산부장관은 제4조 및 제5조에 따라 기본계획을 수립하거나 변경한 경우에는 그 내용을 관계 중앙행정기관의 장 또는 관계 시·도지사에게 통보하고 국회 소관 상임위원회에 제출하여야 한다.

[제3장 마리나항만의 개발]

1. 사업계획의 수립 (법 제8조)

① 해양수산부장관은 마리나항만의 개발사업(이하 "개발사업"이라 한다)을 시행하려는 때에는 기본계획에 적합한 범위 안에서 마리나항만의 조성 및 개발 등에 관한 사업계획(이하 "사업계획"이라 한다)을 직접 또는 공모를 실시하여 수립할 수 있다. 이 경우 관계 중앙행정기관의 장 및 시·도지사와 협의를 거쳐야 하며, 관계 중앙행정기관의 장과 협의하는 때에는 「환경영향평가법」 제16조에 따른 전략환경영향평가서의 작성 및 협의를 실시하여야 한다.
② 사업계획에는 다음 각 호의 사항이 포함되어야 한다.
 1. 개발사업의 명칭
 2. 개발사업의 대상 지역 및 그 면적
 3. 경관과 환경보전 및 재난방지에 관한 계획
 4. 토지이용계획·교통계획 및 공원녹지계획

5. 개발사업 시행기간
6. 재원조달계획
7. 마리나항만의 관리·운영 계획
8. 그 밖에 해양수산부령으로 정하는 사항

③ 지방자치단체 및 제9조제1항제2호·제4호부터 제7호까지의 어느 하나에 해당하는 자는 기본계획에 적합한 범위 안에서 제2항 각 호의 사항이 포함된 사업계획을 작성하여 해양수산부장관에게 제안할 수 있다.

④ 해양수산부장관은 제3항에 따라 사업계획의 제안을 받은 때에는 기본계획과의 적합성, 재원조달계획의 실현 가능성 등 대통령령으로 정하는 요건을 갖춘 경우에 제5항에 따라 이를 승인할 수 있다. 이 경우 제1항 후단에 따른 협의를 실시하여야 한다.

⑤ 제1항, 제3항 및 제4항에 따른 사업계획의 작성, 공모, 제안 및 승인 절차 등에 필요한 사항은 대통령령으로 정한다.

⑥ 해양수산부장관은 사업계획을 수립하거나 승인한 경우에는 해양수산부령으로 정하는 바에 따라 이를 고시하여야 한다. 수립하거나 승인한 사업계획을 변경한 경우에도 또한 같다.

2. 사업시행자의 지정 (법 제9조)

① 해양수산부장관은 다음 각 호의 어느 하나에 해당하는 자 중에서 개발사업의 시행자(이하 "사업시행자"라 한다)를 지정하여야 한다.
1. 국가 또는 지방자치단체
2. 「항만공사법」에 따른 항만공사
3. 「공공기관의 운영에 관한 법률」에 따른 공공기관 중 대통령령으로 정하는 공공기관
4. 「지방공기업법」에 따른 지방공기업
5. 자본금 등 대통령령으로 정하는 자격요건에 해당하는 민간투자자
6. 제1호, 제2호 및 제4호부터 제6호까지의 어느 하나에 해당하는 자가 개발사업을 시행할 목적으로 전부 또는 일부를 출자하여 설립한 법인으로서 자본금 등 대통령령으로 정하는 기준을 충족한 법인

② 제8조제4항에 따라 승인을 받은 자는 사업시행자로 지정된 것으로 본다.

③ 해양수산부장관은 사업시행자가 다음 각 호의 어느 하나에 해당하는 경우에는 사업시행자를 변경하거나 그 지정을 취소할 수 있다.
1. 제1항에 따라 사업시행자로 지정된 날부터 제13조제5항에 따른 승인신청 기간까지 같은 조 제1항에 따른 실시계획의 승인을 신청하지 아니한 경우
2. 제13조제1항에 따른 실시계획의 승인을 받은 후 1년 이내에 개발사업을 시작하지 아니한 경우
3. 제13조제1항에 따른 실시계획의 승인이 취소된 경우
4. 천재지변이나 사업시행자의 파산, 그 밖에 대통령령으로 정하는 사유로 개발사업의 목적을 달성하기 어렵다고 인정되는 경우(심의회의 심의를 거쳐 사업의 지속 전망이 없는 것으로 인정되는 경우로 한정한다)

제6부. 마리나항만의 조성 및 관리 등에 관한 법률(마리나항만법)

④. 해양수산부장관은 제1항·제2항 또는 제3항에 따라 사업시행자를 지정하거나 변경 또는 취소한 경우에는 해양수산부령으로 정하는 바에 따라 이를 고시하여야 한다.

3. 마리나항만구역의 지정 (법 제10조)

①. 해양수산부장관은 제8조에 따라 수립하거나 승인한 사업계획에 의하여 마리나항만구역을 지정하거나 변경하고 이를 고시하여야 한다. 이 경우 고시에 관하여는 「토지이용규제 기본법」 제8조를 준용한다.

②. 해양수산부장관은 제1항에 따라 마리나항만구역을 지정하고자 하는 경우에는 관계 중앙행정기관의 장 및 시·도지사와 협의한 후 심의회의 심의를 거쳐야 한다. 지정된 마리나항만구역을 변경하려는 경우에도 또한 같다. 다만, 10)대통령령으로 정하는 경미한 사항을 변경하는 경우에는 그러하지 아니하다.

4. 마리나항만구역 지정의 해제 (법 제11조)

①. 해양수산부장관은 제10조제1항에 따라 지정·고시된 마리나항만구역의 전부 또는 일부에 대하여 다음 각 호의 어느 하나에 해당하는 때에는 그 지정을 해제할 수 있다.
 1. 사업시행자가 마리나항만구역으로 지정된 날부터 제13조제5항에 따른 승인신청 기간까지 실시계획의 승인을 신청하지 아니한 경우
 2. 사업시행자가 제13조제1항에 따른 실시계획의 승인을 받고 1년 이내에 개발사업을 시작하지 아니한 경우

②. 해양수산부장관은 제1항에 따라 마리나항만구역의 지정을 해제한 경우에는 그 사실을 사업시행자 및 관계 행정기관의 장에게 통보하고, 해양수산부령으로 정하는 바에 따라 그 사실을 고시하여야 한다.

5. 위 등의 제한 (법 제12조)

①. 제10조에 따라 마리나항만구역으로 지정·고시된 구역에서 건축물의 건축, 인공구조물의 설치, 토지의 형질변경, 토석의 채취, 토지분할, 물건을 쌓아놓는 행위, 수산동식물의 포획·양식 등 대통령령으로 정하는 행위를 하려는 자는 해양수산부장관(「공유수면

---

10) 법 제10조제2항 단서에서 "대통령령으로 정하는 경미한 사항"이란 다음 각 호의 어느 하나에 해당하는 사항을 말한다.
1. 마리나항만구역 면적의 축소
2. 마리나항만구역 면적의 확대(100분의 10 이내로 한정한다)
3. 「국토의 계획 및 이용에 관한 법률」에 따른 도시·군관리계획, 「공유수면 관리 및 매립에 관한 법률」에 따른 공유수면매립기본계획, 「환경영향평가법」에 따른 환경영향평가, 「도시교통정비 촉진법」에 따른 교통영향평가 등 관계 기관과의 협의결과를 반영한 마리나항만구역의 변경

관리 및 매립에 관한 법률」에 따라 해양수산부장관이 관리하는 공유수면에서의 행위로 한정한다. 이하 이 조에서 같다)이나 관할 특별자치시장·특별자치도지사·시장·군수·구청장의 허가를 받아야 한다. 허가받은 사항을 변경하려는 경우에도 또한 같다.

② 재해복구 또는 재난수습에 필요한 응급조치를 위하여 하는 행위는 제1항에도 불구하고 허가를 받지 아니하고 이를 할 수 있다.

③ 제1항에 따라 허가를 받아야 하는 행위로서 제10조에 따라 마리나항만구역이 지정·고시된 당시 이미 관계 법령에 따라 허가·인가·승인 등을 받았거나 허가·인가·승인 등을 받을 필요가 없는 행위에 관하여, 그 공사 또는 사업을 시작한 자는 대통령령으로 정하는 바에 따라 해양수산부장관 또는 관할 특별자치시장·특별자치도지사·시장·군수·구청장에게 신고한 후 계속 시행할 수 있다.

④ 해양수산부장관 또는 관할 특별자치시장·특별자치도지사·시장·군수·구청장은 제1항을 위반한 자에 대하여 원상회복을 명할 수 있다. 이 경우 명령을 받은 자가 그 의무를 이행하지 아니하는 때에는 해양수산부장관 또는 관할 특별자치시장·특별자치도지사·시장·군수·구청장은 「행정대집행법」에 따라 대집행할 수 있다.

⑤ 제1항에 따른 허가에 관하여 이 법에서 규정한 사항 외에는 「국토의 계획 및 이용에 관한 법률」 제57조부터 제60조까지 및 제62조를 준용한다.

⑥ 제1항에 따라 허가를 받은 경우에는 「국토의 계획 및 이용에 관한 법률」 제56조에 따른 허가를 받은 것으로 본다.

6. 실시계획의 수립 및 승인 등 (법 제13조)

① 사업시행자가 개발사업을 시행하려는 경우에는 대통령령으로 정하는 바에 따라 개발사업의 실시계획(이하 "실시계획"이라 한다)을 작성하여 해양수산부장관의 승인을 받아야 한다. 승인받은 내용을 변경하려는 경우에도 또한 같다. 다만, 대통령령으로 정하는 경미한 사항에 대하여는 그러하지 아니하다.

② 실시계획에는 사업계획의 내용이 반영되어야 하며, 다음 각 호의 사항이 포함되어야 한다.
 1. 실시계획의 대상 구역 및 면적
 2. 사업시행에 필요한 토지 및 공유수면의 확보 및 이용계획
 3. 재원조달계획 및 연차별 투자계획
 4. 환경보전 및 재난방지계획
 5. 그 밖에 대통령령으로 정하는 사항

③ 해양수산부장관은 실시계획을 승인하려는 때에는 대통령령으로 정하는 바에 따라 관할 시·도지사 및 시장·군수·구청장의 의견을 들어야 한다.

④ 해양수산부장관은 실시계획을 승인한 때에는 대통령령으로 정하는 바에 따라 관보에 고시하고, 관할 시·도지사 및 시장·군수·구청장에게 관계 서류의 사본을 송부하여야 한다. 이 경우 관계 서류의 사본을 송부받은 시·도지사 및 시장·군수·구청장은 이를 14일 이상 일반인이 열람할 수 있도록 하여야 한다.

⑤. 제1항에 따른 승인의 신청은 제9조에 따라 사업시행자로 지정된 날부터 2년 이내에 하여야 한다. 다만, 대통령령으로 정하는 사유가 있으면 1년의 범위에서 한 차례만 연장할 수 있다.

7. 타인 토지에의 출입 등 (법 제14조)

①. 사업시행자는 실시계획의 작성 등을 위한 조사·측량 또는 개발사업의 시행을 위하여 필요한 경우에는 타인이 소유하거나 점유하는 토지에 출입하거나 타인이 소유하거나 점유하는 토지를 재료적치장·임시통로 또는 임시도로로 일시 사용할 수 있으며, 특히 필요한 경우에는 나무·흙·돌이나 그 밖의 장애물을 변경하거나 제거할 수 있다. 이 경우 토지의 점유자 또는 소유자는 정당한 사유 없이 이를 방해하거나 거부할 수 없다.
②. 제1항에 따라 타인의 토지에 출입하려는 자와 타인의 토지를 일시 사용하거나 장애물을 변경 또는 제거하려는 자는 7일 전까지 해당 토지의 소유자 또는 점유자에게 출입 및 일시 사용하는 자 등의 인적사항, 출입시간, 출입목적 등을 서면으로 알리고 동의를 받아야 한다. 다만, 해당 토지의 소유자 또는 점유자의 부재나 주소불명 등으로 동의를 받을 수 없는 때에는 관할 특별자치시장·특별자치도지사·시장·군수·구청장의 허가를 받아 출입하여야 한다.
③. 해 뜨기 전 또는 해 진 후에는 해당 토지의 소유자 또는 점유자의 승낙 없이 택지 또는 담으로 둘러싸인 타인의 토지에 출입할 수 없다.
④. 제1항에 따라 타인의 토지에 출입하려는 자는 그 권한을 표시하는 증표를 지니고 이를 관계인에게 내보여야 한다.
⑤. 사업시행자는 마리나항만구역에 있는 공유수면에 출입하거나 이를 일시 사용할 수 있다. 이 경우 「수산업법」, 「양식산업발전법」 등 다른 법률에 따라 공유수면에 대한 권리를 가진 자는 정당한 사유 없이 해당 수면에 대한 사업시행자의 출입 또는 일시 사용을 가로막거나 방해하여서는 아니 된다.
⑥. 제4항에 따른 증표에 필요한 사항은 해양수산부령으로 정한다.

8. 토지 출입 등에 따른 손실보상 (법 제15조)

①. 제14조에 따른 토지 출입 등의 행위로 인하여 손실을 받은 자가 있는 때에는 사업시행자가 그 손실을 보상하여야 한다.
②. 제1항에 따른 손실보상에 관하여는 사업시행자와 손실을 받은 자가 협의하여야 한다.
③. 사업시행자 또는 손실을 받은 자는 제2항에 따른 협의가 성립되지 아니하거나 협의를 할 수 없는 때에는 토지·물건 등에 관하여 관할 토지수용위원회에 재결을 신청할 수 있다. 이 경우 재결의 신청은 「공익사업을 위한 토지 등의 취득 및 보상에 관한 법률」 제23조제1항 및 같은 법 제28조제1항에도 불구하고 해당 개발사업의 시행기간 안에 할 수 있다.

④ 제3항에도 불구하고 「수산업법」 제7조에 따른 면허어업, 같은 법 제40조에 따른 허가 어업과 같은 법 제48조에 따른 신고어업, 그리고 「양식산업발전법」 제10조에 따라 면허를 받은 양식업과 같은 법 제43조에 따라 허가를 받은 양식업에 관한 권리에 관하여는 「양식산업발전법」 제67조부터 제69조까지의 규정에 따른 보상 규정을 적용한다.

9. 인·허가등의 의제 (법 제16조)

① 해양수산부장관은 실시계획의 승인 또는 변경승인을 하는 경우 그 실시계획에 대한 다음 각 호의 허가·인가·결정·면허·협의·동의·승인·신고 또는 해제 등(이하 "인·허가등"이라 한다)에 관하여 제3항에 따라 관계 행정기관의 장과 협의한 사항에 대하여는 해당 인·허가등을 받은 것으로 보며, 제13조제4항에 따라 실시계획이 고시된 때에는 다음 각 호의 법률에 따른 인·허가등이 고시 또는 공고된 것으로 본다.
 1. 「건축법」 제11조에 따른 건축허가, 같은 법 제14조에 따른 건축신고, 같은 법 제16조에 따른 허가·신고사항의 변경, 같은 법 제20조에 따른 가설건축물의 허가·신고 및 같은 법 제29조에 따른 건축협의
 2. 「국토의 계획 및 이용에 관한 법률」 제30조에 따른 도시·군관리계획의 결정(도시·군기본계획에 부합하는 경우에 한정한다), 같은 법 제56조에 따른 토지의 분할·형질변경의 허가, 같은 법 제86조에 따른 도시·군계획시설사업의 시행자 지정 및 같은 법 제88조에 따른 도시·군계획시설사업실시계획의 인가
 3. 「골재채취법」 제22조에 따른 골재채취의 허가
 4. 「공유수면 관리 및 매립에 관한 법률」 제8조에 따른 공유수면의 점용·사용허가, 같은 법 제17조에 따른 실시계획의 승인·신고, 같은 법 제28조에 따른 공유수면의 매립면허, 같은 법 제35조제1항에 따른 협의 또는 승인 및 같은 법 제38조에 따른 공유수면매립실시계획의 승인·고시
 5. 「관광진흥법」 제15조에 따른 사업계획의 승인
 6. 「농어촌정비법」 제23조에 따른 농업생산기반시설의 사용허가 및 같은 법 제82조제2항에 따른 농어촌 관광휴양단지 개발사업계획의 승인
 7. 「농지법」 제34조에 따른 농지의 전용허가 또는 협의
 8. 「도로법」 제107조에 따른 도로관리청과의 협의 또는 승인(같은 법 제19조에 따른 도로노선의 지정·고시, 같은 법 제25조에 따른 도로구역의 결정, 같은 법 제36조에 따른 도로관리청이 아닌 자에 대한 도로공사 시행의 허가 및 같은 법 제61조에 따른 도로의 점용허가에 관한 것으로 한정한다)
 9. 「도시 및 주거환경정비법」 제50조 및 「빈집 및 소규모주택 정비에 관한 특례법」 제29조에 따른 사업시행계획인가
 10. 「사도법」 제4조에 따른 사도개설의 허가
 11. 「사방사업법」 제14조에 따른 벌채, 토석의 채취 등의 허가 및 같은 법 제20조에 따른 사방지의 지정 해제
 12. 「산지관리법」 제14조에 따른 산지전용의 허가 및 같은 법 제15조에 따른 산지전용신

고, 같은 법 제15조의2에 따른 산지일시사용허가·신고
13. 「소방시설 설치 및 관리에 관한 법률」 제6조제1항에 따른 건축허가등의 동의, 「소방시설공사업법」 제13조제1항에 따른 소방시설공사의 신고 및 「위험물안전관리법」 제6조제1항에 따른 제조소등의 설치허가
14. 「소하천정비법」 제10조에 따른 소하천공사의 시행허가 및 같은 법 제14조에 따른 소하천 점용 등의 허가
15. 「수도법」 제17조제1항에 따른 일반수도사업의 인가, 같은 법 제49조에 따른 공업용수도사업의 인가, 같은 법 제52조에 따른 전용상수도설치의 인가 및 같은 법 제54조에 따른 전용공업용수도설치의 인가
16. 「수산자원관리법」 제47조제2항에 따른 보호수면에서의 공사 시행 승인
17. 「장사 등에 관한 법률」 제27조에 따른 분묘의 개장 허가
18. 「전기안전관리법」 제8조에 따른 자가용전기설비 공사계획의 인가 또는 신고
19. 「주택법」 제15조에 따른 사업계획의 승인
20. 「공간정보의 구축 및 관리 등에 관한 법률」 제86조제1항에 따른 사업의 시작·변경 또는 완료의 신고
21. 「초지법」 제21조의2에 따른 토지의 형질변경 등의 허가 및 같은 법 제23조에 따른 초지전용의 허가·신고 또는 협의
22. 「택지개발촉진법」 제8조에 따른 택지개발계획의 수립 및 같은 법 제9조에 따른 택지개발사업실시계획의 승인
23. 「폐기물관리법」 제29조에 따른 폐기물처리시설의 설치승인 또는 신고
24. 「하수도법」 제11조에 따른 공공하수도(공공하수도 분뇨처리시설에 한정한다)의 설치인가, 같은 법 제16조에 따른 공공하수도공사의 시행허가 및 같은 법 제24조에 따른 공공하수도의 점용허가
25. 「하천법」 제6조에 따른 하천관리청과의 협의 또는 승인, 같은 법 제30조에 따른 하천공사 시행의 허가 및 같은 법 제33조에 따른 하천점용 등의 허가
26. 「항만법」 제5조 및 제7조에 따른 항만기본계획 수립 및 변경, 같은 법 제9조제2항에 따른 항만개발사업 시행의 허가 및 같은 법 제10조제2항에 따른 항만개발사업실시계획의 승인
27. 「산업집적활성화 및 공장설립에 관한 법률」 제13조에 따른 공장설립등의 승인, 같은 법 제14조에 따른 공장의 건축허가, 같은 법 제14조의2에 따른 공장건축물의 사용승인, 같은 법 제14조의3에 따른 제조시설설치승인 및 같은 법 제28조의2에 따른 지식산업센터의 설립승인 등

②. 제1항에 따른 인·허가등의 의제를 받으려는 사업시행자가 실시계획의 승인 또는 변경승인의 신청을 하는 때에는 해당 법률에서 정하는 관련 서류를 함께 제출하여야 한다.
③. 해양수산부장관은 제13조제1항에 따라 실시계획의 승인 또는 변경승인을 할 때 그 내용에 제1항 각 호의 어느 하나에 해당되는 사항이 포함되어 있는 경우에는 관계 행정기관의 장과 미리 협의하여야 한다.
④. 제3항에 따라 해양수산부장관으로부터 협의를 요청받은 관계 행정기관의 장은 협의요청을 받은 날부터 20일 이내에 의견을 제출하여야 한다.
⑤. 관계 행정기관의 장이 제4항에서 정한 기간 내에 의견을 제출하지 아니하면 의견이 없

는 것으로 본다.
[시행일: 2022. 12. 1.]

10. 토지 등의 수용·사용 (법 제17조)

①. 사업시행자는 개발사업의 시행을 위하여 필요한 경우「공익사업을 위한 토지 등의 취득 및 보상에 관한 법률」제3조에 따른 토지·물건 또는 권리(「수산업법」제7조에 따른 면허어업, 같은 법 제40조에 따른 허가어업과 같은 법 제48조에 따른 신고어업, 그리고 「양식산업발전법」제10조에 따라 면허를 받은 양식업과 같은 법 제43조에 따라 허가를 받은 양식업에 관한 권리를 포함한다)를 수용 또는 사용할 수 있다. 다만, 제9조 제1항제6호의 사업시행자는 개발대상 토지면적 3분의 2 이상에 해당하는 토지를 매입하고 토지소유자 총수의 2분의 1 이상에 해당하는 자의 동의를 받아야 한다.
②. 제10조제1항에 따른 마리나항만구역의 지정·고시가 있는 때에는「공익사업을 위한 토지 등의 취득 및 보상에 관한 법률」제20조제1항 및 제22조에 따른 사업인정 및 그 고시가 있는 것으로 본다. 다만, 재결의 신청은 같은 법 제23조제1항 및 제28조제1항에도 불구하고 해당 개발사업의 시행기간 안에 할 수 있다.
③. 제1항에 따른 토지 등의 수용 또는 사용 등에 관하여 이 법에 특별한 규정이 있는 것을 제외하고는「공익사업을 위한 토지 등의 취득 및 보상에 관한 법률」을 준용한다.
[시행일: 2023. 1. 12.]

11. 「공유수면 관리 및 매립에 관한 법률」의 적용 특례 (법 제17조의2)

법 제4조부터 제6조까지의 규정에 따라 기본계획을 수립하거나 변경하여 고시하고, 제8조에 따라 그 기본계획에 적합한 범위에서 사업계획을 수립하거나 승인 또는 변경하여 고시한 후 제10조에 따라 마리나항만 구역을 지정 또는 변경하여 고시한 경우에는 그 범위에서「공유수면 관리 및 매립에 관한 법률」제22조 및 제27조에 따라 공유수면매립 기본계획을 수립하거나 변경하여 같은 법 제26조에 따라 고시한 것으로 본다.

12. 토지소유자에 대한 환지 (법 제17조의3)

①. 사업시행자는 마리나항만구역에 토지를 소유하고 있는 자가 사업계획에서 정하는 바에 따라 해당 토지를 사용하려는 경우에는 해당 토지를 포함하여 개발사업을 실시하고 개발사업이 완료된 후 대통령령으로 정하는 바에 따라 해당 토지소유자에게 환지(換地)하여 줄 수 있다.
②. 제1항에 따른 환지에 관하여는「도시개발법」제28조부터 제32조까지, 제32조의2, 제32조의3, 제33조부터 제36조까지, 제36조의2 및 제37조부터 제49조까지의 규정을 준

용한다. 이 경우 사업시행자가 「도시개발법」 제28조제1항에 따른 환지 계획을 포함하여 제13조에 따라 실시계획의 승인을 받은 경우에는 「도시개발법」 제29조에 따른 환지 계획의 인가를 받은 것으로 본다.

13. 준공확인 (법 제18조)

①. 사업시행자는 개발공사를 끝내면 지체 없이 공사준공 보고서를 해양수산부장관에게 제출하고, 준공확인을 받아야 한다.
②. 제1항에 따른 준공확인의 신청을 받은 해양수산부장관은 대통령령으로 정하는 바에 따라 준공검사를 실시한 후 그 공사가 지정한 내용대로 시행되었다고 인정되면 해양수산부령으로 정하는 준공확인증명서를 내주어야 한다.
③. 해양수산부장관이 제2항에 따른 준공확인증명서를 내준 경우에는 제16조제1항 각 호에 따른 인·허가등의 준공검사나 준공인가를 받은 것으로 본다.
④. 제2항에 따른 준공확인증명서를 받기 전에는 개발공사로 조성되거나 설치된 토지 및 시설을 사용할 수 없다. 다만, 대통령령으로 정하는 바에 따라 해양수산부장관에게 준공 전 사용의 신고를 한 경우에는 그러하지 아니하다.
⑤. 해양수산부장관은 제4항 단서에 따른 신고를 받은 경우 그 내용을 검토하여 이 법에 적합하면 신고를 수리하여야 한다.

14. 공사완료의 공고 등 (법 제19조)

해양수산부장관은 제18조제2항에 따른 준공검사를 한 결과 개발사업이 실시계획대로 완료되었다고 인정되는 때에는 공사완료의 공고를 하여야 하며, 실시계획대로 완료되지 아니한 때에는 지체 없이 보완시공 등 필요한 조치를 명하여야 한다.

15. 마리나항만시설의 귀속 (법 제20조)

①. 사업시행자가 국가 또는 지방자치단체인 경우 개발사업으로 조성 또는 설치된 토지 및 시설은 준공과 동시에 국가 또는 해당 지방자치단체에 귀속된다.
②. 사업시행자가 국가 또는 지방자치단체가 아닌 경우 개발사업으로 조성 또는 설치된 토지 및 시설은 준공과 동시에 투자한 총사업비의 범위에서 해당 사업시행자가 소유권을 취득한다. 다만, 대통령령으로 정하는 공공용 토지 및 시설은 준공과 동시에 국가 또는 지방자치단체에 귀속한다.
③. 제2항에 따른 총사업비 및 사업시행자가 취득하는 토지 등 가액의 산정방법은 대통령령으로 정한다.
④. 제2항 단서에 따라 국가 또는 지방자치단체에 귀속되는 토지 및 시설은 그 사업에 투

자된 금액의 범위에서 대통령령으로 정하는 바에 따라 해당 사업시행자로 하여금 무상으로 사용·수익하게 할 수 있다. 이 경우 무상으로 사용·수익하는 자는 타인에게 그 토지 및 시설의 일부를 사용·수익하게 할 수 있다.

⑤. 제4항 후단에 따라 타인에게 사용·수익하게 하는 경우 그 사용·수익기간은 그 토지 및 시설의 무상 사용·수익기간을 초과할 수 없다.

16. 시설관리권의 설정 및 성질 등 (법 제21조)

①. 해양수산부장관 또는 지방자치단체의 장은 제20조제4항에 따라 마리나항만시설을 무상으로 사용·수익할 수 있는 기간 동안 이를 유지·관리하고, 해당 마리나항만시설의 사용자로부터 사용료를 받을 수 있는 권리(이하 "시설관리권"이라 한다)를 해당 사업시행자에게 설정할 수 있다.

②. 시설관리권은 물권으로 보며, 이 법에 특별한 규정이 없으면 「민법」에 관한 규정을 준용한다.

17. 시설관리권의 등록 등 (법 제22조)

①. 시설관리권 또는 시설관리권을 목적으로 하는 저당권의 설정·변경·소멸 및 처분의 제한에 관한 사항은 해양수산부장관 또는 지방자치단체의 장이 비치하는 시설관리권 등록원부에 등록함으로써 그 효력을 발생한다.
②. 제1항에 따른 시설관리권의 등록에 필요한 사항은 대통령령으로 정한다.
③. 시설관리권의 등록에 관하여 이 법에 특별한 규정이 있는 경우를 제외하고는 「부동산등기법」을 준용한다.
④. 시설관리권의 등록에 관한 송달은 「민사소송법」을 준용하고, 이의(異議)비용에 관하여는 「비송사건절차법」을 준용한다.

18. 시설관리권처분의 특례 (법 제23조)

저당권이 설정된 시설관리권은 저당권자의 동의가 없으면 이를 처분할 수 없다.

제6부. 마리나항만의 조성 및 관리 등에 관한 법률(마리나항만법)

[제4장 마리나항만의 관리 및 운영]

1. 관리규정 (법 제24조)

① 마리나항만시설을 유지 및 관리·운영하는 자와 국가 또는 지방자치단체로부터 마리나항만시설의 운영을 위임받거나 위탁받은 자(이하 "관리운영권자"라 한다)는 해양수산부령으로 정하는 바에 따라 마리나항만관리규정(이하 "관리규정"이라 한다)을 정하여야 한다.
② 관리운영권자는 관리규정을 정하거나 변경한 때에는 지체 없이 그 내용을 해양수산부장관에게 통보하여야 한다.
③ 해양수산부장관은 관리규정의 내용이 현저히 공익에 반하거나 법령에 위반되는 경우에는 그 내용을 변경하도록 요청할 수 있다.

2. 마리나항만시설의 안전점검 (법 제24조의2)

① 마리나항만시설의 소유자는 마리나항만시설에 대한 안전점검을 실시하여야 한다. 다만, 마리나항만시설 중 11)「시설물의 안전 및 유지관리에 관한 특별법」제2조제1호에 따른 시설물의 안전관리에 대하여는 같은 법에 따른다.
② 해양수산부장관, 시·도지사 또는 시장·군수·구청장은 제1항 본문에 따른 안전점검이 제대로 이루어지고 있는지 확인하기 위하여 필요한 경우 해당 마리나항만시설의 소유자에 대하여 그 점검결과에 관한 보고 또는 자료의 제출을 요구할 수 있다.
③ 해양수산부장관, 시·도지사 또는 시장·군수·구청장은 제1항 본문에 따른 안전점검이 제대로 이루어지고 있지 아니하다고 인정되는 경우 안전점검의 실시를 권고하는 등 필요한 조치를 할 수 있다.
④ 제1항 본문에 따른 안전점검의 실시 방법 등에 필요한 사항은 대통령령으로 정한다.

3. 마리나항만시설의 훼손 등의 비용부담 (법 제25조)

관리운영권자는 개발사업이 아닌 다른 공사 또는 마리나항만시설을 손괴·변형시키는 행위로 인하여 필요하게 된 마리나항만시설의 보수·보강사업을 그 공사의 시행자 또는 행위자로 하여금 시행하게 할 수 있다. 이 경우 소요되는 경비는 그 공사의 시행자 또는 행위자

---

11) 시설물의 안전 및 유지관리에 관한 특별법 제2조(정의) "시설물"이란 건설공사를 통하여 만들어진 교량·터널·항만·댐·건축물 등 구조물과 그 부대시설로서 제7조 각 호에 따른 제1종시설물, 제2종시설물 및 제3종시설물을 말한다.

의 부담으로 한다.

4. 마리나항만시설의 사용 및 사용료 등 (법 제26조)

①. 마리나항만시설을 사용하려는 자는 대통령령으로 정하는 바에 따라 관리운영권자의 허가를 받아야 한다. 다만, 관리운영권자가 국가 또는 지방자치단체가 아닌 경우에는 그 관리운영권자와 임대계약을 체결하거나 관리운영권자로부터 사용의 승인을 받아 마리나항만시설을 사용할 수 있다.
②. 관리운영권자는 제1항에 따른 마리나항만시설의 사용허가 또는 임대계약 등 사용신청이 있는 때에는 그 사용으로 인하여 마리나항만의 개발계획 및 관리·운영에 지장이 없는 범위 안에서 마리나항만시설의 사용허가 등을 할 수 있다.
③. 관리운영권자는 제1항에 따라 마리나항만시설을 사용하는 자로부터 사용료를 징수할 수 있다. 다만, 국가 및 지방자치단체 등 대통령령으로 정하는 자에 대하여는 그 사용료의 전부나 일부를 면제할 수 있다.
④. 국가 또는 지방자치단체가 아닌 관리운영권자는 제3항에 따른 사용료의 요율과 징수방법 등에 관한 사항을 미리 해양수산부장관에게 신고하여야 한다.
⑤. 해양수산부장관은 제4항에 따른 사용료의 요율, 징수방법이 사용자의 편익을 해칠 우려가 있다고 인정되는 경우에는 그 사용료의 요율의 변경과 그 밖에 마리나항만시설의 관리·운영에 필요한 사항을 명할 수 있다.
⑥. 해양수산부장관은 제4항에 따른 신고를 받은 날부터 14일 이내에 신고수리 여부를 신고인에게 통지하여야 한다.
⑦. 해양수산부장관이 제6항에서 정한 기간 내에 신고수리 또는 민원 처리 관련 법령에 따른 처리기간의 연장을 신고인에게 통지하지 아니하면 그 기간(민원 처리 관련 법령에 따라 처리기간이 연장 또는 재연장된 경우에는 해당 처리기간을 말한다)이 끝난 날의 다음 날에 신고를 수리한 것으로 본다.

5. 행위의 금지 (법 제27조)

누구든지 정당한 사유 없이 마리나항만시설 또는 마리나항만구역 안에서 다음 각 호의 어느 하나에 해당하는 행위를 하여서는 아니 된다.
1. 마리나항만시설을 훼손하거나 기능을 저해하는 행위
2. 마리나항만시설의 구조를 개조하거나 위치를 변경하는 행위
3. 폐선을 내버려두는 행위
4. 마리나항만구역을 매립하거나 굴착하는 행위
5. 마리나항만구역 안에 장애물을 내버려두거나 마리나항만구역을 무단으로 점유하는 행위
6. 마리나항만구역 안의 수역에서 수산동식물을 양식하는 행위
7. 그 밖에 마리나항만의 보전 또는 그 사용에 지장을 줄 우려가 있는 것으로 대통령령으로 정하는 행위

[제5장 마리나업]

1. 마리나업의 등록 등 (법 제28조의2)

①. 마리나업 중 다음 각 호의 업을 하려는 자는 대통령령으로 정하는 기준을 갖추어 해양수산부장관에게 등록하여야 한다. 등록사항 중 대통령령으로 정하는 중요한 사항을 변경하려는 경우에도 또한 같다.
  1. 마리나선박 대여업: 2톤 이상의 마리나선박을 빌려주는 업(마리나선박을 빌린 자의 요청으로 해당 선박의 운항을 대행하는 경우를 포함한다)
  2. 마리나선박 보관·계류업: 마리나선박을 육상에 보관하거나 해상에 계류할 수 있도록 시설을 제공하는 업
  3. 마리나선박 정비업: 마리나선박에 대한 정비 서비스를 제공하는 업
②. 제1항에 따른 등록의 유효기간은 등록일부터 3년으로 하고, 계속하여 영업을 하려는 자는 등록의 유효기간이 끝나기 전에 해양수산부령으로 정하는 바에 따라 그 등록을 갱신하여야 한다.
③. 제1항에 따른 등록의 방법 및 절차, 제2항에 따른 갱신절차, 그 밖에 필요한 사항은 해양수산부령으로 정한다.
④. 다음 각 호의 어느 하나에 해당하는 자는 마리나업 등록을 할 수 없다.
  1. 미성년자, 피성년후견인 또는 피한정후견인
  2. 이 법을 위반하여 징역 이상의 실형(實刑)을 선고받고 그 집행이 끝나거나 집행이 면제된 날부터 2년이 지나지 아니한 자
  3. 이 법을 위반하여 징역 이상의 형의 집행유예를 선고받고 그 유예기간 중에 있는 자
  4. 제28조의7에 따라 등록이 취소(제28조의7제1항제1호에 해당하여 등록이 취소된 경우는 제외한다)된 날부터 2년이 지나지 아니한 자

2. 마리나업의 승계 등 (법 제28조의3)

①. 제28조의2제1항에 따라 등록한 자(이하 "등록사업자"라 한다)가 그 영업을 양도하거나 사망한 때 또는 법인의 합병이 있는 때에는 그 양수인·상속인 또는 합병 후 존속하는 법인이나 합병으로 설립되는 법인은 그 등록사업자의 지위를 승계한다.
②. 다음 각 호의 어느 하나에 해당하는 절차에 따라 등록사업의 시설·장비(대통령령으로 정하는 주요시설 및 장비를 말한다)의 전부를 인수한 자는 종전 등록사업자의 지위를 승계한다.
  1. 「민사집행법」에 따른 경매
  2. 「채무자 회생 및 파산에 관한 법률」에 따른 환가
  3. 「국세징수법」·「관세법」 또는 「지방세징수법」에 따른 압류재산의 매각

4. 그 밖에 제1호부터 제3호까지에 준하는 절차
③. 제1항 또는 제2항에 따라 등록사업자의 지위를 승계한 자는 해양수산부령으로 정하는 바에 따라 해양수산부장관에게 신고하여야 한다.
④. 해양수산부장관은 제3항에 따른 신고를 받은 날부터 14일 이내에 신고수리 여부를 신고인에게 통지하여야 한다.
⑤. 해양수산부장관이 제4항에서 정한 기간 내에 신고수리 또는 민원 처리 관련 법령에 따른 처리기간의 연장을 신고인에게 통지하지 아니하면 그 기간(민원 처리 관련 법령에 따라 처리기간이 연장 또는 재연장된 경우에는 해당 처리기간을 말한다)이 끝난 날의 다음 날에 신고를 수리한 것으로 본다.

3. 휴업 또는 폐업의 신고 (법 제28조의4)

등록사업자가 그 영업의 전부 또는 일부를 휴업·재개업 또는 폐업하려는 경우에는 해양수산부령으로 정하는 바에 따라 해양수산부장관에게 신고하여야 한다. 다만, 15일 이내의 휴업의 경우에는 그러하지 아니하다.

4. 등록사업자의 의무 (법 제28조의5)

①. 등록사업자는 해양수산부령으로 정하는 바에 따라 이용요금 및 이용조건 등(이하 "이용약관"이라 한다)을 정하여 해양수산부장관에게 신고하여야 하며, 이용요금 및 이용자가 지켜야 할 사항을 영업장 안의 잘 보이는 장소에 게시하여야 한다. 이를 변경하는 때에도 또한 같다.
②. 등록사업자는 다음 각 호의 행위를 하여서는 아니 된다.
 1. 다른 사람에게 자신의 명의로 영업을 하게 하는 행위
 2. 요금 외의 금품을 요구하는 행위
 3. 정당한 사유 없이 마리나선박의 대여를 거부하거나 마리나선박의 보관·계류를 위한 시설의 제공을 거부하는 행위
 4. 신고·게시한 이용요금을 초과하는 요금을 받는 행위
 5. 14세 미만인 자(보호자를 동반하지 아니한 자로 한정한다), 술에 취한 자 또는 정신질환자에게 마리나선박을 빌려 주는 행위
 6. 마리나선박 대여업에 이용 중인 마리나선박을 「수상레저안전법」 제37조에 따른 수상레저사업 또는 「유선 및 도선 사업법」 제2조에 따른 유선사업 또는 도선사업에 이용하는 행위
③. 마리나선박 보관·계류업을 등록한 자는 보관·계류를 의뢰한 자의 요구 또는 동의 없이 임의로 마리나선박의 보관·계류의 장소 및 방식을 바꾸어서는 아니 된다.
 [시행일: 2023. 6. 11.]

제6부. 마리나항만의 조성 및 관리 등에 관한 법률(마리나항만법)

5. 시정명령 (법 제28조의6)

해양수산부장관은 등록사업자가 다음 각 호의 어느 하나에 해당하는 경우에는 요금반환, 위반행위 중지, 그 밖에 시정에 필요한 조치를 명할 수 있다.
1. 제28조의5제1항에 따른 신고·게시의무를 위반한 경우
2. 제28조의5제2항제2호부터 제6호까지의 의무를 위반한 경우
3. 제28조의8에 따른 보험 또는 공제 가입의무를 위반한 경우

6. 등록취소 등 (법 제28조의7)

①. 해양수산부장관은 등록사업자가 다음 각 호의 어느 하나에 해당하는 경우에는 등록을 취소하거나 6개월 이내의 기간을 정하여 그 영업의 전부 또는 일부의 정지를 명할 수 있다. 다만, 제1호 또는 제9호에 해당하는 경우에는 그 등록을 취소하여야 한다.
1. 거짓이나 그 밖의 부정한 방법으로 등록·변경등록을 한 경우
2. 사업수행 실적이 1년 이상 없는 경우
3. 제28조의2제1항에 따른 등록기준에 미달하게 된 경우
4. 제28조의5제2항제1호를 위반하여 다른 사람에게 자신의 명의로 영업을 하게 한 경우
5. 제28조의6에 따른 시정조치의 명령에 따르지 아니한 경우
6. 제28조의8에 따른 보험 또는 공제 가입의무를 위반한 경우
7. 제28조의9제2항부터 제4항까지의 의무를 위반한 경우
8. 현저한 경영의 부실 또는 재무구조의 악화, 그 밖의 사유로 그 영업을 계속하는 것이 적합하지 아니하다고 인정될 경우
9. 영업정지명령을 위반하여 영업정지기간 중에 영업을 한 경우
②. 제1항에 따른 행정처분의 기준 및 절차에 필요한 사항은 해양수산부령으로 정한다.

■ 마리나항만의 조성 및 관리 등에 관한 법률 시행규칙 [별표 1] <개정 2022. 2. 18.>

마리나업 등록취소 및 영업정지 기준(제28조 관련)

1. 일반기준
   가. 위반행위의 횟수에 따른 행정처분의 기준은 최근 1년간 같은 위반행위로 행정처분을 받은 경우에 적용한다. 이 경우 위반횟수는 같은 위반행위에 대하여 행정처분을 받은 날과 그 처분 후에 다시 같은 위반행위를 하여 적발된 날을 각각 기준으로 하여 계산한다.
   나. 가목에 따라 가중된 행정처분을 하는 경우 가중처분의 적용차수는 그 위반행위 전 부과차수(가목에 따른 기간 내에 행정처분이 둘 이상 있었던 경우에는 높은 차수를 말한다)의 다음 차수로 한다.
   다. 위반행위가 둘 이상인 경우로서 그에 해당하는 각각의 처분기준이 다른 경우에는 그 중 무거운 처분기준에 따른다. 다만, 둘 이상의 처분기준이 모두 영업정지인 경우에

는 각 처분기준을 합산한 기간을 넘지 않는 범위에서 무거운 처분기준의 2분의 1 범위까지 늘릴 수 있되, 그 기간은 6개월을 초과할 수 없다.

라. 처분권자는 다음의 어느 하나에 해당하는 경우에는 제2호의 개별기준에 따른 영업정지 기간의 2분의 1 범위에서 그 기간을 줄일 수 있다.
    1) 위반행위가 사소한 부주의나 오류로 인한 것으로 인정되는 경우
    2) 위반행위자가 위반행위를 바로 정정하거나 시정하여 법 위반상태를 해소한 경우
    3) 그 밖에 위반행위의 내용·정도·동기 및 결과 등을 고려하여 감경할 필요가 있다고 인정되는 경우

2. 개별 기준

위반행위	근거법령	행정처분기준			
		1차 위반	2차 위반	3차 위반	4차 위반
가. 거짓이나 그 밖의 부정한 방법으로 등록·변경등록을 한 경우	법 제28조의7제1호	등록취소	-	-	-
나. 사업수행 실적이 1년 이상 없는 경우	법 제28조의7제2호	경고	영업정지 1개월	영업정지 3개월	등록취소
다. 법 제28조의2제1항에 따른 등록기준에 미달하게 된 경우	법 제28조의7제3호	영업정지 1개월	영업정지 3개월	등록취소	-
라. 법 제28조의5제2항제1호를 위반하여 다른 사람에게 자신의 명의로 영업을 하게 한 경우	법 제28조의7제4호	영업정지 1개월	영업정지 3개월	등록취소	-
마. 법 제28조의6에 따른 시정조치의 명령에 따르지 아니한 경우	법 제28조의7제5호	영업정지 3개월	영업정지 6개월	등록취소	-
바. 법 제28조의8에 따른 보험 또는 공제 가입의무를 위반한 경우	법 제28조의7제6호	영업정지 1개월	영업정지 3개월	등록취소	-
사. 법 제28조의9제2항부터 제4항까지의 의무를 위반한 경우	법 제28조의7제7호	경고	영업정지 1개월	영업정지 3개월	등록취소
아. 현저한 경영의 부실 또는 재무구조의 악화, 그 밖의 사유로 그 영업을 계속하는 것이 적합하지 아니하다고 인정될 경우	법 제28조의7제8호	영업정지 3개월	등록취소	-	-
자. 영업정지명령을 위반하여 영업정지기간 중에 영업을 한 경우	법 제28조의7제9호	등록취소	-	-	-

제**6**부. 마리나항만의 조성 및 관리 등에 관한 법률(마리나항만법)

7. 보험 가입 등 (법 제28조의8)

등록사업자는 그 종사자와 이용자의 피해를 보전하기 위하여 대통령령으로 정하는 바에 따라 보험 또는 공제에 가입하여야 한다.

■ 보험 가입 등(시행령 제32조의4)

법 제28조의2제1항에 따라 마리나업 등록을 한 자(이하 "등록사업자"라 한다)는 법 제28조의8에 따라 다음 각 호의 기준을 모두 충족하는 보험 또는 공제에 가입하여야 한다.
 1. 가입기간: 마리나업의 등록기간 동안 계속하여 가입할 것
 2. 가입금액: 「자동차손해배상 보장법 시행령」 제3조제1항에 따른 금액 이상의 보험 또는 공제에 가입할 것

> ### ■ 자동차손해배상법 시행령 제3조(책임보험금 등)
> ①. 법 제5조제1항에 따라 자동차보유자가 가입하여야 하는 책임보험 또는 책임공제(이하 "책임보험등"이라 한다)의 보험금 또는 공제금(이하 "책임보험금"이라 한다)은 피해자 1명당 다음 각 호의 금액과 같다.
> 1. 사망한 경우에는 1억5천만원의 범위에서 피해자에게 발생한 손해액. 다만, 그 손해액이 2천만원 미만인 경우에는 2천만원으로 한다.
> 2. 부상한 경우에는 별표 1에서 정하는 금액의 범위에서 피해자에게 발생한 손해액. 다만, 그 손해액이 법 제15조제1항에 따른 자동차보험진료수가(診療酬價)에 관한 기준(이하 "자동차보험진료수가기준"이라 한다)에 따라 산출한 진료비 해당액에 미달하는 경우에는 별표 1에서 정하는 금액의 범위에서 그 진료비 해당액으로 한다.
> 3. 부상에 대한 치료를 마친 후 더 이상의 치료효과를 기대할 수 없고 그 증상이 고정된 상태에서 그 부상이 원인이 되어 신체의 장애(이하 "후유장애"라 한다)가 생긴 경우에는 별표 2에서 정하는 금액의 범위에서 피해자에게 발생한 손해액

8. 분양 및 회원 모집 (법 제28조의9)

①. 등록사업자는 마리나선박이나 그 보관·계류시설에 대하여 분양 또는 회원 모집을 할 수 있다.
②. 누구든지 다음 각 호의 어느 하나에 해당하는 행위를 하여서는 아니 된다.
 1. 제1항에 따른 분양 또는 회원 모집을 할 수 없는 자가 마리나선박 대여업이나 마리나선박 보관·계류업 또는 이와 유사한 명칭을 사용하여 분양 또는 회원 모집을 하는 행위
 2. 마리나업 관련 시설과 마리나업 관련 시설이 아닌 시설을 혼합 또는 연계하여 이를 분양하거나 회원을 모집하는 행위
 3. 공유자 또는 회원으로부터 제1항에 따른 마리나선박 또는 보관·계류시설에 관한 이용권리를 양도받아 이를 이용할 수 있는 회원을 모집하는 행위

③. 분양 또는 회원 모집을 한 자는 공유자·회원의 권익을 보호하기 위하여 다음 각 호의 사항에 관하여 대통령령으로 정하는 사항을 지켜야 한다.
 1. 공유지분 또는 회원자격의 양도·양수
 2. 마리나선박 또는 보관·계류시설의 이용
 3. 마리나선박 또는 보관·계류시설의 유지·관리에 필요한 비용의 징수
 4. 회원 입회금의 반환
 5. 회원증의 발급과 확인
 6. 공유자·회원의 대표기구 구성
 7. 그 밖에 공유자·회원의 권익 보호에 필요한 사항
④. 제1항에 따라 분양 또는 회원 모집을 하려는 자는 대통령령으로 정하는 기준 및 절차에 따라 분양 또는 회원 모집을 하여야 한다.

9. 마리나업 전문인력 양성기관의 지정 등 (법 제28조의10)

①. 해양수산부장관은 마리나업의 지속적인 발전과 경쟁력 강화를 위하여 대통령령으로 정하는 바에 따라 관련 기관 또는 단체를 마리나업 전문인력 양성기관(이하 "전문인력 양성기관"이라 한다)으로 지정할 수 있다.
②. 전문인력 양성기관은 다음 각 호의 사업을 수행한다.
 1. 마리나업 관련 전문인력 양성
 2. 마리나업의 경쟁력 강화를 위한 선진기법, 교육프로그램, 교육과정 및 교육교재의 개발과 운영
 3. 그 밖에 마리나업 전문인력 양성 및 교육을 위하여 필요한 사업
③. 해양수산부장관은 전문인력 양성기관에 대하여 예산의 범위에서 필요한 비용의 전부 또는 일부를 지원할 수 있다.
④. 해양수산부장관은 전문인력 양성기관이 다음 각 호의 어느 하나에 해당하는 경우에는 해양수산부령으로 정하는 바에 따라 지정을 취소하거나 6개월 이내의 기간을 정하여 업무정지를 명할 수 있다. 다만, 제1호에 해당하는 경우에는 지정을 취소하여야 한다.
 1. 거짓이나 그 밖의 부정한 방법으로 지정을 받은 경우
 2. 지정요건에 적합하지 아니하게 된 경우
 3. 정당한 사유 없이 전문인력 양성을 시작하지 아니하거나 지연한 경우
 4. 정당한 사유 없이 1년 이상 계속하여 전문인력 양성업무를 하지 아니한 경우
⑤. 제1항에 따른 전문인력 양성기관의 지정기준, 제4항에 따른 처분의 세부기준 및 절차, 그 밖에 필요한 사항은 해양수산부령으로 정한다.

■ 전문인력 양성기관 지정 등(시행령 제32조의7)

법 제28조의10제1항에 따라 해양수산부장관이 마리나업 전문인력 양성기관으로 지정할 수 있는 기관 또는 단체는 다음 각 호와 같다.
 1. 마리나업과 관련된 「고등교육법」 제2조 각 호에 따른 학교 또는 공인된 연구기관
 2. 마리나업의 진흥을 목적으로 설립된 기관 또는 단체

> ■ **전문인력 양성기관 지정(시행규칙 제32조)**
> ①. 법 제28조의10제1항에 따라 마리나업 전문인력 양성기관(이하 "전문인력 양성기관"이라 한다)으로 지정받으려는 기관 또는 단체는 별지 제22호서식의 전문인력 양성기관 신청서에 다음 각 호의 서류를 첨부하여 해양수산부장관에게 제출하여야 한다.
>   1. 마리나업 전문인력 양성 계획서
>   2. 교육과정의 편성 계획서
>   3. 마리나업 전문인력 양성에 필요한 인력·시설 및 설비 확보 현황
>   4. 전문인력 양성기관의 운영경비 조달계획서
> ②. 해양수산부장관은 법 제28조의10제1항에 따라 전문인력 양성기관을 지정한 경우에는 별지 제23호서식의 마리나업 전문인력 양성기관 지정서를 발급하여야 한다.
> ③. 제2항에 따라 지정된 전문인력 양성기관은 다음 각 호의 사항을 해당 호에서 정한 시기까지 해양수산부장관에게 제출해야 한다.
>   1. 다음 연도의 전문인력 양성 교육 계획: 매년 12월 31일까지
>   2. 전년도의 전문인력 양성 교육 운영 실적: 매년 1월 31일까지
> ④. 제1항부터 제3항까지에서 규정한 사항 외에 전문인력 양성기관의 지정 및 운영 등에 필요한 세부 사항은 해양수산부장관이 정하여 고시한다.

10. 출항·입항의 기록·관리 등 (법 제28조의11)

①. 마리나선박 대여업자는 마리나선박의 안전운항과 위해방지를 위하여 출항·입항 시에 해양수산부령으로 정하는 바에 따라 그 출항·입항에 관한 사항을 기록·관리하여야 한다.
②. 마리나선박 대여업자는 마리나선박에 승선하는 승객이 해양수산부령으로 정하는 바에 따라 승선신고서를 작성하여 제출하도록 하여야 한다.
③. 마리나선박 대여업자는 해양수산부령으로 정하는 바에 따라 승선하려는 승객의 신분과 제2항에 따른 승선신고서의 기재내용을 확인하여야 한다.
④. 마리나선박 대여업자는 승객이 정당한 사유 없이 제2항에 따른 승선신고서를 작성하여 제출하지 아니하거나 제3항에 따른 신분확인 요구에 따르지 아니하는 경우에는 승선을 거부하여야 한다.
⑤. 마리나선박 대여업자는 제2항에 따라 제출받은 승선신고서를 3개월 동안 보관하여야 한다.

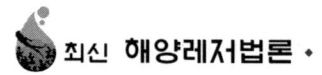

11. 마리나선박 정비사 자격의 취득 등 (법 제28조의12)

① 마리나선박 정비사가 되려는 사람은 전문인력 양성기관에서 교육을 이수하여야 한다.
② 해양수산부장관은 제1항에 따른 교육을 이수한 사람에게 마리나선박 정비사 자격증을 발급한다.
③ 다음 각 호의 어느 하나에 해당하는 사람은 마리나선박 정비사가 될 수 없다.
 1. 미성년자
 2. 피성년후견인 또는 피한정후견인
 3. 이 법 또는 「선박안전법」, 「어선법」, 「수상레저안전법」을 위반하여 금고 이상의 실형을 선고받고 그 집행이 종료(집행이 종료된 것으로 보는 경우를 포함한다)되거나 집행이 면제된 날부터 2년이 지나지 아니한 사람
④ 제1항과 제2항에 따른 마리나선박 정비사 자격증의 발급·재발급의 절차 및 그 관리에 필요한 사항은 해양수산부령으로 정한다.
⑤ 해양수산부장관은 마리나선박 정비사가 다음 각 호의 어느 하나에 해당하면 그 자격을 취소하거나 3년 이내의 범위에서 자격정지를 명할 수 있다. 다만, 제1호, 제2호 및 제4호의 어느 하나에 해당하면 그 자격을 취소하여야 한다.
 1. 거짓이나 그 밖의 부정한 방법으로 마리나선박 정비사 자격을 취득한 경우
 2. 제3항의 결격사유 중 어느 하나에 해당하게 된 경우
 3. 마리나선박 정비사의 자격증을 빌리거나 빌려주거나 이를 알선한 경우
 4. 마리나선박 정비사 자격정지 기간에 마리나선박 정비 업무를 수행한 경우
⑥ 제5항에 따른 마리나선박 정비사 자격의 취소 또는 정지에 관한 세부적인 기준은 위반행위의 종류와 위반 정도 등을 고려하여 대통령령으로 정한다.
[본조신설 2020. 2. 18.]

■ 마리나항만의 조성 및 관리 등에 관한 법률 시행령 [별표 1의3]

마리나선박 정비사의 자격취소 및 자격정지처분의 세부기준(제32조의8 관련)

1. 일반기준
 가. 위반행위의 횟수에 따른 행정처분의 기준은 최근 1년간 같은 위반행위로 행정처분을 받은 경우에 적용한다. 이 경우 기간의 계산은 위반행위에 대해 행정처분을 받은 날과 그 처분 후 다시 같은 위반행위를 하여 적발된 날을 기준으로 한다.
 나. 가목에 따라 가중된 행정처분을 하는 경우 가중처분의 적용 차수는 그 위반행위 전 행정처분 차수(가목에 따른 기간 내에 행정처분이 둘 이상 있었던 경우에는 높은 차수를 말한다)의 다음 차수로 한다.
 다. 위반행위가 둘 이상인 경우로서 그에 해당하는 각각의 처분기준이 다른 경우에는 그 중 무거운 처분기준에 따른다.

2. 개별기준

제6부. 마리나항만의 조성 및 관리 등에 관한 법률(마리나항만법)

위반행위	근거 법조문	위반횟수별 행정처분기준		
		1회 위반	2회 위반	3회 이상 위반
가. 거짓이나 그 밖의 부정한 방법으로 마리나선박 정비사 자격증을 취득한 경우	법 제28조의12 제5항제1호	자격취소		
나. 법 제28조의12제3항의 결격사유 중 어느 하나에 해당하게 된 경우	법 제28조의12 제5항제2호	자격취소		
다. 마리나선박 정비사의 자격증을 빌리거나 빌려주거나 이를 알선한 경우	법 제28조의12 제5항제3호	자격정지 1년	자격정지 2년	자격취소
라. 마리나선박 정비사 자격정지 기간에 마리나선박 정비 업무를 수행한 경우	법 제28조의12 제5항제4호	자격취소		

[제6장 보칙 · 벌칙]

1. 마리나산업단지의 조성 (법 제29조)

① 국가 또는 지방자치단체는 마리나 관련 산업을 효율적으로 진흥하기 위하여 마리나산업단지를 조성할 수 있다.
② 제1항에 따른 마리나산업단지의 조성은 「산업입지 및 개발에 관한 법률」에 따른 국가산업단지, 일반산업단지, 도시첨단산업단지 및 농공단지의 지정·개발절차에 따른다.

2. 국 · 공유재산의 대부 · 사용 등 (법 제30조)

① 국가 또는 지방자치단체는 개발사업 또는 마리나산업단지의 조성 및 운영을 위하여 필요하다고 인정하는 경우에는 「국유재산법」 또는 「공유재산 및 물품 관리법」에도 불구하고 국·공유재산을 수의계약으로 대부·사용·수익하게 하거나 매각할 수 있다.
② 제1항에 따른 국·공유재산의 대부·사용·수익·매각 등의 내용 및 조건에 관하여는 「국유재산법」 또는 「공유재산 및 물품 관리법」에서 정하는 바에 따른다.

3. 각종 부담금 등의 감면 (법 제31조)

① 개발사업 또는 마리나산업단지 조성사업을 원활히 시행하기 위하여 농지 또는 산지의 전용이 필요한 경우에는 사업시행자에게 「농지법」 또는 「산지관리법」에서 정하는 바에 따라 농지보전부담금 또는 대체산림자원조성비를 감면할 수 있다.
② 개발사업 또는 마리나산업단지를 조성·관리하는 자에 대하여는 「공유수면 관리 및 매립에 관한 법률」에서 정하는 바에 따라 공유수면 점용료·사용료 또는 「하천법」에서 정하는 바에 따라 토지의 점용료와 하천사용료를 감면할 수 있다.

4. 비용의 지원 (법 제32조)

① 개발사업 또는 마리나산업단지 조성사업의 시행에 사용되는 비용은 사업시행자가 부담한다.
② 국가 또는 지방자치단체는 개발사업 또는 마리나산업단지의 조성을 위하여 대통령령으로 정하는 바에 따라 예산의 범위에서 사업시행자에게 개발사업 또는 마리나산업단지의 조성에 드는 비용의 일부를 지원하거나 보조·융자할 수 있다.
③ 국가 또는 지방자치단체는 개발사업 또는 마리나산업단지의 조성사업에 필요한 방파제·도로·철도·용수시설 등 대통령령으로 정하는 기반시설을 설치하는 것을 우선적으로 지원할 수 있다.

5. 마리나선박 제조사 고유식별코드 (법 제32조의2)

① 해양수산부장관은 마리나선박 제조사의 신청이 있는 경우 해당하는 고유식별코드를 부여할 수 있다.
② 제1항에 따른 고유식별코드의 신청 및 부여의 절차·방법, 그 밖에 필요한 사항은 해양수산부령으로 정한다.

6. 벌칙

☑ **제37조** 다음 각 호의 어느 하나에 해당하는 자는 3년 이하의 징역 또는 3천만원 이하의 벌금에 처한다.
1. 거짓이나 그 밖의 부정한 방법으로 제9조에 따른 사업시행자로 지정을 받은 자
2. 거짓이나 그 밖의 부정한 방법으로 제13조제1항에 따른 실시계획의 승인을 받은 자

☑ **제38조** 다음 각 호의 어느 하나에 해당하는 자는 2년 이하의 징역 또는 2천만원 이하의

벌금에 처한다.
1. 제13조제1항에 따른 실시계획의 승인을 받지 아니하고 사업을 시행하는 자
2. 제18조제4항에 따른 준공 전 사용의 신고를 하지 아니하고 토지나 시설을 사용한 자
3. 제28조의2제1항을 위반하여 해양수산부장관에게 등록을 하지 아니하고 마리나업을 하거나 거짓이나 그 밖의 부정한 방법으로 등록한 자
4. 제28조의9제2항을 위반하여 분양 또는 회원을 모집한 자

☑ **제39조** 다음 각 호의 어느 하나에 해당하는 자는 1년 이하의 징역 또는 1천만원 이하의 벌금에 처한다.
1. 마리나항만구역에서 제12조제1항에 따른 허가를 받지 아니하고 건축물의 건축 등의 행위를 한 자
2. 제28조제1항에 따른 원상회복 또는 제거 명령을 위반한 자
3. 제33조제1항에 따른 공사의 중지·변경, 건축물 또는 장애물 등의 개축·변경 또는 이전, 그 밖에 필요한 처분이나 조치의 명령을 위반한 자
4. 제28조의5제2항제1호를 위반하여 다른 사람에게 자신의 명의로 영업을 하게 한 자
5. 제28조의12제1항을 위반하여 거짓이나 그 밖의 부정한 방법으로 마리나선박 정비사 자격을 취득한 자

7. 양벌규정 (법 제40조)

법인의 대표자나 법인 또는 개인의 대리인, 사용인, 그 밖의 종업원이 그 법인 또는 개인의 업무에 관하여 제37조부터 제39조까지의 어느 하나에 해당하는 위반행위를 하면 그 행위자를 벌하는 외에 그 법인 또는 개인에게도 해당 조문의 벌금형을 과(科)한다. 다만, 법인 또는 개인이 그 위반행위를 방지하기 위하여 해당 업무에 관하여 상당한 주의와 감독을 게을리하지 아니한 경우에는 그러하지 아니하다.

8. 과태료 (법 제41조)

① 다음 각 호의 어느 하나에 해당하는 자에게는 300만원 이하의 과태료를 부과한다.
1. 제24조의2제1항을 위반하여 마리나항만시설에 대한 안전점검을 실시하지 아니한 자
2. 제28조의11제1항을 위반하여 출항·입항에 관한 사항을 기록·관리하지 아니한 자

② 다음 각 호의 어느 하나에 해당하는 자에게는 200만원 이하의 과태료를 부과한다.
1. 제14조제1항 후단 및 제5항 후단을 위반하여 사업시행자의 토지에의 출입 또는 일시 사용을 가로막거나 방해한 자
2. 제14조제3항을 위반하여 토지의 소유자 또는 점유자의 승낙 없이 토지를 출입한 자
3. 제14조제4항을 위반하여 증표를 지니지 아니하고 토지를 출입한 자
4. 제28조의2제1항을 위반하여 변경등록을 하지 아니하고 마리나업을 한 자
5. 제28조의3제3항을 위반하여 마리나업의 양도·양수, 합병(법인인 경우만 해당한다) 신고

를 하지 아니한 자
6. 제28조의4를 위반하여 휴업·재개업·폐업 신고를 하지 아니한 자
7. 제28조의5제1항을 위반하여 이용약관을 신고하지 아니하거나 이용요금 등을 게시하지 아니한 자
8. 제28조의5제2항제2호부터 제6호까지를 위반하여 요금 외의 금품을 요구하는 행위 등을 한 자
9. 제28조의8을 위반하여 보험 또는 공제에 가입하지 아니한 자
10. 제28조의11제2항을 위반하여 승선신고서를 제출하도록 하지 아니한 자
11. 제28조의11제4항을 위반하여 승선을 거부하지 아니한 자
12. 제28조의11제5항을 위반하여 승선신고서를 3개월 동안 보관하지 아니한 자

③ 제1항 및 제2항에 따른 과태료는 대통령령으로 정하는 바에 따라 해양수산부장관이 부과·징수한다.

제7부 연안사고 예방에 관한 법률
(연안사고예방법)

[2021. 10. 14. 시행]

제1장 총칙
제2장 연안사고 예방 기본계획 등
제3장 연안사고 안전관리 규정 등
제4장 안전문화 시책 등
제5장 벌칙

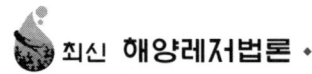

[제1장 총칙]

1. 목적 (법 제1조)

이 법은 연안해역에서 발생하는 연안사고의 예방에 필요한 사항을 규정함으로써 국민의 생명·신체 및 재산을 보호하고 공공의 안전을 도모함을 목적으로 한다.

2. 정의 (법 제2조)

이 법에서 사용하는 용어의 뜻은 다음과 같다.
1. "연안해역"이란 [12]「연안관리법」제2조제2호의 지역(「무인도서의 보전 및 관리에 관한 법률」제2조제1호에 따른 무인도서를 포함한다)을 말한다.
2. "연안사고"란 연안해역에서 발생하는 인명에 위해를 끼치는 다음 각 목의 사고를 말한다. 다만, 「해양사고의 조사 및 심판에 관한 법률」제2조제1호에 따른 해양사고는 제외한다.
   가. 갯벌·갯바위·방파제·연육교·선착장·무인도서 등에서 바다에 빠지거나 추락·고립 등으로 발생한 사고
   나. 연안체험활동 중에 발생한 사고
3. "연안체험활동"이란 연안해역에서 이루어지는 체험활동으로서 해양수산부령으로 정하는 활동을 말한다.

■ **연안체험활동(시행규칙 제2조)**

「연안사고 예방에 관한 법률」(이하 "법"이라 한다) 제2조제3호에서 "해양수산부령으로 정하는 활동"이란 다음 각 호의 어느 하나에 해당하는 체험활동을 말한다.
1. 수상형 체험활동: 「선박법」제1조의2제1항에 따른 선박이나 「수상레저안전법」제2조제3호에 따른 수상레저기구를 이용하지 않고 수상에서 이루어지는 체험활동. 다만, 체험활동 과정의 일부가 수중에서 이루어지는 경우에도 활동 내용의 주된 부분이 수상에서 이루어지는 체험활동은 전체를 수상형 체험활동으로 본다.
2. 수중(水中)형 체험활동: 수중에서 이루어지는 체험활동. 다만, 체험활동 과정의 일부가 수상에서 이루어지는 경우에도 활동 내용의 주된 부분이 수중에서 이루어지는 체험활동은 전체를 수중형 체험활동으로 본다.

---

12) 연안관리법 제2조 2. "연안해역"이란 다음 각 목의 지역을 말한다.
가. 바닷가[「해양조사와 해양정보 활용에 관한 법률」제8조제1항제3호에 따른 해안선으로부터 지적공부에 등록된 지역까지의 사이를 말한다]
나. 바다[「해양조사와 해양정보 활용에 관한 법률」제8조제1항제3호에 따른 해안선으로부터 영해의 외측 한계까지의 사이를 말한다]

3. 일반형 체험활동: 제1호 또는 제2호에 따른 체험활동 외에 연안해역에서 이루어지는 체험활동

3. 국가 등의 책무 (법 제3조)

①. 국가와 지방자치단체는 연안사고로부터 국민의 생명·신체 및 재산을 보호하기 위하여 필요한 시책을 강구하고 추진하여야 한다.
②. 국가와 지방자치단체는 연안사고를 효과적으로 예방하기 위한 안전체계 구축 및 기반 조성에 노력하여야 한다.
③. 국가와 지방자치단체는 연안사고의 예방을 위하여 필요한 안전교육이 실시될 수 있도록 노력하여야 한다.

4. 다른 법률과의 관계(법 제4조)

연안사고 예방에 관하여 다른 법률에 특별한 규정이 있는 경우를 제외하고는 이 법에서 정하는 바에 따른다.

[제2장 연안사고 예방 기본계획 등]

1. 연안사고 예방 기본계획 수립 등 (법 제5조)

①. 해양경찰청장은 연안사고 예방을 위하여 5년마다 연안사고 예방 기본계획(이하 "기본계획"이라 한다)을 수립·추진하여야 한다.
②. 해양경찰청장은 기본계획을 수립하려는 경우 미리 소방청장, 광역시장·도지사·특별자치도지사 및 특별시·광역시·특별자치시·도·특별자치도의 교육감(이하 "시·도교육감"이라 한다)의 의견을 들어야 한다. 대통령령으로 정하는 중요한 사항을 변경하려는 경우에도 또한 같다.
③. 해양경찰청장은 기본계획의 수립 또는 변경에 필요한 경우에는 관계 행정기관의 장에게 관련 자료의 제출을 요청할 수 있다. 이 경우 자료의 제출을 요청받은 관계 행정기관의 장은 특별한 사유가 없으면 이에 따라야 한다.

2. 기본계획의 내용 (법 제6조)

기본계획에는 다음 각 호의 사항이 포함되어야 한다.
1. 연안사고 예방에 관한 정책의 기본방향
2. 연안사고 예방에 필요한 안전체계 구축에 관한 사항
3. 연안해역의 특성을 고려한 연안사고 예방 방안에 관한 사항
4. 연안사고 예방을 위한 전문인력의 양성 및 운영에 관한 사항
5. 연안사고 예방에 필요한 재원의 조달방안에 관한 사항
6. 그 밖에 연안사고 예방에 필요한 사항

3. 시행계획의 수립·시행 (법 제7조)

①. 해양경찰청장은 기본계획에 따라 매년 연안사고 예방 시행계획(이하 이 조에서 "시행계획"이라 한다)을 수립·시행하여야 한다.
②. 시행계획의 수립·시행에 필요한 사항은 해양수산부령으로 정한다.

> ■ **시행규칙 제3조(연안사고 예방 시행계획의 수립)**
> ①. 해양경찰청장은 법 제7조제1항에 따른 연안사고 예방 시행계획(이하 "시행계획"이라 한다)을 법 제8조제1항에 따른 중앙연안사고예방협의회의 협의를 거쳐 수립하여야 한다.
> ②. 시행계획에는 다음 각 호의 사항이 포함되어야 한다.
>   1. 법 제5조제1항에 따른 연안사고 예방 기본계획의 시행을 위하여 필요한 사항
>   2. 그 밖에 연안사고 예방 활동과 관련하여 필요한 사항
> ③. 해양경찰청장은 시행계획을 수립한 경우 관계 중앙행정기관의 장, 지방자치단체의 장 및 교육감에게 그 내용을 알려야 한다.

4. 연안사고 예방협의회 (법 제8조)

①. 연안사고 예방에 관하여 필요한 사항을 협의하기 위하여 해양경찰청장 소속으로 중앙연안사고예방협의회를 두고, 지방해양경찰청 및 해양경찰서에 각각 광역연안사고예방협의회 및 지역연안사고예방협의회를 둔다.
②. 연안사고예방협의회의 구성과 기능 및 운영 등에 필요한 사항은 대통령령으로 정한다.

제7부. 연안사고 예방에 관한 법률(연안사고예방법)

[제3장 연안사고 안전관리규정 등]

1. 연안사고 안전관리규정의 작성·시행 (법 제9조)

① 해양경찰청장은 연안사고를 예방하기 위하여 소방청장, 특별자치도지사·시장·군수·구청장(자치구의 구청장을 말한다. 이하 같다) 및 시·도교육감의 의견을 들어 연안사고 안전관리규정(이하 이 조에서 "안전관리규정"이라 한다)을 작성하여 시행하여야 한다. 안전관리규정을 변경하려는 때에도 또한 같다.
② 안전관리규정에는 다음 각 호의 사항이 포함되어야 한다.
  1. 인명사고가 자주 발생하는 연안해역에 관한 사항
  2. 인명사고 예방조치에 관한 사항
  3. 인명사고 위험구역 설정 및 위험경보에 관한 사항
  4. 위험표지판 등 안전관리 시설물의 설치에 관한 사항
  5. 연안해역 안전점검 주기 및 안전점검 결과에 따른 응급조치에 관한 사항
  6. 그 밖에 해양수산부령으로 정하는 사항
③ 특별자치도지사·시장·군수·구청장은 안전관리규정을 준수하여야 한다.

2. 출입통제 등 (법 제10조)

① 해양경찰청장은 연안사고 예방을 위하여 특별자치도지사·시장·군수·구청장, 소방서장 및 항만에 관한 업무를 관장하는 해양수산부 소속 기관의 장의 의견을 들어 인명사고가 자주 발생하거나 발생할 우려가 높은 다음 각 호의 장소에 대하여 출입통제를 할 수 있다.
  1. 너울성 파도가 잦은 해안가 또는 방파제
  2. 물살이 빠르고 갯골이 깊은 갯벌 지역
  3. 사고발생이 빈번하고 구조활동이 용이하지 아니한 섬 또는 갯바위
  4. 연안절벽 등 해상추락이 우려되는 지역
  5. 그 밖에 연안사고가 자주 발생하는 장소
② 해양경찰청장은 제1항에 따른 출입통제를 하려는 경우에는 그 사유와 기간 등 해양수산부령으로 정하는 사항을 포함하여 공고하고, 정보통신매체를 통하여 이를 적극 알려야 한다.
③ 해양경찰청장은 제1항에 따른 출입통제 사유가 없어졌거나 필요가 없다고 인정하는 경우에는 즉시 출입통제 조치를 해제하고 제2항에 따른 공고 등을 하여야 한다.
④ 출입통제의 공고 절차와 방법 등에 필요한 사항은 해양수산부령으로 정한다.

3. 연안체험활동 안전수칙 (법 제11조)

①. 해양경찰청장은 연안체험활동 중 발생할 수 있는 사고를 예방하기 위하여 다음 각 호의 사항이 포함된 연안체험활동 안전수칙(이하 "안전수칙"이라 한다)을 정하여야 한다.
   1. 안전관리요원의 자격과 배치기준
   2. 안전장비의 종류와 배치기준
   3. 그 밖에 해양수산부령으로 정하는 사항
②. 연안체험활동에 참가하려는 자(이하 "연안체험활동 참가자"라 한다)를 모집하여 연안체험 프로그램을 운영하려는 자(이하 "연안체험활동 운영자"라 한다)는 안전수칙을 준수하여야 한다.
③. 제1항에 따른 안전관리요원의 자격과 배치기준, 안전장비의 종류와 배치기준 등에 필요한 사항은 해양수산부령으로 정한다.

4. 연안체험활동 안전교육 (법 제11조의2)

①. 연안체험활동 운영자 및 제11조제1항제1호의 안전관리요원은 연안체험활동의 안전에 관하여 해양수산부령으로 정하는 바에 따라 해양경찰청장이 실시하는 안전교육을 받아야 한다.

> ■ **시행규칙 제6조의2(연안체험활동 안전교육)**
> ①. 법 제11조의2제1항에 따라 연안체험활동 운영자(연안체험활동에 참가하려는 사람을 모집하여 연안체험 프로그램을 운영하려는 자를 말한다. 이하 같다) 및 법 제11조제1항제1호에 따른 안전관리요원(이하 "안전관리요원"이라 한다)이 이수해야 하는 안전교육 내용 및 교육시간은 별표 3과 같다.
> ②. 제1항에 따른 안전교육을 받으려는 사람은 별지 제1호서식의 안전교육 신청서를 해양경찰청장[법 제22조제2항 및 「연안사고 예방에 관한 법률 시행령」(이하 "영"이라 한다) 제11조제2항에 따라 해양경찰청장으로부터 업무를 위탁받은 자를 포함한다] 또는 법 제11조의2제2항에 따라 지정된 안전교육 위탁기관의 장에게 제출해야 한다.
> ③. 법 제11조의2제1항에 따른 안전교육을 받으려는 사람은 안전교육 1시간당 8천원의 수수료를 납부해야 한다.

■ 연안사고 예방에 관한 법률 시행규칙[별표 3]

안전교육 내용 및 교육시간(제6조의2제1항 관련)

교육구분	교육내용	교육시간
가. 수상형 체험활동	수상안전 수칙 관련 법령 등 응급처치 인명구조	6시간

제7부. 연안사고 예방에 관한 법률(연안사고예방법)

나. 수중형 체험활동	수중안전 수칙 관련 법령 등 응급처치 인명구조	6시간
다. 일반형 체험활동	관련 법령 등 응급처치 인명구조	4시간
라. 수상형·수중형 체험활동 통합교육	수상·수중안전 수칙 관련 법령 등 응급처치 인명구조	8시간

비 고
1. 안전교육의 유효기간은 교육을 이수한 날부터 2년으로 한다.
2. 안전교육은 연안체험활동 신규 종사일 전 6개월 이내에 1회 이상 이수하여야 한다.
3. 이직 등으로 연안체험활동에 1년 이상 종사하지 아니하였다가 다시 연안체험활동에 종사하려는 경우에는 신규 종사자로 보아 안전교육을 다시 이수하여야 한다.
4. 수상형·수중형 체험활동 통합교육을 이수한 경우에는 수상형 체험활동 및 수중형 체험활동 교육을 모두 이수한 것으로 본다.

② 해양경찰청장은 연안체험활동 운영자 및 안전관리요원에 대한 안전교육을 효율적으로 수행하기 위하여 연안체험활동 안전에 관한 교육을 전문적으로 실시하는 교육기관을 지정하여 제1항에 따른 안전교육을 실시하게 할 수 있다.
③ 해양경찰청장은 제2항에 따라 지정된 안전교육 위탁기관(이하 "위탁기관"이라 한다)이 다음 각 호의 어느 하나에 해당하는 경우에는 지정을 취소하거나 6개월 이내의 기간을 정하여 위탁업무를 정지할 수 있다. 다만, 제1호에 해당하는 경우에는 지정을 취소하여야 한다.
 1. 거짓이나 그 밖의 부정한 방법으로 지정을 받은 경우
 2. 거짓이나 그 밖의 부정한 방법으로 안전교육 수료에 관한 증서를 발급한 경우
 3. 제5항에 따른 위탁기관의 지정기준에 미치지 못하게 된 경우
④ 제1항에 따른 안전교육을 받으려는 사람은 해양수산부령으로 정하는 바에 따라 수수료를 납부하여야 한다.
⑤ 위탁기관의 지정과 그 취소 및 위탁업무의 정지의 기준, 절차 및 운영 등에 필요한 사항은 해양수산부령으로 정한다.

5. 연안체험활동 신고 (법 제12조)

① 연안체험활동 운영자는 해양수산부령으로 정하는 절차와 방법에 따라 해양경찰서장에게 연안체험활동 안전관리 계획서(이하 "계획서"라 한다)를 작성하여 신고하여야 한다. 다만, 다음 각 호의 경우는 제외한다.

1. 「수상레저안전법」, 「유선 및 도선 사업법」, 「낚시 관리 및 육성법」, 「수중레저활동의 안전 및 활성화 등에 관한 법률」, 「청소년활동 진흥법」, 「체육시설의 설치·이용에 관한 법률」, 「도시와 농어촌 간의 교류촉진에 관한 법률」, 「수산업법」, 「양식산업발전법」 등 다른 법률에서 지도·감독 등을 받는 법인 또는 단체가 운영하는 경우
2. 연안체험활동 참가자 수가 해양수산부령으로 정하는 규모 이하인 경우

> ■ **시행규칙 제7조(연안체험활동 계획신고 등)**
> ① 연안체험활동 운영자는 법 제12조제1항에 따라 별지 제2호서식의 연안체험활동 계획 신고서(전자문서로 된 신고서를 포함한다)에 다음 각 호의 서류(전자문서를 포함한다)를 첨부하여 연안체험활동 참가자 모집 7일 전까지 관할 해양경찰서장에게 제출해야 한다.
>   1. 연안체험활동 안전관리 계획서
>   2. 법 제11조제1항에 따른 안전관리요원 및 안전장비의 배치에 관한 서류
>   3. 연안체험활동 운영자 및 안전관리요원이 법 제11조의2제1항 또는 제2항에 따라 해양경찰청장(법 제22조제2항 및 영 제11조제2항에 따라 해양경찰청장으로부터 업무를 위탁받은 자를 포함한다) 또는 위탁기관이 실시하는 안전교육을 이수하였음을 증명하는 서류
>   4. 법 제13조제1항에 따른 보험등 가입 또는 보험등 가입 예정 사실을 증명하는 서류
> ② 제1항에도 불구하고 사전에 연안체험활동 참가자의 세부현황 및 안전관리요원 등에 관한 사항을 확정하기 어려운 연안체험활동 운영자는 별지 제2호의2서식에 따른 기간별 연안체험활동 신고서(전자문서로 된 신고서를 포함한다)에 제1항 각 호의 서류(전자문서를 포함한다)를 첨부하여 해당 연안체험활동이 시작되기 7일 전까지 관할 해양경찰서장에게 제출할 수 있다. 이 경우 연안체험활동 운영자는 신고된 기간 동안 실시되는 각각의 연안체험활동에 대하여 별지 제2호의3서식에 따른 현장체험활동 건별신고서(전자문서로 된 신고서를 포함한다)를 작성하여 해당 연안체험활동 시작 전에 관할 해양경찰서장에게 제출하여야 한다.
> ③ 연안체험활동 운영자는 제1항 및 제2항에 따라 신고한 사항이 변경된 경우에는 별지 제2호서식(전자문서를 포함한다) 또는 별지 제2호의2서식(전자문서를 포함한다)에 변경사유서(전자문서를 포함한다) 및 관련 서류(전자문서를 포함한다)를 첨부하여 관할 해양경찰서장에게 제출하여야 한다.
> ④ 관할 해양경찰서장은 연안체험활동 계획 신고를 수리한 경우(변경신고를 수리한 경우를 포함한다)에는 별지 제3호서식의 연안체험활동 계획 신고증명서를 연안체험활동 운영자에게 발급하고, 별지 제4호서식의 연안체험활동 계획 신고관리대장을 작성·관리하여야 한다.
> ⑤ 법 제12조제7항에 따라 사고를 신고하려는 자는 전화·팩스 등을 이용하여 다음 각 호의 사항을 신고해야 한다.
>   1. 사고가 발생한 날짜·시간·장소
>   2. 연안체험활동의 유형과 참가자 수
>   3. 피해 상황 및 조치사항

> ■ **시행규칙 제9조(연안체험활동 신고 제외)**
> 법 제12조제1항제3호에서 "해양수산부령으로 정하는 규모 이하인 경우"란 다음 각 호의 어느 하나에 해당되는 연안체험활동을 말한다.
> 　1. 연안체험활동 참가자가 10명 미만인 수상형 체험활동
> 　2. 연안체험활동 참가자가 5명 미만인 수중형 체험활동
> 　3. 연안체험활동 참가자가 20명 미만인 일반형 체험활동

②. 계획서에는 다음 각 호의 사항이 포함되어야 한다.
 1. 연안체험활동의 기간과 장소 및 유형
 2. 제11조제1항에 따른 안전수칙 준수에 관한 사항
 3. 제13조에 따른 보험 또는 공제(이하 "보험등"이라 한다)의 가입사실
 4. 연안체험활동 중 사고발생 시 연안체험활동 운영자의 관계 기관에 대한 신고의무 부과 등 대처계획에 관한 사항
③. 연안체험활동 운영자는 계획서의 신고가 수리되기 전에는 연안체험활동 참가자의 모집을 하여서는 아니 된다.
④. 해양경찰서장은 제1항 본문에 따른 신고를 받은 날부터 7일 이내에 신고수리 여부를 신고인에게 통지하여야 한다.
⑤. 해양경찰서장이 제4항에서 정한 기간 내에 신고수리 여부 또는 민원 처리 관련 법령에 따른 처리기간의 연장을 신고인에게 통지하지 아니하면 그 기간(민원 처리 관련 법령에 따라 처리기간이 연장 또는 재연장된 경우에는 해당 처리기간을 말한다)이 끝난 날의 다음 날에 신고를 수리한 것으로 본다.
⑥. 해양경찰서장은 계획서의 신고를 수리한 경우(제5항에 따라 신고를 수리한 것으로 보는 경우를 포함한다)에는 그 사실을 특별자치도지사·시장·군수·구청장에게 통보하여야 한다.
⑦. 연안체험활동 운영자 또는 안전관리요원은 연안체험활동 관련 사고로 사람이 사망하거나 실종된 경우 또는 중상을 입은 경우에는 해양수산부령으로 정하는 바에 따라 지체 없이 해양경찰관서나 소방관서 또는 경찰관서 등 관계 행정기관에 신고하여야 한다.

6. 보험등의 가입 (법 제13조)

①. 연안체험활동 운영자는 연안체험활동 참가자 및 안전관리요원에게 발생한 생명·신체의 손해를 배상하기 위하여 보험등에 가입하여야 한다.
②. 제1항에 따라 보험등에 가입하여야 할 연안체험활동의 유형 및 보험등 금액 등은 대통령령으로 정한다.

> ■ **보험등 가입대상 연안체험활동 (시행령 제5조)**
> 연안체험활동 운영자가 법 제13조제1항에 따른 보험등(이하 "보험등"이라 한다)에 가입하여야 할 연안체험활동은 수상이나 수중에서 이루어지는 연안체험활동으로 한다.

■ **보험등 금액 (시행령 제6조)**
법 제13조제1항에 따라 연안체험활동 운영자가 가입해야 하는 보험등의 금액은 「자동차손해배상 보장법 시행령」 제3조제1항에 따른 금액 이상으로 한다.

> ■ **자동차손해배상 보장법 시행령 제3조(책임보험금 등)**
> ①. 법 제5조제1항에 따라 자동차보유자가 가입하여야 하는 책임보험 또는 책임공제(이하 "책임보험등"이라 한다)의 보험금 또는 공제금(이하 "책임보험금"이라 한다)은 피해자 1명당 다음 각 호의 금액과 같다.
>   1. 사망한 경우에는 1억5천만원의 범위에서 피해자에게 발생한 손해액. 다만, 그 손해액이 2천만원 미만인 경우에는 2천만원으로 한다.
>   2. 부상한 경우에는 별표 1에서 정하는 금액의 범위에서 피해자에게 발생한 손해액. 다만, 그 손해액이 법 제15조제1항에 따른 자동차보험진료수가(診療酬價)에 관한 기준(이하 "자동차보험진료수가기준"이라 한다)에 따라 산출한 진료비 해당액에 미달하는 경우에는 별표 1에서 정하는 금액의 범위에서 그 진료비 해당액으로 한다.
>   3. 부상에 대한 치료를 마친 후 더 이상의 치료효과를 기대할 수 없고 그 증상이 고정된 상태에서 그 부상이 원인이 되어 신체의 장애(이하 "후유장애"라 한다)가 생긴 경우에는 별표 2에서 정하는 금액의 범위에서 피해자에게 발생한 손해액

7. 보험등의 가입 정보 제공 등 (법 제13조의2)

①. 연안체험활동 운영자는 제13조에 따른 보험등의 가입 정보를 대통령령으로 정하는 바에 따라 연안체험활동 참가자 및 안전관리요원에게 알려야 한다.

> ■ **시행령 제6조의2(보험등의 가입 정보 제공)**
> ①. 연안체험활동 운영자는 법 제13조의2제1항에 따라 보험등의 가입 기간·대상·금액 등 보험등의 가입 정보를 사업장 안의 잘 보이는 장소에 게시해야 한다.
> ②. 제1항에서 규정한 사항 외에 보험등의 가입 정보를 알리는 데 필요한 사항은 해양수산부령으로 정한다.

②. 해양경찰청장 또는 해양경찰서장은 제13조에 따른 보험등의 가입을 확인하기 위하여 연안체험활동 운영자의 동의를 받아 보험회사 및 공제사업자(이하 이 조에서 "보험회사등"이라 한다) 또는 「보험업법」 제175조에 따른 보험협회, 같은 법 제176조에 따른 보험요율 산출기관 및 같은 법 제178조에 따른 보험 관계 단체(이하 이 조에서 "보험협회등"이라 한다)에 필요한 자료 또는 정보의 제공을 요청할 수 있다.
③. 보험회사등은 제2항에 따라 자료 또는 정보의 제공을 요청받은 경우 보험협회등을 통하여 해당 자료 또는 정보를 제공할 수 있다.
④. 제2항에 따라 자료 및 정보의 제공을 요청받은 자는 정당한 사유가 없으면 그 요청에 따라야 한다.

제7부. 연안사고 예방에 관한 법률(연안사고예방법)

8. 연안체험활동의 제한 등 (법 제14조)

①. 관할 해양경찰서장은 다음 각 호의 어느 하나에 해당하는 경우로서 연안체험활동이 곤란하거나 연안체험활동 참가자의 안전에 위해를 끼칠 우려가 있다고 인정하는 때에는 연안체험활동의 전부 또는 일부를 금지하거나 제한할 수 있다.
  1. 자연재해의 예보·경보 등이 발령된 경우
  2. 유류오염·적조·부유물질·유해생물이 발생하거나 출현하는 경우
  3. 어망 등 해상장애물이 많은 경우
  4. 그 밖에 연안사고 예방을 위하여 대통령령으로 정하는 경우
②. 관할 해양경찰서장은 연안체험활동의 금지 또는 제한의 원인이 되는 사유가 소멸되거나 완화된 경우 연안체험활동의 금지 또는 제한의 전부 또는 일부를 해제할 수 있다.
③. 관할 해양경찰서장은 제1항 및 제2항에 따라 연안체험활동의 금지·제한 또는 금지·제한을 해제한 경우 지체 없이 특별자치도지사·시장·군수·구청장에게 알리고, 정보통신매체 등을 통하여 공고하여야 한다.

9. 연안체험활동 안전점검 (법 제15조)

①. 관할 해양경찰서장은 소속 경찰공무원으로 하여금 연안사고 예방을 위하여 연안체험활동 장소에 출입하여 다음 각 호의 사항에 대한 안전점검을 하게 할 수 있다.
  1. 제11조제1항에 따른 안전수칙 준수 여부
  2. 연안체험활동 상황
  3. 그 밖에 해양수산부령으로 정하는 사항
②. 관할 해양경찰서장은 제1항에 따른 안전점검의 결과 안전수칙을 위반하였거나 안전확보에 중대한 문제가 있다고 판단되는 경우에는 해양수산부령으로 정하는 바에 따라 시정명령 등 필요한 조치를 하거나 관계 법률에 따른 영업정지 등의 조치를 관계 행정기관의 장에게 요청할 수 있다.
③. 제1항에 따른 안전점검을 하는 경찰공무원은 그 신분을 나타내는 증표를 지니고 이를 관계인에게 내보여야 한다.
④. 관할 해양경찰서장은 제1항에 따른 안전점검의 중복 등으로 인하여 연안체험활동에 지장이 발생하지 아니하도록 노력하여야 한다.

10. 연안순찰대의 편성·운영 (법 제16조)

①. 해양경찰청장은 연안사고 예방을 위한 순찰·지도 등의 업무를 수행하기 위하여 연안순찰대를 편성하여 운영할 수 있다.
②. 연안순찰대원의 자격기준, 복무 등에 필요한 사항은 대통령령으로 정한다.

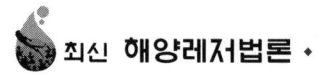

■ 연안순찰대원의 자격 (시행령 제8조)

법 제16조제2항에 따른 연안순찰대원(이하 "연안순찰대원"이라 한다)은 「수상레저안전법 시행령」 제37조제1항에 따른 인명구조요원의 자격을 갖춘 해양경찰청 및 그 소속기관의 경찰공무원(이하 "해양경찰공무원"이라 한다)으로서 다음 각 호의 요건을 모두 갖춘 사람으로 한다.

1. 다음 각 목의 어느 하나에 해당하는 사람일 것
   가. 연안순찰대원으로 배치하려는 지역을 관할하는 해양경찰 파출소·출장소에서 2년 이상 근무한 사람
   나. 연안순찰대원으로 배치하려는 지역을 관할하는 「수상에서의 수색·구조 등에 관한 법률 시행령」 제16조제1항제1호에 따른 해양경찰구조대의 구조대원으로 2년 이상 근무한 사람
   다. 100톤 미만의 함정으로서 해양경찰청 소속 함정에서 2년 이상 근무한 사람
   라. 「응급의료에 관한 법률」 제36조에 따른 응급구조사 자격을 갖춘 사람
2. 다음 각 목의 어느 하나에 해당하는 면허가 있는 사람일 것
   가. 「도로교통법」 제80조제2항제1호에 따른 제1종 운전면허 중 대형면허 또는 보통면허
   나. 「수상레저안전법」 제4조제2항제1호에 따른 일반조종면허

■ 연안순찰대원의 임무 등 (시행령 제9조)

①. 연안순찰대원의 임무는 다음 각 호와 같다.
   1. 연안해역의 순찰 및 연안사고 예방 활동 등 안전관리규정의 시행
   2. 법 제10조에 따른 출입통제 장소의 관리
   3. 법 제14조에 따른 연안체험활동의 금지 또는 제한
   4. 법 제15조에 따른 연안체험활동 안전점검
   5. 연안사고 발생 시 긴급구조 등의 조치
   6. 그 밖에 연안사고 예방과 연안사고 발생 시 구호(救護)에 관한 업무
②. 연안순찰대원은 제1항에 따른 임무를 수행하는 경우 특별한 사정이 없으면 해양경찰공무원의 근무복을 착용하여야 한다.
③. 연안순찰대원의 구체적인 근무방법, 근무일지의 작성, 교대 등에 필요한 사항은 해양경찰청장이 정한다.

11. 연안안전지킴이 위촉 (법 제17조)

①. 해양경찰청장은 지역주민으로서 연안해역의 특성을 잘 아는 사람 등을 연안안전지킴이로 위촉하여 연안사고예방을 위한 순찰·지도업무를 보조하게 할 수 있다.
②. 연안안전지킴이가 그 직무를 수행하는 경우에는 신분을 표시하는 증표를 지니고 이를 관계인에게 내보여야 한다.
③. 연안안전지킴이의 위촉방법, 활동범위, 수당의 지급 등에 관한 사항은 해양수산부령으

제7부. 연안사고 예방에 관한 법률(연안사고예방법)

로 정한다.
④ 지방자치단체의 장은 필요한 경우 관할 구역에서 연안안전지킴이가 활동하는 데 소요되는 경비의 전부 또는 일부를 지원할 수 있다.

> ■ **시행규칙 제11조(연안안전지킴이의 위촉방법 및 활동범위 등)**
> ① 법 제17조제1항에 따른 연안안전지킴이(이하 "연안안전지킴이"라 한다)는 다음 각 호의 어느 하나에 해당하는 사람 중에서 지방해양경찰청장의 추천을 받아 해양경찰청장이 위촉한다.
> 　1. 연안해역 인근에 거주하는 주민으로서 연안사고 예방에 관한 지식과 경험이 풍부한 사람
> 　2. 해양사고 예방과 관련 있는 단체나 비영리법인의 임직원 또는 구성원으로서 해당 단체나 비영리법인의 대표자가 추천하는 사람
> 　3. 그 밖에 연안사고 예방 활동에 참여하려는 사람
> ② 연안안전지킴이의 활동범위는 다음 각 호와 같다.
> 　1. 법 제16조에 따른 연안순찰대원 임무의 보조·지원
> 　2. 연안체험활동이 이루어지는 장소나 법 제10조제1항에 따른 출입통제 장소 등에서의 순찰·지도 및 위험표지판 등 안전관리 시설물에 대한 점검
> 　3. 그 밖에 연안사고 예방을 위하여 필요한 사항
> ③ 해양경찰청장은 연안안전지킴이의 활동을 지원하기 위하여 예산의 범위에서 수당을 지급할 수 있다.
> ④ 해양경찰청장은 연안안전지킴이에게 제2항에 따른 업무를 수행하는 데 필요한 다음 각 호의 물품 및 경비를 예산의 범위에서 지원할 수 있다.
> 　1. 모자, 근무복, 점퍼 등의 복장
> 　2. 호각, 야광조끼 등의 장비
> 　3. 단체상해보험료 등 활동에 필요한 경비
> 　4. 그 밖에 해양경찰청장이 필요하다고 인정하는 물품
> ⑤ 그 밖에 연안안전지킴이의 운영 등에 필요한 사항은 해양경찰청장이 정하여 고시한다.

12. 무인도서 안전관리 (법 제18조)

① 특별자치도지사·시장·군수·구청장은 「무인도서의 보전 및 관리에 관한 법률」 제2조제1호에 따른 무인도서로서 해양수산부령으로 정하는 무인도서에서 발생할 수 있는 인명사고의 예방을 위하여 필요한 안전관리체계를 마련하여야 한다.
② 관할 해양경찰서장은 제1항의 무인도서에서 발생하는 인명사고에 효과적으로 대처하기 위하여 특별자치도지사·시장·군수·구청장과 협의하여 긴급신고망을 운영할 수 있다.

[제4장 안전문화시책 등]

1. 안전문화 시책의 수립 등 (법 제19조)

①. 해양경찰청장은 연안사고 예방을 위하여 국민의 안전의식을 높이고 안전문화를 정착시키는 데 필요한 시책을 마련하여 추진하여야 한다.
②. 해양경찰청장은 연안사고 예방의 중요성을 인식시키고 안전문화를 실천할 수 있도록 안전체험시설을 설치·운영할 수 있다.

2. 연안안전의 날과 안전점검 주간(법 제20조)

①. 연안사고 예방을 위한 활동에 국민의 참여분위기를 조성하고 안전의식을 확산하기 위하여 매년 연안안전의 날과 안전점검 주간(週間)을 설정한다.
②. 연안안전의 날과 안전점검 주간 및 그 행사에 필요한 사항은 대통령령으로 정한다.

■ 연안안전의 날과 안전점검 주간 (시행령 제10조)
①. 법 제20조제1항에 따른 연안안전의 날은 매년 7월 18일로 한다.
②. 법 제20조제1항에 따른 안전점검 주간(週間)은 매년 7월 셋째 주로 한다.
③. 해양경찰청장 또는 관계 행정기관의 장은 제2항에 따른 안전점검 주간에 다음 각 호의 행사를 실시할 수 있다.
 1. 연안사고 예방과 관련된 국민 의식을 고취하기 위한 행사
 2. 연안체험활동 참가자 및 운영자 등의 안전의식을 고취하기 위한 교육 및 기념행사
 3. 연안해역에 있는 시설 등의 안전점검 및 연안사고 예방 훈련

3. 연안사고 예방 및 피해경감 연구 (법 제21조)

①. 해양경찰청장은 연안사고 예방 및 피해경감을 위한 조사·연구를 할 수 있다.
②. 해양경찰청장은 제1항에 따른 연안사고 예방 및 피해경감을 위한 조사·연구를 위하여 필요한 경우 특별자치도지사·시장·군수·구청장에게 관련 자료를 요청할 수 있다. 이 경우 특별자치도지사·시장·군수·구청장은 특별한 사유가 없으면 이에 따라야 한다.

4. 위임 · 위탁 (법 제22조)

①. 이 법에 따른 해양경찰청장의 권한은 대통령령으로 정하는 바에 따라 그 일부를 그 소

속 기관의 장에게 위임할 수 있다.
②. 해양경찰청장은 이 법에 따른 업무의 일부를 대통령령으로 정하는 바에 따라 해양 관련 전문기관이나 단체에 위탁할 수 있다.

■ **권한 등의 위임 및 위탁(시행령 제11조)**
①. 해양경찰청장은 법 제22조제1항에 따라 다음 각 호의 권한을 해양경찰서장에게 위임한다.
 1. 법 제10조제1항에 따른 출입통제
 2. 법 제16조제1항에 따른 연안순찰대의 편성·운영
 3. 법 제25조제1항 및 제2항에 따른 과태료 부과 및 징수
②. 해양경찰청장은 법 제22조제2항에 따라 법 제11조의2제2항에 따른 안전교육 실시에 관한 업무를 레저스포츠 관련 학과 및 학부 등을 운영하고 있는 「고등교육법」 제2조에 따른 학교에 위탁할 수 있다.
③. 해양경찰청장은 제2항에 따라 업무를 위탁한 경우 업무를 위탁받은 학교의 명칭과 위탁업무의 범위 등에 관한 사항을 고시하여야 한다.

5. 벌칙 적용에서 공무원 의제 (법 제22조의2)

제22조제2항에 따라 해양경찰청장이 위탁한 업무에 종사하는 기관 또는 단체의 임직원은 「형법」 제129조부터 제132조까지의 규정에 따른 벌칙을 적용할 때에는 공무원으로 본다.

> ■ **형법 제129조(수뢰, 사전수뢰)**
> ①. 공무원 또는 중재인이 그 직무에 관하여 뇌물을 수수, 요구 또는 약속한 때에는 5년 이하의 징역 또는 10년 이하의 자격정지에 처한다.
> ②. 공무원 또는 중재인이 될 자가 그 담당할 직무에 관하여 청탁을 받고 뇌물을 수수, 요구 또는 약속한 후 공무원 또는 중재인이 된 때에는 3년 이하의 징역 또는 7년 이하의 자격정지에 처한다.
> ■ **형법 제130조(제삼자뇌물제공)**
> 공무원 또는 중재인이 그 직무에 관하여 부정한 청탁을 받고 제3자에게 뇌물을 공여하게 하거나 공여를 요구 또는 약속한 때에는 5년 이하의 징역 또는 10년 이하의 자격정지에 처한다.
> ■ **형법 제131조(수뢰후부정처사, 사후수뢰)**
> ①. 공무원 또는 중재인이 전2조의 죄를 범하여 부정한 행위를 한 때에는 1년 이상의 유기징역에 처한다.
> ②. 공무원 또는 중재인이 그 직무상 부정한 행위를 한 후 뇌물을 수수, 요구 또는 약속하거나 제삼자에게 이를 공여하게 하거나 공여를 요구 또는 약속한 때에도 전항의 형과 같다.
> ③. 공무원 또는 중재인이었던 자가 그 재직 중에 청탁을 받고 직무상 부정한 행위를 한 후 뇌물을 수수, 요구 또는 약속한 때에는 5년 이하의 징역 또는 10년 이하의 자격정지에 처한다.

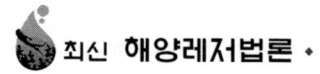

> ④. 전3항의 경우에는 10년 이하의 자격정지를 병과할 수 있다.
>
> ■ **형법 제132조(알선수뢰)**
> 공무원이 그 지위를 이용하여 다른 공무원의 직무에 속한 사항의 알선에 관하여 뇌물을 수수, 요구 또는 약속한 때에는 3년 이하의 징역 또는 7년 이하의 자격정지에 처한다.

[제5장 벌칙]

1. 벌칙 (법 제23조)

☑ **법 제23조** 다음 각 호의 어느 하나에 해당하는 자는 1년 이하의 징역 또는 1천만원 이하의 벌금에 처한다.
  1. 제11조제2항을 위반하여 안전수칙을 준수하지 아니한 자
  2. 제12조제1항에 따른 계획서를 신고하지 아니하거나 거짓이나 그 밖의 부정한 방법으로 신고하고 연안체험활동을 실시한 연안체험활동 운영자
  3. 제14조제1항에 따른 연안체험활동 금지 등의 조치를 따르지 아니한 자
  4. 제15조제1항에 따른 공무원의 출입을 거부·방해 또는 기피한 자

2. 양벌규정 (법 제24조)

법인의 대표자나 법인 또는 개인의 대리인, 사용인, 그 밖의 종업원이 그 법인 또는 개인의 업무에 관하여 제23조의 위반행위를 하면 그 행위자를 벌하는 외에 그 법인 또는 개인에게도 해당 조문의 벌금형을 과(科)한다. 다만, 법인 또는 개인이 그 위반행위를 방지하기 위하여 해당 업무에 관하여 상당한 주의와 감독을 게을리하지 아니한 경우에는 그러하지 아니하다.

3. 과태료 (법 제25조)

① 다음 각 호의 어느 하나에 해당하는 자에게는 300만원 이하의 과태료를 부과한다.
  1. 제11조의2제1항에 따른 안전교육에 응하지 아니한 자
  2. 제12조제1항에 따른 계획서를 신고하지 아니하거나 거짓이나 그 밖의 부정한 방법으로 신고한 자
  3. 제12조제3항을 위반하여 모집을 한 자
  4. 제13조를 위반하여 보험등에 가입하지 아니한 자

제7부. 연안사고 예방에 관한 법률(연안사고예방법)

5. 제15조제2항에 따른 시정명령 등의 조치에 따르지 아니한 자
②. 다음 각 호의 어느 하나에 해당하는 자에게는 100만원 이하의 과태료를 부과한다.
 1. 제10조제1항에 따른 출입통제 지역을 출입한 사람
 2. 제12조제7항에 따른 신고를 하지 아니한 자
 3. 정당한 사유 없이 제13조의2제1항을 위반하여 보험등의 가입 정보를 알리지 아니하거나 거짓의 정보를 알린 연안체험활동 운영자
③. 제1항 및 제2항에 따른 과태료는 대통령령으로 정하는 바에 따라 해양경찰청장·특별자치도지사·시장·군수·구청장이 부과·징수한다.

제8부 수중레저활동의 안전 및 활성화에 관한 법률(수중레저법)

[2017. 7. 26. 시행]

제1장 총칙
제2장 수중레저 활동의 증진
제3장 안전관리 및 준수의무
제4장 수중레저사업
제5장 벌칙

[제1장 총칙]

1. 총칙 (법 제1조)

이 법은 수중레저활동의 안전과 질서를 확보하고 수중레저활동의 활성화 및 수중레저사업의 건전한 발전을 도모함을 목적으로 한다.

2. 정의 (법 제2조)

이 법에서 사용하는 용어의 뜻은 다음과 같다.
1. "수중"이란 「수상레저안전법」 제2조제7호에 따른 해수면(이하 "해수면"이라 한다) 및 같은 조 제8호에 따른 내수면(이하 "내수면"이라 한다)의 밑을 말한다.
2. "수중레저활동"이란 수중에서 수중레저기구 또는 수중레저장비를 이용하여 취미·오락·체육·교육 등을 목적으로 이루어지는 스킨다이빙, 스쿠버다이빙 등 대통령령으로 정하는 활동을 말한다.
3. "수중레저활동자"란 수중레저활동을 하는 사람을 말한다.
4. "수중레저활동구역"이란 수중레저활동을 실시하는 지점으로부터 대통령령으로 정하는 일정 범위까지의 구역으로서 수중레저활동이 이루어지고 있는 구역을 말한다.
5. "수중레저기구"란 수중레저활동을 위하여 해수면, 내수면 또는 수중에서 이동하는 데에 이용되는 「선박법」에 따른 선박 및 「수상레저안전법」에 따른 동력수상레저기구를 말한다.
6. "수중레저장비"란 수중레저기구 외에 수중레저활동을 위하여 필요한 수경, 숨대롱, 공기통, 호흡기, 부력조절기 등의 장치나 설비로서 대통령령으로 정하는 것을 말한다.
7. "수중레저시설물"이란 수중레저기구의 안전을 확보하기 위하여 필요한 스크류망, 하강사다리 등 대통령령으로 정하는 시설을 말한다.
8. "수중레저사업"이란 수중레저활동과 관련한 다음 각 목의 사업을 말한다.
    가. 수중레저활동자에게 수중레저기구 또는 수중레저장비를 빌려주는 사업
    나. 수중레저활동자를 수중레저기구에 태워서 운송하는 사업
    다. 수중레저활동자에게 수중레저활동에 필요한 사항 등을 교육하는 사업
    라. 가목부터 다목까지의 사업에 준하는 사업으로서 대통령령으로 정하는 사업
9. "수중레저사업자"란 수중레저사업을 하기 위하여 제15조에 따라 등록한 자를 말한다.
10. "수중레저교육자"란 안전한 수중레저활동을 위하여 수중레저활동자를 교육하고 안내하는 자로서 제11조제4항에 따른 자격을 갖춘 자를 말한다.
    [시행일: 2023. 6. 11.]

3. 다른 법률과의 관계 (법 제3조)

수중레저활동에 관하여는 다음 각 호의 법률에 특별한 규정이 있는 경우를 제외하고는 이 법에서 정하는 바에 따른다.
 1. 「수상레저안전법」
 2. 「유선 및 도선 사업법」
 3. 「체육시설의 설치·이용에 관한 법률」
 4. 「낚시 관리 및 육성법」
 5. 「연안사고 예방에 관한 법률」

[제2장 수중레저활동의 증진]

1. 수중레저활동 기본계획 (법 제4조)

① 해양수산부장관은 대통령령으로 정하는 바에 따라 5년마다 수중레저활동 기본계획(이하 "기본계획"이라 한다)을 수립·시행하여야 한다.
② 기본계획에는 다음 각 호의 사항이 포함되어야 한다.
 1. 수중레저활동의 안전 및 활성화 정책의 기본방향에 관한 사항
 2. 수중레저활동의 안전 및 활성화 정책의 조정·집행에 관한 사항
 3. 수중레저활동의 안전 및 활성화를 위한 재정확보와 운영에 관한 사항
 4. 수중레저활동 관련 시설의 설치와 안전 및 유지관리에 관한 사항
 5. 수중레저사업의 육성에 관한 사항
 6. 수중레저활동 교육에 관한 사항
 7. 수중레저활동 관련 단체 간 협업에 관한 사항
 8. 수중레저활동을 위한 조사·연구·홍보에 관한 사항
 9. 수중레저활동 정보체계 구축 및 운영에 관한 사항
 10. 그 밖에 수중레저활동 안전 및 활성화 등에 필요한 사항
③ 해양수산부장관은 기본계획을 수립할 때에는 관계 중앙행정기관의 장 및 특별시장·광역시장·특별자치시장·도지사 또는 특별자치도지사(이하 "시·도지사"라 한다)와 협의를 거쳐야 한다. 기본계획을 변경하고자 하는 경우에도 또한 같다.
④ 해양수산부장관은 기본계획 중 대통령령으로 정하는 경미한 사항을 변경하고자 하는 경우에는 제3항에 따른 협의를 생략할 수 있다.
⑤ 해양수산부장관은 관계 중앙행정기관 및 지방자치단체의 장에게 기본계획의 수립·변경 및 시행에 필요한 자료의 제출 또는 협조를 요청할 수 있으며, 관계 중앙행정기관의 장 및 지방자치단체의 장은 특별한 사정이 없으면 이에 따라야 한다.

⑥. 해양수산부장관은 제1항에 따라 수립된 기본계획을 관계 중앙행정기관의 장, 시·도지사에게 통보하여야 한다.

2. 활성화 사업 (법 제5조)

해양수산부장관은 수중레저활동의 활성화를 위하여 다음 각 호의 사업을 추진할 수 있다.
 1. 수중레저활동이 적합한 지역의 조사, 발굴 및 홍보
 2. 수중레저 관련 제조산업의 육성
 3. 수중레저활동 및 수중레저교육에 관한 표준의 수립 또는 지침의 작성
 4. 그 밖에 수중레저활동 관련 행사의 개최

3. 자발적 협약 (법 제6조)

수중레저사업자와 「수산업협동조합법」 제15조에 따른 어촌계는 상호 이익의 증진을 위하여 필요한 경우 협약을 체결할 수 있다.

[제3장 안전관리 및 준수의무]

1. 안전관리규정의 작성·시행 (법 제7조)

①. 해양수산부장관은 수중레저활동 관련 사고를 예방하기 위하여 수중레저 안전관리규정(이하 "안전관리규정"이라 한다)을 작성하여 시행하여야 한다.
②. 안전관리규정에는 다음 각 호의 사항이 포함되어야 한다.
 1. 수중레저장비 및 수중레저기구의 안전관리에 관한 사항
 2. 수중레저장비 대여 및 수중레저기구의 이용에 관한 사항
 3. 수중레저시설물의 안전관리에 관한 사항
 4. 수중레저활동자의 운송 및 교육에 관한 사항
 5. 그 밖에 수중레저활동자의 안전을 확보하기 위하여 해양수산부령으로 정하는 사항

> ■ **시행규칙 제3조(안전관리규정)**
> 법 제7조제2항제5호에서 "해양수산부령으로 정하는 사항"이란 제9조 각 호의 사항을 말한다.

> ■ **시행규칙 제9조(야간 안전관리)**
> 법 제13조제1항 단서에 따라 야간 수중레저활동을 하려는 자는 다음 각 호의 사항을 따라야 한다.
>   1. 탐조등 또는 이와 유사한 조명기구 등의 안전장비를 갖출 것
>   2. 수중레저교육자 등 안전관리요원과 동행할 것. 다만, 수중레저활동자 본인이 수중레저교육자 자격을 갖춘 경우에는 그러하지 아니하다.
>   3. 수중레저교육자 등 안전관리요원 및 수중레저활동자는 발광 기능을 갖춘 조끼나 띠를 착용하거나 위치를 식별할 수 있는 발광장비를 부착할 것

2. 수중레저활동자 준수의무 (법 제8조)

수중레저활동자는 다음 각 호의 사항을 준수하여야 한다.
 1. 「해사안전법」 제34조제3항에서 정하는 사항
 2. 「수산자원관리법」 제18조에서 정하는 사항
 3. 안전관리규정에 따라 인명안전에 필요한 수중레저장비를 착용할 것
 4. 수중레저활동 중에 수중레저활동구역을 벗어나지 아니할 것

3. 수중레저활동구역 표시 및 항해금지 (법 제9조)

①. 수중레저사업자는 수중레저활동구역에 다른 선박 등이 해당 구역을 식별할 수 있도록 해양수산부령으로 정하는 표시를 설치하여야 한다.

> ■ **제4조(수중레저활동구역의 표시)**
> ①. 법 제9조제1항에서 "해양수산부령으로 정하는 표시"란 국제표준에 따른 국제신호기 등 형상물 또는 수면표시부표를 말한다. 이 경우 해진 후 30분부터 해뜨기 전 30분까지의 수중레저활동(이하 "야간 수중레저활동"이라 한다)을 위하여 수중레저활동구역을 표시하려는 경우에는 맨눈으로 식별할 수 있도록 발광 기능을 갖추어야 한다.
> ②. 제1항에 따른 표시는 수중레저활동구역을 식별할 수 있도록 해당 구역의 경계에 설치하여야 한다.

②. 모든 선박은 수중레저활동구역을 운항하여서는 아니 된다. 다만, 다음 각 호의 어느 하나에 해당하는 선박은 예외로 한다.
 1. 인명이나 선박을 구조하기 위하여 수중레저활동구역에서 운항하는 선박
 2. 군사작전을 수행 중이거나 해상치안 목적으로 수중레저활동구역에서 운항하는 선박
③. 제2항 각 호의 어느 하나에 해당하는 선박의 경우에도 대통령령으로 정하는 바에 따라 수중레저활동자를 보호하기 위하여 안전하게 운항하도록 노력하여야 한다.

■ **선박운항자의 주의의무(시행령 제7조)**

법 제9조제2항 각 호의 어느 하나에 해당하는 선박을 운항하는 자는 같은 조 제3항에 따라 다음 각 호의 사항을 준수하여야 한다.
1. 수중레저활동구역에서 경적을 울릴 것
2. 법 제9조제1항에 따른 표시 및 수중레저활동자의 유무를 살피면서 수중레저활동자의 안전을 해치지 아니하도록 주의할 것

4. 안전점검 (법 제10조)

①. 해양수산부장관은 안전관리규정에 따라 수중레저사업장 내 수중레저기구, 수중레저장비 및 수중레저시설물 등(이하 "수중레저기구등"이라 한다)에 대한 안전점검을 실시하여야 한다.
②. 해양수산부장관은 제1항에 따른 안전점검 결과 해당 수중레저기구등의 안전에 문제가 있는 경우에는 해양수산부령으로 정하는 바에 따라 수중레저기구등의 사용정지 또는 정비·원상복구 등을 명할 수 있다.

> ■ **제5조(안전점검)**
> 지방해양수산청장은 법 제10조제1항에 따른 안전점검 결과, 수중레저사업장 내 수중레저기구, 수중레저장비 및 수중레저시설물 등(이하 "수중레저기구등"이라 한다)의 안전에 문제가 있는 경우에는 같은 조 제2항에 따라 해당 수중레저사업자에게 지체 없이 해당 수중레저기구등의 사용정지를 명하고, 적절한 기간을 정하여 해당 수중레저기구등의 정비 또는 원상복구를 명하여야 한다.

③. 제1항에 따라 해양수산부장관의 명을 받아 안전점검을 실시하는 공무원은 그 권한을 표시하는 증표를 지니고 이를 관계인에게 내보여야 한다.
④. 제1항에 따른 안전점검의 기준·절차 등에 필요한 사항은 대통령령으로 정한다.

■ **안전점검의 기준절차 등(시행령 제8조)**
①. 법 제10조제1항에 따른 안전점검은 다음 각 호의 구분에 따라 실시한다.
 1. 정기 안전점검: 법 제7조제2항 각 호의 사항에 대하여 연 1회 하는 안전점검
 2. 수시 안전점검: 수중레저활동의 안전을 확보하기 위하여 수중레저활동 관련 사고가 발생할 우려가 있는 사항으로서 해양수산부장관이 정하여 고시하는 사항에 대하여 수시로 하는 안전점검
②. 해양수산부장관은 제1항제1호에 따른 정기 안전점검을 실시하는 경우 실시하기 5일 전까지 관계인에게 안전점검 실시계획을 통보하여야 한다.
③. 해양수산부장관은 「연안사고 예방에 관한 법률」 제15조에 따라 안전점검이 실시된 수중레저사업장에 대해서는 해당 연도의 제1항제1호에 따른 정기 안전점검을 생략할 수 있다.

5. 사업자의 조치 등 (법 제11조)

① 수중레저사업자는 안전한 수중레저활동을 위하여 다음 각 호의 조치를 하여야 한다.
  1. 수중레저기구와 수중레저장비, 그 밖에 해양수산부령으로 정하는 시설의 안전점검
  2. 수중레저활동구역의 기상·해수면·내수면의 상태 확인
  3. 수중레저활동 관련 사고가 발생하는 경우 구호조치 및 경찰관서·소방관서·해양경찰관서 등 관계 행정기관에 통보
  4. 수중레저활동자에 대한 수중레저장비 착용조치 및 탑승 전 안전교육
  5. 수중레저교육자의 사업장 내 배치 또는 수중레저기구 탑승
② 제1항의 조치에 관하여 필요한 구체적인 사항은 해양수산부령으로 정한다.
③ 수중레저교육자 자격을 취득하려는 자는 수중레저장비의 이용 및 안전점검, 수중레저활동 관련 사고 시의 조치 등에 관한 교육을 받아야 한다.
④ 제3항에 따른 교육의 내용 등 수중레저교육자 자격에 관하여 필요한 구체적인 사항은 해양수산부령으로 정한다.

- **시행규칙 제6조(사업자의 조치 등)**
  ① 법 제11조제1항제1호에서 "해양수산부령으로 정하는 시설"이란 법 제2조제7호 및 「수중레저활동의 안전 및 활성화 등에 관한 법률 시행령」(이하 "영"이라 한다) 제5조에 따른 수중레저시설물을 말한다.
  ② 법 제11조제1항제5호에 따른 조치는 법 제2조제8호다목의 사업을 하는 수중레저사업자에 한정하여 적용한다. 이 경우 해당 수중레저사업자는 수중레저활동자 5명당 법 제11조제1항제5호에 따른 수중레저교육자(이하 "수중레저교육자"라 한다) 1명 이상을 사업장에 배치하거나 수중레저기구에 탑승하도록 하여야 한다.

- **시행령 제5조(수중레저시설물)**
  법 제2조제7호에서 "스크류망, 하강 사다리 등 대통령령으로 정하는 시설"이란 다음 각 호의 시설을 말한다.
  1. 스크류망
  2. 하강 사다리
  3. 탐조등
  4. 구명부환
  5. 경적
  6. 구급약품 및 구급함
  7. 구명줄
  8. 그 밖에 제1호부터 제7호까지의 수중레저시설물과 비슷한 형태 또는 기능을 가진 것으로서 해양수산부장관이 정하여 고시하는 것

- **제7조(수중레저교육자의 자격 등)**
  ① 법 제11조제3항에 따라 수중레저교육자 자격을 취득하려는 자는 해양수산부장관이 법 제5조제3호 및 이 규칙 제2조에 따른 수중레저교육에 관한 표준 및 지침에 적합한 것으로 인정하여 고시하는 관련 법인 또는 단체에서 수중레저교육자 자격 취득을 위한 교육을 이수하여야 한다. 이 경우 해당 교육에는 법 제11조제

> 3항에 따른 교육 내용이 포함되어야 한다.
> ②. 제1항에 따른 수중레저교육자 자격 취득을 위한 교육의 방법·절차 등 세부 사항은 해양수산부장관이 정하여 고시할 수 있다.

6. 원거리 수중레저활동의 신고 등 (법 제12조)

①. 출발항 또는 해안선으로부터 10해리 이상 떨어진 곳에서 수중레저활동을 하려는 자는 경찰관서나 해양경찰관서에 신고하여야 한다.
②. 수중레저사업에 종사하는 자 또는 수중레저활동자는 수중레저활동 관련 사고로 사람이 사망하거나 실종된 경우 또는 대통령령으로 정하는 중상을 입은 경우에는 지체 없이 경찰관서나 소방관서 또는 해양경찰관서 등 관계 행정기관의 장에게 신고하여야 한다.
③. 제2항에 따른 신고를 받은 관계 행정기관의 장은 인명구조 활동, 사고 수습 등을 위하여 필요한 조치를 하여야 한다.
④. 제1항 및 제2항에 따른 신고에 관한 절차, 방법 등에 필요한 사항은 대통령령으로 정한다.

■ 원거리 수중레저활동의 신고 등(시행령 제9조)

①. 법 제12조제1항에 따라 신고를 하려는 자는 해양수산부령으로 정하는 원거리 수중레저활동 신고서에 다음 각 호의 사항을 적어 관할 해양경찰관서나 경찰관서에 신고하여야 한다.
 1. 이름 및 주소 등 신상정보
 2. 수중레저활동구역
 3. 이동거리
 4. 예정귀환시간
②. 법 제12조제2항에서 "대통령령으로 정하는 중상"이란 의식불명 또는 심한 출혈이 있는 부상을 말한다.
③. 법 제12조제2항에 따라 신고하여야 하는 자는 다음 각 호의 사항을 해양경찰관서나 경찰관서 또는 소방관서 등 관계 행정기관의 장에게 신고하여야 한다.
 1. 사망하거나 실종된 사람 또는 제2항에 따른 중상을 입은 사람의 신원
 2. 사고의 위치 및 시간
 3. 사고의 종류

7. 수중레저활동의 제한 (법 제13조)

①. 누구든지 해진 후 30분부터 해뜨기 전 30분까지는 수중레저활동을 하여서는 아니 된다. 다만, 해양수산부령으로 정하는 바에 따라 야간 안전장비 및 안전관리요원을 갖춘 수중레저기구등을 이용하는 경우에는 그러하지 아니하다.
②. 해양수산부장관은 다음 각 호의 어느 하나에 해당하는 경우에는 수중레저활동자에게

수중레저활동 시간의 제한을 명할 수 있다.
1. 수중레저활동구역 인근의 기상·해수면·내수면의 상태가 악화된 경우
2. 수중레저활동구역 인근에서 해양사고가 발생한 경우
3. 어망 등 해상장애물이 많은 경우
4. 그 밖에 수중레저활동의 안전을 위하여 필요하다고 인정하는 경우

8. 수중레저활동 금지구역의 지정 (법 제14조)

①. 해양수산부장관은 수중레저활동의 안전을 위하여 다음 각 호의 어느 하나에 해당하는 경우에는 관계 지방자치단체의 장의 의견을 들어 수중레저활동 금지구역을 지정할 수 있다.
1. 유해물질이 유입된 구역의 경우
2. 유해생물이 출현하는 구역의 경우
3. 선박의 주 항로인 경우
4. 그 밖에 수중레저활동의 안전을 확보하기 곤란한 구역으로 인정하는 경우
②. 누구든지 제1항에 따라 지정된 금지구역에서 수중레저활동을 하여서는 아니 된다.
③. 해양수산부장관은 관계 기관과 협의를 거쳐 제1항에 따른 수중레저활동 금지구역의 지정을 해제할 수 있다.

[제4장 수중레저사업]

1. 수중레저사업의 등록 (법 제15조)

①. 수중레저사업을 하려는 자는 해양수산부령으로 정하는 기준을 갖추어 해양수산부장관에게 등록하여야 한다.
②. 제1항에 따라 등록을 한 수중레저사업자는 등록 사항에 변경이 있으면 해양수산부령으로 정하는 바에 따라 변경등록을 하여야 한다.

> ■ **시행규칙 제10조(수중레저사업의 등록기준 등)**
> ①. 법 제15조제1항에서 "해양수산부령으로 정하는 기준"이란 별표 1의 기준을 말한다.
> ②. 법 제15조제1항에 따라 수중레저사업의 등록을 하려는 자는 별지 제2호서식의 수중레저사업 등록신청서에 다음 각 호의 서류를 첨부하여 지방해양수산청장에게 제출하여야 한다. 이 경우 수중레저사업의 등록을 하려는 자가 법인인 경우에는 지방해양수산청장은 「전자정부법」 제36조제1항에 따른 행정정보의 공동이용을 통하여 법인 등기사항증명서를 확인하여야 한다.

> 1. 정관(법인인 경우에 한정한다)
> 2. 종사자 수, 사업장 위치 등을 명시한 사업장 명세서
> 3. 수중레저사업별 등록기준을 갖추었음을 증명할 수 있는 서류
>
> ③ 법 제15조제2항에 따라 변경등록을 하려는 자는 등록 사항이 변경된 날부터 30일 이내에 별지 제2호서식의 수중레저사업 변경등록신청서에 그 변경사실을 증명할 수 있는 서류를 첨부하여 지방해양수산청장에게 제출하여야 한다.
> ④ 지방해양수산청장은 제2항에 따라 등록을 한 자에게 별지 제3호서식의 수중레저사업 등록증을 발급하고, 그 내용을 등록대장에 기록·관리하여야 한다. 제3항에 따라 변경등록을 한 경우에도 또한 같다.

2. 수중레저사업 등록의 결격사유 (법 제16조)

다음 각 호의 어느 하나에 해당하는 자는 수중레저사업 등록을 할 수 없다.
1. 미성년자, 피성년후견인, 피한정후견인
2. 이 법을 위반하여 금고 이상의 실형을 선고받고 그 집행이 끝나거나 집행이 면제된 날부터 2년이 지나지 아니한 자
3. 이 법을 위반하여 금고 이상의 형의 집행유예를 선고받고 그 유예기간 중에 있는 자
4. 제24조에 따라 등록이 취소(이 조 제1호에 해당하여 등록이 취소된 경우는 제외한다)된 날부터 2년이 지나지 아니한 자

3. 수중레저사업자 지위의 승계 (법 제17조)

① 다음 각 호의 어느 하나에 해당하는 자는 수중레저사업자의 지위를 승계한다.
1. 수중레저사업자가 사망한 경우 그 상속인
2. 수중레저사업자가 그 사업을 양도한 경우 그 양수인
3. 법인인 수중레저사업자가 합병한 경우 합병 후 존속하는 법인이나 합병에 따라 설립되는 법인

② 제1항에 따른 수중레저사업자 지위의 승계는 제15조제2항에 따른 변경등록을 완료한 날부터 효력을 발한다.

4. 휴업·폐업 등의 신고 (법 제18조)

① 수중레저사업자가 등록된 사업기간 중에 휴업·폐업 또는 재개업하려는 경우에는 해양수산부령으로 정하는 바에 따라 해양수산부장관에게 신고하여야 한다.
② 제1항에 따른 휴업·폐업 또는 재개업의 신고를 받은 해양수산부장관은 수중레저사업장 소재지의 관할 세무서에 휴업·폐업 또는 재개업 사실을 통보하여야 한다.

5. 이용요금 (법 제19조)

수중레저사업자는 탑승료·대여료 등 이용요금을 정하여 해양수산부령으로 정하는 바에 따라 해양수산부장관에게 신고한 후 사업장 안의 잘 보이는 장소에 게시하여야 한다. 신고한 사항을 변경하려는 경우에도 또한 같다.

6. 교육 등 (법 제20조)

①. 수중레저사업에 종사하는 자는 정기적으로 수중레저활동의 안전, 수중레저활동 관련 사고 시의 조치사항 등에 관한 교육을 받아야 한다.
②. 제1항에 따른 교육의 시기·내용·방법 등에 관한 구체적인 사항은 해양수산부령으로 정한다.

> ■ **시행규칙 제13조(교육 등)**
> ①. 수중레저사업에 종사하는 자는 법 제20조제1항에 따라 제7조제1항에 따른 관련 법인 또는 단체에서 다음 각 호의 사항에 관한 교육을 2년마다 받아야 한다.
> 1. 수중레저활동의 안전
> 2. 수중레저활동 관련 사고 시의 조치 및 인명구조
> 3. 수중레저활동 관련 법령
> ②. 「연안사고 예방에 관한 법률」 제11조제3항에 따라 제1항 각 호와 동일한 사항에 관한 교육을 받은 경우에는 제1항에 따라 해당 연도에 받아야 하는 교육을 받은 것으로 본다.

7. 수중레저사업자의 준수의무 등 (법 제21조)

①. 수중레저사업자는 「선박안전법」, 「수상레저안전법」, 「어선법」에 따른 안전검사를 받은 수중레저기구만 수중레저활동에 이용할 수 있다.
②. 수중레저활동자를 운송하는 수중레저기구에는 스크류망, 하강 사다리 등 해양수산부령으로 정하는 수중레저시설물을 설치하여야 한다.
③. 수중레저사업자는 다음 각 호의 행위를 하여서는 아니 된다.
 1. 보호자를 동반하지 아니한 14세 미만의 사람, 「해사안전법」 제41조제5항에 따른 술에 취한 상태에 있는 사람, 「정신보건법」 제3조제1호에 따른 정신질환자로 의심되는 사람으로서 자신 또는 타인의 안전을 해할 위험이 크다고 인정되는 사람[보호자가 동승(同乘)하는 경우에는 제외한다], 말이나 행동이 수상하다고 인정되는 사람 또는 감염병환자에게 수중레저장비를 빌려주거나 수중레저기구를 태워주는 행위
 2. 수중레저기구의 정원을 초과하여 태우는 행위

3. 제19조에 따라 게시한 이용요금 외의 금품을 요구하는 행위
4. 정당한 사유 없이 수중레저장비의 대여나 수중레저기구의 운항을 거부하는 행위
5. 수중레저기구 안에서 술을 판매·제공하거나 수중레저활동자가 수중레저기구 안으로 이를 반입하도록 허용하는 행위
6. 음란행위나 그 밖에 선량한 풍속을 해치는 행위
7. 제13조에 따른 수중레저활동이 제한된 시간에 영업을 하는 행위
8. 대통령령으로 정하는 폭발물·인화물질 등의 위험물을 수중레저활동자가 타고 있는 수중레저기구로 반입·운송하는 행위
9. 해수면, 내수면 또는 수중에 유류·분뇨·폐기물을 버리는 행위

8. 영업의 제한 (법 제22조)

해양수산부장관은 다음 각 호의 어느 하나에 해당하는 경우에는 수중레저사업자에게 영업시간의 제한 또는 영업의 일시정지를 명할 수 있다.
1. 수중레저활동구역 인근의 기상·해수면·내수면의 상태가 악화된 경우
2. 수중레저활동구역 인근에서 해양사고가 발생한 경우
3. 어망 등 해상장애물이 많은 경우
4. 그 밖에 수중레저활동의 안전을 위하여 필요하다고 인정하는 경우

9. 수중레저사업의 등록취소 등 (법 제24조)

해양수산부장관은 다음 각 호의 어느 하나에 해당하는 경우에는 해양수산부령으로 정하는 바에 따라 수중레저사업의 등록을 취소하거나 3개월의 범위에서 영업의 전부 또는 일부의 정지를 명할 수 있다. 다만, 제1호부터 제3호까지의 규정 중 어느 하나에 해당하면 수중레저사업의 등록을 취소하여야 한다.
1. 거짓이나 그 밖의 부정한 방법으로 등록을 한 경우
2. 제16조 각 호의 어느 하나에 해당하게 된 경우
3. 「공유수면 관리 및 매립에 관한 법률」에 따른 공유수면의 점용 또는 사용 허가기간 만료 이후에도 사업을 계속한 경우
4. 수중레저사업자 또는 그 종사자의 고의 또는 중과실로 사람이 죽거나 다친 경우
5. 제15조제2항에 따라 변경등록을 하지 아니한 경우
6. 제19조부터 제22조까지 중 어느 하나에 해당하는 규정 또는 명령을 위반한 경우

10. 과징금 (법 제25조)

①. 해양수산부장관은 제24조에 따라 영업정지를 명하여야 하는 경우로서 영업정지가 이용

자 등에게 심한 불편을 주거나 공익을 해칠 우려가 있는 경우에는 영업정지처분을 갈음하여 2천만원 이하의 과징금을 부과할 수 있다.
②. 제1항에 따라 과징금을 부과하는 위반행위의 종류와 위반 정도 등에 따른 과징금의 금액 등에 관하여 필요한 사항은 대통령령으로 정한다.
③. 해양수산부장관은 제1항에 따라 과징금부과처분을 받은 자가 과징금을 기한 내에 납부하지 아니하는 때에는 국세 체납처분의 예에 따라 징수한다.

[제5장 벌칙]

1. 벌칙

☑ **법 제29조** 다음 각 호의 어느 하나에 해당하는 자는 1년 이하의 징역 또는 1천만원 이하의 벌금에 처한다.
1. 제9조제2항을 위반하여 선박을 운항한 자
2. 제15조제1항을 위반하여 등록을 하지 아니하고 수중레저사업을 한 자
3. 제21조제3항제8호 또는 제9호를 위반한 수중레저사업자
4. 제24조에 따른 영업정지기간에 영업을 한 수중레저사업자

☑ **법 제30조** 다음 각 호의 어느 하나에 해당하는 자는 6개월 이하의 징역 또는 5백만원 이하의 벌금에 처한다.
1. 제9조제1항을 위반한 수중레저사업자
2. 제10조제2항에 따른 사용정지 또는 정비·원상복구의 명령을 위반한 수중레저사업자
3. 제11조에 따른 조치를 하지 아니한 자
4. 제15조제2항에 따른 변경등록을 하지 아니하고 수중레저사업을 한 자
5. 제21조제1항 또는 제2항에 따른 수중레저활동에 이용되는 수중레저기구의 안전검사, 수중레저시설물의 설치의무를 위반한 수중레저사업자
6. 제22조에 따른 영업시간의 제한 또는 영업의 일시정지 명령을 위반한 수중레저사업자

2. 양벌규정 (법 제31조)

법인의 대표자나 법인 또는 개인의 대리인, 사용인, 그 밖의 종업원이 그 법인 또는 개인의 업무에 관하여 제29조 또는 제30조의 위반행위를 하면 그 행위자를 벌하는 외에 그 법인 또는 개인에게도 해당 조문의 벌금형을 과한다. 다만, 법인 또는 개인이 그 위반행위를 방지하기 위하여 해당 업무에 관하여 상당한 주의와 감독을 게을리하지 아니한 경우에는 그러하지 아니하다.

3. 과태료 (법 제32조)

①. 다음 각 호의 어느 하나에 해당하는 자에게는 100만원 이하의 과태료를 부과한다.
  1. 제12조제1항 또는 제2항을 위반하여 신고를 하지 아니한 자
  2. 제13조를 위반하여 수중레저활동을 한 자
  3. 제14조제2항을 위반하여 수중레저활동 금지구역에서 수중레저활동을 한 자
  4. 제20조제1항을 위반하여 교육을 받지 아니한 자
  5. 제23조에 따른 서류나 자료를 제출하지 아니하거나 거짓의 서류 또는 자료를 제출한 수중레저사업자

②. 다음 각 호의 어느 하나에 해당하는 자에게는 50만원 이하의 과태료를 부과한다.
  1. 제8조제3호를 위반하여 수중레저장비를 착용하지 아니한 자
  2. 제8조제4호를 위반하여 수중레저활동 중에 수중레저활동구역을 벗어난 자
  3. 제18조제1항을 위반하여 휴업·폐업·재개업 신고를 하지 아니한 자

③. 제1항 및 제2항에 따른 과태료는 대통령령으로 정하는 바에 따라 해양수산부장관이 부과·징수한다.

제9부 수상에서의 수색·구조 등에 관한 법률 (수상구조법)

[2021. 10. 14. 시행]

제1장 총칙
제2장 수난대비
제3장 수난구호
제4장 한국해양구조협회
제5조 민간구조활동의 지원 등
제6장 조난통신
제7장 사후처리
제8장 벌칙

[제1장 총칙]

1. 목적 (법 제1조)

이 법은 수상에서 조난된 사람, 선박, 항공기, 수상레저기구 등의 수색·구조·구난 및 보호에 필요한 사항을 규정함으로써 조난사고로부터 국민의 생명과 신체 및 재산을 보호하고 공공의 복리증진에 이바지하는 것을 목적으로 한다.

2. 정의 (법 제2조)

이 법에서 사용하는 용어의 정의는 다음과 같다.
1. "수상"이란 해수면과 내수면을 말한다.
2. "해수면"이란 「수상레저안전법」 제2조제7호에 따른 바다의 수류나 수면을 말한다.
3. "내수면"이란 「수상레저안전법」 제2조제8호에 따른 하천, 댐, 호수, 늪, 저수지, 그 밖에 인공으로 조성된 담수나 기수의 수류 또는 수면을 말한다.
4. "수난구호"란 수상에서 조난된 사람 및 선박, 항공기, 수상레저기구 등(이하 "선박등"이라 한다)의 수색·구조·구난과 구조된 사람·선박등 및 물건의 보호·관리·사후처리에 관한 업무를 말한다.
5. "조난사고"란 수상에서 다음 각 목의 사유로 인하여 사람의 생명·신체 또는 선박등의 안전이 위험에 처한 상태를 말한다.
   가. 사람의 익수·추락·고립·표류 등의 사고
   나. 선박등의 침몰·좌초·전복·충돌·화재·기관고장 또는 추락 등의 사고
6. "수난구호협력기관"이란 수난구호를 위하여 협력하는 중앙행정기관·지방자치단체, 「재난 및 안전관리 기본법」 제3조제8호에 따른 긴급구조지원기관, 대통령령으로 정하는 공공단체를 말한다.
7. "수색"이란 인원 및 장비를 사용하여 조난을 당한 사람 또는 사람이 탑승하였을 것으로 추정되는 선박등을 찾는 활동을 말한다.
8. "구조"란 조난을 당한 사람을 구출하여 응급조치 또는 그 밖의 필요한 것을 제공하고 안전한 장소로 인도하기 위한 활동을 말한다.
9. "구난"이란 조난을 당한 선박등 또는 그 밖의 다른 재산(선박등에 실린 화물을 포함한다)에 관한 원조를 위하여 행하여진 행위 또는 활동을 말한다.
10. "구조대"란 수색 및 구조활동을 신속히 수행할 수 있도록 훈련된 인원으로 편성되고 적절한 장비를 보유한 단위조직을 말한다.
11. "민간해양구조대원"이란 지역해역에 정통한 주민 등 해양경찰관서에 등록되어 해양경찰의 해상구조활동을 보조하는 사람을 말한다.

제9부. 수상에서의 수색구조 등에 관한 법률(수상구조법)

12. "표류물"이란 점유를 이탈하여 수상에 떠 있거나 떠내려가고 있는 물건을 말한다.
13. "침몰품"이란 점유를 이탈하여 수상에 가라앉은 물건을 말한다.

[시행일: 2023. 6. 11.]

3. 적용범위 (법 제2조의2)

이 법 또는 이 법에 따른 명령 중 선박소유자에 관한 규정은 선박을 공유하는 경우로서 선박관리인을 임명하였을 때에는 그 선박관리인에게 적용하고, 선박을 임차하였을 때에는 그 선박임차인에게 적용하며, 선장에 관한 규정은 선장을 대신하여 그 직무를 수행하는 사람이 있는 경우 그 사람에게 적용한다.

4. 다른 법률과의 관계 (법 제3조)

수상에서 발생한 모든 조난사고에 대하여는 다른 법률에서 따로 정한 경우를 제외하고는 이 법에서 정하는 바에 따른다.

[제2장 수난대비]

1. 수난대비기본계획의 수립 등 (법 제4조)

①. 해양경찰청장은 해수면에서 자연적·인위적 원인으로 발생하는 조난사고로부터 사람의 생명과 신체 및 재산을 보호하고 효율적인 수난구호를 위하여 수난대비기본계획을 5년 단위로 수립하여야 한다.
②. 해양경찰청장은 제1항의 수난대비기본계획을 집행하기 위하여 수난대비집행계획을 매년 수립·시행하여야 한다.
③. 제2항에 따른 수난대비집행계획은 13)「민방위기본법」에 따른 민방위계획에 포함하여 수립·시행할 수 있다.
④. 제1항에 따른 수난대비기본계획과 제2항에 따른 수난대비집행계획의 수립 및 변경 등에 필요한 사항은 해양수산부령으로 정한다.

---
13) 「민방위기본법」이 법은 전시·사변 또는 이에 준하는 비상사태나 국가적 재난으로부터 주민의 생명과 재산을 보호하기 위하여 민방위에 관한 기본적인 사항과 민방위대의 설치·조직·편성과 동원 등에 관한 사항을 규정함을 목적으로 한다.

2. 중앙구조본부 등의 설치 (법 제5조)

① 해수면에서의 수난구호에 관한 사항의 총괄·조정, 수난구호협력기관과 수난구호민간단체 등이 행하는 수난구호활동의 역할조정과 지휘·통제 및 수난구호활동의 국제적인 협력을 위하여 해양경찰청에 중앙구조본부를 둔다.
② 해역별 수난구호에 관한 사항의 총괄·조정, 해당 지역에 소재하는 수난구호협력기관과 수난구호민간단체 등이 행하는 수난구호활동의 역할조정과 지휘·통제 및 수난현장에서의 지휘·통제를 위하여 지방해양경찰청에 광역구조본부를 두고, 해양경찰서에 지역구조본부를 둔다.
③ 중앙구조본부, 광역구조본부 및 지역구조본부(이하 "구조본부"라 한다)의 장은 신속한 수난구호를 위하여 수난구호협력기관의 장에게 소속 직원의 파견 및 장비의 지원을 요청할 수 있다. 이 경우 요청을 받은 기관·단체의 장은 특별한 사유가 없는 한 이에 응하여야 한다.
④ 구조본부의 구성·운영 등에 필요한 사항은 대통령령으로 정한다.

3. 수난대비기본훈련의 실시 등 (법 제5조의2)

① 중앙구조본부는 수상에서 자연적·인위적 원인으로 발생하는 조난사고로부터 사람의 생명과 신체 및 재산을 보호하기 위하여 수난구호협력기관 및 수난구호민간단체 등과 공동으로 매년 수난대비기본훈련을 실시하여야 한다.
② 해양경찰청장은 제1항의 수난대비기본훈련의 실시결과를 매년 국회 소관상임위원회에 보고하여야 한다.
③ 제1항에 따른 수난대비기본훈련의 실시 범위 및 방법 등 구체적인 사항은 대통령령으로 정한다.

4. 각급 해양수색주고기술위원회 설치 (법 제6조)

① 해양에서의 수색구조활동을 신속하고 효과적으로 지원하고, 수색구조 관련 정책조정과 유관기관 및 민간단체와의 협력체제를 구축하기 위하여 중앙구조본부의 장, 광역구조본부의 장 및 지역구조본부의 장(이하 "구조본부의 장"이라 한다) 소속으로 각각 중앙, 광역 및 지역 해양수색구조기술위원회를 둔다.
② 제1항에 따른 해양수색구조기술위원회의 구성·운영 등에 필요한 사항은 대통령령으로 정한다.

제9부. 수상에서의 수색구조 등에 관한 법률(수상구조법)

5. 구조대 및 구급대의 편성·운영 (법 제7조)

① 구조본부의 장은 해수면에서 수난구호를 효율적으로 수행하기 위하여 구조대를 편성·운영하고, 해수면과 연육로로 연결되지 아니한 도서(소방관서가 설치된 도서는 제외한다)에서 발생하는 응급환자를 응급처치하거나 의료기관에 긴급히 이송하기 위하여 구급대를 편성·운영하여야 한다.
② 소방청장, 소방본부장 및 소방서장(이하 "소방관서의 장"이라 한다)은 내수면에서의 수난구호를 위하여 구조대를 편성·운영하고, 내수면에서 발생하는 응급환자를 응급처치하거나 의료기관에 긴급히 이송하기 위하여 구급대를 편성·운영하여야 한다.
③ 수난구호협력기관의 장은 수난구호활동의 지원을 위하여 필요하다고 인정할 때에는 구조대 및 구급대를 편성·운영할 수 있다.
④ 제1항 및 제3항에 따른 구조대 및 구급대는 수난구호 및 응급처치 등을 위하여 필요한 인력·장비 및 조직체계 등을 갖추어야 한다.
⑤ 제1항 및 제3항에 따른 구조대 및 구급대의 편성·운영 등에 필요한 사항은 대통령령으로 정한다.

6. 종합상황실의 설치·운영 (법 제8조)

① 구조본부의 장은 조난사고와 그 밖에 구조·구급이 필요한 상황의 발생에 대비하고, 신속한 구조활동을 위한 정보를 수집·전파하기 위하여 종합상황실을 설치·운영하여야 한다.
② 제1항에 따른 종합상황실의 설치·운영에 필요한 사항은 해양수산부령으로 정한다.

> ■ **시행규칙 제4조(종합상황실의 설치·운영)**
> ① 법 제8조제1항에 따라 설치하는 종합상황실은 다음 각 호의 요건을 모두 갖추어야 한다.
>   1. 신속한 수난구호 관련 정보의 수집·전파와 수난구호 자원의 관리·지원을 위한 방송 및 정보통신체계
>   2. 수난구호상황의 효율적 관리를 위한 각종 장비 운영·관리체계
>   3. 그 밖에 조난사고 대비와 수난구호업무를 위하여 해양경찰청장이 정하는 사항
> ② 중앙구조본부의 장, 광역구조본부의 장 및 지역구조본부의 장(이하 "구조본부의 장"이라 한다)은 종합상황실 기능의 전부 또는 일부를 수행할 수 없는 경우를 대비하여 대체상황실을 운영할 수 있다.

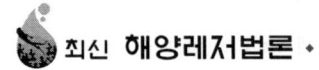

7. 여객선비상수색구조계획서의 작성 등 (법 제9조)

① 국제항해에 취항하는 여객선(「해운법」 제6조제1항에 따라 승인을 받은 외국의 해상여객운송사업자가 운영하는 여객선을 포함한다. 이하 "여객선"이라 한다) 소유자는 비상시 여객선의 수색구조를 위하여 구조본부의 비상연락망, 비상훈련계획 및 구명설비배치도 등이 기재된 계획서(이하 "여객선비상수색구조계획서"라 한다)를 작성하여 관할 해양경찰서장에게 신고하고 확인을 받아 해당 여객선 및 선박 소유자의 주된 사무실에 비치하여야 한다.

② 여객선 소유자는 여객선비상수색구조계획서의 내용에 변경이 있는 경우 지체 없이 변경된 내용을 관할 해양경찰서장에게 신고하여야 한다.

③ 관할 해양경찰서장은 여객선의 안전을 위하여 필요하다고 인정하는 경우 소속 경찰공무원으로 하여금 여객선 소유자의 선박 또는 주된 사무소에 출입하여 여객선비상수색구조계획서를 확인하게 할 수 있다.

④ 제3항에 따라 여객선 소유자의 선박 또는 주된 사무소에 출입하는 경찰공무원은 그 권한을 나타내는 증표를 지니고 이를 관계인에게 내보여야 한다.

⑤ 여객선 및 「해운법」 제2조제1호의2에 따른 여객선 소유자는 해양수산부령으로 정하는 바에 따라 여객선비상수색구조 훈련을 연 1회 이상 선장의 지휘하에 실시하여야 하며, 훈련의 시기와 방법은 관할 해양경찰서장 또는 소방서장과 협의하여 정한다.

⑥ 그 밖에 여객선비상수색구조계획서의 작성 등에 필요한 사항은 해양수산부령으로 정한다.

8. 선박의 이동 및 대피 명령 (법 제10조)

구조본부의 장은 다음 각 호의 어느 하나에 해당하는 선박의 경우에는 해양수산부령으로 정하는 바에 따라 해당 선박의 이동 및 대피를 명할 수 있다. 다만, 외국선박에 대한 이동 및 대피명령은 14)「영해 및 접속수역법」 제1조 및 제3조에 따른 영해 및 내수(「내수면어업법」 제2조제1호에 따른 내수면은 제외한다)에서만 실시한다.
 1. 태풍, 풍랑 등 해상기상의 악화로 조난이 우려되는 선박
 2. 선박구난현장에서 구난작업에 방해가 되는 선박

9. 조난된 선박의 긴급피난 (법 제11조)

인명이나 해양환경에 손상을 초래할 수 있는 조난된 선박의 선장 또는 소유자는 계속 항해

---

14) **제1조(영해의 범위)** 대한민국의 영해는 기선(基線)으로부터 측정하여 그 바깥쪽 12해리의 선까지에 이르는 수역(水域)으로 한다. 다만, 대통령령으로 정하는 바에 따라 일정수역의 경우에는 12해리 이내에서 영해의 범위를 따로 정할 수 있다. **제3조(내수)** 영해의 폭을 측정하기 위한 기선으로부터 육지쪽에 있는 수역은 내수(內水)로 한다.

제9부. 수상에서의 수색구조 등에 관한 법률(수상구조법)

시의 위험을 줄이기 위하여 긴급피난을 할 수 있다.

10. 긴급피난의 신청과 허가 (법 제12조)

①. 긴급피난을 하려는 조난된 선박의 선장 또는 소유자는 구조본부의 장에게 긴급피난의 허가를 신청하여야 한다.
②. 제1항에 따른 긴급피난의 허가신청을 받은 구조본부의 장은 지체 없이 그 허가여부를 결정하여야 한다. 허가를 하는 경우 구조본부의 장은 조난된 선박이 초래할 수 있는 인명이나 해양환경에 미치는 영향을 고려하여 조건을 붙여 허가를 할 수 있다.
③. 구조본부의 장은 해상기상 또는 선박의 상태 등을 고려하여 긴급피난의 허가를 하지 아니한 때에는 즉시 신정자에게 알리고, 선박의 안전에 필요한 조치를 하여야 한다.
④. 긴급피난의 신청·허가 절차 등에 필요한 사항은 해양수산부령으로 정한다.

[제3장 수난구호]

1. 수난구호의 관찰 (법 제13조)

해수면에서의 수난구호는 구조본부의 장이 수행하고, 내수면에서의 수난구호는 소방관서의 장이 수행한다. 다만, 국제항행에 종사하는 내수면 운항선박에 대한 수난구호는 구조본부의 장과 소방관서의 장이 상호 협조하여 수행하여야 한다.

2. 수난구호협력기관과의 협조 등 (법 제14조)

①. 수난구호협력기관의 장은 수난구호활동을 위하여 구조본부의 장 또는 소방관서의 장으로부터 필요한 지원과 협조 요청이 있을 경우 특별한 사정이 없으면 이에 응하여야 한다.
②. 구조본부의 장 또는 소방관서의 장은 수난구호협력기관의 장과 협의하여 구조대 및 구급대의 합동훈련 또는 합동교육을 실시하거나 구조대 및 구급대에 관한 정보교환 및 상호연락체제를 구축할 수 있다.
③. 특별자치도지사 또는 시장·군수·구청장(자치구의 구청장을 말한다. 이하 같다)은 구조된 사람의 보호와 습득한 물건의 보관·반환·공매 및 구호비용의 산정·지급·징수, 그 밖에 사후처리에 관한 일체의 사무를 담당한다.

3. 조난사실의 신고 등 (법 제15조)

①. 수상에서 조난사고가 발생한 때에는 다음 각 호의 어느 하나에 해당하는 자는 즉시 가까운 구조본부의 장이나 소방관서의 장에게 조난사실을 신고하여야 한다.
   1. 조난된 선박등의 선장·기장 또는 소유자
   2. 수상에서 조난사실을 발견한 자
   3. 조난된 선박등으로부터 조난신호나 조난통신을 수신한 자
   4. 조난사고 원인을 제공한 선박의 선장 및 승무원
②. 선박등의 소재가 불명하고 통신이 두절되어 실종의 위험이 있다고 인정되는 경우에는 그 선박등의 소유자·운항자 또는 관리자는 지체 없이 그 사실을 구조본부의 장이나 소방관서의 장에게 신고하여야 한다.
③. 제1항 및 제2항에 따라 조난사실을 신고받거나 인지한 구조본부의 장 또는 소방관서의 장은 그 사실을 지체 없이 조난지역을 관할하는 구조본부의 장이나 소방관서의 장에게 통보하여야 한다.

4. 구조본부 등의 조치 (법 제16조)

①. 제15조에 따라 조난사실을 신고 또는 통보받거나 인지한 관할 구조본부의 장이나 소방관서의 장은 구조대에 구조를 지시 또는 요청하거나 조난현장의 부근에 있는 선박등에게 구조를 요청하는 등 수난구호에 필요한 조치를 취하여야 한다.
②. 제1항에 따라 구조의 지시 또는 요청을 받은 구조대의 장은 구조상황을 수시로 관할 구조본부의 장 또는 소방관서의 장에게 보고 하거나 통보하여야 한다.
③. 제1항에 따른 수난구호를 위하여 필요하다고 인정할 때에는 구조본부의 장 또는 소방관서의 장은 수난구호협력기관의 장, 수난구호민간단체에게 소속 구조지원요원 및 선박을 현장에 출동시키는 등 구조활동(조난된 선박등의 예인을 포함한다)을 지원할 것을 요청할 수 있다. 이 경우 요청을 받은 수난구호협력기관의 장과 수난구호민간단체는 특별한 사유가 없는 한 즉시 이에 응하여야 한다.
④. 구조본부의 장 또는 소방관서의 장은 생존자의 구조를 위하여 필요한 경우 수중 수색 구조활동을 실시할 수 있다. 다만, 그 업무를 수행하는 사람의 건강이나 생명에 중대한 위험을 초래할 우려가 있다고 판단되는 경우에는 실시하지 아니하거나 중지할 수 있다.

5. 현장지휘 (법 제17조)

①. 조난현장에서의 수난구호활동의 지휘는 지역구조본부의 장 또는 소방서장이 행한다. 다만, 응급의료 및 이송 등과 관련된 사항에 대하여는 관련 수난구호협력기관의 장과 협의하여야 한다.

제9부. 수상에서의 수색구조 등에 관한 법률(수상구조법)

②. 제1항에 따른 현장지휘는 다음 각 호의 사항에 관하여 행한다.
1. 조난현장에서의 수난구호활동
2. 수난구호협력기관, 수난구호민간단체, 자원봉사자 등의 임무 부여와 인력 및 장비의 배치와 운용
3. 추가 조난의 방지를 위한 응급조치
4. 사상자의 응급처치 및 의료기관으로의 이송
5. 수난구호에 필요한 물자 및 장비의 관리
6. 수난구호요원의 안전확보를 위한 조치
7. 현장접근 통제, 조난현장의 질서유지 등 효율적인 수난구호활동을 위하여 필요한 사항

③. 광역구조본부의 장 또는 소방본부장은 둘 이상의 지역구조본부의 장 또는 소방서장의 공동대응 등이 필요하다고 인정하는 경우에는 제1항에도 불구하고 직접 현장지휘를 할 수 있다.

④. 중앙구조본부의 장 또는 소방청장은 대통령령으로 정하는 대규모의 수난이 발생하거나 그 밖에 필요하다고 인정하는 경우에는 제1항 및 제3항에도 불구하고 직접 현장지휘를 할 수 있다.

⑤. 조난현장에서 수난구호활동에 임하는 수난구호요원, 조난된 선박의 선원 및 승객은 제1항·제3항 및 제4항에 따라 현장지휘관의 지휘·통제에 따라야 한다.

⑥. 구조본부의 장의 수난구호활동 지휘장소는 대통령령으로 정하는 바에 따른다.

6. 인근 선박등의 구조지원 (법 제18조)

①. 조난현장의 부근에 있는 선박등의 선장·기장 등은 조난된 선박등이나 구조본부의 장 또는 소방관서의 장으로부터 구조요청을 받은 때에는 가능한 한 조난된 사람을 신속히 구조할 수 있도록 최대한 지원을 제공하여야 한다. 다만, 조난된 선박 또는 조난사고의 원인을 제공한 선박의 선장 및 승무원은 요청이 없더라도 조난된 사람을 신속히 구조하는 데 필요한 조치를 하여야 한다.

②. 구조본부의 장 또는 소방관서의 장으로부터 구조요청을 받은 선박등의 선장·기장 등은 구조에 착수하지 못할 경우에는 지체 없이 그 사유를 구조본부의 장 또는 소방관서의 장에게 통보하여야 한다.

7. 조난된 선박등의 구난작업 신고 (법 제19조)

①. 누구든지 다음 각 호의 장소에서 조난된 선박등을 구난하려는 자는 구난작업을 시작하기 전에 구조본부의 장 또는 소방관서의 장에게 그 사실을 신고하여야 한다. 다만, 대통령령으로 정하는 소형선박을 구난하려는 경우, 제16조제3항에 따른 구조본부의 장 또는 소방관서의 장의 요청으로 구난을 하려는 경우에는 그러하지 아니하며, 긴급구난을 하려는 경우에는 구난작업을 시작한 후 지체 없이 구조본부의 장 또는 소방관서의 장에게 알려야 한다.

1. 「영해 및 접속수역법」 제1조 및 제3조에 따른 영해 및 내수
2. 「배타적 경제수역 및 대륙붕에 관한 법률」에 따른 배타적 경제수역

> ■ **「영해 및 접속수역법」 제1조(영해의 범위)**
> 대한민국의 영해는 기선으로부터 측정하여 그 바깥쪽 12해리의 선까지에 이르는 수역으로 한다. 다만, 대통령령으로 정하는 바에 따라 일정수역의 경우에는 12해리 이내에서 영해의 범위를 따로 정할 수 있다.
> ■ **「영해 및 접속수역법」 제3조(내수)**
> 영해의 폭을 측정하기 위한 기선으로부터 육지 쪽에 있는 수역은 내수로 한다.
> ■ **「배타적경제수역법」 제2조(배타적 경제수역과 대륙붕의 범위)**
> ①. 대한민국의 배타적 경제수역은 협약에 따라「영해 및 접속수역법」제2조에 따른 기선(이하 "기선"이라 한다)으로부터 그 바깥쪽 200해리의 선까지에 이르는 수역 중 대한민국의 영해를 제외한 수역으로 한다.
> ②. 대한민국의 대륙붕은 협약에 따라 영해 밖으로 영토의 자연적 연장에 따른 대륙변계의 바깥 끝까지 또는 대륙변계의 바깥 끝이 200해리에 미치지 아니하는 경우에는 기선으로부터 200해리까지의 해저지역의 해저와 그 하층토로 이루어진다. 다만, 대륙변계가 기선으로부터 200해리 밖까지 확장되는 곳에서는 협약에 따라 정한다.
> ③. 대한민국과 마주 보고 있거나 인접하고 있는 국가(이하 "관계국"이라 한다) 간의 배타적 경제수역과 대륙붕의 경계는 제1항 및 제2항에도 불구하고 국제법을 기초로 관계국과의 합의에 따라 획정한다.

②. 구조본부의 장 또는 소방관서의 장은 제1항에 따른 신고를 받은 경우 그 내용을 검토하여 구난작업을 실시하는 데 적합하다고 인정할 때에는 신고를 수리하여야 한다. 이 경우 신고된 내용이 미흡하다고 인정할 때에는 필요한 사항을 보완한 후 다시 신고하게 할 수 있다.

③. 제1항에 따른 신고의 내용 및 서식 등에 필요한 사항은 해양수산부령으로 정한다.

8. 구난작업 현장의 안전관리 등 (법 제19조의2)

구조본부의 장 또는 소방관서의 장은 구난작업 현장의 안전관리와 환경오염 방지를 위하여 필요한 경우 구난작업 관계자에게 인력 및 장비의 보강, 인근 선박의 항행안전을 위한 조치 등을 할 것을 명할 수 있다.

9. 조난된 선박등의 구난작업 시 보험가입 (법 제20조)

누구든지 조난된 선박등을 구난하려는 자는 안전사고 및 해양오염 발생에 대비하여 구난작업을 시작하기 전에 보험에 가입하여야 한다. 다만, 제19조제1항의 단서에 따른 구난작업

의 경우에는 그러하지 아니하다.

10. 조난된 선박등의 예인 시 책임 (법 제21조)

조난된 선박등을 예인하는 자는 다음 각 호의 어느 하나에 해당하는 예인으로 인하여 조난된 선박등이 파손되거나 멸실되더라도 고의 또는 중대한 과실이 없는 경우에는 민사상·형사상 책임을 지지 아니한다. 이 경우 조난된 선박등을 예인하는 자는 피예인선의 선장이나 소유자에게 그 뜻을 미리 알려주어야 한다.
 1. 수난구호민간단체에 소속된 선박이 제16조제3항에 따른 구조본부의 장 또는 소방관서의 장의 요청을 받고 예인하는 경우
 2. 민간에 소속된 선박이 보수(실비의 지급은 보수로 보지 아니한다)를 받지 아니하고 예인하는 경우. 이 경우 실비의 범위는 대통령령으로 한다.
 3. 국가기관에 소속된 선박이 조난된 선박등을 긴급히 구난하기 위하여 예인하는 경우

■ 조난 선박등 예인 시 실비의 범위 (시행령 제21조)
법 제21조제2호 후단에 따른 조난 선박등 예인 시 실비의 범위는 다음 각 호와 같다.
 1. 조난 선박등의 예인에 소모된 유류비
 2. 조난 선박등의 예인에 필요한 인력·장비·시설에 소요되는 비용

11. 외국구조대의 영해진입 허가 등 (법 제22조)

①. 외국의 구조대가 신속한 수난구호활동을 위하여 우리나라와 체결한 조약에 따라 우리나라의 영해·영토 또는 그 상공에의 진입허가를 요청하는 때에는 중앙구조본부의 장은 지체 없이 이를 허가하고 그 사실을 관계 기관에 통보한다.
②. 제1항에 따른 진입요청 및 허가 등에 필요한 사항은 대통령령으로 정한다.

■ 외국구조대의 진입허가 (시행령 제22조)
①. 법 제22조제1항에 따라 우리나라의 영해·영토 또는 그 상공에 진입하기 위하여 진입허가를 받으려는 외국구조대는 중앙구조본부의 장에게 다음 각 호의 사항을 기재한 신청서를 제출하여야 한다. 다만, 긴급한 상황일 때에는 무선통신 등의 방법으로 신청할 수 있으며, 이 경우에도 수난구호활동이 끝난 후에는 신청서를 제출하여야 한다.
 1. 허가 대상 선박·항공기 등의 선명(船名)·기명(機名)·종류 및 번호
 2. 활동목적
 3. 활동수역·항로 및 일정
 4. 구조대의 인원 및 주요 구조장비명
 5. 그 밖에 양국 간 체결한 조약에 규정된 사항
②. 제1항에 따라 신청을 받은 중앙구조본부의 장은 진입허가를 하기 전에 중앙기술위원회

를 개최하여 관계 행정기관과 협의해야 한다. 다만, 긴급한 구조가 필요할 때에는 중앙기술위원회를 개최하지 않고 관계 행정기관과 협의할 수 있다.

12. 해외 수난 발생 시 수색구조 등 (법 제23조)

① 해외에서 우리나라 국민과 선박등의 수난과 다른 나라 국민과 선박등의 수난에 대하여 수색·구조가 필요한 경우 중앙구조본부의 장은 구조대를 파견할 수 있다.
② 제1항에 따른 구조대의 해외파견에 필요한 사항은 대통령령으로 정한다.

■ **구조대의 해외파견 (시행령 제23조)**
① 법 제23조제1항에 따라 구조대를 해외에 파견하려는 중앙구조본부의 장은 파견하는 선박·항공기 및 활동수역 등에 관하여 상대국과 미리 협의하여야 한다.
② 중앙구조본부의 장은 제1항에 따른 협의를 하기 전에 중앙기술위원회를 개최하여 관계 행정기관과 협의해야 한다. 다만, 긴급한 구조가 필요할 때에는 중앙기술위원회를 개최하지 않고 관계 행정기관과 협의할 수 있다.
③ 중앙구조본부의 장은 제1항에 따른 협의 결과 구조대를 해외에 파견하는 경우에는 관계 행정기관에 그 사실을 지체 없이 통보하여야 한다.

13. 구조활동의 종료 또는 중지 (법 제24조)

구조본부의 장은 다음 각 호의 어느 하나에 해당하는 경우에는 구조활동을 종료 또는 중지할 수 있다.
 1. 구조활동을 완료한 경우
 2. 생존자를 구조할 모든 가능성이 사라지는 등 더 이상 구조활동을 계속할 필요가 없다고 인정되는 경우

14. 국내 조난사고의 조사 (법 제25조)

① 해양경찰청장은 해양에서 대규모의 조난사고가 발생한 경우에 관계 수난구호협력기관과 합동으로 사고조사단을 편성하여 사고원인과 피해상황에 관한 조사를 실시할 수 있다. 다만,「해양사고의 조사 및 심판에 관한 법률」에 따라 조사하는 경우에는 그러하지 아니하다.
② 해양경찰청장은 제1항에 따른 사고조사단의 편성을 위하여 관계 수난구호협력기관의 장에게 소속 공무원 또는 직원의 파견을 요청할 수 있다. 이 경우 요청을 받은 관계 수난구호협력기관의 장은 특별한 사유가 없는 한 이에 응하여야 한다.
③ 제1항에 따른 사고조사단의 구성·운영에 필요한 사항은 대통령령으로 정한다.

제9부. 수상에서의 수색구조 등에 관한 법률(수상구조법)

■ **대규모 조난사고 합동조사단의 구성·운영 (시행령 제24조)**
① 법 제25조제1항 본문에 따른 대규모 조난사고를 합동으로 조사하는 조사단(이하 "조사단"이라 한다)의 단장은 해양경찰관으로 한다.
② 조사단의 단장은 해양경찰청장의 명을 받아 조사단에 관한 사무를 총괄하고, 조사단에 소속된 직원을 지휘·감독한다.
③ 해양경찰청장은 재난 피해의 유형·규모에 따라 전문조사가 필요한 경우 전문조사단을 구성·운영할 수 있다.
④ 그 밖에 조사단의 편성 및 운영에 필요한 사항은 해양수산부령으로 정한다.

[제4장 한국해양구조협회]

1. 한국해양구조협회의 설립 등 (법 제26조)

① 해수면에서의 수색구조·구난활동 지원, 수색구조·구난에 관한 기술·제도·문화 등의 연구·개발·홍보 및 교육훈련, 행정기관이 위탁하는 업무의 수행과 해양 구조·구난 업계의 건전한 발전 및 해양 구조·구난 관계 종사자의 기술향상을 위하여 한국해양구조협회(이하 "협회"라 한다)를 설립한다.
② 협회는 법인으로 한다.
③ 협회의 정관 기재사항과 운영 및 감독 등에 필요한 사항은 대통령령으로 정한다.
④ 협회에 관하여 이 법에서 규정한 것을 제외하고는 「민법」 가운데 사단법인에 관한 규정을 준용한다.

2. 협회의 업무 (법 제27조)

① 협회는 다음 각 호의 업무를 수행한다.
 1. 수색구조·구난업무 지원
 2. 수색구조·구난기술에 관한 교육 및 조사·연구와 개발
 3. 수색구조·구난에 관한 각종 간행물의 발간
 4. 수색구조·구난기술에 관한 자문
 5. 해양사고 예방과 안전관리 의식의 고취를 위한 대국민 홍보
 6. 수색구조·구난업무에 관하여 행정기관이 위탁하는 업무
 7. 수색구조·구난기술에 관한 정보의 수집·분석 및 제공
 8. 수색구조·구난업무를 지원하는 민간해양구조대원의 관리 및 교육·훈련
 9. 그 밖에 회원의 복리증진 등 정관으로 정하는 사항

②. 해양경찰청장 또는 지방자치단체의 장은 협회에 위탁한 업무의 수행에 필요한 행정적·재정적 지원을 할 수 있다.

3. 회원의 자격 (법 제28조)

협회의 회원은 다음 각 호의 자로 한다.
1. 「선박안전법」에 따라 설립된 선급법인 및 「한국해양교통안전공단법」에 따라 설립된 한국해양교통안전공단의 선박검사업무에 종사하는 자로서 회원이 되고자 하는 자
2. 「수산업협동조합법」에 따른 수산업협동조합중앙회, 「한국해운조합법」에 따른 한국해운조합, 「해양환경관리법」에 따른 해양환경공단, 「선주상호보험조합법」에 따른 선주상호보험조합 또는 「민법」 제32조에 따라 설립된 한국선주협회의 직원 가운데 회원이 되고자 하는 자
3. 민간해양구조대원으로서 회원이 되고자 하는 자
4. 수난구호에 관한 학식과 경험이 풍부한 자로서 대통령령으로 정하는 자 가운데 회원이 되고자 하는 자

[제5장 민간구조활동의 지원 등]

1. 수난구호를 위한 종사명령 등 (법 제29조)

①. 구조본부의 장 및 소방관서의 장은 수난구호를 위하여 부득이하다고 인정할 때에는 필요한 범위에서 사람 또는 단체를 수난구호업무에 종사하게 하거나 선박, 자동차, 항공기, 다른 사람의 토지·건물 또는 그 밖의 물건 등을 일시적으로 사용할 수 있다. 다만, 노약자, 정신적 장애인, 신체장애인, 그 밖에 15)대통령령으로 정하는 사람에 대하여는 제외한다.
②. 제1항에 따라 수난구호업무에의 종사명령을 받은 자는 구조본부의 장 및 소방관서의 장의 지휘를 받아 수난구호업무에 종사하여야 한다.
③. 국가 또는 지방자치단체는 제1항에 따라 수난구호 업무에 종사한 사람이 부상(신체에 장애를 입은 경우를 포함한다)을 입거나 사망(부상으로 인하여 사망한 경우를 포함한다)한 경우에는 그 부상자 또는 유족에게 보상금을 지급하여야 한다. 다만, 다른 법령

---

15) **시행령 제29조(수난구호업무 종사 제외자)** 법 제29조제1항 단서에서 "대통령령으로 정하는 사람"이란 다음 각 호의 사람을 말한다.
  1. 14세 미만인 사람
  2. 그 밖에 피성년후견인·피한정후견인 등 수난구호업무에 종사하게 하는 것이 적당하지 아니하다고 인정되는 사람

제9부. 수상에서의 수색구조 등에 관한 법률(수상구조법)

　　에 따라 국가 또는 지방자치단체의 부담에 의한 같은 종류의 보상금을 지급받은 사람에 대하여는 그 보상금에 상당하는 금액은 지급하지 아니한다.
④. 구조본부의 장 또는 소방관서의 장은 제1항에 따라 수난구호 업무에 종사한 사람이 「의사상자 등 예우 및 지원에 관한 법률」의 적용대상자인 경우에는 같은 법에 따른 보상을 받을 수 있도록 적극 지원하여야 한다.
⑤. 제3항 본문에 따른 보상금은 국가 또는 지방자치단체의 부담으로 하며, 그 기준 및 절차 등에 필요한 사항은 대통령령으로 정한다. 이 경우 특별한 사정이 없는 한 「의사상자 등 예우 및 지원에 관한 법률」의 보상기준을 준수하여야 한다.
⑥. 제3항에 따라 보상금을 지급받고자 하는 자는 해양수산부령으로 정하는 바에 따라 관할 지방자치단체의 장에게 신청하여야 한다.
⑦. 국가 또는 지방자치단체는 제1항에 따라 수난구호업무에 종사한 사람이 신체상의 부상을 입은 때에는 대통령령으로 정하는 바에 따라 치료를 실시하여야 한다.

2. 민간해양구조대원등의 처우 (법 제30조)

①. 민간해양구조대원은 해양경찰의 해상구조 및 조난사고 예방·대응 활동을 지원할 수 있다.
②. 민간해양구조대원 및 수난구호참여자 중 해양수산부령으로 정하는 요건을 갖춘 자(이하 이 조에서 "민간해양구조대원등"이라 한다)가 제1항에 따라 해상구조 및 조난사고 예방·대응 활동을 지원한 때에는 해양수산부령으로 정하는 바에 따라 수당 및 실비를 지급할 수 있다.
③. 지방자치단체의 장은 필요한 경우 관할 구역에서 민간해양구조대원등이 수난구호활동에 참여하는 데 소요되는 경비의 일부를 지원할 수 있다. 이 경우 수난구호활동 참여 소요경비 지원에 필요한 사항은 지방자치단체의 조례로 정한다.
④. 구조본부의 장은 민간해양구조대원의 구조활동에 필요한 장비를 무상으로 대여할 수 있다.
⑤. 구조본부의 장은 민간해양구조대원에 대한 교육·훈련을 실시하여야 한다. 이 경우 구조본부의 장은 그 교육·훈련을 협회 등에 위탁할 수 있다.
⑥. 민간해양구조대원에 대한 교육·훈련의 내용, 주기, 방법 등 필요한 사항은 해양수산부령으로 정한다.
⑦. 민간해양구조대원등이 구조업무 및 구조 관련 교육·훈련으로 인하여 질병에 걸리거나 부상(신체에 장애를 입은 경우를 포함한다)을 입거나 사망(부상으로 인하여 사망한 경우를 포함한다)한 경우의 치료 또는 보상금의 기준·절차 등은 제29조제3항부터 제7항까지의 규정을 준용한다.

3. 수상구조사 (법 제30조의2)

①. 해양경찰청장은 수상에서 조난된 사람을 구조하기 위한 전문적인 능력을 갖추었다고

　　인정되는 사람에게 수상구조사 자격을 부여할 수 있다.
②. 수상구조사가 되려는 사람은 해양경찰청장이 지정하는 관련 단체 또는 기관(이하 "교육기관"이라 한다)에서 교육과정을 이수한 후 해양경찰청장이 실시하는 시험에 합격하여야 한다.
③. 해양경찰청장은 수상구조사 시험에 합격한 사람에 대하여 해양수산부령으로 정하는 바에 따라 수상구조사 자격증(이하 "자격증"이라 한다)을 발급하여야 한다.

> ■ **시행규칙 제12조의4(자격증의 발급 등)**
> ①. 지방해양경찰청장은 법 제30조의2제3항에 따라 자격시험에 합격한 사람에게 합격일부터 14일 이내에 별지 제16호서식의 수상구조사 자격증(이하 "자격증"이라 한다)을 발급하여야 한다.
> ②. 다음 각 호의 어느 하나에 해당하는 사유로 자격증을 재발급받으려는 사람은 별지 제17호서식의 수상구조사 자격증 재발급(갱신) 신청서에 다음 각 호의 구분에 따른 자료를 첨부하여 지방해양경찰청장에게 제출하여야 한다.
> 　1. 자격증이 헐어 못쓰게 된 경우: 그 자격증 및 사진 1매
> 　2. 자격증을 잃어버린 경우: 사유서 1부 및 사진 1매
> ③. 지방해양경찰청장은 법 제30조의7제1항에 따른 수상구조사 보수교육(이하 "보수교육"이라 한다)을 이수한 사람에게 자격증을 갱신하여 발급하여야 한다.
> ④. 보수교육을 이수한 사람은 제3항에 따라 자격증을 발급받기 위하여 별지 제17호서식의 수상구조사 자격증 재발급(갱신) 신청서에 제12조의11제2항에 따른 수상구조사 보수교육 수료증을 첨부하여 지방해양경찰청장에게 제출해야 한다.
> ⑤. 지방해양경찰청장은 제1항부터 제3항까지에 따라 자격증을 발급, 재발급 또는 갱신발급(이하 "자격증 발급등"이라 한다)하려는 경우에는 다음 각 호의 구분에 따라 각각 그 사실을 기록하고 관리(전자적 형태의 기록 및 관리를 포함한다) 하여야 한다.
> 　1. 자격증을 발급하려는 경우: 별지 제18호서식
> 　2. 자격증을 재발급 또는 갱신발급하려는 경우: 별지 제19호서식

④. 수상구조사 자격의 효력은 제3항에 따른 자격증을 발급받은 날부터 발생한다.
⑤. 수상구조사 시험의 시행일을 기준으로 제30조의3의 결격사유에 해당하는 사람은 수상구조사 시험에 응시할 수 없다.
⑥. 제2항에 따른 수상구조사 시험의 시험과목, 시험방법, 그 밖에 시험에 필요한 사항은 대통령령으로 정하고, 교육기관의 지정 및 취소, 교육과정, 관리·감독 등에 필요한 사항은 해양수산부령으로 정한다.
⑦. 해양경찰청장은 수상구조사 시험의 실시에 관한 업무를 대통령령으로 정하는 바에 따라 시험관리 능력이 있다고 인정되는 관계 전문기관에 위탁할 수 있다.

■ **수상구조사 자격시험의 실시 등 (시행령 제30조의3)**
①. 법 제30조의2제2항에 따른 수상구조사 자격시험(이하 "자격시험"이라 한다)은 수시로 실시한다.
②. 해양경찰청장은 자격시험을 실시하려는 경우 시험 일시·장소 및 그 밖에 자격시험의

실시에 필요한 사항을 시험일 2개월 전까지 공고하여야 한다.
③. 해양경찰청장은 제2항에 따라 공고된 내용대로 자격시험을 실시할 수 없는 불가피한 사정이 발생한 경우에는 제2항에 따른 공고내용을 변경할 수 있다. 이 경우 시험일 7일 전까지 변경내용을 공고해야 한다.
④. 자격시험에 응시하려는 사람은 해양수산부령으로 정하는 응시원서를 해양경찰청장에게 제출하여야 한다.

■ **자격시험의 응시자격 (시행령 제30조의4)**

자격시험에 응시하려는 사람은 법 제30조의2제2항에 따라 해양경찰청장이 지정하는 관련 단체 또는 기관(이하 "교육기관"이라 한다)에서 64시간 이상의 교육과정을 이수하여야 한다.

■ **시험방법 및 시험과목 등 (시행령 제30조의5)**
①. 자격시험은 실기시험의 방법으로 실시한다.
②. 자격시험의 과목 및 과목별 배점은 다음 각 호와 같다.
 1. 영법: 15점
 2. 수영구조: 15점
 3. 장비구조: 15점
 4. 기본구조: 20점
 5. 종합구조: 20점
 6. 응급처치: 10점
 7. 구조장비 사용법: 5점
③. 자격시험은 과목별 점수의 합을 총 100점으로 하여 그 중 60점 이상을 득점한 사람 중 각 과목 만점의 40퍼센트 이상을 득점한 사람을 합격으로 한다.

4. 결격사유 등 (법 제30조의3)

①. 다음 각 호의 어느 하나에 해당하는 사람은 수상구조사가 될 수 없다.
 1. 피성년후견인·피한정후견인
 2. 「정신건강증진 및 정신질환자 복지서비스 지원에 관한 법률」 제3조제1호에 따른 정신질환자
 3. 「마약류 관리에 관한 법률」 제2조제2호부터 제4호까지의 규정에 따른 마약·향정신성의약품 또는 대마 중독자
 4. 이 법 또는 다음 각 목의 어느 하나에 해당하는 죄에 의하여 금고 이상의 실형을 선고받고 그 집행이 끝나지 아니하거나 면제되지 아니한 사람
  가 이 법 제43조부터 제45조까지의 죄
  나 「형법」 제268조(수상에서의 안전관리 및 인명구조 업무와 관련한 과실만 해당한다)의 죄
  다 「아동·청소년의 성보호에 관한 법률」 제7조 및 제8조의 죄

라 가목부터 다목까지의 죄로서 다른 법률에 따라 가중처벌되는 죄
② 개인정보를 가지고 있는 기관 중 대통령령으로 정하는 기관의 장은 수상구조사의 결격 사유와 관련이 있는 개인정보를 해양경찰청장에게 통보하여야 한다.
③ 제2항에 따라 해양경찰청장에게 통보하여야 하는 개인정보의 내용, 통보방법 및 그 밖에 개인정보의 통보에 필요한 사항은 대통령령으로 정한다.

5. 부정행위에 대한 제재 (법 제30조의4)

① 부정한 방법으로 수상구조사시험에 응시한 사람 또는 수상구조사시험에서 부정행위를 한 사람에 대하여는 그 시험을 정지시키거나 합격을 무효로 한다.
② 제1항에 따라 시험이 정지되거나 합격이 무효로 된 사람은 그 처분이 있은 날부터 2년간 수상구조사시험에 응시할 수 없다.

6. 준수사항 (법 제30조의5)

① 수상구조사는 다음 각 호에서 정하는 사항을 준수하여야 한다.
 1. 구조 완료 후 구조된 사람에게 법령에 의하지 않은 금품 등의 대가를 요구하지 않을 것
 2. 다른 사람에게 자기의 명의를 사용하게 하거나 그 자격증을 대여(貸與)하지 않을 것
② 누구든지 수상구조사 자격을 취득하지 아니하고 그 명의를 사용하거나 자격증을 대여 받아서는 아니 되며, 명의의 사용이나 자격증의 대여를 알선하여서도 아니 된다.

7. 비밀 준수 의무 (법 제30조의6)

수상구조사는 조난된 사람의 구조 과정에서 알게 된 비밀을 누설하거나 공개하여서는 아니 된다.

8. 자격유지 (법 제30조의7)

① 수상구조사 자격을 취득한 사람은 다음 각 호의 구분에 따른 기간(이하 "보수교육 기간"이라 한다)에 해양수산부령으로 정하는 바에 따라 해양경찰청장이 실시하는 보수교육을 받아야 한다.
 1. 최초 수상구조사 자격을 취득한 경우 자격증을 발급 받은 날부터 기산하여 2년이 되는 날부터 6개월 이내
 2. 제1호 이외의 경우 직전의 보수교육을 받은 날부터 기산하여 2년이 되는 날부터 6개월 이내

제9부. 수상에서의 수색구조 등에 관한 법률(수상구조법)

- **시행규칙 제12조의11(수상구조사 보수교육)**
  ① 법 제30조의7제1항에 따른 보수교육은 8시간 이상으로 한다.
  ② 해양경찰서장은 제1항에 따른 보수교육 과정을 이수한 사람에게 별지 제24호서식의 수상구조사 보수교육 수료증을 발급하여야 한다.
  ③ 법 제30조의7제2항에 따라 보수교육을 미리 받거나 연기하려는 사람은 다음 각 호의 구분에 따른 기한 내에 별지 제25호서식의 수상구조사 보수교육 사전이수(연기) 신청서에 그 사유를 증명할 수 있는 서류(제4항 각 호의 서류는 제외한다)를 첨부하여 해양경찰서장에게 제출해야 한다.
    1. 보수교육을 미리 받으려는 경우: 자격 만료일 6개월 전까지
    2. 보수교육을 연기하려는 경우: 보수교육 기간 만료일까지
  ④ 해양경찰서장은 제3항에 따른 신청을 받은 경우에는 「전자정부법」 제36조제1항에 따른 행정정보의 공동이용을 통해 다음 각 호의 서류를 확인해야 한다. 다만, 신청인이 동의하지 않는 경우에는 그 서류를 첨부하도록 해야 한다.
    1. 출입국에 관한 사실증명(해외에 체류 중임을 이유로 연기를 신청하는 경우만 해당한다)
    2. 병적증명서(군복무 중임을 이유로 연기를 신청하는 경우만 해당한다)
  ⑤ 해양경찰서장은 제3항에 따른 신청 사유가 타당하다고 인정되는 경우에는 보수교육 기간 이전에 미리 보수교육을 받을 수 있도록 하거나 연기하도록 할 수 있다. 이 경우 보수교육의 연기는 1회에 한정하여 6개월 이내로 할 수 있다.
  ⑥ 제1항부터 제5항까지에서 규정한 사항 외에 교육과정 등 보수교육을 실시하는 데에 필요한 사항은 해양경찰청장이 정하여 고시한다.

② 다음 각 호의 어느 하나에 해당하는 사유로 인하여 보수교육 대상자가 보수교육 기간 중 보수교육을 받을 수 없다고 인정되는 경우 해양경찰청장은 해양수산부령으로 정하는 바에 따라 보수교육을 미리 받게 하거나 6개월의 범위에서 연기하도록 할 수 있다.
 1. 보수교육 기간 중 해외에 체류가 예정되어 있거나 체류 중인 경우 또는 재해·재난을 당한 경우
 2. 질병이나 부상으로 인하여 거동이 불가능한 경우
 3. 법령에 따라 신체의 자유를 구속당한 경우
 4. 군복무 중인 경우
 5. 그 밖에 보수교육 기간에 보수교육을 받을 수 없는 부득이한 사유라고 인정되는 경우
③ 해양경찰청장은 제1항에 따른 보수교육을 제30조의2제2항에 따른 교육기관에 위탁하여 실시할 수 있다.
④ 제1항에 따른 보수교육을 받지 않은 사람은 보수교육 기간이 만료한 다음 날부터 수상구조사 자격이 정지된다. 다만, 자격정지 후 1년 이내에 보수교육을 받은 경우 보수교육을 받은 날부터 자격의 효력이 다시 발생한다.
⑤ 해양경찰청장은 제4항에 따라 자격이 정지된 사람에게 자격 정지사실을 통보하여야 하고, 자격정지 통보를 받은 사람은 통보를 받은 날부터 15일 이내에 자격증을 해양경찰청장에게 반납하여야 한다.

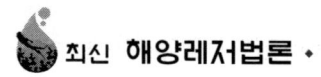

9. 자격의 취소 등 (법 제30조의8)

①. 해양경찰청장은 수상구조사가 다음 각 호의 어느 하나에 해당하는 경우에는 그 자격을 취소하거나 1년의 범위에서 자격의 효력을 정지시킬 수 있다. 다만, 제1호부터 제3호까지의 어느 하나에 해당하면 자격을 취소하여야 한다.
 1. 거짓이나 그 밖의 부정한 방법으로 자격을 취득한 사실이 드러난 경우
 2. 법 제30조의3제1항제1호부터 제4호까지의 결격사유 중 어느 하나에 해당하게 된 경우
 3. 보수교육을 받지 않아 자격이 정지된 날부터 1년이 경과한 경우
 4. 법 제30조의5제1항에 따른 준수사항을 위반한 경우
 5. 법 제30조의6에 따른 비밀 준수 의무를 위반한 경우
②. 제1항제1호에 따라 자격이 취소된 사람은 그 처분이 있은 날부터 2년간 수상구조사 시험에 응시할 수 없다.
③. 제1항에 따라 자격이 취소된 사람은 취소된 날부터 15일 이내에 자격증을 해양경찰청장에게 반납하여야 한다.

10. 보험등의 가입 (법 제30조의9)

①. 교육기관의 장은 대통령령으로 정하는 바에 따라 수상구조사 교육생과 그 종사자의 피해를 보전하기 위하여 보험이나 공제(이하 "보험등"이라 한다)에 가입하여야 한다.
②. 교육기관의 장은 제1항에 따른 보험등의 가입 여부에 관한 정보를 대통령령으로 정하는 바에 따라 수상구조사 교육생과 종사자에게 알려야 한다.

■ 보험등의 가입 (시행령 제30조의10)
① 교육기관의 장은 법 제30조의9제1항에 따라 다음 각 호의 요건을 모두 갖춘 보험이나 공제(이하 "보험등"이라 한다)에 가입해야 한다.
 1. 가입기간: 교육기간 동안 계속하여 가입할 것
 2. 피보험자 또는 피공제자: 수상구조사 교육생과 교육기관의 종사자를 피보험자 또는 피공제자로 할 것
 3. 가입금액: 「자동차손해배상 보장법 시행령」 제3조제1항에 따른 금액 이상일 것
② 교육기관의 장은 법 제30조의9제2항에 따라 가입한 보험등에 관한 가입기간, 피보험자 또는 피공제자, 가입금액 등에 관한 사항을 사업장 안의 잘 보이는 장소에 게시해야 한다.

11. 보험등의 가입정보 요청 (법 제30조의10)

①. 해양경찰청장은 제30조의9에 따른 보험등의 가입과 관련한 조사·관리를 위하여 보험회사 및 공제사업자(이하 "보험회사등"이라 한다) 또는 「보험업법」 제11장제1절의 보험

협회 등(이하 "보험협회등"이라 한다)에 보험등의 가입과 관련한 조사·관리에 필요한 자료 또는 정보의 제공을 요청할 수 있다.
②. 보험회사등은 제1항에 따라 자료 또는 정보의 제공을 요청받은 경우 보험협회등을 통하여 해당 자료 또는 정보를 제공할 수 있다.
③. 제1항에 따른 자료 또는 정보의 제공을 요청받은 자는 정당한 사유가 없으면 요청에 따라야 한다.

12. 권한의 위임 (법 제30조의11)

제30조의2, 제30조의4, 제30조의7, 제30조의8에 따른 해양경찰청장의 권한은 대통령령으로 정하는 바에 따라 16)소속기관의 장에게 위임할 수 있다.

13. 심해잠수사의 양성 및 관리 (법 제30조의12)
①. 해양경찰청장은 심해에서의 잠수 및 수난구호를 전문으로 하는 심해잠수사의 양성 및 관리를 위하여 심해잠수구조훈련센터를 설치할 수 있다.
②. 해양경찰청장은 심해잠수사(민간해양구조대원 중 해양수산부령으로 정하는 잠수사를 포함한다)를 대상으로 심해잠수에 적합한지를 확인하기 위한 신체검사를 실시할 수 있다.

[제6장 조난통신]

1. 해상구조조정본부 등 (법 제31조)

①. 해양경찰청장은 「1979년 해상수색 및 구조에 관한 국제협약」과 「1944년 국제민간항공협약」에 따른 해상구조조정본부와 해상구조조정지부를 지정·운영하여야 한다.
②. 제1항에 따른 해상구조조정본부와 그 지부의 지정 및 운영 등에 필요한 사항은 해양경찰청장이 고시로 정한다.

---

16) 시행령 제30조의11(권한의 위임) 해양경찰청장은 법 제30조의11에 따라 다음 각 호의 권한을 지방해양경찰청장에게 위임한다.
1. 법 제30조의2제3항에 따른 수상구조사 자격증의 발급
2. 법 제30조의2제6항에 따른 교육기관의 관리·감독
3. 법 제30주의4제1항에 따른 부정행위자에 대한 제재
4. 법 제30조의8제1항에 따른 수상구조사 자격의 정지 및 취소
② 해양경찰청장은 법 제30조의11에 따라 법 제30조의7제1항에 따른 수상구조사 보수교육의 실시에 관한 권한을 해양경찰서장에게 위임한다.

2. 조난통신의 수신 (법 제32조)

① 해상구조조정본부의 장은 조난통신을 수신할 수 있는 통신시설을 갖추고 조난사실을 신속히 알 수 있도록 항상 조난통신을 청취하여야 한다.
② 제1항에 따른 조난통신을 청취할 통신망·주파수 등 조난통신의 청취에 필요한 사항은 대통령령으로 정한다.

3. 선박위치통보 등 (법 제33조)

① 선장은 선박이 항구 또는 포구로부터 출항하거나 해양경찰청장이 지정·고시하는 선박위치통보해역에 진입한 때에는 해상구조조정본부의 장에게 다음 각 호의 통보를 하여야 한다.
 1. 항해계획통보
 2. 위치통보
 3. 변경통보
 4. 최종통보
② 제1항에 따른 통보를 하여야 하는 선박의 범위, 통보 세부기준, 그 밖에 필요한 사항은 해양수산부령으로 정한다.
③ 「선박안전법」 제30조에 따라 선박위치발신장치를 갖추고 항행하는 선박의 경우에는 제1항제2호의 위치통보를 생략할 수 있다.

4. 통신설비 등의 이용 (법 제34조)

① 구조본부의 장 또는 소방관서의 장은 수난구호활동을 위하여 필요한 경우에는 「전기통신사업법」 제2조제8호에 따른 전기통신사업자에게 전기통신 업무의 전부 또는 일부를 제한하거나 정지할 것을 요청하거나 「방송법」 제2조제3호에 따른 방송사업자에 대하여 필요한 정보의 신속한 방송을 요청할 수 있다.
② 제1항에 따라 요청받은 기관의 장은 특별한 사유가 없는 한 이에 응하여야 한다.

제9부. 수상에서의 수색구조 등에 관한 법률(수상구조법)

[제7장 사후처리]

1. 구조된 사람·선박등·물건의 인계 (법 제35조)

①. 구조본부의 장 또는 소방관서의 장은 구조된 사람이나 사망자에 대하여는 그 신원을 확인하고 보호자 또는 유족이 있는 경우에는 보호자 또는 유족에게 인계하여야 하며, 구조된 선박등이나 물건에 대하여는 소유자가 확인된 경우에는 소유자에게 인계할 수 있다.

②. 구조본부의 장 또는 소방관서의 장은 구조된 사람이나 사망자의 신원이 확인되지 아니하거나 인계받을 보호자 또는 유족이 없는 경우 및 구조된 선박등이나 물건의 소유자가 확인되지 아니한 경우에는 구조된 사람, 사망자, 구조된 선박등 및 물건을 특별자치도지사 또는 시장·군수·구청장에게 인계한다.

③. 표류물 또는 침몰품(이하 "표류물등"이라 한다)을 습득한 자는 지체 없이 이를 특별자치도지사 또는 시장·군수·구청장에게 인도하여야 한다. 다만, 그 표류물등의 소유자가 분명하고 그 표류물등이 법률에 따라 소유 또는 소지가 금지된 물건이 아닌 경우에는 습득한 날부터 7일 이내에 직접 그 소유자에게 인도할 수 있다.

2. 구조된 사람의 보호 등 (법 제36조)

제35조제2항에 따라 구조된 사람 등을 인계받은 특별자치도지사 또는 시장·군수·구청장은 구조된 사람에게 신속히 숙소·급식·의류의 제공과 치료 등 필요한 보호조치를 취하여야 하며, 사망자에 대하여는 영안실에 안치하는 등 적절한 조치를 취하여야 한다.

3. 인계된 물건의 처리 (법 제37조)

①. 제35조제2항에 따라 구조된 선박등 또는 물건을 인계받거나 같은 조 제3항에 따라 습득한 표류물등을 인도받은 특별자치도지사 또는 시장·군수·구청장은 이를 안전하게 보관하여야 한다.

②. 조난된 선박등의 선장·소유자·운항자 또는 관리자(이하 "선장등"이라 한다)나 물건의 소유자는 특별자치도지사 또는 시장·군수·구청장이 상당하다고 인정하는 담보를 제공하고 해당 물건의 인도를 청구할 수 있으며, 이 경우 제1항에도 불구하고 그 선장등이나 물건의 소유자에게 이를 인도할 수 있다.

③. 제1항의 경우 인계받은 물건이 다음 각 호의 어느 하나에 해당하여 보관이 부적당하다고 인정될 경우에는 대통령령으로 정하는 바에 따라 이를 공매하여 그 대금을 보관할 수 있다.

1. 멸실·손상 또는 부패의 염려가 있거나 가격이 현저히 감소될 우려가 있는 것
2. 폭발물, 가연성의 물건, 보건상 유해한 물건, 그 밖에 보관상 위험이 발생할 우려가 있는 것
3. 보관비용이 그 물건의 가격에 비하여 현저히 고가인 것
④. 특별자치도지사 또는 시장·군수·구청장이 제3항에 따라 공매를 하고자 할 경우에는 물건의 소유자 또는 선장등에게 특별자치도지사 또는 시장·군수·구청장이 정하는 기간 내에 담보를 제공하고 물건을 인수하게 할 수 있으며, 담보를 제공하지 아니하거나 물건의 인도를 청구하지 아니하는 때에는 공매한다는 뜻을 미리 알려야 한다.

4. 구조된 사람의 구호비용 (법 제38조)

①. 구조된 사람에 대하여 제36조에 따른 조치에 소요된 비용은 구조된 사람의 부담으로 한다.
②. 구조된 사람은 제1항의 비용을 특별자치도지사 또는 시장·군수·구청장이 지정하는 기한 내에 납부하여야 한다.
③. 구조된 사람이 제1항의 비용을 납부할 수 없는 때에는 국고의 부담으로 한다. 이 경우 비용을 납부할 수 없는 기준은 해양수산부령으로 정한다.
④. 제1항부터 제3항까지의 규정은 사망자에 대하여 이를 준용한다. 이 경우 "구조된 사람"은 "유족"으로 본다.

5. 수난구호비용의 지급 (법 제39조)

①. 제29조제1항에 따른 명령에 따라 수난구호에 종사한 자와 일시적으로 사용된 토지·건물 등의 소유자·임차인 또는 사용인은 특별자치도지사 또는 시장·군수·구청장으로부터 수난구호비용을 지급받을 수 있다. 다만, 다음 각 호의 어느 하나에 해당하는 자의 경우에는 그러하지 아니하다.
 1. 구조된 선박등의 선장등 및 선원 등
 2. 고의 또는 과실로 인하여 조난을 야기한 자
 3. 정당한 거부에도 불구하고 구조를 강행한 자
 4. 조난된 물건을 가져간 자
②. 제1항의 "수난구호비용"이란 다음 각 호의 어느 하나에 해당하는 비용을 말한다.
 1. 제16조제3항에 따른 조난된 선박등의 예인에 소요된 비용
 2. 제29조제1항의 명령에 따라 조난된 선박등과 그 여객·승무원의 수난구호에 종사한 자의 노무에 대한 보수와 그 밖의 구조비용
 3. 제29조제1항에 따른 선박·자동차·항공기·토지·건물, 그 밖의 물건 등의 사용에 대한 손실보상비용
 4. 구조된 물건의 운반·보관 또는 공매에 소요된 비용

6. 수난구호비용의 금액과 납부고지 (법 제40조)

①. 제39조의 수난구호비용의 금액은 대통령령으로 정하는 바에 의하여 특별자치도지사 또는 시장·군수·구청장이 해양경찰서장 또는 소방서장과 협의하여 정한다.
②. 특별자치도지사 또는 시장·군수·구청장은 수난구호비용의 금액을 조난 선박등의 선장등에게 고지하고 기간을 정하여 이를 납부하게 하여야 한다.
③. 조난된 선박등의 선장등이 특별자치도지사 또는 시장·군수·구청장이 정한 기간 내에 구호비용을 납부하지 아니한 때에는 특별자치도지사 또는 시장·군수·구청장은 대통령령으로 정하는 바에 따라 그 선장등이 보관하는 물건을 공매하여 그 대금으로 구호비용에 충당하고, 잔여금액이 있는 경우에는 선장등에게 이를 환급한다.

7. 수난구호비용의 지급신청 (법 제41조)

제39조에 따라 수난구호비용을 지급받고자 하는 자는 특별자치도지사 또는 시장·군수·구청장이 정하는 기한 내에 조난지역을 관할하는 해양경찰서장 또는 소방서장을 거쳐 특별자치도지사 또는 시장·군수·구청장에게 이를 청구하여야 한다.

[제8장 벌칙]

1. 벌칙

☑ **법 제43조**
①. 다음 각 호의 어느 하나에 해당하는 자는 7년 이하의 징역 또는 7천만원 이하의 벌금에 처한다.
  1. 제15조제1항제4호에 해당하는 자로서 조난사실을 신고하지 아니한 자
  2. 제18조제1항 단서에 위반하여 구조에 필요한 조치를 하지 아니한 자
②. 제1항의 죄를 범하여 피해자를 죽게 하거나 상해에 이르게 한 경우에는 다음 각 호의 구분에 따라 가중 처벌한다.
  1. 피해자를 사망에 이르게 한 경우에는 무기 또는 3년 이상의 징역에 처한다.
  2. 피해자를 상해에 이르게 한 경우에는 10년 이하의 징역 또는 1억원 이하의 벌금에 처한다.

☑ **법 제44조**
구조본부의 장 또는 소방관서의 장이 행하는 수난구호를 방해한 자는 5년 이하의 징역 또는 5천만원 이하의 벌금에 처한다.

☑ **법 제44조의2**

다음 각 호의 어느 하나에 해당하는 자는 1년 이하의 징역 또는 1천만원 이하의 벌금에 처한다.
1. 제30조의5제1항제2호를 위반하여 다른 사람에게 수상구조사의 명의를 사용하게 하거나 자격증을 대여한 사람
2. 제30조의5제2항을 위반하여 수상구조사의 명의를 사용하거나 자격증을 대여받은 자 또는 명의의 사용이나 자격증의 대여를 알선한 자

☑ **법 제45조**

정당한 사유 없이 제29조제1항에 따른 구조본부의 장 또는 소방관서의 장의 수난구호업무에의 종사명령에 불응하거나 선박·자동차·항공기·토지·건물, 그 밖의 물건 등의 일시사용을 거부한 자는 300만원 이하의 벌금에 처한다.

2. 과태료 (법 제46조)

①. 다음 각 호의 어느 하나에 해당하는 자에게는 200만원 이하의 과태료를 부과한다.
1. 제9조제1항에 따른 여객선비상수색구조계획서를 신고 또는 비치하지 아니한 자
2. 제9조제5항에 따른 여객선비상수색구조 훈련을 실시하지 아니한 자
3. 제10조에 따른 이동 및 대피 명령을 이행하지 아니한 자
4. 정당한 사유 없이 제15조제1항제1호·제3호 또는 같은 조 제2항에 따른 신고를 하지 아니하거나 거짓으로 신고한 자
5. 정당한 사유 없이 제18조제2항에 따른 통보를 하지 아니하고 같은 조 제1항에 따른 구조요청을 받았을 때 지원을 제공하지 아니한 자
6. 제30조의9제1항을 위반하여 보험등에 가입하지 아니한 자
7. 정당한 사유 없이 제30조의9제2항을 위반하여 보험등의 가입 여부에 관한 정보를 알리지 아니하거나 거짓의 정보를 알린 자

②. 제1항에 따른 과태료는 대통령령으로 정하는 바에 따라 구조본부의 장 또는 소방관서의 장이 부과·징수한다.

제10부 낚시관리 및 육성법(낚시관리법)

[2021. 4. 13. 시행]

제1장 총칙
제2장 낚시의 관리
제3장 낚시터업
제4장 낚시어선업
제5장 미끼의 관리
제6장 낚시 및 낚시관련 산업의 지원·육성
제7장 보칙·벌칙

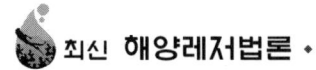

[제1장 총칙]

1. 목적 (법 제1조)

이 법은 낚시의 관리 및 육성에 관한 사항을 규정함으로써 건전한 낚시문화를 조성하고 수산자원을 보호하며, 낚시 관련 산업 및 농어촌의 발전과 국민의 삶의 질 향상에 이바지하는 것을 목적으로 한다.

2. 정의 (법 제2조)

이 법에서 사용하는 용어의 뜻은 다음과 같다.
1. "낚시"란 낚싯대와 낚싯줄·낚싯바늘 등 도구(이하 "낚시도구"라 한다)를 이용하여 어류·패류·갑각류, 그 밖에 대통령령으로 정하는 수산동물을 낚는 행위를 말한다.
2. "낚시인"이란 낚시터에서 낚시를 하거나 낚시를 하려는 사람을 말한다.
3. "낚시터"란 낚시가 이루어지는 바다·바닷가·내수면 등의 장소를 말한다.
4. "낚시터업"이란 영리를 목적으로 낚시터에 일정한 수면을 구획하거나 시설을 설치하여 낚시인이 낚시를 할 수 있도록 장소와 편의를 제공하는 영업을 말한다.
5. "낚시터업자"란 낚시터업을 경영하는 자로서 제10조에 따라 허가를 받거나 제16조에 따라 등록한 자를 말한다.
6. "낚시어선업"이란 낚시인을 낚시어선에 승선시켜 낚시터로 안내하거나 그 어선에서 낚시를 할 수 있도록 하는 영업을 말한다.
7. "낚시어선"이란 「어선법」에 따라 등록된 어선으로서 낚시어선업에 쓰이는 어선을 말한다.
8. "낚시어선업자"란 낚시어선업을 경영하는 자로서 제25조에 따라 신고한 자를 말한다.
9. "미끼"란 수산동물을 낚기 위하여 사용하는 떡밥 등을 말한다.
10. "수면관리자"란 제3조 각 호의 어느 하나에 해당하는 수면 등을 소유 또는 점용하거나 그 밖의 방법으로 실질적으로 지배하는 자를 말한다.

3. 적용범위 (법 제3조)

이 법은 다음 각 호의 수면 등에 적용한다.
1. 바다
2. 「수산업법」 제2조제16호에 따른 바닷가
3. 「수산업법」 제3조제3호에 따른 어업을 목적으로 하여 인공적으로 조성된 육상의 해수면

제10부. 낚시관리 육성법(낚시관리법)

4. 「내수면어업법」 제2조제2호에 따른 공공용 수면
5. 「내수면어업법」 제2조제3호에 따른 사유수면
6. 낚시터업을 목적으로 인공적으로 조성된 육상의 해수면

[시행일: 2023. 1. 12.]

4. 다른 법률과의 관계 (법 제4조)

① 낚시어선업에 대하여는 「유선 및 도선사업법」을 적용하지 아니한다.
② 낚시의 관리 및 육성에 관하여 다른 법률에 특별한 규정이 있는 경우를 제외하고는 이 법에서 정하는 바에 따른다.

[제2장 낚시의 관리]

1. 낚시제한기준의 설정 (법 제5조)

①. 해양수산부장관은 수생태계와 수산자원의 보호 등을 위하여 낚시로 잡을 수 없는 수산동물의 종류·마릿수·체장·체중 등과 수산동물을 잡을 수 없는 낚시 방법·도구 및 시기 등에 관한 기준(이하 "낚시제한기준"이라 한다)을 정할 수 있다.
②. 제1항에 따른 낚시제한기준의 구체적인 내용은 대통령령으로 정한다.
③. 특별시·광역시·특별자치시·도·특별자치도(이하 "시·도"라 한다) 또는 시·군·구(자치구를 말한다)는 관할 수역의 수생태계와 수산자원의 보호 등을 위하여 특히 필요하다고 인정되면 그 시·도 또는 시·군·자치구의 조례로 제1항에 따라 정한 낚시제한기준보다 강화된 낚시제한기준(기준 항목의 추가를 포함한다)을 정할 수 있다.
④. 특별시장·광역시장·특별자치시장·도지사·특별자치도지사(이하 "시·도지사"라 한다) 또는 시장·군수·구청장(자치구의 구청장을 말한다)은 제3항에 따라 낚시제한기준이 설정·변경된 경우에는 지체 없이 해양수산부장관에게 보고하고, 낚시인이 알 수 있도록 필요한 조치를 하여야 한다.

■ 수산자원관리법 시행령 [별표 2]

수산자원의 포획·채취금지 체장 또는 체중(제6조제2항 관련)

	수산동식물	학명	포획·채취 금지 체장 또는 체중
1.	가. 개서대	Cynoglossus robustus	26센티미터 이하
	나. 문치가자미	Pleuronectes yokohamae	20센티미터 이하

어류	다. 참가자미	Pleuronectes herzensteini	20센티미터 이하
	라. 감성돔	Acanthopagrus schlegelii	25센티미터 이하
	마. 돌돔	Oplegnathus fasciatus	24센티미터 이하
	바. 참돔	Pagrus major	24센티미터 이하
	사. 황돔	Dentex tumifrons	15센티미터 이하
	아. 넙치	Paralichthys olivaceus	35센티미터 이하
	자. 농어	Lateolabrax japonicus	30센티미터 이하
	차. 대구	Gadus macrocephalus	35센티미터 이하
	카. 도루묵	Arctoscopus japonicus	11센티미터 이하
	타. 삭제		
	파. 민어	Miichthys miiuy	33센티미터 이하
	하. 방어	Seriola quinqueradiata	30센티미터 이하
	거. 볼락	Sebastes inermis	15센티미터 이하
	너. 붕장어	Conger myriaster	35센티미터 이하
	더. 조피볼락	Sebastes schlegelii	23센티미터 이하
	러. 쥐노래미	Hexagrammos otakii	20센티미터 이하
	머. 황복	Takifugu obscurus	20센티미터 이하
	버. 참홍어	Raja pulchra	체반폭 42센티미터 이하
	서. 갈치	Trichiurus lepturus	항문장 18센티미터 이하. 다만, 갈치 어획량 중 해당 체장의 갈치를 20퍼센트 미만으로 포획·채취하는 경우는 제외한다.
	어. 고등어	Scomber japonicus	21센티미터 이하. 다만, 고등어 어획량 중 해당 체장의 고등어를 20퍼센트 미만으로 포획·채취하는 경우는 제외한다.
	저. 참조기	Larimichthys polyactis	15센티미터 이하. 다만, 참조기 어획량 중 해당 체장의 참조기를 20퍼센트 미만으로 포획·채취하는 경우는 제외한다.
	처. 말쥐치	Thamnaconus modestus	18센티미터 이하
	커. 갯장어	Muraenesox cinereus	40센티미터 이하
	터. 미거지	Liparis ochotensis	40센티미터 이하
	퍼. 용가자미	Hippoglossoides pinetorum	20센티미터 이하
	허. 기름가자미	Glyptocephalus stelleri	20센티미터 이하
	고. 청어	Clupea pallasii	20센티미터 이하
2. 갑	가. 꽃게	Portunus trituberculatus	6.4센티미터 이하
	나. 대게	Chionoecetes opilio	9센티미터 이하
	다. 털게	Erimacrus isenbecki	강원도산에 한정하여 7센티미터 이하

갑각류	라. 닭새우	Panulirus japonicus	5센티미터 이하
	마. 펄닭새우	Linuparus trigonus	10센티미터 이하
3. 패류	가. 백합	Meretrix lusoria	각장 5센티미터 이하
	나. 소라	Batillus cornutus	각고 5센티미터. 이하 다만, 제주특별자치도 및 경상북도 울릉도·독도산은 각고 7센티미터 이하로 한다.
	다. 마대오분자기 오분자기	Sulculus diversicolor diversicolor Sulculus diversicolor aquatilis	제주특별자치도산에 한정하여 각장 4센티미터 이하
	라. 전복류	Haliotis spp.	각장 7센티미터 이하 다만, 제주특별자치도산은 각장 10센티미터 이하로 한다.
	마. 기수재첩	Corbicula japonica	각장 1.5센티미터 이하
	바. 키조개	Atrina pectinata	부산광역시, 울산광역시, 강원도, 경상북도 및 경상남도산에 한정하여 각장 18센티미터 이하
4. 기타	가. 대문어	Octopus dofleini	600그램 이하
	나. 살오징어	Todarodes pacificus	외투장 15센티미터 이하. 다만, 살오징어 어획량 중 해당 체장의 살오징어를 20퍼센트 미만으로 포획·채취하는 경우는 제외한다.

비고
1. 수산동물의 종류별 체장은 부도와 같이 "가"와 "나" 사이의 직선거리를 잰 값으로 한다.
2. 수산동물의 종류별 체장 계측은 다음 각 목에 따른다.
   가. 어류: 전장(주둥이에서 꼬리지느러미 끝까지의 길이를 말한다), 체반폭(양쪽 가슴지느러미 사이의 너비를 말한다) 또는 항문장(주둥이에서 항문까지의 길이를 말한다)
   나. 갑각류: 두흉갑장(머리·가슴의 껍데기의 길이를 말한다)
   다. 패류: 각장(껍데기의 길이를 말한다) 또는 각고(껍데기의 높이를 말한다)
   라. 성게: 각경(몸체의 지름을 말한다)
   마. 오징어류: 외투장(외투막의 길이를 말한다)

2. 낚시통제구역 (법 제6조)

① 특별자치도지사·특별자치시장·시장·군수 또는 구청장(자치구의 구청장을 말하며, 서울특별시의 관할구역에 있는 한강의 경우에는 한강관리에 관한 업무를 관장하는 기관의 장을 말한다. 이하 "시장·군수·구청장"이라 한다)은 수생태계와 수산자원의 보호, 낚시인의 안전사고 예방 등을 위하여 일정한 지역을 낚시통제구역으로 지정하여 고시할 수

있다. 이 경우 수면관리자가 따로 있으면 그 수면관리자와 미리 협의하여야 한다.
②. 시장·군수·구청장은 제1항에 따른 낚시통제구역의 지정 목적이 달성되었거나 지정 목적이 상실된 경우 또는 당초 지정 목적의 달성을 위하여 그 대상과 인접한 지역을 추가로 지정할 필요가 있는 경우에는 지체 없이 낚시통제구역의 전부 또는 일부의 지정을 해제하거나 대상 구역을 변경하여 고시하여야 한다. 이 경우 수면관리자가 따로 있으면 그 수면관리자와 미리 협의하여야 한다.
③. 시장·군수·구청장은 제1항 및 제2항에 따라 낚시통제구역을 지정하거나 변경 또는 해제한 경우에는 지체 없이 낚시통제구역의 명칭 및 위치 등 대통령령으로 정하는 사항을 해당 지방자치단체의 공보 및 인터넷 홈페이지에 공고하고 일반인이 열람할 수 있도록 도면 등을 갖추어 두어야 하며, 공고한 내용을 알리는 안내판을 낚시통제구역에 설치하여야 한다.
④. 제1항에 따른 낚시통제구역의 지정 시 안내판의 규격·내용 및 설치 장소는 해양수산부령으로, 통제기간 등 고려사항, 지정·지정해제·변경의 절차 및 그 밖에 필요한 사항은 해당 특별자치도·특별자치시·시·군·구(자치구를 말하며, 서울특별시의 관할구역에 있는 한강의 경우에는 한강관리에 관한 업무를 관장하는 기관을 말한다. 이하 "시·군·구"라 한다)의 조례로 정한다.

■ **낚시통제구역의 공고 (시행령 제4조)**
법 제6조제3항에서 "대통령령으로 정하는 사항"이란 다음 각 호의 사항을 말한다.
 1. 낚시통제구역의 명칭
 2. 낚시통제구역의 위치 및 면적
 3. 낚시통제구역의 지정·변경·해제 사유
 4. 낚시통제구역의 통제기간(낚시통제구역의 지정을 해제하는 경우는 제외한다)
 5. 낚시통제구역 지정·변경·해제 연월일
 6. 낚시통제구역에서 낚시를 한 자에게는 법 제55조제1항제1호에 따라 과태료가 부과될 수 있다는 내용

3. 수면 등에서의 금지행위 (법 제7조)

누구든지 제3조 각 호의 수면 등에서 낚시를 하는 경우에는 다음 각 호의 행위를 하여서는 아니 된다.
 1. 오물이나 쓰레기를 버리는 행위
 2. 낚시도구나 미끼를 낚시 용도로 사용하지 아니하고 버리는 행위
 3. 제5조에 따른 낚시제한기준을 위반하여 수산동물을 잡는 행위

4. 낚시로 포획한 수산동물의 판매 등 금지 (법 제7조의2)

누구든지 낚시로 포획한 수산동물을 타인에게 판매하거나 판매할 목적으로 저장·운반 또는

제10부. 낚시관리 육성법(낚시관리법)

진열하여서는 아니 된다.

5. 유해 낚시도구의 제조 등 금지 (법 제8조)

①. 누구든지 수생태계와 수산자원의 보호에 지장을 주거나 수산물의 안전성을 해칠 수 있는 중금속 등 유해물질이 허용기준 이상으로 함유되거나 잔류된 낚시도구(이하 "유해 낚시도구"라 한다)를 사용 또는 판매(불특정 다수인에게 제공하는 행위를 포함한다)하거나 판매할 목적으로 제조·수입·저장·운반 또는 진열하여서는 아니 된다. 다만, 학술연구나 관람 또는 전시 등 해양수산부령으로 정하는 경우에는 그러하지 아니하다.
②. 제1항에 따른 낚시도구의 종류별 유해물질의 허용기준 등은 대통령령으로 정한다.

■ 낚시도구 유해물질의 허용기준 (시행령 제5조)

법 제8조제1항에 따른 낚시도구의 종류별 유해물질의 허용기준은 별표 1과 같다.

낚시 관리 및 육성법 시행령 [별표 1]

유해물질의 허용기준(제5조 관련)

낚시도구별 유해물질의 허용기준은 다음과 같다.

낚시도구의 종류	유해물질명	용출 허용기준(mg/kg)
낚싯봉, 낚싯바늘, 낚시찌, 낚싯줄	납(Pb)	90 이하
	비소(As)	25 이하
	크로뮴(Cr)	60 이하
	카드뮴(Cd)	75 이하

비고
1. 낚싯바늘 및 낚시찌의 경우에는 금속재료를 추가한 경우에 한정한다.
2. 낚싯줄의 경우에는 주원료가 금속인 경우에 한정한다.

6. 낚시인의 안전관리 (법 제9조)

①. 시장·군수·구청장 또는 관할 해양경찰서장은 낚시인의 생명과 신체의 안전을 확보하기 위하여 기상악화 등 대통령령으로 정하는 경우에는 낚시인에게 다음 각 호의 조치를 명할 수 있다.
  1. 안전한 장소로의 이동
  2. 안전사고 방지를 위하여 시장·군수·구청장 또는 해양경찰서장이 필요하다고 인정하는 지역의 출입금지

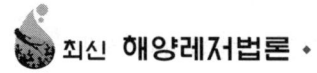

②. 시장·군수·구청장은 제1항 각 호의 사항과 그 밖에 낚시인의 안전관리에 필요한 사항이 포함된 안전관리 지침을 정하여 시행하여야 한다. 이 경우 해수면에 관한 사항은 관할 해양경찰서장과 미리 협의하여야 한다.

[제3장 낚시터업]

1. 낚시터업의 허가 (법 제10조)

①. 제3조제1호부터 제4호까지의 수면 등에서 낚시터업을 하려는 자는 해양수산부령으로 정하는 바에 따라 해당 수면 등을 관할하는 시장·군수·구청장의 허가를 받아야 한다. 낚시터의 위치·구역 및 대통령령으로 정하는 중요한 사항을 변경하려는 경우에도 같다.
②. 낚시터업의 허가를 받으려는 수면 등이 둘 이상의 시·군·구에 걸쳐 있는 경우에는 허가를 받으려는 면적이 큰 수면 등을 관할하는 시장·군수·구청장에게 허가를 받아야 한다.
③. 시장·군수·구청장이 낚시터업의 허가를 하려면 해당 수면 등의 용도, 수질 등 환경의 오염 상태, 수산자원의 상태, 어업인과의 이해관계 및 낚시인의 안전에 관한 사항 등을 고려하여야 한다.
④. 시장·군수·구청장은 제1항에 따라 제3조제1호 및 제2호에 따른 수면 등에서의 낚시터업을 허가한 경우 그 허가한 사항을 관할 해양경찰서장에게 즉시 통보하여야 한다.
⑤. 제3조제4호에 해당하는 수면에서 제1항에 따른 낚시터업의 허가를 받으면 다음 각 호의 허가 또는 승인을 받은 것으로 본다.
 1. 「공유수면 관리 및 매립에 관한 법률」 제8조에 따른 공유수면의 점용 또는 사용의 허가
 2. 「농어촌정비법」 제23조제1항에 따른 농업생산기반시설의 사용허가
⑥. 시장·군수·구청장은 동일한 위치의 수면 등에 대하여 허가의 신청이 경합된 경우에는 대통령령으로 정하는 우선순위에 따라 허가를 할 수 있다.

■ 낚시터업의 허가 (시행령 제7조)
①. 법 제10조제1항 후단에서 "대통령령으로 정하는 중요한 사항"이란 다음 각 호의 사항을 말한다.
 1. 낚시터의 명칭
 2. 낚시터 관리선
 3. 낚시터의 수면에 설치된 부유형 및 고정형시설물(이하 "수상시설물"이라 한다)
 4. 낚시터의 최대수용인원
②. 법 제10조제6항에서 "대통령령으로 정하는 우선순위"란 다음 각 호에 따른 순위를 말한다.
 1. 「수산업협동조합법」 제15조에 따른 어촌계, 같은 법 제19조에 따른 지구별수협, 「농어업경영체 육성 및 지원에 관한 법률」 제16조에 따른 영어조합법인, 「내수면어업법」 제15조

에 따른 내수면어업계, 「수산자원관리법」 제34조에 따른 어업인단체, 그 밖에 허가를 받으려는 수면이 있는 지역의 농업인 또는 어업인의 공동이익을 위하여 조직된 법인
2. 낚시터업을 5년 이상 경영하였거나 이에 종사한 자 또는 법 제47조제1항에 따른 전문교육을 받은 자
3. 수생태계 보전 및 수산자원 보호나 건전한 낚시문화 조성 및 낚시산업 발전에 관한 경험과 실적이 있는 자

③. 제2항에도 불구하고 다음 각 호의 어느 하나에 해당하는 자는 우선순위에서 배제된다.
1. 법(법에 따른 명령이나 처분을 포함한다)을 위반하여 행정처분이나 형사처벌을 받은 자
2. 수생태계 보전 및 수산자원 보호와 관련하여 「수산업법」, 「양식산업발전법」, 「수산자원관리법」 또는 「내수면어업법」(해당 법에 따른 명령이나 처분을 포함한다)을 위반하여 행정처분이나 형사처벌을 받은 자

2. 낚시터업의 허가기준 (법 제11조)

①. 시장·군수·구청장은 낚시터업 허가의 신청 내용이 다음 각 호의 기준에 적합한 경우에만 허가를 할 수 있다.
1. 낚시인의 안전과 편의 및 낚시터의 관리에 필요한 시설과 장비를 갖출 것
2. 제48조에 따른 보험이나 공제에 가입할 것
3. 수생태계와 수산자원의 보호, 수산물의 안전성보장 및 건전한 낚시문화 조성에 지장을 줄 수 있는 시설이나 장비를 설치하지 아니할 것
4. 「양식산업발전법」 제10조에 따라 면허를 받은 양식업 구역의 일정 부분을 이용하는 낚시터업인 경우에는 면허를 받은 양식 어종으로 한정할 것

②. 제1항제1호에 따른 시설·장비의 기준과 같은 항 제3호에 따라 설치가 제한되는 시설·장비의 종류 등은 대통령령으로 정한다.

3. 허가의 유효기간 (법 제12조)

①. 제10조에 따른 낚시터업 허가의 유효기간은 10년으로 한다. 다만, 수생태계와 수산자원의 보호 또는 공익사업의 시행 등을 위하여 대통령령으로 정하는 경우에는 그 유효기간을 10년 이내로 할 수 있다.
②. 시장·군수·구청장은 제1항에 따라 허가한 낚시터업의 유효기간이 만료되는 경우에 낚시터업자가 유효기간의 연장을 신청하면 유효기간이 만료된 다음 날부터 매회 10년 이내에서 2회까지 그 기간을 연장할 수 있다.
③. 제1항 및 제2항에도 불구하고 「수산업법」 또는 「양식산업발전법」에 따라 면허나 허가를 받은 구역의 일정 부분을 이용하는 낚시터업의 경우에는 그 낚시터업 허가의 유효기간은 해당 구역의 면허나 허가의 만료일 이내로 한다.
④. 제2항에 따른 유효기간 연장의 신청 절차나 그 밖에 필요한 사항은 해양수산부령으로 정한다.

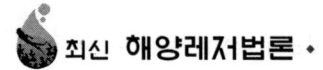

4. 수면 등 이용의 협의 (법 제13조)

시장·군수·구청장은 제3조제4호의 수면에서 낚시터업을 하려는 자가 제10조에 따른 허가를 신청하면 대통령령으로 정하는 바에 따라 수면관리자와 미리 협의하여야 한다. 제12조제2항에 따라 유효기간의 연장신청을 받은 경우에도 같다.

5. 허가의 취소 등 (법 제14조)

① 시장·군수·구청장은 제10조에 따라 허가를 받은 낚시터업자가 다음 각 호의 어느 하나에 해당하면 그 허가를 취소하거나 6개월 이내의 기간을 정하여 그 영업의 전부 또는 일부의 정지를 명할 수 있다. 다만, 제1호 또는 제2호에 해당하면 그 허가를 취소하여야 한다.
1. 거짓이나 그 밖의 부정한 방법으로 낚시터업의 허가 또는 변경허가를 받거나 낚시터업 허가의 유효기간을 연장받은 경우
2. 영업정지 기간 중에 영업을 한 경우
3. 허가를 받은 후 1년 이내에 영업을 시작하지 아니하거나 정당한 사유 없이 1년 이상 계속하여 휴업을 한 경우
4. 제10조제1항 후단에 따른 낚시터업의 변경허가를 받지 아니하고 낚시터업을 한 경우
5. 제11조에 따른 낚시터업의 허가기준을 충족하지 못하게 된 경우
6. 낚시터업자가「부가가치세법」제8조제8항 및 제9항에 따라 관할 세무서장에게 폐업신고를 하거나 관할 세무서장이 사업자등록을 말소한 경우

② 제1항에 따라 영업 허가가 취소된 자(같은 항 제6호에 따라 취소된 경우는 제외한다)는 취소된 날부터 1년이 지나지 아니하면 낚시터업의 허가 신청을 할 수 없다.
③ 시장·군수·구청장은 제1항에 따른 허가취소를 위하여 필요한 경우 관할 세무서장에게 낚시터업자의 폐업신고 또는 사업자등록의 말소 여부에 대한 정보를 요청할 수 있다. 이 경우 요청을 받은 관할 세무서장은 지체 없이 시장·군수·구청장에게 해당 정보를 제공하여야 한다.
④ 제1항에 따른 처분의 구체적인 기준과 그 밖에 필요한 사항은 해양수산부령으로 정한다.

6. 원상 회복 등 (법 제15조)

①. 다음 각 호의 어느 하나에 해당하는 자는 낚시터에 설치한 시설·장비나 그 밖의 물건을 제거하는 등 낚시터를 원상으로 회복하여야 한다.
1. 낚시터업 허가를 받지 아니하고 낚시터업을 경영한 자
2. 낚시터업의 허가가 취소된 자
3. 허가받은 낚시터업을 폐업한 자

4. 제11조제1항제3호에 따라 설치가 제한된 시설이나 장비를 설치한 자

② 시장·군수·구청장은 제1항에도 불구하고 낚시터를 원상으로 회복할 의무가 있는 자(이하 "원상회복 의무자"라 한다)가 원상회복을 할 수 없거나 할 필요가 없는 등 대통령령으로 정하는 사유에 해당하면 직권으로 또는 원상회복 의무자의 신청을 받아 해양수산부령으로 정하는 바에 따라 원상회복을 면제할 수 있다. 이 경우 수면관리자가 따로 있으면 그 수면관리자와 미리 협의하여야 한다.

③ 시장·군수·구청장은 원상회복 의무자가 제1항에 따른 원상회복에 필요한 조치 등을 하지 아니하면 일정한 기간을 정하여 낚시터의 원상회복을 명할 수 있다.

④ 시장·군수·구청장은 제3항에 따른 원상회복의 명령을 받은 자가 이를 이행하지 아니할 때에는 「행정대집행법」에 따라 대집행할 수 있다.

7. 낚시터업의 등록 (법 제16조)

①. 제3조제5호 또는 제6호의 수면에서 낚시터업을 하려는 자는 해양수산부령으로 정하는 바에 따라 해당 수면을 관할하는 시장·군수·구청장에게 등록하여야 한다. 낚시터의 위치와 구역, 낚시터의 명칭 등 대통령령으로 정하는 중요한 사항을 변경하려는 경우에도 같다.

②. 낚시터업의 등록을 하려는 수면이 둘 이상의 시·군·구에 걸쳐 있는 경우에는 등록하려는 면적이 큰 수면을 관할하는 시장·군수·구청장에게 등록을 하여야 한다.

8. 등록의 유효기간 (법 제18조)

①. 제16조에 따른 낚시터업 등록의 유효기간은 10년으로 한다. 다만, 공익사업을 위하여 필요한 경우 등 대통령령으로 정하는 경우에는 그 유효기간을 10년 이내로 할 수 있다.

②. 시장·군수·구청장은 제1항에 따라 등록된 낚시터업의 유효기간이 만료되는 경우에 낚시터업자가 유효기간의 연장을 신청하면 유효기간이 만료된 다음 날부터 매회 10년의 기간 내에서 그 기간을 연장할 수 있다.

③. 제2항에 따른 유효기간 연장의 신청 절차나 그 밖에 필요한 사항은 해양수산부령으로 정한다.

9. 등록의 취소 (법 제19조)

①. 시장·군수·구청장은 제16조에 따라 등록한 낚시터업자가 다음 각 호의 어느 하나에 해당하는 경우에는 그 등록을 취소하거나 6개월 이내의 기간을 정하여 그 영업의 전부 또는 일부의 정지를 명할 수 있다. 다만, 제1호 또는 제2호에 해당하는 경우에는 그

등록을 취소하여야 한다.
1. 거짓이나 그 밖의 부정한 방법으로 낚시터업의 등록 또는 변경등록을 하거나 낚시터업 등록의 유효기간을 연장받은 경우
2. 영업정지 기간 중에 영업을 한 경우
3. 제16조제1항 후단에 따른 낚시터업의 변경등록을 하지 아니하고 낚시터업을 한 경우
4. 제17조의 낚시터업의 등록기준을 충족하지 못하게 된 경우
5. 낚시터업자가 「부가가치세법」 제8조제8항 및 제9항에 따라 관할 세무서장에게 폐업신고를 하거나 관할 세무서장이 사업자등록을 말소한 경우

② 제1항에 따라 영업의 등록이 취소된 자(같은 항 제5호에 따라 취소된 경우는 제외한다)는 취소된 날부터 1년이 지나지 아니하면 낚시터업의 등록 신청을 할 수 없다.
③ 시장·군수·구청장은 제1항에 따른 등록취소를 위하여 필요한 경우 관할 세무서장에게 낚시터업자의 폐업신고 또는 사업자등록의 말소 여부에 대한 정보를 요청할 수 있다. 이 경우 요청을 받은 관할 세무서장은 지체 없이 시장·군수·구청장에게 해당 정보를 제공하여야 한다.
④ 제1항에 따른 처분의 구체적인 기준과 그 밖에 필요한 사항은 해양수산부령으로 정한다.

10. 낚시터업자 등의 준수사항 (법 제20조)

① 낚시터업자와 그 종사자는 다음 각 호의 사항을 지켜야 한다.
1. 수생태계의 균형에 교란을 가져오거나 가져올 우려가 있는 어종(이하 "방류 금지 어종"이라 한다)을 낚시터업자가 경영하는 낚시터에 방류하지 말 것
2. 수질의 한계기준을 초과하여 낚시터 수질을 오염시키지 말 것
3. 수생태계 보존의 한계기준을 초과하여 낚시터 수생태계를 훼손시키지 말 것
4. 제1호부터 제3호까지의 규정에 준하는 사항으로서 수생태계와 수산자원의 보호나 수산물의 안전성 확보를 위하여 필요하다고 인정하여 해양수산부령으로 정하는 사항을 준수할 것

② 제1항에 따른 방류 금지 어종과 수질 및 수생태계 보존의 한계기준 등은 대통령령으로 정한다.

■ **방류금지 어종 등 (시행령 제15조)**
① 법 제20조제1항제1호에 따른 방류 금지 어종은 다음 각 호의 어종을 말한다.
1. 「생물다양성 보전 및 이용에 관한 법률」 제2조제8호에 따른 생태계교란 생물에 해당하는 어종
2. 「수산생물질병 관리법」 제20조제1항에 따른 검사 결과 수산생물전염병에 감염되었다고 인정되는 어종
3. 「수산자원관리법」 제35조제1항제5호 또는 「내수면어업법」 제22조에 따른 수산자원의 이식(移植)에 관한 승인을 받지 아니한 어종

② 법 제20조제1항제2호 및 제3호에 따른 물환경 보존의 한계기준은 다음 각 호의 구분

에 따른다.
1. 법 제3조제1호부터 제3호까지의 수면: 「환경정책기본법 시행령」 제2조 및 별표 제3호라목1)에 따른 생활환경 기준을 유지할 것
2. 법 제3조제4호 및 제5호의 수면: 「환경정책기본법 시행령」 제2조 및 별표 제3호나목2)에 따른 생활환경 기준 중 "약간 나쁨" 이상에 해당하는 기준을 유지할 것

■ **생물다양성 보전 및 이용에 관한 법률 제2조(정의)**

8. "생태계교란 생물"이란 다음 각 목의 어느 하나에 해당하는 생물로서 제21조의2제1항에 따른 위해성평가 결과 생태계 등에 미치는 위해가 큰 것으로 판단되어 환경부장관이 지정·고시하는 것을 말한다.
  가. 유입주의 생물 및 외래생물 중 생태계의 균형을 교란하거나 교란할 우려가 있는 생물
  나. 유입주의 생물이나 외래생물에 해당하지 아니하는 생물 중 특정 지역에서 생태계의 균형을 교란하거나 교란할 우려가 있는 생물

8의2. "생태계위해우려 생물"이란 다음 각 목의 어느 하나에 해당하는 생물로서 제21조의2제1항에 따른 위해성평가 결과 생태계 등에 유출될 경우 위해를 미칠 우려가 있어 관리가 필요하다고 판단되어 환경부장관이 지정·고시하는 것을 말한다.
  가. 「야생생물 보호 및 관리에 관한 법률」 제2조제2호에 따른 멸종위기 야생생물 등 특정 생물의 생존이나 「자연환경보전법」 제12조제1항에 따른 생태·경관보전지역 등 특정 지역의 생태계에 부정적 영향을 주거나 줄 우려가 있는 생물
  나. 제8호 각 목의 어느 하나에 해당하는 생물 중 산업용으로 사용 중인 생물로서 다른 생물 등으로 대체가 곤란한 생물

11. 낚시터 이용객 안전 등을 위한 조치 (법 제20조의2)

시장·군수·구청장은 낚시터이용객의 안전과 사고 방지 및 그 밖에 낚시터업의 질서유지를 위하여 필요하다고 인정할 때에는 관할 경찰서장 또는 해양경찰서장의 의견을 들어 낚시터업자에게 다음 각 호의 조치를 명할 수 있다.
1. 영업시간의 제한이나 영업의 일시정지
2. 인명안전에 관한 설비의 비치, 착용 및 관리
3. 그 밖에 낚시터이용객의 안전과 사고 방지 및 낚시터업의 질서유지를 위하여 필요하다고 인정하는 사항

12. 낚시터업의 승계 (법 제21조)

① 다음 각 호의 어느 하나에 해당하는 자는 종전의 낚시터업으로 허가받거나 등록한 자의 지위를 승계한다.

1. 낚시터업으로 허가받거나 등록한 자가 그 영업을 양도한 경우 그 양수인
2. 낚시터업으로 허가받거나 등록한 자가 사망한 경우 그 상속인
3. 법인이 합병한 경우 합병 후 존속하는 법인이나 합병으로 설립되는 법인

② 다음 각 호의 어느 하나에 해당하는 절차에 따라 영업 시설과 장비의 전부를 인수한 자는 이 법에 따른 종전의 낚시터업으로 허가받거나 등록한 자의 지위를 승계한다.
1. 「민사집행법」에 따른 경매
2. 「채무자 회생 및 파산에 관한 법률」에 따른 환가(換價)
3. 「국세징수법」, 「관세법」 또는 「지방세법」에 따른 압류재산의 매각
4. 그 밖에 제1호부터 제3호까지의 규정에 준하는 절차

③ 제1항 및 제2항에 따라 종전의 낚시터업으로 허가받거나 등록한 자의 지위를 승계한 자는 1개월 이내에 해양수산부령으로 정하는 바에 따라 시장·군수·구청장에게 승계 사실을 신고하여야 한다.

13. 행정제재처분 효과의 승계 (법 제22조)

① 제14조제1항 또는 제19조제1항에 따라 종전의 낚시터업자에게 한 행정제재처분의 효과는 그 처분기간이 만료된 날부터 1년간 제21조제1항에 따라 낚시터업을 승계한 낚시터업자에게 승계된다.
② 제21조제1항에 따라 낚시터업을 승계한 낚시터업자에 대하여는 제14조제1항 또는 제19조제1항에 따라 진행 중인 행정제재처분의 절차를 계속 이어서 할 수 있다.
③ 제1항 및 제2항에도 불구하고 제21조제1항에 따라 낚시터업을 승계한 낚시터업자가 그 영업의 승계 시에 종전의 낚시터업자에 대한 행정제재처분 또는 종전의 낚시터업자의 위반사실을 알지 못하였음을 증명하는 때에는 그러하지 아니하다.

14. 폐쇄조치 (법 제23조)

① 시장·군수·구청장은 다음 각 호의 어느 하나에 해당하는 자에 대하여 관계 공무원에게 해당 낚시터를 폐쇄하도록 할 수 있다.
1. 제10조제1항 또는 제16조제1항을 위반하여 허가를 받지 아니하거나 등록을 하지 아니하고 영업을 하는 자
2. 제14조제1항이나 제19조제1항에 따라 허가가 취소되거나 등록이 취소된 후에 계속하여 영업을 하는 자

② 시장·군수·구청장은 제1항의 폐쇄조치를 위하여 관계 공무원에게 다음 각 호의 조치를 하게 할 수 있다.
1. 해당 낚시터의 간판, 그 밖의 영업표지물의 제거·삭제
2. 해당 낚시터가 적법한 낚시터가 아님을 알리는 게시문 등의 부착
3. 해당 낚시터의 시설물이나 그 밖에 영업에 사용하는 기구 등을 사용할 수 없게 하는 봉인

제10부. 낚시관리 육성법(낚시관리법)

③. 시장·군수·구청장은 제2항제3호에 따른 봉인을 한 후 봉인을 계속할 필요가 없다고 인정하거나 낚시터업자 또는 그 대리인이 해당 낚시터를 폐쇄할 것을 약속하거나 그 밖의 정당한 사유를 들어 봉인의 해제를 요청하는 경우에는 봉인을 해제할 수 있다.
④. 시장·군수·구청장은 제1항에 따라 낚시터를 폐쇄하려면 미리 해당 낚시터업자 또는 그 대리인에게 서면으로 알려주어야 한다. 다만, 안전사고가 발생하여 긴급히 폐쇄하여야 할 경우 등 긴급한 사유가 있으면 그러하지 아니하다.
⑤. 제2항에 따른 조치는 그 영업을 할 수 없게 하기 위하여 필요한 최소한의 범위에 그쳐야 한다.
⑥. 제1항 및 제2항에 따라 낚시터를 폐쇄하는 관계 공무원은 그 권한을 표시하는 증표를 지니고 이를 관계인에게 보여 주어야 한다.

15. 휴업·폐업 등의 신고 (법 제24조)

낚시터업자는 다음 각 호의 어느 하나의 경우에는 해양수산부령으로 정하는 바에 따라 그 사실을 시장·군수·구청장에게 신고하여야 한다.
 1. 낚시터업을 허가 또는 등록의 유효기간 내에 폐업하려는 경우
 2. 3개월을 초과하여 휴업하려는 경우
 3. 휴업 후 영업을 다시 하려는 경우
 4. 휴업기간을 연장하려는 경우

[제4장 낚시어선업]

1. 낚시어선업의 신고 (법 제25조)

①. 낚시어선업을 하려는 자는 낚시어선의 대상·규모·선령·설비·안전성 검사, 선장의 자격, 전문교육 이수 등 대통령령으로 정하는 요건(이하 "신고요건"이라 한다)을 갖추어 어선번호, 어선의 명칭 등 대통령령으로 정하는 사항(이하 "신고사항"이라 한다)에 관한 낚시어선업의 신고서를 작성하여 해당 낚시어선의 선적항을 관할하는 시장·군수·구청장에게 신고하여야 한다. 어선번호, 어선의 명칭 등 대통령령으로 정하는 중요한 신고사항을 변경하려는 때에도 같다.
②. 시장·군수·구청장은 제1항에 따라 신고한 내용이 신고요건에 적합하면 신고인에게 낚시어선업 신고확인증을 발급하여야 한다.
③. 제1항에 따른 낚시어선업 신고의 유효기간은 제48조에 따라 가입한 보험이나 공제의 계약기간으로 하되, 3년을 초과할 수 없다.
④. 제1항 및 제2항에 따른 신고의 방법·절차와 신고확인증 발급 등에 필요한 사항은 해양

수산부령으로 정한다.

■ 낚시어선업의 신고요건 등 (시행령 제16조)

①. 법 제25조제1항 전단에서 "대통령령으로 정하는 요건"이란 다음 각 호의 요건 모두를 말한다.
1. 낚시어선이 「수산업법」 또는 「내수면어업법」에 따라 어업허가를 받은 어선으로서 총톤수 10톤 미만의 동력어선일 것
2. 낚시어선이 선령 20년 이하인 목선이거나 선령 25년 이하인 강선·합성수지선·알루미늄선일 것
3. 낚시어선에 별표 4에 따른 설비를 갖출 것

■ 낚시 관리 및 육성법 시행령 [별표 4]

낚시어선이 갖추어야 하는 설비(제16조제1항제3호 관련)

구분	설비
1. 안전·구명 설비	가. 최대승선인원의 120퍼센트 이상에 해당하는 수의 구명조끼. 이 중 20퍼센트 이상은 어린이용으로 하여야 한다. 나. 최대승선인원의 30퍼센트 이상에 해당하는 수의 구명부환 다. 지름 10㎜ 이상, 길이 30m 이상인 구명줄 1개 이상 라. 가까운 무선국 또는 출입항신고기관 등과 상시 연락할 수 있는 통신기기 마. 난간 손잡이(hand rail) 바. 유효기간 이내의 비상용 구급약품세트(붕대, 거즈, 소독약, 해열제, 소화제가 포함되어야 한다) 사. 자기점화등 1개 이상 아. 최대승선인원의 100퍼센트 이상을 수용할 수 있는 구명뗏목(최대승선인원이 13명 이상인 낚시어선에 한정한다) 자. 선박 자동식별장치(최대승선인원이 13명 이상인 낚시어선에 한정한다) 차. 승객이 이용하는 선실에는 2개 이상의 비상탈출구(2020년 1월 1일 이후 건조된 낚시어선에 한정한다) 카. 항해용 레이더(일출 전 또는 일몰 후 영업하는 낚시어선에 한정한다) 타. 위성 비상 위치 지시용 무선표지설비(EPIRB를 말하며, 일출 전 또는 일몰 후 영업하는 최대승선인원 13명 이상인 낚시어선에 한정한다) 파. 구명조끼에 부착할 수 있는 등. 일출 전 또는 일몰 후에 영업하는 낚시어선에 한정한다)
2. 소화설비	가. 총톤수 5톤 미만 낚시어선의 경우: 2개 이상의 간이식 소화기 나. 총톤수 5톤 이상 낚시어선의 경우: 2개 이상의 휴대식 소화기
3. 전기설비	낚시인의 안전을 위해 사용하는 조명 등의 전기설비
4. 그 밖의 설비	가. 분뇨를 수면으로 배출하지 않는 방식의 화장실 나. 용량이 40리터 이상인 쓰레기통 2개 이상 바. 그 밖에 시장·군수·구청장이 승객의 안전을 위하여 필요하다고 인정하여 고시하는 설비

제10부. 낚시관리 육성법(낚시관리법)

> 비고: 제1호부터 제4호까지의 규정에 따른 설비 중 「어선법」 제3조에 따른 설비는 같은 조에 따라 해양수산부장관이 정하여 고시하는 기준에 맞는 것이어야 한다.

  4. 법 제25조의2제1항 본문에 따른 낚시어선의 안전성 검사를 받았을 것
  5. 낚시어선의 선장은 다음 각 목에 따른 요건을 모두 갖출 것
    가. 「선박직원법」 제4조제2항제6호에 따른 소형선박 조종사 면허 또는 그 상위등급의 해기사 면허를 받았을 것
    나. 「선박직원법」 제2조제6호에 따른 승무경력이 2년 이상이거나 120일 이상의 선박 출입항 기록을 보유할 것
    다. 법 제47조제2항에 따른 전문교육을 이수할 것(최초로 낚시어선업을 신고하는 경우로 한정한다)

② 법 제25조제1항 전단에서 "대통령령으로 정하는 사항"이란 다음 각 호의 사항 모두를 말한다.
  1. 어선번호
  2. 어선의 명칭
  3. 총톤수
  4. 주 영업장소 및 영업시간
  5. 선적항의 명칭
  6. 어업허가번호 또는 관리선 지정번호
  7. 제22조제1항제2호에 따른 보험 또는 공제의 가입 여부와 가입한 낚시어선의 최대승선인원(어선검사증서에 적힌 것을 말한다)
  8. 낚시어선업자의 성명, 생년월일, 주소 및 연락처
  9. 낚시어선의 선원 중 「선박직원법」 제4조에 따른 해기사 면허 소지자의 성명 및 주민등록번호와 해기사 면허의 직종 및 등급

③ 법 제25조제1항 후단에서 "대통령령으로 정하는 중요한 신고사항"이란 제2항 각 호의 사항을 말한다.

2. 낚시어선업의 안전성 검사 (법 제25조의2)

① 제25조제1항에 따라 낚시어선업을 하려는 자는 낚시어선의 선체, 기관 및 설비 등에 대하여 매년 안전성 검사를 받아야 한다. 다만, 「어선법」에 따른 어선검사를 받은 경우에는 생략할 수 있다.

② 제1항에 따른 낚시어선 안전성 검사의 시기, 절차, 기준, 유효기간 및 수수료에 관하여 필요한 사항은 해양수산부령으로 정한다.

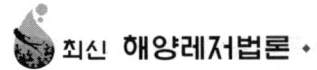

3. 영업구역 (법 제27조)

①. 낚시어선업의 영업구역은 그 낚시어선의 선적항이 속한 시·도지사의 관할 수역으로 하되, 외측한계는 17)「영해 및 접속수역법」에 따른 영해로 한다. 다만, 해양수산부장관이 연접한 시·도 간 수역에 대하여 대통령령으로 정하는 바에 따라 공동영업구역을 지정하는 경우에는 그 공동영업구역과 해당 시·도지사의 관할 수역을 영업구역으로 한다.
②. 제1항 본문에도 불구하고 영해의 범위를 18)「영해 및 접속수역법」에 따라 기선으로부터 12해리 미만으로 정하고 있는 수역을 관할하는 시·도지사가 영해 바깥쪽 해역에서의 영업이 필요하다고 특별히 인정하는 경우에는 관할 지방해양경찰청장의 의견을 들어 해양수산부장관에게 영업구역 확대를 요청할 수 있다.
③. 제2항에 따라 시·도지사가 요청하는 경우 해양수산부장관은 해당 시·도지사 및 해양경찰청장 등 관계기관과 협의하여 영해 바깥쪽 해역을 영업구역으로 지정할 수 있다.

4. 승선정원 (법 제28조)

낚시어선의 승선정원은 「어선법」에 따른 어선검사증서에 적힌 어선원 및 어선원 외의 사람 각각의 최대승선인원으로 한다.

5. 낚시어선 안전요원의 승선 등 (법 제28조의2)

①. 낚시어선업자는 낚시어선의 규모, 영업시간 등이 해양수산부령으로 정하는 기준에 해당하는 경우 낚시승객의 안전을 담당하는 자(이하 "낚시어선 안전요원"이라 하며 선원에 포함한다. 이하 같다)를 승선시켜야 한다.
②. 제1항에 따른 낚시어선 안전요원의 자격기준 및 임무 등은 해양수산부령으로 정한다.

> ■ **시행규칙 제18조의2(낚시어선 안전요원의 승선 기준 등)**
> ①. 법 제28조의2제1항에서 "해양수산부령으로 정하는 기준에 해당하는 경우"란 다음 각 호의 모두에 해당하는 경우를 말한다. 다만, 낚시어선에 승객을 태워 낚시터까지 안내만 하는 경우와 육지 또는 「도서개발 촉진법」 제2조제1항 각 호에 따른 지역의 해안선으로부터 2해리 안쪽의 해역에서 낚시어선업의 영업을 하는 경우는 제외한다.
> 1. 오후 8시부터 다음날 오전 4시까지 사이에 낚시어선업의 영업을 하는 경우

---

17) 「영해 및 접속수역법」 제1조(영해의 범위) 대한민국의 영해는 기선으로부터 측정하여 그 바깥쪽 12해리의 선까지에 이르는 수역으로 한다. 다만, 대통령령으로 정하는 바에 따라 일정수역의 경우에는 12해리 이내에서 영해의 범위를 따로 정할 수 있다.
18) 제2조(기선) ① 영해의 폭을 측정하기 위한 통상의 기선은 대한민국이 공식적으로 인정한 대축척해도에 표시된 해안의 저조선으로 한다. ② 지리적 특수사정이 있는 수역의 경우에는 대통령령으로 정하는 기점을 연결하는 직선을 기선으로 할 수 있다.

2. 법 제33조제1항에 따른 출항 신고 시 13명 이상이 승선하고 있는 경우
② 법 제28조의2제1항에 따른 낚시어선 안전요원(이하 "낚시어선 안전요원"이라 한다)은 선장이 아닌 선원으로서 다음 각 호의 어느 하나에 해당하는 사람이어야 한다.
　1. 「수상레저안전법」 제48조제3항에 따른 인명구조요원의 자격을 취득한 사람
　2. 「선원법 시행규칙」 별표 2에 따른 기초안전교육 중 어느 하나의 교육 및 같은 표에 따른 여객선교육 중 어느 하나의 교육을 이수한 사람
　3. 법 제47조제1항에 따른 전문교육을 이수한 사람
③ 낚시어선 안전요원은 낚시어선에 승선한 승객의 안전 확보, 수산자원 보호 및 해양환경오염 방지를 그 임무로 한다.

6. 낚시어선업자 등의 안전운항 의무 등 (법 제29조)

① 낚시어선업자 및 선원은 낚시어선의 안전을 점검하고 기상상태를 확인하는 등 안전운항에 필요한 조치를 하여야 하며, 승객에게 위해가 없도록 수면의 상황에 따라 안전하게 낚시어선을 조종하여야 한다.
② 낚시어선업자 및 선원은 다음 각 호의 행위를 하여서는 아니 된다.
　1. 영업 중 낚시를 하는 행위
　2. 보호자를 동반하지 아니한 14세 미만의 사람, 「정신건강증진 및 정신질환자 복지서비스 지원에 관한 법률」 제3조제1호에 따른 정신질환자 등 승선에 부적격한 사람을 승선하게 하는 행위
　3. 그 밖에 낚시어선의 안전운항에 위해를 끼친다고 인정되는 행위
③ 낚시어선업자 및 선원은 안전운항을 위하여 낚시어선에 승선한 승객 등 승선자 전원에게 구명조끼를 착용하도록 하여야 한다. 이 경우 승객이 구명조끼를 착용하지 아니하면 승선을 거부할 수 있다.
④ 낚시어선업자 및 선원은 출항하기 전 승선한 승객에게 안전사고 예방 및 수산자원 보호, 환경오염 방지 등을 위하여 해양수산부장관이 정하는 바에 따라 다음 각 호의 사항을 안내하여야 한다.
　1. 안전한 승·하선 방법, 인명구조 장비와 소화설비의 보관장소와 사용법, 비상신호, 비상시 집합장소의 위치와 피난요령, 인명구조에 관련된 기관의 유선번호 및 유사시 대처요령 등 안전에 관한 사항
　2. 포획금지 체장·체중 등 수산자원보호에 관한 사항
　3. 쓰레기 투기 금지 등 환경오염 방지에 관한 사항

7. 운항규칙 (법 제29조의2)

① 해상항행선박이 항행을 계속할 수 없는 하천·호소 등 「해사안전법」을 적용받지 아니하는 장소에서의 낚시어선 운항규칙에 관하여 필요한 사항은 대통령령으로 정한다.

②. 낚시어선업자와 선원은 제1항에 따른 운항규칙을 준수하여야 한다.

■ **운항규칙 (시행령 제18조의2)**
①. 낚시어선업자와 선원이 준수해야 하는 법 제29조의2제1항에 따른 낚시어선 운항규칙은 다음 각 호와 같다.
1. 주위의 상황 및 다른 선박과의 충돌의 위험을 충분히 판단할 수 있도록 시각·청각 및 당시의 상황에 적합하게 이용할 수 있는 모든 수단을 이용하여 항상 적절한 경계를 하여야 한다.
2. 다른 선박과의 충돌을 피하기 위하여 적절하고 유효한 동작을 취하거나 당시의 상황에 적합한 거리에서 선박운항정지(정선)할 수 있도록 항상 안전한 속력으로 운항해야 한다.
3. 시계(視界)를 제한받는 때나 교량 등의 부근 및 하천 폭이 좁은 구역에서는 속도를 줄여 운항하여야 한다.
4. 시계가 제한된 구역에서 앞쪽에 다른 선박이 있는 경우 왼쪽으로 진로를 변경해서는 아니 된다.
5. 다른 선박과 마주칠 때에는 진로를 오른쪽으로 변경하여야 한다.
6. 다른 선박과 같은 방향으로 운항하는 경우에는 근접하거나 경쟁적으로 운항해서는 아니 된다.
7. 다른 선박을 앞지르기하려는 경우에는 앞지르기당하는 선박을 완전히 앞지르기하거나 그 선박에서 충분히 멀어질 때까지 그 선박의 진로를 방해해서는 안 된다.
8. 낚시어선과 다른 선박이 서로 진로를 횡단하는 경우에 충돌의 위험이 있을 때에는 다른 선박을 오른쪽에 두고 있는 선박이 그 다른 선박의 진로를 피하여야 한다.
9. 선착장 등으로 들어오는 낚시어선은 선착장 등의 밖으로 나가는 다른 선박의 진로를 방해해서는 아니 된다.
10. 낚시가 금지되어 있는 장소에 정박하거나 승객을 승선·하선시켜서는 아니 된다.
11. 야간운항을 하는 경우 안전 운항 및 승객의 승선·하선에 필요한 불빛을 표시하여야 한다.

8. 술에 취한 상태에서의 조종 금지 등 (법 제30조)

①. 낚시어선업자 및 선원은 술에 취한 상태에서 낚시어선을 조종하거나 술에 취한 상태에 있는 낚시어선업자 또는 선원에게 낚시어선을 조종하게 하여서는 아니 된다. 이 경우 "술에 취한 상태"란「해사안전법」제41조제5항에 따른 [19)]술에 취한 상태를 말한다.
②. 다음 각 호에 해당하는 사람(이하 이 조에서 "관계 공무원"이라 한다)은 낚시어선업자 및 선원이 제1항을 위반하였다고 인정할 만한 상당한 이유가 있는 경우에는 술에 취하였는지를 측정할 수 있다. 이 경우 낚시어선업자 및 선원은 그 측정에 따라야 한다.
1. 경찰공무원
2. 시·군·구 소속 공무원 중 수상안전업무에 종사하는 사람

---

19)「해사안전법」제41조(술에 취한 상태에서의 조타기 조작 등 금지) ⑤ 술에 취한 상태의 기준은 혈중알코올농도 0.03퍼센트 이상으로 한다.

③. 제2항에 따라 관계 공무원(근무복을 착용한 경찰공무원은 제외한다)이 술에 취하였는지 여부를 측정하는 때에는 그 권한을 표시하는 증표를 지니고 이를 해당 낚시어선업자 및 선원에게 보여 주어야 한다.
④. 제2항에 따른 측정의 결과에 불복하는 낚시어선업자 및 선원에 대하여는 해당 낚시어 선업자 및 선원의 동의를 받아 혈액채취 등의 방법으로 다시 측정할 수 있다.
⑤. 관계 공무원은 낚시어선업자 또는 선원이 제2항 또는 제4항에 따른 측정결과가 제1항 후단에 따른 술에 취한 상태에 해당하는 경우에는 해당 낚시어선업자 또는 선원에 대하여 조종·승선 제한 등 필요한 조치를 하여야 한다.

9. 약물복용 상태에서의 조종 금지 (법 제31조)

낚시어선업자 및 선원은 약물복용의 상태에서 낚시어선을 조종하거나 약물복용의 상태에 있는 낚시어선업자 또는 선원에게 낚시어선을 조종하게 하여서는 아니 된다. 이 경우 "약물복용의 상태"란 「마약류관리에 관한 법률」 제2조에 따른 마약·향정신성의약품·대마 또는 「화학물질관리법」 제22조에 따른 환각물질의 영향으로 정상적인 조종을 할 수 없는 우려가 있는 경우를 말한다.

10. 낚시어선업 신고확인증 등의 게시 (법 제32조)

낚시어선업자는 낚시어선업 신고확인증과 제35조제2항에 따라 시장·군수·구청장이 고시하는 사항을 해양수산부령으로 정하는 바에 따라 승객이 잘 볼 수 있도록 낚시어선에 게시하여야 한다.

11. 출입항 신고 (법 제33조)

①. 낚시어선업자는 승객을 승선하게 하여 항구·포구 등에 출항이나 입항(이하 "출입항"이라 한다)을 하려는 경우에는 해양수산부령으로 정하는 바에 따라 어선의 출입항 신고에 관한 업무를 담당하는 기관(이하 "출입항신고기관"이라 한다)의 장에게 신고하여야 한다.
②. 제1항에 따라 출항 신고를 하려는 낚시어선업자는 그 신고서에 해당 낚시어선에 승선할 선원과 승객의 명부(이하 "승선자명부"라 한다)를 첨부하여 출입항신고기관의 장에게 제출하여야 한다.
③. 제1항에 따라 출항 신고를 하려는 낚시어선업자는 승선하는 승객으로 하여금 해양수산부령으로 정하는 바에 따라 승선자명부를 작성하도록 하여야 한다. 이 경우 낚시어선업자는 승객에게 신분증을 요구하여 승선자명부 기재내용을 확인하여야 한다.
④. 낚시어선업자는 승객이 정당한 사유 없이 승선자명부를 작성하지 아니하거나 제3항 후

단에 따른 신분증 제시 요구에 따르지 아니하는 경우에는 승선을 거부하여야 한다.
⑤. 낚시어선업자는 해당 낚시어선에 승선자명부의 사본을 3개월 동안 갖추어 두어야 한다.

12. 출항의 제한 (법 제34조)

①. 출입항신고기관의 장은 시간, 기상 및 해상 상황에 관한 정보 등을 고려하여 낚시어선업자·선원·승객의 안전을 위하여 필요하다고 인정할 때에는 낚시어선의 출항을 제한할 수 있다.
②. 제1항에 따른 출항제한의 기준 등에 필요한 사항은 대통령령으로 정한다.

■ 출항의 제한 (시행령 제19조)
법 제34조제1항에 따른 낚시어선의 출항제한은 다음 각 호의 경우에 할 수 있다.
 1. 「기상법 시행령」 제8조제1항에 따라 초당 풍속 12미터 이상 또는 파고(波高) 2미터 이상으로 예보가 발표된 경우
 2. 「기상법 시행령」 제8조제2항제1호부터 제3호까지 및 제5호부터 제7호까지의 규정에 따른 호우·대설·폭풍해일·태풍·강풍·풍랑 주의보 또는 경보가 발표된 경우
 3. 기상청장이 제2호에 따른 주의보 또는 경보를 발표하기 전에 이를 사전에 알리기 위한 정보를 발표한 경우
 4. 안개 등으로 인하여 해상에서의 시계가 1킬로미터 이내인 경우
 5. 일출 전 또는 일몰 후. 다만, 별표 4 제1호카목 및 타목에 따른 설비를 갖추고 법 제35조제1항제1호에 따라 시장·군수·구청장이 영업을 제한하지 않는 시간대에 영업하는 경우는 제외한다.
 6. 그 밖에 법 제33조제1항에 따른 출입항신고기관(이하 "출입항신고기관"이라 한다)의 장이 해상상황의 급작스런 악화 등으로 인하여 낚시어선의 출항이 어렵다고 판단하는 경우

13. 안전운항 등을 위한 조치 (법 제35조)

①. 시장·군수·구청장은 낚시어선의 안전운항과 사고 방지 및 그 밖에 낚시어선업의 질서유지를 위하여 특히 필요하다고 인정할 때에는 관할 경찰서장 또는 관할 해양경찰서장의 의견을 들어 낚시어선업자에게 다음 각 호의 지시나 조치를 명할 수 있다.
 1. 영업시간이나 운항 횟수의 제한
 2. 영업구역의 제한 또는 영업의 일시정지
 3. 인명안전에 관한 설비의 비치 및 관리
 4. 그 밖에 낚시어선의 안전운항과 사고 방지 및 낚시어선업의 질서유지를 위하여 필요하다고 인정하는 사항
②. 시장·군수·구청장은 낚시어선의 안전운항, 승객의 안전사고 예방, 수질오염의 방지 및 수산자원의 보호 등을 위하여 낚시어선의 승객이 준수하여야 하는 사항을 정하여 고시

하여야 한다.
③. 시장·군수·구청장은 낚시어선업자 또는 선원이 잘 볼 수 있는 출입항 장소에 낚시어선업자 또는 선원이 준수하여야 할 사항을 표기한 표지판을 설치하여야 한다. 이 경우 표지판에는 다음 각 호의 사항이 포함되어야 한다.
  1. 제1항에 따른 안전운항 등을 위한 조치
  2. 제29조, 제29조의2, 제30조부터 제33조까지 및 제37조제1항에 따른 낚시어선업자 또는 선원의 준수사항 등
  3. 제34조제2항에 따른 출항제한의 기준
  4. 제3조 각 호의 수면 등에 유류·분뇨·폐기물을 버리는 행위 등 다른 법령에 따라 금지되는 사항

14. 낚시어선 승객의 준수사항 (법 제36조)

낚시어선업자 또는 선원은 안전운항을 위하여 낚시어선에 승선한 승객에게 다음 각 호의 사항을 준수하도록 조치할 수 있다. 이 경우 낚시어선의 승객은 낚시어선업자 또는 선원의 조치에 협조하여야 한다.
  1. 제29조제3항에 따른 구명조끼 착용에 관한 사항
  2. 제33조제3항에 따른 승선자명부 작성 및 신분증 확인에 관한 사항
  3. 제35조제2항에 따라 낚시어선 승객이 준수하여야 하는 사항

15. 사고발생의 보고 (법 제37조)

①. 낚시어선업자 또는 선원은 다음 각 호의 어느 하나에 해당할 때에는 사고 장소가 내수면인 경우에는 사고발생 지점에서 가장 가까운 시장·군수·구청장에게, 해수면인 경우에는 관할 해양경찰서장에게 그 사실을 지체 없이 보고하고 사고의 수습에 필요한 조치를 하여야 한다.
  1. 승객이 사망하거나 실종되었을 경우
  2. 충돌, 좌초 또는 그 밖에 낚시어선의 안전운항에 영향을 미치거나 미칠 우려가 있는 사고가 발생하였을 경우
②. 제1항에 따른 보고를 받은 시장·군수·구청장 또는 해양경찰서장은 지체 없이 관할 시·도지사 또는 지방해양경찰청장에게 이를 보고하고 인명 구조 등 사고 수습을 위하여 필요한 조치를 하여야 한다.

16. 영업의 폐쇄 등 (법 제38조)

①. 시장·군수·구청장은 낚시어선업자가 다음 각 호의 어느 하나에 해당하면 영업의 폐쇄를

명하거나 3개월 이내의 기간을 정하여 그 영업의 정지를 명할 수 있다. 다만, 제1호부터 제4호까지에 해당하는 경우에는 영업의 폐쇄를 명하여야 한다.
1. 제25조제1항 전단에 따른 낚시어선업의 신고를 하지 아니하고 낚시어선업을 한 경우
2. 거짓이나 그 밖의 부정한 방법으로 낚시어선업을 신고한 경우
3. 「어선법」에 따라 어선의 등록이 말소된 경우
4. 영업정지 기간 중 영업을 한 경우
5. 낚시어선업자, 선원의 고의 또는 중대한 과실이나 주의의무 태만으로 인하여 안전사고가 발생한 경우
6. 제25조에 따른 낚시어선업의 신고요건을 충족하지 못하게 된 경우
7. 제27조에 따른 낚시어선업의 영업구역을 위반한 경우
8. 낚시승객을 승선시킨 상태에서 제30조제1항을 위반하여 낚시어선업자 또는 선원이 술에 취한 상태에서 낚시어선을 조종한 경우
9. 낚시승객을 승선시킨 상태에서 제31조를 위반하여 낚시어선업자 또는 선원이 약물복용의 상태에서 낚시어선을 조종한 경우
10. 제48조에 따른 보험이나 공제에 가입하지 아니한 경우

②. 제1항에 따라 영업의 폐쇄명령을 받은 자는 그 영업이 폐쇄된 날부터 2년이 지나지 아니하면 낚시어선업의 신고를 할 수 없다.
③. 제1항에 따른 처분의 구체적인 기준과 그 밖에 필요한 사항은 해양수산부령으로 정한다.

17. 폐업신고 등 (법 제39조)

①. 낚시어선업을 폐업하려는 자는 해양수산부령으로 정하는 바에 따라 그 사실을 시장·군수·구청장에게 신고하여야 한다. 이 경우 바다에서의 낚시어선업을 폐업한 때에는 시장·군수·구청장은 신고받은 사항을 관할 해양경찰서장에게 즉시 통보하여야 한다.
②. 제38조제1항에 따라 영업의 정지명령을 받은 후 그 기간이 끝나지 아니한 자는 제1항에 따른 폐업신고를 할 수 없다.
③. 시장·군수·구청장은 낚시어선업자가 「부가가치세법」 제8조제8항 및 제9항에 따라 관할 세무서장에게 폐업신고를 하거나 관할 세무서장이 사업자등록을 말소한 경우에는 신고사항을 직권으로 말소할 수 있다.
④. 시장·군수·구청장은 제3항에 따른 직권말소를 위하여 필요한 경우 관할 세무서장에게 낚시어선업자의 폐업신고 또는 사업자등록의 말소 여부에 대한 정보를 요청할 수 있다. 이 경우 요청을 받은 관할 세무서장은 지체 없이 시장·군수·구청장에게 해당 정보를 제공하여야 한다.

[제5장 미끼의 관리]

1. 미끼기준의 설정 (법 제40조)

①. 해양수산부장관은 미끼의 안전성 확보를 위하여 필요한 경우에는 미끼의 종류별로 특정물질의 함량기준(이하 "미끼기준"이라 한다)을 설정할 수 있다.
②. 미끼기준의 구체적인 내용은 대통령령으로 정한다.

2. 미끼의 제조 등의 금지 (법 제41조)

누구든지 미끼기준에 적합하지 아니한 미끼를 판매하거나 판매할 목적으로 제조·수입·사용·저장·운반 또는 진열하여서는 아니 된다.

3. 폐기 등의 조치 (법 제42조)

①. 해양수산부장관, 시·도지사 또는 시장·군수·구청장은 제50조에 따른 검사 결과 해당 미끼가 미끼기준에 적합하지 아니한 경우에는 관계 공무원으로 하여금 해당 미끼를 압류 또는 폐기하게 하거나, 해당 미끼의 제조업자·수입업자 또는 판매업자에게 그 미끼를 회수·폐기하게 하거나 그 밖에 해당 미끼의 안전상의 위해가 제거될 수 있도록 용도·처리방법 등을 정하여 필요한 조치를 할 것을 명할 수 있다.
②. 제1항에 따라 압류 또는 폐기를 하는 공무원은 그 권한을 표시하는 증표를 지니고 이를 관계인에게 보여 주어야 한다.
③. 제1항에 따른 압류 또는 폐기 등의 방법과 절차에 필요한 사항은 해양수산부령으로 정한다.
④. 해양수산부장관, 시·도지사 또는 시장·군수·구청장은 제1항에 따라 폐기처분 명령을 받은 자가 그 명령을 이행하지 아니하는 경우에는 「행정대집행법」에 따라 대집행할 수 있다.

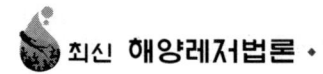

[제6장 낚시 및 낚시 관련 산업의 지원·육성]

1. 낚시진흥기본계획 등 (법 제43조)

① 해양수산부장관은 낚시 및 낚시 관련 산업의 발전을 위하여 5년마다 낚시진흥기본계획을 수립·시행하여야 한다.
② 해양수산부장관이 제1항에 따른 낚시진흥기본계획을 세울 때에는 관계 전문가 등으로부터 의견을 들어야 하며, 제시된 의견이 타당하다고 인정되면 계획에 반영하여야 한다.
③ 제1항에 따른 낚시진흥기본계획에는 다음 각 호의 사항이 포함되어야 한다.
 1. 낚시 진흥의 기본목표 및 그 추진방향
 2. 낚시 관련 산업과 수산업의 연계 강화에 관한 사항
 3. 낚시 대상 수산자원의 조성과 보호에 관한 사항
 4. 낚시의 기반 조성에 관한 사항
 5. 그 밖에 낚시의 진흥에 필요한 사항
④ 해양수산부장관은 낚시의 현황과 낚시 관련 산업의 동향 등을 고려하여 제1항에 따른 낚시진흥기본계획의 범위에서 연차별 계획을 세워 시행하고 이에 필요한 재원을 확보하기 위하여 노력하여야 한다.
⑤ 해양수산부장관은 제1항의 낚시진흥기본계획과 제4항의 연차별 계획을 수립·시행하기 위하여 필요한 때에는 관계 지방자치단체의 장에게 협조를 요청할 수 있다. 이 경우 협조를 요청받은 관계 지방자치단체의 장은 특별한 사정이 없으면 요청에 따라야 한다.
⑥ 해양수산부장관은 제1항 및 제4항에 따라 낚시진흥기본계획 및 연차별 계획을 수립하거나 변경한 때에는 이를 관계 지방자치단체의 장에게 통보하고 지체 없이 국회 소관 상임위원회에 제출하여야 한다.
⑦ 해양수산부장관은 제1항 및 제4항에 따른 낚시진흥기본계획 및 연차별 계획을 수립하거나 변경한 때에는 해양수산부령으로 정하는 바에 따라 이를 공표하여야 한다.

2. 우수낚시터의 지정 등 (법 제44조)

① 해양수산부장관은 제10조나 제16조에 따라 낚시터업의 허가를 받거나 등록을 한 낚시터 중에서 해양수산부령으로 정하는 기준에 적합한 낚시터를 우수낚시터로 지정할 수 있다.
② 우수낚시터로 지정을 받으려는 자는 해양수산부장관에게 신청하여야 한다.
③ 해양수산부장관은 우수낚시터가 다음 각 호의 어느 하나에 해당하면 지정을 취소할 수 있다.
 1. 거짓이나 그 밖의 부정한 방법으로 지정을 받은 경우

2. 제1항에 따른 지정기준을 갖추지 못하게 된 경우
 ④. 우수낚시터의 지정절차 등에 필요한 사항은 해양수산부령으로 정한다.
 ⑤. 제1항에 따라 지정된 우수낚시터에 대하여는 해양수산부장관이 정하는 기준에 따라 예산의 범위에서 낚시터의 시설·운영 또는 환경의 개선 등에 필요한 비용을 지원할 수 있다.

3. 낚시 관련 산업 등의 지원 · 육성 (법 제45조)

 ①. 해양수산부장관, 시·도지사 및 시장·군수·구청장은 농어업·농어촌의 발전, 낚시인과 낚시 관련 업자 등의 권익보호, 건전한 낚시문화의 조성 및 낚시 관련 산업의 발전을 위하여 낚시 및 낚시 관련 산업을 지원·육성하여야 한다.
 ②. 해양수산부장관, 시·도지사 및 시장·군수·구청장은 제1항의 목적을 달성하기 위하여 낚시 관련 단체 및 비영리법인의 설립과 운영을 지원할 수 있다.
 ③. 해양수산부장관은 제2항에 따른 낚시 관련 단체나 비영리법인이 그 회원과 낚시인 등에 대한 교육훈련과 홍보 등의 사업을 추진하려는 경우 예산의 범위에서 필요한 비용을 지원할 수 있다.
 ④. 제1항부터 제3항까지의 규정에 따른 지원의 내용과 기준 등에 필요한 사항은 대통령령으로 정한다.

4. 검정기관의 지정 등 (법 제45조의2)

 ①. 해양수산부장관은 제8조에 따른 낚시도구의 유해물질 허용기준 적합 여부와 제40조에 따른 미끼기준 적합 여부를 검정(이하 "검정"이라 한다)하기 위하여 필요한 인력 및 설비를 갖춘 기관을 검정기관(이하 "검정기관"이라 한다)으로 지정할 수 있다.
 ②. 검정기관의 장은 제1항에 따라 검정기관으로 지정받은 후 명칭, 소재지, 검정대상 등 대통령령으로 정하는 중요사항이 변경된 경우에는 변경신고를 하여야 한다.
 ③. 제1항에 따른 검정기관의 지정기준은 대통령령으로 정하고, 제1항 및 제2항에 따른 검정기관의 검정방법, 변경신고의 절차, 기간, 방법 등에 대하여는 해양수산부령으로 정한다.

5. 명예감시원 (법 제46조)

 ①. 해양수산부장관은 낚시터의 안전관리와 수산자원의 보호 및 건전한 낚시문화의 조성을 위하여 낚시인 및 낚시 관련 단체나 법인의 임직원 등을 명예감시원으로 위촉하여 감시·지도 및 계몽을 하게 할 수 있다.
 ②. 해양수산부장관은 예산의 범위에서 명예감시원에게 감시 활동에 필요한 경비를 지급할

수 있다.
③. 제1항 및 제2항에 따른 명예감시원의 자격, 증표, 위촉방법 및 임무와 감시 활동에 필요한 경비의 내용 및 지급 방법 등에 필요한 사항은 해양수산부령으로 정한다.

6. 교육 · 홍보 (법 제47조)

①. 낚시터업자, 낚시어선업자 및 선원은 낚시인의 안전과 수산자원의 보호 등을 위하여 해양수산부장관이 실시하는 전문교육을 매년 받아야 한다.
②. 제25조에 따른 낚시어선업을 하려는 자와 제38조제1항제5호에 해당하여 영업정지명령을 받은 후 영업을 재개하려는 자는 미리 전문교육을 받아야 한다. 이 경우 제1항에 따른 전문교육을 해당 연도에 받은 것으로 본다.
③. 제2항 전단에도 불구하고 해양수산부령으로 정하는 사유로 미리 전문교육을 받을 수 없는 경우에는 영업을 시작한 후 6개월 이내에 전문교육을 받아야 한다.
④. 해양수산부장관, 시·도지사 및 시장·군수·구청장은 건전한 낚시문화의 조성과 낚시인의 복지향상 등을 위한 교육·홍보를 적극적으로 실시하여야 한다.
⑤. 제1항 및 제2항에 따른 교육의 내용, 교육비 및 교육 실시 기관 등에 필요한 사항은 해양수산부령으로 정한다.
⑥. 낚시어선업자는 선원이 제1항에 따른 전문교육을 이수하는 데에 필요한 조치를 하고, 전문교육을 이수하지 아니한 선원을 근무하게 하여서는 아니 된다.

[제7장 보칙 · 벌칙]

1. 보험 등 가입 (법 제48조)

낚시터업자와 낚시어선업자는 대통령령으로 정하는 바에 따라 낚시터를 이용하려는 사람과 낚시어선의 승객 및 선원의 피해를 보전하기 위하여 보험이나 공제에 가입하여야 한다.

■ 보험 등 가입 (시행령 제22조)
①. 낚시터업자와 낚시어선업자는 법 제48조에 따라 다음 각 호의 구분에 따른 보험이나 공제에 가입하여야 한다. 다만, 「어선원 및 어선 재해보상보험법」 제2조제1항제3호에 따른 가족어선원에 대한 보험이나 공제는 가입하지 아니할 수 있다.
 1. 낚시터업자의 경우: 낚시터의 최대수용인원(낚시터 관리선을 둔 경우에는 선박검사증서 또는 어선검사증서에 기재된 관리선의 최대승선인원을 합산한다)의 피해를 보전(補塡)하기 위한 보험이나 공제
 2. 낚시어선업자의 경우: 어선검사증서에 기재된 낚시어선의 최대승선인원의 피해를 보전하

제10부. 낚시관리 육성법(낚시관리법)

　　기 위한 보험이나 공제
② 제1항에 따른 보험이나 공제의 가입금액은 「자동차손해배상 보장법 시행령」 제3조제1항에 따른 금액 이상으로 한다. 다만, 선원의 경우에는 「어선원 및 어선 재해보상보험법」 제2조제1항제6호에 따른 어선원등의 재해를 보상할 수 있는 금액 이상으로 한다.

2. 출입 · 검사 (법 제50조)

① 해양수산부장관, 시·도지사 또는 시장·군수·구청장은 낚시 관련 사업의 지도·감독과 미끼의 안정성 확보를 위하여 필요하다고 인정하면 낚시도구를 제조·수입·판매·보관하는 자, 낚시터업자, 낚시어선업자, 미끼를 제조·수입·판매·보관하는 자 및 그 밖의 관계인에게 필요한 보고를 하게 하거나 자료를 제출하게 할 수 있으며, 관계 공무원(「수산업법」 제69조에 따른 어업감독 공무원을 포함한다)으로 하여금 다음 각 호의 장소에 출입하여 시설·장부나 그 밖의 물건을 검사하게 하거나 관계인에게 질문을 하게 할 수 있다.
　1. 낚시도구의 제조·수입·판매·보관 장소
　2. 제10조 및 제16조에 따라 낚시터업의 허가를 받거나 등록을 하여 영업 중인 낚시터
　3. 제25조에 따라 낚시어선업 신고를 하여 영업 중인 낚시어선
　4. 미끼의 제조·수입·판매·보관 장소
　5. 「수산업법」 제62조에 따른 유어장 등 그 밖의 낚시 관련 장소
② 제1항에 따라 검사하는 경우에는 필요한 최소한의 물건을 무상으로 수거할 수 있다.
③ 제1항에 따라 관계 공무원이 출입·검사 등을 할 때에는 낚시터업자, 낚시어선업자 등의 관계인은 정당한 사유 없이 거부·방해 또는 기피하여서는 아니 된다.
④ 제1항에 따라 출입·검사 등을 하는 관계 공무원은 그 권한을 표시하는 증표를 지니고 이를 관계인에게 보여 주어야 한다.
⑤ 제1항에 따른 출입·검사 등의 절차와 그 밖에 필요한 사항은 해양수산부령으로 정한다. [시행일: 2023. 1. 12.]

3. 청문 (법 제51조)

해양수산부장관이나 시장·군수·구청장은 다음 각 호의 어느 하나에 해당하는 처분을 하려면 청문을 하여야 한다.
　1. 제14조에 따른 낚시터업 허가의 취소
　2. 제19조에 따른 낚시터업 등록의 취소
　3. 제38조에 따른 낚시어선업의 영업폐쇄명령
　4. 제44조제3항에 따른 우수낚시터 지정의 취소
　5. 제45조의3에 따른 검정기관 지정의 취소

4. 벌칙 적용에서 공무원 의제 (법 제52조의2)

제52조제2항에 따라 위탁받은 업무에 종사하는 단체 및 비영리법인의 임직원은 「형법」 제129조부터 제132조까지의 규정에 따른 벌칙을 적용할 때에는 공무원으로 본다.

5. 벌칙 (법 제53조)

① 다음 각 호의 어느 하나에 해당하는 자는 1년 이하의 징역 또는 1천만원 이하의 벌금에 처한다.
 1. 제8조제1항 본문을 위반하여 유해 낚시도구를 판매할 목적으로 제조하거나 수입한 자
 2. 제10조제1항에 따른 낚시터업의 허가 또는 변경허가를 받지 아니하고 낚시터업을 한 자
 3. 거짓이나 그 밖의 부정한 방법으로 낚시터업의 허가 또는 변경허가를 받은 자
 4. 제23조제2항제2호 및 제3호에 따라 관계 공무원이 부착한 게시문 등이나 봉인을 제거하거나 손상한 자
 5. 제41조를 위반하여 미끼기준에 적합하지 아니한 미끼를 판매할 목적으로 제조하거나 수입한 자

② 다음 각 호의 어느 하나에 해당하는 자는 6개월 이하의 징역 또는 500만원 이하의 벌금에 처한다.
 1. 거짓이나 그 밖의 부정한 방법으로 낚시터업의 등록 또는 변경등록을 받은 자
 2. 제16조제1항에 따른 낚시터업의 등록 또는 변경등록을 하지 아니하고 낚시터업을 한 자
 3. 제20조제1항제1호를 위반하여 방류 금지 어종을 낚시터업자가 경영하는 낚시터에 방류한 자
 4. 제20조의2제1호 및 제2호에 따른 명령을 거부하거나 기피한 자
 5. 제25조제1항 전단에 따른 낚시어선업의 신고를 하지 아니하고 낚시어선업을 한 자
 6. 해상항행선박이 항행을 계속할 수 없는 하천·호소 등 「해사안전법」의 적용대상이 아닌 장소에서 제30조제1항을 위반하여 술에 취한 상태에서 낚시어선을 조종하거나 술에 취한 상태에 있는 자에게 낚시어선을 조종하게 한 자
 7. 해상항행선박이 항행을 계속할 수 없는 하천·호소 등 「해사안전법」의 적용대상이 아닌 장소에서 술에 취한 상태라고 인정할 만한 상당한 이유가 있는데도 제30조제2항에 따른 관계 공무원의 측정에 따르지 아니한 자
 8. 해상항행선박이 항행을 계속할 수 없는 하천·호소 등 「해사안전법」의 적용대상이 아닌 장소에서 제31조를 위반하여 약물복용의 상태에서 낚시어선을 조종하거나 약물복용의 상태에 있는 자에게 낚시어선을 조종하게 한 자
 9. 제33조제1항에 따른 출입항 신고를 하지 아니하였거나 거짓으로 신고하고 출입항한 자
 10. 제34조제1항에 따른 출항제한 조치를 위반하고 출항한 자
 11. 제35조제1항제1호·제2호 및 제2호의2에 따른 명령을 거부하거나 기피한 자
 12. 제38조제1항에 따라 영업이 폐쇄된 낚시어선업을 계속한 자

제10부. 낚시관리 육성법(낚시관리법)

6. 양벌규정 (법 제54조)

법인의 대표자나 법인 또는 개인의 대리인, 사용인, 그 밖의 종업원이 그 법인 또는 개인의 업무에 관하여 제53조의 위반행위를 하면 그 행위자를 벌하는 외에 그 법인 또는 개인에게도 해당 조문의 벌금형을 과(科)한다. 다만, 법인 또는 개인이 그 위반행위를 방지하기 위하여 해당 업무에 관하여 상당한 주의와 감독을 게을리하지 아니한 경우에는 그러하지 아니하다.

7. 과태료 (법 제55조)

①. 다음 각 호의 어느 하나에 해당하는 자에게는 300만원 이하의 과태료를 부과한다.
1. 지정·고시한 낚시통제구역에서 낚시를 한 자
2. 오물이나 쓰레기를 버린 자
3. 낚시도구나 미끼를 낚시 용도로 사용하지 아니하고 버린 자
4. 낚시제한기준을 위반하여 수산동물을 잡은 자
5. 낚시로 포획한 수산동물을 타인에게 판매하거나 판매할 목적으로 저장·운반 또는 진열한 자
6. 유해 낚시도구를 사용 또는 판매(불특정 다수인에게 제공하는 행위을 포함한다)하거나 판매할 목적으로 저장·운반 또는 진열한 자
7. 낚시터업자와 그 종사자의 준수사항을 위반한 자
8. 명령을 거부하거나 기피한 자
9. 낚시터업의 승계 사실을 정하여진 기한까지 신고하지 아니한 자
10. 낚시어선 안전성 검사를 받지 아니한 자
11. 낚시어선업자 등의 안전운항 의무를 위반한 자
12. 낚시어선업자 등의 출항 전 안내 의무를 위반한 자
13. 해상항행선박이 항행을 계속할 수 없는 하천·호소 등 「해사안전법」의 적용대상이 아닌 장소에서 제30조제5항에 따른 조종·승선 제한 등의 조치를 위반한 자
14. 승객으로 하여금 승선자명부를 작성하도록 하지 아니한 자
15. 승선자명부 기재내용을 확인하지 아니한 자
16. 승선을 거부하지 아니한 자
17. 승선자명부의 사본을 갖추어 두지 아니한 자
18. 명령을 거부하거나 기피한 자
19. 사고발생 보고를 하지 아니하거나 사고 수습을 위한 조치를 하지 아니한 자
20. 미끼기준에 적합하지 아니한 미끼를 판매하거나 판매할 목적으로 사용·저장·운반 또는 진열한 자
21. 압류·폐기를 거부·방해·기피하거나 미끼기준에 적합하지 아니한 미끼에 대한 회수·폐기 또는 안전상의 위해제거 조치 명령을 거부·방해·기피한 자
22. 낚시터업자 등에 대한 전문교육을 이수하지 아니한 자

23. 전문교육을 이수하지 않고 낚시어선업을 한 자
24. 전문교육을 이수하지 아니한 선원을 근무하게 한 자
25. 보고나 자료제출을 거부하거나 거짓으로 보고 또는 자료제출을 한 자
26. 검사를 할 때 정당한 사유 없이 관계 공무원의 출입 등을 거부·방해 또는 기피한 자

② 다음 각 호의 어느 하나에 해당하는 자에게는 100만원 이하의 과태료를 부과한다.
1. 낚시인의 생명과 신체의 안전을 확보하기 위한 조치명령을 거부·기피한 자
2. 낚시터업의 휴업·폐업·재개 또는 휴업기간 연장 신고를 정하여진 기한까지 하지 아니한 자
3. 낚시어선업의 변경신고를 하지 아니하고 낚시어선업을 한 자
4. 3의2. 제28조의2를 위반한 자
5. 3의3. 제29조의2를 위반한 자
6. 낚시어선업 신고확인증 등을 낚시어선에 게시하지 아니한 자
7. 낚시어선업자 또는 선원의 조치를 거부하거나 방해한 자
8. 낚시어선업의 폐업신고를 정하여진 기한까지 하지 아니한 자
9. 변경신고를 하지 아니한 자

③ 제1항 및 제2항에 따른 과태료는 대통령령으로 정하는 바에 따라 해양수산부장관, 시·도지사 또는 시장·군수·구청장이 부과·징수한다.